두려움이란 말 따위

FEAR IS JUST A WORD:
A Missing Daughter, a Violent Cartel, and a Mother's Quest for Vengeance

Copyright ⓒ 2023 by Azam Ahmed
All rights reserved

Korean translation copyright ⓒ 2025 by East-Aisa Publishing Co.
Korean translation rights arranged with Creative Artists Agency through EYA Co., Ltd.

이 책의 한국어판 저작권은 EYA Co.,Ltd.를 통해 Creative Artists Agency와 독점 계약한 도서출판 동아시아가 소유합니다.
저작권법에 의해 한국 내에서 보호를 받는 저작물이므로 무단 전재 및 복제를 금합니다.

두려움이란 말 따위

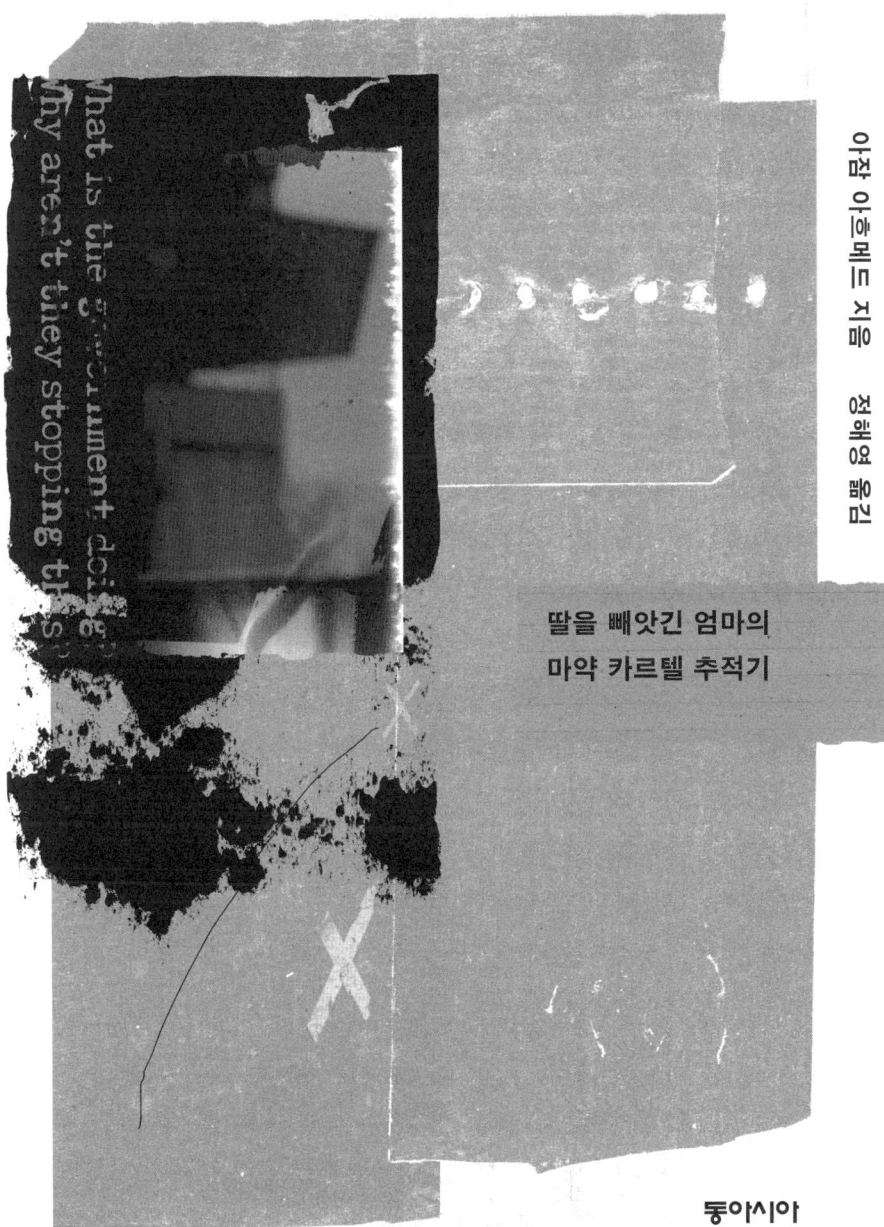

아냅 아흐메드 지음
정해영 옮김

딸을 빼앗긴 엄마의
마약 카르텔 추적기

동아시아

어머니의 사랑만 있다면 충분하다는 것을 보여준
샤나즈 아흐메드에게 이 책을 바친다.

"죽은 자가 산 자를 가르친다(Mortui vivos docent)."
— 라틴어 격언

"사라진 자는 아무것도, 침묵조차 남기지 않는다."
— 엘레나 포니아토프스카, 『침묵은 강하다』 중에서

"나는, 아마도 전에 없이, 소수의 나약한 영혼들 주변에 형성된
이 공동체가 사실은 사라졌음을 인식했다. 사라진 것은
우리의 목소리와 우리의 냄새와 우리의 소망이었다. (…)
우리는, 말하자면, 경계에서 살았다. 우리는, 더 정확하게 말하자면,
한 발은 무덤에, 다른 한 발은 삶과의 희미한 유사성만 남은 땅에
두고 살았다. 우리에 대해 아는 사람은 매우 적었고,
우리의 운명을 걱정하는 사람은 그보다 더 적었다."
— 크리스티나 리베라 가르사, 『장골 능선』 중에서

차례

프롤로그　11
1장　사라진 딸　37
2장　두 가지 역사　57
3장　카르텔의 시대　81
4장　권력이 된 폭력　97
5장　사라진 사람들　103
6장　저주받은 가족　121
7장　표적 명단　143
8장　연대하다　199
9장　남겨진 것　223
10장　총과 뼈　243
11장　어머니의 날　265
12장　뜻밖의 유산　289
13장　종결　313
에필로그　339

감사의 말　347
주　351
참고 자료　405

프롤로그

마타모로스 국경 다리에서(2016년 3월 27일)

이른 아침, 멕시코와 미국 텍사스주를 잇는 마타모로스 국경 다리에는 차가운 공기가 감돌았다. 미리암 로드리게스는 파자마 위에 트렌치코트를 걸치고 서둘러 집을 나섰다. 야구 모자를 눌러 썼고, 사람들의 시선이 이목구비로 쏠리지 않도록 머리카락을 빨갛게 염색했다. 코트 주머니 안에는 38구경 권총이 장전되어 있었다. 그녀는 다리까지 이어지는, 콘크리트로 포장된 인도를 따라 차가운 생수, 싸구려 선글라스, 해적판 비디오 따위를 파는 노점상들을 훑어보았다. 2016년 3월 27일 일요일 아침 8시가 조금 넘은 시간이었다.[1]

미리암의 남편 루이스는 안전한 위치에 트럭을 주차하고, 미리암이 추적에 나설 때 종종 그랬던 것처럼 걸리적거리지 않도록 가만히 기다리고 있었다.

미리암은 그녀의 딸 카렌을 살해한 범인 가운데 한 명을 쫓고 있었다. '플로리스트'라는 별명으로 알려진 그는 미국의 관계 당국에서 멕시코 내 가장 폭력적인 집단으로 간주하는[2] 세타스 카르텔의 조직원이었다. 세타스는 지하경제를 장악할 목적으로 마약 밀수, 밀입국,[3] 몸값을 노린 납치 등의 범죄를 자행하며 멕시코 10여 개 주에 폭력의 상흔을 남겼다.

 2년 전이었던 2014년 1월, 플로리스트를 비롯한 세타스 일당이 카렌을 납치했다. 미리암은 애걸복걸하며 세타스의 모든 지시에 따랐고, 감당하기 힘든 수준의 몸값까지 지불했다. 그러나 달라진 것은 전혀 없었다. 그들은 카렌이 어떤 일을 당했는지조차 알려주지 않았다. 정부 당국에서는 탄원을 무시하고, 무관심하고 형식적인 대응으로 일관하는 등 미리암을 외면했다. 허망함 속에서 미리암의 슬픔은 현실 수용으로, 그리고 결의로 바뀌었다. 카렌을 위해, 그리고 다른 실종자들의 가족을 위해 반드시 직접 복수하고 정의를 구현하겠다는 결의였다.

 카렌은 뜻밖의 임신으로 태어난 막내딸이었다. 파경으로 달려가던 미리암의 결혼 생활에 카렌은 새로운 생기를 불어넣어 주었다. 카렌의 실종 이후, 그녀는 죽을 각오로 모든 관련자를 끝까지 추적하겠다고 다짐했다. 미리암이 용의자로 판단한 추적 명단에서 4명은 교도소에 수감되었고, 다른 6명은 조직의 은거지였던 목장을 습격한 멕시코 해병대에 의해 사살되었다. 미리암에게 복수는 처음에는 고통을 소명으로 바꿀 수단이었고, 이후에는 모든 것을 쏟아붓는 원동력이 되었다. 그리고 지금 그녀는 조금 전 입수한 정보를 바탕으로 새로운 표적인 플로리스트를 추적하기 시작했다.

 미리암은 사진 한 장을 움켜쥐고 노점상들을 지나쳐 다리로 이동했다. 그녀가 유일하게 확보한 플로리스트의 사진이었다.[4] 밝은

색의 얼굴과 타원형의 눈매, 깡마른 체형의 플로리스트는 아직 사춘기 소년 같았다. 미리암은 플로리스트가 어린아이였을 때부터 그를 알고 있었다. 당시 미리암 가족은 타마울리파스주의 산페르난도에 살았고, 플로리스트는 거리에서 장미를 팔았다. 산페르난도로 이사 온 소년 플로리스트는⁽⁵⁾ 생계를 위해 학교를 그만두었고, 이후 읽고 쓰는 것에 애를 먹었다. 그는 매일 장미 꽃다발을 한 아름 안고 미리암의 가게 앞을 지나쳤다. 한때 미리암은 제대로 보살핌받지 못한 듯한 그 깡마른 소년에게 동정심을 느꼈다. 미리암은 상대적으로 유복한 자신의 세 자녀와 식사하는 동안 그가 가게 앞을 지나가면, 같이 먹자고 불러 세우곤 했다.

그러나 산페르난도 전체와 마찬가지로 그 소년은 기억 속에만 있다. 한때 농부들과 목장주들이 모여 사는 작은 동네였던 산페르난도는 이제 저주받은 땅이 되었다. 산페르난도를 휩쓴 폭력과 참수에 대한 공포, 연이은 실종의 여파는 멕시코 북동쪽 타마울리파스주 전체에 미쳤다. 이제 산페르난도에서는 '마약과의 전쟁'을 촉발한 마약 카르텔이⁽⁶⁾ 잔혹한 범죄와 나날이 커져가는 세력으로 악명을 떨쳤다. 마약과의 전쟁은 미국으로 유입되는 마약을 줄이기 위해 2006년 멕시코 정부에서 착수한 군사 작전인데,⁽⁷⁾ 군인들이 거리에 상주하면서 카르텔과의 무력 충돌이 점점 더 빈번하게, 우발적으로 발생했다. 군은 카르텔과 싸웠고, 카르텔은 다른 카르텔과 싸웠으며, 졸지에 전장에 갇힌 무고한 시민들은 무장 세력들의 변덕 속에 희생되었다.

미리암은 다리까지 이어지는 거리에서 음식점과 환전소와 약국 앞을 지나치며 행인들의 얼굴을 눈여겨보았다. 그날 아침 그녀는 제보자와의 통화를 마치자마자, 남편 루이스에게 전화해 마타모로스에 있는 다리까지 차로 데려다 달라고 했다.⁽⁸⁾ 마타모로스는 북쪽으로 2시간을 가야 하는 인구 50만 명의 번화한 도시다. 미리암과 루이스는 몇 년 전부터 별거 상태였지만, 뜻밖에도 여전히 2인조 자경단처럼 카렌을 살해한 범인들을 추적하고 있었다. 미리암은 몇 분마다 멈춰 서서 주민들에게 플로리스트의 사진을 보여주며 목격자를 찾아다녔다. 행상들은 심지어 전혀 모르는 사이여도 서로를 알아보곤 하기 때문이다. 산페르난도 시장에서 카우보이부츠를 파는 미리암도 정기적으로 시장을 오가는 사람들의 얼굴은 대부분 기억했다. 그러나 플로리스트를 봤다는 사람은 없었다. 오래된 사진 한 장으로 알아보기는 힘들었을 것이다. 그녀는 도로 끝에 있는 통행요금소 겸 출입국검문소 쪽으로 조금씩 다가갔다. 차량과 인파가 멕시코로 드나드는 쌍둥이 교량으로 올라가고 있었다.

　미리암은 나이가 무색할 만큼 민첩하게 가게들을 드나들었고, 거리를 메운 인파 사이를 누볐다. 156센티미터의 키, 짧게 자른 머리, 둥근 얼굴에 금테 안경을 쓴 56세의 미리암은 어지간한 30~40대보다 움직임이 가벼웠다. 사실 미리암은 거의 평생 과체중이었다. 가벼운 외출을 할 때도 귀걸이와 화장을 하고 옷을 고르는 등 늘 외모를 신경 썼지만, 2000년대 중반에는 체중이 150킬로그램을 넘을 정도였다. 친구들은 농담 삼아 그녀를 꽃돼지라고 불렀다. 과체중으로 인한 불편함에 신물이 났던 미리암은 2007년에 위 우회술을 받았다.

　그녀는 몸무게를 60킬로그램까지 줄였고, 어느 때보다 외모에 자신 있었다. 외적인 변화는 범인들을 추적하는 데에도 도움이 되었다. 추적에는 활동량이 필요했다. 미리암은 온종일 뙤약볕 아래에서 버려진 목장과 황폐화된 녹지를 돌아다녔고, 타마울리파스주의 주도 시우다드 빅토리아를 오가며 검사와 공무원에게 압력을 넣었으며, 납치범들이 피해자를 감금하는 곳으로 의심되는 안전가옥을 감시했다. 그리고 플로리스트가 소속된 세타스의 조직원들을 직접 여러 차례 추적하고 맞서 싸웠다.

아마추어 수사관으로서 미리암은 두려움을 모르는 데다 집요했다. 그 점들이 임무 수행에는 도움 되었지만, 주변 사람들을 불편하게 하기도 했다. 아잘리아, 루이스 엑토르, 카렌은 엄마가 내심 경찰이 되고 싶어 하겠지만, 경찰만큼 부패하지 않아서 글렀다고 놀리곤 했다. 루이스가 절도범에게 금고를 털렸던 1989년, 미리암은 범인을 찾아내 물건을 되찾았다. 큰딸 아잘리아의 남편 에르네스토가 납치를 당했던 2012년, 미리암은 자신이 직접 몸값을 전달하겠다고 고집을 부렸다. 산페르난도의 어떤 사람들은 지난 몇 년간 미리암이 많이 변했다고, 그녀가 세타스 조직원들만큼 대담하고 집요해졌다며 놀랐다. 하지만 미리암이 자신들이 알고 있던 모습 그대로라고 생각하는 사람들도 있었다.

미리암의 체형이 달라지던 무렵, 산페르난도도 격변하고 있었다. 산페르난도에서 성장한 다른 많은 사람과 마찬가지로, 미리암은 자신의 지역이 폭력 속으로 침몰하는 것을 두려움에 사로잡힌 채 말없이 지켜보았다. 그녀는 목장 일꾼들과 농부들의 집안에서 9남매 중 한 명으로 태어났고, 고등학교 시절부터 결혼해 아이 엄마가 될 때까지 평생을 그곳에서 지냈다. 어린 시절, 즉 1960년대까지 단 한 건의 살인 사건으로도 주민들이 충격에 빠질 정도로 산페르난도에서는 폭력 범죄와 살인이 드물었다.

당시에도 훗날 '걸프 카르텔'로 알려진 범죄 조직[9]이 타마울리파스주를 지배했고, 산페르난도에서도 여러 방식으로 존재감을 드러냈지만, 전체적인 분위기는 평화로웠다. 범죄자들은 평범한 노동자들을 괴롭히지 않았고, 오히려 그들에게 사업에 필요한 여러 도움을 받았다. 당시 미리암은 걸프 카르텔 조직원들이 고급 트럭을 몰고 다니며 파티를 열고, 시내의 식당에서 호화롭게 식사하다가 환심을 사려고 옆 테이블 식대까지 계산하는 모습을 종종 보았다. 주민들은 범죄 조직 수뇌부와 공존하는 법을 배웠고, 그건 미리암도 마찬가지였다. 즉, 그때까지는 서로의 삶에 관여하지 않았다.

그러다 2010년부터 갑자기 산페르난도에 대해 알고 있던 모든 것과 그곳에서의 삶이 송두리째 바뀌었다. 걸프 카르텔이 내부 분열을 겪으면서, 결과적으로 미국으로 마약을 밀수하는 경로였던 타마울리파스주를 두 카르텔(걸프와 세타스)이 양분했다.

걸프 카르텔은 타마울리파스에서 70년 넘게 여러 사업을 했다. 처음에는 술을 비롯해 가정용품, 전자제품 등을 미국에 밀수했고, 1990년대부터는 코카인을 대규모로 밀수해 수십억 달러의 수익을 올렸다.[10] 경쟁 조직이 세력을 키우자 1998년, 걸프 카르텔의 두목은 이권을 지킬 목적으로 준군사 조직을 창설했다. 멕시코 육군 특수부대 탈영병들로 구성되었던 이 조직은[11] 이후 세타스라는 이름으로 알려진다.

10여 년 동안 걸프와 세타스는 다양한 방식으로 따로 또 같이 협력하며 코카인을 밀수했고, 멕시코 전역의 다른 카르텔들과 경쟁했다. 그러나 2010년에 견해차가 커지면서 이들이 두 집단으로 분열했고.⁽¹²⁾ 세타스도 독자적인 사업을 시작했다. 마약 밀수의 패권을 놓고 걸프와 세타스가 벌인 싸움은 멕시코 카르텔이 굴러가는 방식을 바꿔놓았다.

군 출신들이 모인 세타스는 걸프 수뇌부보다 폭력을 다루는 데 능숙했다.⁽¹³⁾ 물자 보급과 작전 수행 역량도 뛰어났다. 2010년 세타스가 관리 구역과 밀수 경로를 두고 시작한 전쟁은 카르텔의 가장 냉혹한 킬러들에게도 큰 충격을 주었다. 세타스의 극악무도함은 마약과의 전쟁 당시의 끔찍했던 폭력조차 예스럽고 낭만적으로 느껴지게 할 정도였다. 세타스 조직원들은 사람들을 참수했고,⁽¹⁴⁾ 황산으로 녹였으며, 자신들의 즐거움만을 위해 포로들에게 중세 시대의 살육 의식처럼 죽을 때까지 싸우도록 강요했고, 무고한 사람들을 수백 명씩 살해했다.

그때부터 세타스 특유의 비인간적 행태가 유행처럼 퍼져갔다. 일부 예외를 제외하면, 지하경제도 대부분 시장의 법칙을 따른다. 적응력과 유연성이 요구된다. 걸프 카르텔이 세타스를 통해 군사화하자, 다른 카르텔들도 그렇게 했다. 그때부터 범죄 조직들은 점점 더 피 튀기는 경쟁을 벌였다. 걸프와 세타스가 분열한 다음 해였던 2011년, 멕시코에서 발생한 살인 사건은 2만 8,000건에 달했다.⁽¹⁵⁾ 20년 전 정부에서 집계를 시작한 이후 가장 많은 숫자였다.

멕시코 정부는 마약과의 전쟁이 촉발한 혼란에 제대로 맞서지도, 상황을 해결하지도 못했다. 그토록 강경했던 선전 포고는 무력 충돌을 유발하는 데 그친 한계가 있었다. 멕시코에서는 종종 법치가 유명무실했고, 부패한 정부와 범죄 조직의 만연한 유착관계는 걸프 카르텔이 존재하지도 않았던 시절부터 한 세기 넘게 이어졌다.⁽¹⁶⁾

경찰과 검찰은 사실상 무력했다. 정치인들이 부정한 돈벌이로 배를 불리고 이들의 비호하에 카르텔이 점점 더 세력을 키운 수십 년 동안 범죄행위를 묵인했던 검경은 갑자기 강경 정책을 펼칠 입장이 아니었다. 그렇게 이권을 노린 카르텔들이 거리로 몰려나왔고, 평범한 시민들은 전면전에 가까운 분쟁 속에서 신음했다.

미국과 멕시코의 주요 국경 지대인 타마울리파스주는 세타스 간 분쟁의 진원지였고, 그 중심에 있는 산페르난도는 진원지 중의 진원지가 되었다.

모든 것이 빠르게 변해갔다. 플로리스트가 아직은 시내 중심가에서 장미를 팔던 무렵, 타마울리파스주는 주 전체가 무력 충돌에 휩싸였다. 경제 전망이 어두웠던 2013년 플로리스트는 동료 꽃장수의 부추김으로 세타스에 들어갔다.[17] 그로부터 얼마 지나지 않아 그 동료는 참수당했다. 그 무렵 세타스 내부에서는 야심에 걸맞은 군사적 역량을 갖추었던, 고도로 훈련받은 특수부대 출신의 초창기 리더들이 사라진 지 오래였다. 유혈 사태가 늘고 전국적으로 전투가 점점 더 격렬해지자 세타스에서는 전투에 투입할 새로운 조직원을 경력과 상관없이 최대한 모집해야 했다.[18]

조직범죄의 세계에서 딱히 내세울 만한 재주가 없었던 플로리스트는 세타스에 망꾼으로 들어가서 한 달 동안 꽃을 팔고 자동차 창문을 닦아야 만질 수 있을 만큼의 돈을 일주일 만에 벌었다. 점점 지하세계로 빠져든 그는 산페르난도 지역 세타스 조직의 자금 조달 방식인 몸값을 노린 납치에 가담하기 시작했다. 그중 하나가 2014년 1월의 카렌 납치였다.

조직범죄는 산페르난도의 모든 사람에게 영향을 미쳤다. 자신이 피해자가 되지는 않더라도 친구와 친척이 살해당하거나 이웃이 실종되었고, 일상을 위협할 정도로 지역 전체가 궁핍해졌다. 그럼에도 미리암은 문제에 휘말리지 않도록 가족들을 잘 단속한다면, 시장에서 카우보이모자와 부츠를 계속 팔 수 있다면, 아들이 2시간 거리의 시우다드 빅토리아에 계속 지낸다면, 딸이 노동계급으로서의 분수를 지킨다면 자신들에게는 아무 일도 없으리라 굳게 믿었다. 무고한 사람은 건드리지 않는다는 것. 주민들은 카르텔이 공존을 위해 그 약속을 지키리라 생각했다.

2010년부터 상황이 달라지기 시작했지만, 미리암은 그런 믿음을 고수했다. 자식들에게는 이목을 끌지도, 쓸데없이 참견하지도 말라고 가르쳤다. 사실 그녀의 성격에 맞지 않는 가르침이었다. 미리암은 늘 직설적이었고, 자신의 의견을 표현하거나 부당하고 불공정한 일에 반발하는 데 거리낌이 없었다. 그러나 모든 것이 달라졌다. 그녀는 아들 루이스 엑토르에게 자신이 만나러 갈 테니 자주 오지 말라고 했다. 그녀는 폭력의 대상이 되는 건 남자들뿐이라고, 자신과 카렌과 아잘리아는 안전하다고 믿었다. 또 하나의 잘못된 믿음이었다.

살인 사건이 급증하고 주민 5분의 1이 지역을 떠났을 때도 미리암은 버텼다. '납치된 사람들이 있기는 하지만, 다 부자들이었어.' '실종된 사람들이 있기는 하지만, 아마 조직범죄에 어느 정도 연루되어 있었을 거야.' '소름 끼치는 살인 사건? 그건 카르텔들 사이의 일이었어.' 이렇게 생각하며 현실을 부정하면 비참한 상황에서도 살아갈 수 있었고, 일상에서 두려움을 곱씹지 않을 수 있었고, 참상을 마주하고도 견딜 수 있었다. 혹은 그동안 자신이 가족을 위해 쌓아온 삶은 이제 사라졌다고 인정해야 했다. 그것은 곧 도망치거나, 맞서 싸우는 삶을 의미했다. 미리암은 결국 싸움을 선택했다.

미리암은 카렌이 실종된 이후 비로소 산페르난도의 상황이 얼마나 끔찍한지, 조직범죄로 인한 피해가 얼마나 큰지 알게 되었다. 누구도 그 영향으로부터 자유로울 수 없었다. 당시 카렌은 대학을 휴학하고 집에 돌아와 지내고 있었다. 스물한 살이었던 그녀는 전공을 심리학에서 방사선학으로 바꾸려 했는데, 그러려면 몇 개월을 더 기다려야 하는 상황이었다.

카렌은 부모의 별거를 무척 괴로워했다. 부모를 화해시키지 못하자 그녀는 늦게까지 귀가하지 않고, 파티에서 친구들과 술을 마시고, 종일 혼자 차를 몰고 돌아다니는 등 일탈에서 탈출구를 찾았다. 발그레한 뺨과 금발 덕분에 카렌은 항상 사람들의 시선을 받았다. 번화가에서 젊은 남자들이 그녀의 차를 멈춰 세우고 노점상에게 산 꽃을 선물하곤 했다.[19] 플로리스트도 그런 노점상 중 한 명이었다.

미리암은 카렌이 걱정되었지만, 딸을 단속하는 데 애를 먹었다. 결혼 30년 만에 시작된 별거는 가정생활을 뒤흔들며 상황을 악화시켰다. 남편 루이스의 외도, 그리고 무시와 학대를 용인해 온 미리암은 카렌의 행동에 간섭할 명분이 없었다. 적어도 카렌은 그렇게 생각했다.

카렌이 납치되었던 당시, 미리암은 미국 텍사스주 국경 지대의 매캘런이라는 지역에서 의사 부부의 가사도우미 겸 보모로 일하고 있었다. 그녀는 루이스와(그리고 남편과 함께 일하던 시장과) 거리를 두고 싶었다. 두 사람의 삶에 겹치는 부분이 많아 이혼이 힘들었기 때문이다. 미리암은 카렌에게 가게를 맡기고 달러를 벌기 위해 북쪽으로 떠났다.

그리고 집을 떠난 지 두 달이 채 되지 않았을 때, 그녀는 세타스가 카렌의 몸값을 요구하고 있다는 전화를 받았다.

2년 동안 미리암은 납치에 연루된 자들을 계속 뒤쫓아 적지 않은 성과를 거두었다. 4명은 교도소에서 재판을 기다리고 있었고, 6명은 멕시코 해병대에 습격당해 죽었다. 그런데 그다음 표적이었던 플로리스트의 행방이 묘연했다. 그의 행방에 대한 정보는 하나같이 뜬소문이었다. 그녀가 파악한 바에 따르면, 플로리스트는 카렌이 실종된 뒤 산페르난도에서 달아났고, 이후 다시는 그 지역에 나타나지 않았다. 미리암은 그의 가족과 친구, 과거의 동료였던 전직 카르텔 조직원을 추적했다. 심지어 플로리스트와 가깝게 지냈던 죽은 세타스 조직원의 부인과 친해지기까지 했다.[20] 그 여자는 플로리스트가 마타모로스로 귀향해서 살고 있다고 전해주었다.

미리암은 태양이 다리의 거대한 붉은색 아치 꼭대기에 걸려 있는 한낮에 플로리스트를 찾아다녔지만 허사였다. 둔치에 자리 잡은 노점상들 사이에서도, 인도 위에서도, 미국으로 건너가는 사람들에게 통행료를 받는 다리의 좁은 입구에서도 플로리스트는 보이지 않았다. 입구 옆으로 군데군데 흰색 벤치가 있었고, 작은 광장의 중앙에는 거나란 나무가 자리고 있었다. 광장은 사람들로 가득했지만, 플로리스트는 없었다.

카렌이 실종된 이후, 미리암은 속마음을 털어놓을 수 있는 친구가 별로 없었다. 서로의 삶에 워낙 가까워서 굳이 심정을 설명하거나 말을 가려서 할 필요가 없는 친구 말이다. 찰로만큼은 그런 친구였다. 산페르난도에서 가장 큰 장례식장을 운영하는 찰로는 미리암이 산페르난도에서 유일하게 두려움 탓에 침묵하지 않는 사람이라며 그녀를 존경했다. 미리암이 "두려움은 한낱 단어일 뿐"이라고 이야기했던 상대도 찰로였다.

거의 30분 동안 다리까지 이어지는 길을 샅샅이 뒤지고 다닌 미리암은 혹시 제보가 잘못된 건 아닌지 의심했다. 그러나 다른 선택지가 없었다. 그녀는 다리 건너편으로 넘어가 플로리스트를 찾아보기로 했다.

미리암은 통행료를 받는 입구를 지나 차양이 설치된 인도를 따라 올라가기 시작했다. 그 길은 모든 것이 경계가 나뉘어 있는 교도소처럼 느껴졌다. 머리 위에는 양철 차양이, 발밑에는 질감이 느껴지는 석판이 깔려 있었다. 난간에는 접근을 막는 철망이 경계를 구분하고 있었다. 콘크리트 바리케이드가 차량들을 연노란색 통관용 차선으로 유도했다. 다리를 건너는 사람들과 차량들이 두 갈래의 아스팔트 길을 따라 움직이는 동안에도 다리 아래에서는 리오그란데강의 칙칙한 녹색 강물이 조용히 흘렀다.

인도의 오른쪽 녹슨 울타리 사이로 미국과 멕시코를 가르는 강물이 내려다보였다. 다리 한쪽 끝에는 최근 몇 년 동안 범죄 조직이 유력한 주지사 후보와 2명의 시장, 수많은 경찰관을 살해한 멕시코 타마울리파스주가 있었다.[21] 다른 한쪽 끝에는 국경선부터 늘어선 텅 빈 상점들이 위험 신호를 보내는 듯한 미국 텍사스주가 있었다.

매일 수천 명이 국경을 건너 혈연으로, 문화적·역사적으로, 무역으로 연결된 두 나라를 오갔다. 미리암은 미국에서 일한 적이 있었다(남편과 아들도 마찬가지였다). 그녀는 셀 수 없을 만큼 여러 차례 이 다리를 건넜다. 텍사스의 대형 쇼핑몰은 냉방이 잘되어 있어서 그곳에 가려고 건너간 적도 많았다. 한번은 아장아장 걷는 아이였던 카렌에게 일생일대의 수술을 시키려고 아이를 업고 레이노사시에 있는 다른 다리를 건넌 적도 있었다.

딸들은 미리암을 닮아서 쇼핑을 좋아했다. 다만 엄마, 언니와 달리 카렌은 돈 욕심이 없었다. 카렌은 다른 사람들에게 옷이며 신발, 돈까지 거저 나눠주곤 했다. 형제들은 카렌이 복에 겨워 그런다고 생각했다. 부모가 자리를 잡고 여유가 생긴 다음에 태어나서 자기가 누리는 생활이 특권인 줄 모른다고.

카렌은 다른 형제들보다 유독 정이 많았다. 거리에서 가난한 여성들을 데려다가 깨끗이 씻기고 옷을 입혀주곤 했다. 가족을 먹여 살리려고 부모님이 애쓰던 시절을 그리워했고, 풍족함을 지키기보다는 나눠야 한다고 믿는 듯했다. 플로리스트가 세타스에 들어가기 전에도 카렌은 그를 친절하게 대했다.[22] 산페르난도의 중심가인 라 칼레안차 거리에서 플로리스트가 꽃을 파는 걸 보곤 했는데, 다른 운전자들은 대부분 그냥 지나쳤지만, 카렌은 그에게 호의로 1~2달러를 건네곤 했다. 플로리스트에게 보였던 카렌의 호의는 미리암의 마음에 깊이 남았다.

미리암은 플로리스트의 사진을 보고 또 보았다. 눈을 감고도 떠올릴 정도였다. 사진 속 그는 카우보이셔츠 차림으로 일행 3명과 맥주를 마시고 있었다. 그의 행방은 SNS로 잘 추적되지 않았다. 다른 조직원들은 기관총과 마약 더미가 널려 있는 지저분한 여관방에서 동료들과 찍은 사진을 페이스북에 올리며 허세를 부렸지만, 플로리스트는 좀처럼 어디에서도 모습을 드러내지 않았다. 카렌의 죽음에 연루된 다른 젊은 남녀들은 SNS에 올린 프로필 사진들을 이용해 추적하기 수월했지만, 플로리스트는 프로필 사진도 없어서 오랫동안 추적이 어려웠다.

　인도를 따라 걷던 그녀는 어느 청년이 CD를 팔고 있는 걸 보았고, 시선이 멈추었다. 160센티미터 정도의 키에 영양실조로 보일 만큼 깡마른 몸. 가능성이 있어 보였다. 그에게 다가갈수록 가능성은 확신이 되었다.

　미리암은 손을 외투 주머니에 집어넣었다. 플로리스트가 자신을 알아볼까 걱정이었다. 그 무렵 세타스 조직원이었던 사람들은 모두 그녀를 알아보았다. 사마, 크리스티아노, 엘 체포, 플라코, 엘 마리오. 모자를 쓰긴 했지만, 빨간색 머리를 숨기기는 어려웠다. 그녀는 멀리서 플로리스트를 지켜보며 어떻게 해야 할지 고민하다가 잘 아는 경찰관에게 전화를 걸었다. 경찰들이 마타모로스 도심과 국경다리의 교통체증을 뚫고 도착해서 그를 체포하는 데까지는 한참이 걸릴 터였다. 플로리스트에게 유리한 상황이었다. 하지만 그가 텍사스로 달아날 수는 없을 것이었다. 달아나려면 미리암부터 지나쳐야 할 테니 말이다.

　미리암은 최대한 눈에 띄지 않게 인도의 한쪽에만 머물렀다. 그러나 다리의 좁은 인도에는 아래쪽 둔치보다 사람이 적어서, 소수의 노점상이 지나가는 모든 사람에게 호객행위를 하고 있었다. 그렇다 보니 플로리스트는 곧 수상쩍게 외투 주머니에 손을 찔러 넣은 채 주변을 어슬렁거리며 자신을 지켜보는 여자를 알아보았다. 플로리스트가 물건들을 버리고 도망치려던 순간에 미리암은 이미 주머니에서 총을 빼 든 상태였다. 미리암이 플로리스트의 옷깃을 붙잡고 허리에 권총을 대자, 지나가던 사람들이 우왕좌왕 흩어졌다.

　"움직이면 쏴버리겠어." 그녀가 말했다.

행복의 수도에서 실패의 상징으로(2010년 3월 31일)

미리암이 성장기를 보낸 1960년대의 산페르난도는 작고 조용하고 목가적인 지역이었다.[23] 차는 물론이고, 집도 문단속 없이 지냈다. 목장 노동자가 술에 취해 바보짓을 하거나 질투심 많은 남편이 폭력을 휘두르기도 했지만, 대체로 작은 지역에서 종종 벌어질 법한 소동들이었다.[24] 산페르난도는 경제적으로 수수 농사에 의존했고, 흔히 멕시코의 곡창지대로 불렸다. 주민들은 산페르난도를 '행복의 수도'라고 불렀다.

2010년 걸프와 세타스가 갈라지면서 상황이 달라졌다.[25] 세타스에서 타마울리파스주를 장악하려고 나서면서 돈과 권력과 주도권을 건 치열한 전투가 잇따랐다. 수십 년 동안 너무도 평화로운 곳이었기에 상황이 더 심각해 보였다. 정부에서 마약과의 전쟁을 선포한 2006년부터는 폭력적인 상황이 두드러지게 늘었다.[26] 한때는 폭력이 지하세계에 감춰져 있었지만, 그 후로는 군과 카르텔이 종종 대낮에도 거리에서 전투를 벌였다.

처음에는 최악의 폭력만큼은 피했었다. 산페르난도 특유의 음산할 정도로 조용한 분위기 덕분에 미리암 가족과 일부 주민들은 이렇게 작은 지역은 무사할 거라고 믿었다. 마땅한 경제적 기반도 없는 지역을 누가 원하겠는가? 그런데 알고 보니 미국과 370킬로미터에 달하는 국경을 접하고 있는 타마울리파스주를 거쳐 물건을 밀수하는 모두가 그곳을 원하고 있었다.

산페르난도는 점차 국가적 실패의 상징이 되었다.[27] 마약과의 전쟁을 치르는 동안 오히려 악화된 상황을 보여주는 상징이자, 걸프와 세타스의 갈등이 폭력의 양상을 뒤바꾸는 동안 상황을 바로잡지 못한 무능력을 보여주는 상징.

걸프와 세타스의 전쟁은 2010년 3월 31일 이른 아침 경찰서로 전화 한 통이 걸려 오면서 시작되었다.[28] 처음에는 일상적인 신고 전화 같았다. 산페르난도 방향 남쪽 고속도로의 Y자형 분기점을 몇 킬로미터 앞둔 지점에 낚시꾼의 트럭 한 대가 전복되어 있다는 내용이었다. 경찰과 구급대원 몇 명이 사고 현장인 로마프리에타산 자락으로 긴급 출동했다. 현장에는 산페르난도에서 153킬로미터 지점이라는 이정표가 있었다. 울창한 나무들 사이로 비포장도로를 타고 가면 산자락을 따라 개인 소유의 목장들이 수 킬로미터씩 이어져 있는 곳이었다.

걸프와 세타스가 전쟁을 벌일 거라는 소문은 몇 개월 전부터 돌았다. 익명의 SNS 계정들에 2010년 1월에 걸프와 분열하며 산페르난도에서 쫓겨났던 세타스의 역습이 임박했다는 경고성 게시물이 올라오기 시작했다. 주민들은 모두 최악의 사태에 대비했다. 레이노사를 비롯한 타마울리파스주의 다른 국경 지역들은 이미 두 집단 간의 영역 다툼으로 불길에 휩싸였고, 여러 부수적인 피해를 입었다.[29] 그 외에도 타마울리파스주의 여러 지역에서 갑자기 폭력 사태가 터졌지만, 그때까지 산페르난도는 비교적 조용한 상태가 유지되었다.

걸프와 세타스가 분열하고 두어 달이 지났을 무렵, 산페르난도 지역 경찰은 경계 태세가 느슨해져 형식적인 수준의 치안 유지 활동만 하고 있었다. 경찰은 걸프의 하수인 노릇을 했고, 일부 경찰은 세타스의 경고를 허풍으로 치부하기 시작했다. 경찰은 세타스의 근거지인 주도 시우다드 빅토리아로 이어지는 국도를 따라 감시 인력을 배치하는 대신, 산페르난도 남쪽에서 시내로 들어가는 진입로 인근에 경찰차 15대를 배치했다. 미리암의 집에서 멀지 않은 직업 학교 주변이었다.

새벽 4시경에 트럭이 전복되어 있다는 신고가 들어오자, 경찰 10명이 산페르난도에서 남쪽으로 약 10킬로미터 떨어진 사고 현장으로 출동했다. 나머지는 학교 인근에 남아 경찰차 안에 앉아 있거나 서늘한 새벽 공기 속에서 담배를 피우고 있었다.

사고는 대수롭지 않아 보였다.[30] 병원 후송을 거부하는 운전자와 국도 담당 부서에서 처리해야 할 전복된 트럭 한 대가 전부였다. 구급대원과 경찰, 연방 국도 담당자 들은 이른 아침 교통사고가 일어나면 흔히 그러는 것처럼 정신이 몽롱한 상태로 명령이 떨어지기만을 조용히 기다리고 있었다.

응급구조대 역할을 겸하고 있던 산페르난도 소방대 대장 앙헬은 사고 현장 주변을 유심히 살펴보았다.[31] 도로는 구불구불 이어지다가 갑자기 남쪽으로 꺾여 주도 시우다드 빅토리아를 향했다. 도로의 굽이진 부분은 그 뒤에 버티고 서 있는 커다란 산에 가려져 있었다. 산은 마치 어두운 하늘에 아로새겨진 시커먼 덩어리처럼 보였다. 앙헬은 꺼림칙한 곳이라고 생각했다. 최근 이 고속도로 주변에서 점점 더 총격 사건이 빈번해지고 있었다. 하루 전에도 이곳에서 남쪽으로 조금 떨어진 라스노리아스 연방 고속도로에서 2명의 경찰이 피살되었다.

앙헬은 대원들에게 아무런 목적 없이 도로를 어슬렁거리다 표적이 될 필요는 없다며 철수를 지시했다. 대원 몇 명이 아직 담배도

다 피우지 못했다고 투덜거렸다.

"며칠 전에 무슨 일이 있었는지 기억하라고." 앙헬이 라스노리아스 사건을 언급했다. "놈들이 아직 활개 치고 있어."

건장한 체격에 군인처럼 머리를 짧게 자르고 이목구비가 뚜렷한 앙헬은 소방대장에 적격이었다. 직책을 맡은 지 얼마 되지 않았지만 대원들은 그를 따랐다. 담배를 피우던 대원들이 담배를 비벼 끄고 떠날 준비를 하는 동안 현장에 있던 경찰들은 얼마나 더 그곳에 머물지 생각하고 있었다. 공연한 소동이었던 듯했다. 현장에는 부상자도 사고 잔해도 없고, 운전대를 잡고 잠든 듯한 노인만 있었을 뿐이니 말이다.

경찰들이 철수를 막 시작했을 때 폭풍이 몰려오는 것처럼 도로 가장자리에서 낮은 굉음이 들렸다. 마치 타이머를 맞춰둔 것처럼 칠흑같이 어두운 수풀 사이를 찢으며 불빛이 폭포처럼 쏟아졌고, 고속도로 주변으로 이어진 비포장도로를 따라 진동하는 엔진음과 모래 위를 질주하는 타이어 마찰음이 점점 더 선명해졌다. 경찰들은 예상치 못한 기이한 조명 세례에 넋을 잃은 채 공포로 몸이 얼어붙었다. 10여 대의 트럭이 시야에 들어오자 정신이 번쩍 들었다. 누군가가 다가오고 있었다. 그게 누구든 어둠 속에서 매복하고 있었는데 반가운 손님일 리 없었다.

갑자기 도로 위로 대형차가 줄지어 쏟아져 나왔다. 'Z' 자가 스프레이로 칠해진 트럭, 트레일러, SUV, 그리고 총기를 거치한 장비차 등이 기괴한 쇼를 펼쳤다.[32] 트럭 행렬은 마치 전쟁을 맞볼 준비가 된 고삐 풀린 전사들처럼 산페르난도를 향해 질주했다. 간발의 차로 먼저 출발한 경찰들은 달아나며 무전기에 대고 외쳤다. "공격

받고 있다. 총격이다. 개자식들이 사방에서 쏟아져 나온다."

산페르난도 시내 진입로 앞 갈림길에서 세타스 트럭 행렬이 둘로 갈라졌다. 일부는 마을 동쪽 우회도로로 방향을 틀어서 산페르난도 중심부로 진입을 시도했고, 다른 일부는 경찰들이 배치된 마을 남쪽으로 곧장 돌진했다. 후자는 달아나는 경찰차를 쫓으며 총을 난사했고, 달아나던 경찰차는 직업학교 밖 검문소에서 대열을 이루고 있던 경찰차들과 정면으로 충돌할 뻔했다. 10분 가까이 빗발치는 총격으로 너덜너덜한 금속판이 되어버린 경찰차가 모닥불처럼 타오르는 동안, 봉쇄선을 지키던 경찰들은 미리 대피하여 도로 가장자리의 황량한 건설 현장에서 몸을 웅크리고 있었다. 무전기 속에서는 날카로운 비명이 응답받지 못한 채 울리고 있었다.

소방대장 앙헬은 대원들과 시내로 돌아가다가 공포에 질려 울부짖는 소리를 들었다. 그는 대원들을 도로 옆 갓길로 대피시키려 했다. 그 순간 상관이 무전을 걸어 시내도 안전하지 않다고 경고했다. 남쪽에서 올라온 세타스 무리가 경찰 봉쇄선을 뚫고 마을로 들어와 관공서에 기관총을 난사하며 마을을 쑥대밭으로 만들고 있다는 것이었다. 경찰서와 구청을 비롯해 정부와 관련된 모든 곳, 따라서 걸프 카르텔과도 관련된 모든 곳이 미친 듯이 총격을 당하고 있었다. 50구경 탄환의 격발음이 마치 포성처럼 마을 전체에 울려 퍼졌다. 어떻게 해야 할까. 앙헬은 상관의 지시대로 그대로 있거나 차를 버리고 달아나는 방법이 그나마 현실적이라고 생각했다. 하지만 그러기에는 너무 늦었다.

백미러에 또 다른 차량 무리가 그에게 질주해 오는 것이 보였다.[33] 군용 장갑차처럼 개조한 트럭들이었다. 한 대는 스쿨버스였다. 그는 심호흡하며 등을 기대고 앉아 자신이 죽은 목숨임을 받아들였다. 기관총에 맞을 것이라면 미리 확인하고 싶지 않았다. 바람을 가르는 소리가 들릴 때마다 몇 대가 지나갔는지 세었다. 3~4대쯤 세고 나서야 그들이 총을 쏘는 것이 아니라 경적을 울리며 자신을 조롱하고 있음을 깨달았다. 그는 총 49대까지 숫자를 세었다. 그 뒤로는 소리가 들리지 않았다.

세타스 무리는 시내에서 각기 다른 관공서를 공격하라는 임무를 받은 소그룹으로 나뉘었다. 세타스 병력은 이후 약 6시간 동안 관공서를 발견하는 족족 공격하며 산페르난도를 초토화시켰다.[34] 공격받지 않은 곳은 앙헬 소방대의 대피시설이 유일했다. 미리암 가족은 집 안에서 빗발치는 총성을 들었다. 멀리서 밤새 울리던 폭발음은 정복을 알리는 소리처럼 이튿날 아침에도 이따금 이어졌다. 왜 대피시설만 공격을 피했는지 아무도 알지 못했다. 다만 앙헬의 짐작에 따르면, 세타스에서 언젠가 자신들에게도 응급치료가 필요하리라 판단했을지 모른다. 시청, 검찰청, 치안시설 등의 건물은 거의 모든 벽면과 출입문, 창문에 총알 자국이 남았다. 이는 자신들의 장악력을 과시하는 행동인 동시에 한때 걸프 카르텔의 영역이었던 지역은 이제 사라졌다는, 모두가 아는 사실을 알리는 행동이었다. 이제 그곳은 세타스의 영역이 되었다.

정오가 되자 세타스 트럭들은 도착했을 때만큼이나 갑작스럽게 자취를 감췄다. 총성이 잦아들고 거리는 다시 조용해졌다. 숨어 있던 군인들이 나타나서 까맣게 타버린 차들을 견인하고, 거리에 나뒹구는 탄피들을 쓸어 담았다.

습격이 끝날 때까지 미리암 가족은 경찰차들이 전멸당한 직업

학교와 멀지 않은 집에 숨어 있었다. 산페르난도에서 벌어진 전례 없는 규모의 습격은 미리암 가족을 비롯한 모든 주민에게 큰 충격을 주었다.

폭력 사태 이후 용기를 내서 밖으로 나온 사람들은 사망자 수에 놀랐다. 0명. 산페르난도를 장악하는 동안 아무도 살해하지 않았다는 점, 중상을 입힌 사람도 없다는 점에서 세타스의 의도가 엿보였다. 이 새로운 정권은 주민들을 정신적으로 지배하되 실제로 파괴하지는 않는 무력시위를 벌인 듯했다.

세타스가 산페르난도로 습격하기 몇 시간 전, 미리암 가족은 다가올 재앙을 까맣게 모른 채 집에서 잠을 자고 있었다.[35] 그날 이른 새벽 앙헬은 상관에게 수수께끼 같은 경고를 들었다. 산페르난도 지배권을 두고 걸프와 세타스 간의 전쟁이 임박했다는 경고였다.

상관은 소방대 기숙사에서 다른 대원들과 취침 중이던 앙헬을 직접 찾아와 밖으로 불러냈다. 새벽 2시였다. 앙헬은 기숙사 건물 맞은편의 계단에 걸터앉아 상관을 올려다보았다. 상관은 마치 자기 자신과 논쟁을 하듯 조용히 고개를 저었다.

"앙헬, 오늘 밤에 정신 바짝 차리게." 그가 앙헬을 내려다보며 말했다. "문제가 생겼어."

문제가 있다는 건 모두가 알고 있었다. 이들의 과제는 전쟁의 안개 속에서 문제의 원인이 정확히 무엇인지, 그리고 총격전과 폭발과 총알 박힌 차량 위에 걸쳐진 시신들이 그 문제에 휘말린 주민들에게 의미하는 것이 무엇인지 파악하는 것이었다. 그러나 이런 이야기들이 뉴스에서는 잘 보도되지 않았고, 대부분 발신자 불명의 이메 일이나 랜덤 채팅방을 통해 흘러나왔다.

산페르난도가 습격당하기 불과 이틀 전 소방대장으로 승진한 앙헬은 자신의 승진이 어떤 면에서 상보다 벌에 가깝다고 생각했다. 무력 충돌이 발생했을 때, 스스로를 보호할 방법이 없는 사람들을 가장 먼저 책임지는 역할을 하고 싶은 사람이 어디 있겠는가?

상관은 겁에 질린 모습이 역력했다.

"그들이 갈라졌어. 걸프와 세타스 말일세." 그가 계속해서 말했다. "그리고 양쪽 모두 주 정부의 치안시설들을 모조리 공격하고 다니고 있어."

아직 걸프 카르텔이 장악하고 있던 그 시점까지 산페르난도는 적어도 타마울리파스주의 다른 지역들, 특히 미국과의 접경 지역들보다는 평온한 상황이었다. 세타스 일당은 공식적으로 걸프 카르텔로부터 독립한 2010년 1월 산페르난도에서 달아났다.[36] 그러나 그들은 반드시 돌아오겠다고 예고해 주민 모두를 불안에 떨게 했다.

상관은 앙헬에게 되도록 소방대 부지에 머물라고 했다. 부득이하게 벗어나야 할 때는 차폭등을 꺼두라고 했다. 그렇게 하면 놈들의 눈에 띄지 않을 거라고.

153킬로미터 이정표 지점에서 사고가 발생하기 4시간 전, 그리고 자동화기를 통한 맹공격으로 치안시설 곳곳에 총알 자국이 생기기 5시간 전, 산페르난도가 세타스의 손에 완전히 넘어가기 6시간 전의 일이었다. 이날의 점령 작전은 오늘날까지 어떤 형태로든 이어지며 미리암 로드리게스의 인생을 영원히 바꿔놓았다.

모든 전쟁은 파열 혹은 분출과 함께 시작된다. 무력 충돌의 잠재력이 운동 에너지로 전환되는 순간, 팽팽하게 당겨진 활시위가 툭

끊어지는 순간, 잔뜩 응축된 긴장이 터져 나오는 순간 말이다. 그해 1월 레이노사에서 걸프 카르텔이 세타스 두목을 살해한 것은 충분히 그럴 만한 사건이었다.

그로부터 채 일주일이 지나지 않아 전쟁이 시작되었고, 순식간에 지축을 흔드는 사건이 발생했다. 폭력 사태가 국경을 따라 주 전역에서 마치 연쇄 폭발 사고처럼 터져 나왔다. 섬뜩한 폭발음이 잇따랐다. 하루가 멀다고 새로운 사망자가 생기며, 점점 그 숫자가 늘어갔다.[37] 인구 밀집 지역에서 자동차 폭탄 테러가 발생했다. 자동차 대리점에서 카르텔 조직원들이 훔친 SUV가 곧장 전투자원으로 투입됐다.

전쟁은 코아우일라주, 누에보레온주, 두랑고주 등 인근 북부 주들로 확산되었다. 재봉선이 터지듯 폭력 사태가 연달아 터져 나오며 불과 2~3년 만에 수천 명의 목숨을 앗아 갔다.[38] 알카에다, IS 같은 중동 테러리스트가 자행하는 참수나 끔찍한 선전·선동을 연상시키는 섬뜩한 살인의 참상이 펼쳐졌다.

타마울리파스주는 카르텔 간의 동맹이 얼마나 취약한지 보여주는 본보기가 되었다. 멕시코에서 동맹은 폭력의 정도를 결정하는 가장 큰 요소일지 모른다. 평화는 주 정부에서 이룩하는 것이 아니었다. 그랬던 적도 없었다. 카르텔들은 쉽게 합의와 협정을 맺었다가 파기했고, 마치 시장 규제에 따라 물가상승률이 오르내리듯 이들의 변덕에 따라 살인 사건 발생률이 급증과 급락을 거듭했다.

언론은 상황을 제대로 보도할 수 없었다. 감히 언론 통제를 무시하는 매체나[39] 카르텔의 인내심을 시험하려 드는 기자들에게는 본보기 차원에서 가혹한 보복이 따랐다. 한때 암묵적이었던 일들이 공공연하게 자행됐다. 과거 타마울리파스주의 대표적인 범죄 조직 두목 가운데 한 명인 후안 가르시아 아브레고가 기자 2명을 살해했던 사건은 정부 고위급 인사들이 나설 정도로 전국적 논란이 되었지만,⁽⁴⁰⁾ 이제 그와 비슷한 살인 사건은 별다른 파장도 일으키지 못했다. 종종 사망 신고가 제대로 되지 않았고, 피해자 가족이 경찰에 피해 사실을 알리는 것을 꺼렸다. 그뿐만 아니라 너무나 많은 사람이 흔적도 없이 실종되었던 탓에 정확한 사건 통계를 집계하는 것조차 불가능했다.

그리고 2010년 3월 말, 산페르난도에 전쟁이 들이닥쳤다.

2010년 3월 30일 저녁, 미리암의 아들 루이스 엑토르는 산페르난도 시장에서 가게 문을 닫고 친구들을 만나러 갔다.⁽⁴¹⁾ 같이 포커를 치기로 한 친구들이 루이스 엑토르가 퇴근하기를 기다리고 있었다. 대학 졸업반이었던 루이스 엑토르는 시우다드 빅토리아에서 생활했지만, 주말이면 종종 용돈을 받으며 아버지 가게에서 일했다. 그날 밤에는 친구들과 거의 동틀 무렵까지 계속 포커를 쳤다. 마침내 게임이 끝났을 때 밖은 아직 어두웠고, 루이스 엑토르는 어두운 밤길에 차를 모는 대신 밤을 새우기로 했다. 얼마 전부터 페이스북 피드에는 세타스의 산페르난도 습격이 임박했다는 경고가 넘쳐났다. 확신까지는 아니었지만 그는 그 경고들을 진지하게 받아들였다. 루이스 엑토르는 잠시 눈을 붙이고 일어나 집으로 향했다.

일출 직전의 어스름이 깔린 거리는 한산하고 조용했다. 그로부터 불과 2~3년 안에 그날 밤 그와 시간을 보낸 친구 대부분은 세타스에 의해 살해되었다.

집에 돌아온 그는 열쇠를 주방 식탁에 놓고 신발을 벗었다. 가족들은 잠들어 있었다. 미리암과 루이스는 침실에서, 카렌은 당시 함께 살던 할머니 루피타와 자기 방에서 자고 있었다.

루이스 엑토르가 집에 온 지 10분도 채 되지 않았을 때 총격이 시작되었다. 날카로운 총성이 계속되었고, 금속을 부수는 소리와 낮은 충돌음이 집 바로 앞 거리에서 들려오는 듯했다. 집 안의 모든 사람이, 심지어 잘 걷지 못하는 루피타까지 거실로 뛰어나왔다. 카렌의 방에서 뛰쳐나와 바닥에 넘어지는 할머니를 보고 가족들은 웃음을 터뜨렸다. 세타스 일당이 집에서 고작 몇 블록 떨어진 직업학교 옆 경찰 검문소에 총을 난사하는 동안 가족들은 거실 바닥에 납작 엎드려 있었다.

루이스 엑토르가 거실 창문으로 조금씩 다가가 창밖을 내다보았다. 아버지가 새로 뽑은 쉐보레 트럭을 길거리에 주차해 뒀는데, 혹시 파손된 건 아닌지 걱정이었다.

"창문에서 물러나. 몸을 낮춰." 카렌이 고함을 치는 바람에 가족 모두 소스라치게 놀랐다.

가족들은 익숙하지 않은 총성을 들으며 영원처럼 느껴지는 그 순간이 지나가기를 기다렸다. 폭빌음 하니히나는 그들이 알던 세계가 다가오는 세계로 넘어가고 있음을 알리는 신호탄이었다. 세타스의 산페르난도 습격은 자동차와 건물만 파괴한 게 아니었다. 산페르난도의 과거까지 산산조각 냈다.

총성이 멈춘 뒤 미리암과 루이스는 차를 몰고 시장으로 가서 가게를 점검하기로 했다. 루이스 엑토르도 따라나섰다. 루이스의 새 트럭은 무사했다. 중심가에서 그들은 직업학교 앞을 지나쳤다. 경찰차들은 연기가 피어오르는 잔해가 되어 있었다.⁽⁴²⁾ 경찰본부, 아니 경찰본부였던 잔해는 습격 이후 건물보다는 구멍이 숭숭 뚫린 채반처럼 보였다.

세타스는 어떻게 마치 군대처럼 대규모 작전을 계획대로 펼칠 수 있었던 걸까. 미리암이 큰 소리로 질문했다.

트럭을 몰고 시내를 지나는 동안 그들에게 기묘한 느낌이 엄습했다. 마치 유령처럼 초현실적인 빛으로 둘러싸인 산페르난도를 보고 있는 것 같았다. 집이 불타고 남은 잔해를 보는 것처럼, 부서지고 훼손된 익숙했던 건축물을 보는 것처럼.

"도대체 어떻게 이런 일이 일어날 수 있는 거지?" 미리암이 계속해서 질문했다. "도대체 정부는 뭘 하고 있는 거야? 왜 이런 일을 막지 않는 거지?"

1장   사라진 딸

2014년 1월 24일 새벽 4시, 미리암의 핸드폰 전화벨이 울렸고, 화면에 큰딸 아잘리아의 이름이 보였다.⁽¹⁾

"무슨 일이야?" 미리암이 물었다.

"끔찍한 일이 생겼어."

"네 남편한테 무슨 일이 생긴 거니?"

"아니, 카렌한테." 아잘리아가 흐느끼며 대답했다.

미리암은 전화를 끊자마자 재빨리 짐을 쌌고, 가사도우미로 일하고 있던 텍사스주 매캘런 집 부부에게 쪽지를 남겼다. 그녀는 돌아오지 못할 듯하다고 썼다. 세타스가 산페르난도를 장악한 지 4년이 지난 그날 오전 6시경, 미리암 로드리게스는 타마울리파스주 레이노사의 길가에 서서 버스를 기다리고 있었다. 황량한 겨울이었다. 주의 중심부를 통과해 산페르난도까지 가려면 2시간은 걸릴 터였다.

그녀는 20여 년 전에도 막 걸음마를 시작하던 카렌을 업고 레이노사에서 국경 다리를 건넜었다. 미리암은 산페르난도행 버스 뒤편에 앉아 어두운 조명 아래에서 조용히 울었다. 두어 사람이 그녀를 위로하려 했다. 그녀는 사랑하는 이가 납치되었을 때 마음에 생기는 구멍을 타인의 동정으로는 절대 메울 수 없다는 사실을 알게 되었다.

건너편에 앉은 노인이 손수건을 건넸다.[2]

"괜찮으쇼?" 노인이 물었다. 미리암은 평소 낯선 사람을 경계하는 편이지만, 딸이 세타스 일당에게 납치되었다고 대답했다.

노인은 고개를 끄덕이며 주머니에서 종잇조각을 꺼내 뭔가를 갈겨쓰더니 그녀에게 건넸다.

"내 아들의 이름과 전화번호요." 노인이 미리암에게 말했다. "해병대 중위지."[3]

미리암은 메모를 지갑에 넣었지만, 곧 그것에 대해 잊어버렸다. 오전 8시가 조금 넘었을 때 버스는 산페르난도 시내에 진입했다.

그로부터 몇 시간 전, 아잘리아는 비몽사몽 간에 현관문 밖에서 들려오는 인기척을 듣고 놀랐다. 테라스의 타일 위에서 천천히 발을 끌며 다가오는 소리, 그녀가 어디서든 알아들을 수 있는 나지막이 끙끙거리는 소리. 아버지였다.

하루 전 오후 3시 30분경에 마지막으로 통화한 이후 카렌은 연락이 없었다. 아잘리아가 성경 공부를 하러 같이 교회에 가자고 했지만, 카렌은 사촌과 저녁 약속이 있다며 거절했다.[4] 마음이 바뀌었을까 싶어 저녁 8시쯤 다시 전화했을 때는 카렌이 받지 않았다. 아잘리아는 남편에게 그날 카렌을 봤는지 물었다. 남편은 오후 7시쯤 산페르난도의 중심가인 라 칼레안차 거리에서 카렌이 차를 몰고 지나가는 것을 보았다고 했다. 아잘리아는 조금 마음이 놓였다. 핸드폰을 잃어버렸거나, 핸드폰 배터리가 다 되었거나, 핸드폰이 고장 났을지도 모른다고 생각했다.

밤 10시가 되도록 아무런 메시지가 없자 아잘리아는 무언가 잘못되었다는 것을 직감하고 15분마다 카렌에게 전화하기 시작했다. 페이스북을 확인하고, 페이스북 메시지를 남기고, 왓츠앱으로도 메시지를 보냈다. "핸드폰 충전 좀 해. 계속 연락이 안 되네."

답장을 기다리다 졸고 있던 아잘리아는 인기척을 느끼고 화들짝 놀랐다. 침실 창문 너머로 아버지 루이스의 그림자가 현관 앞 테라스에 길게 드리워진 것이 보였다. 부녀는 거의 2년간 서로 말도 섞지 않고 지냈다.

아잘리아는 계단을 내려가 아버지가 벨을 누르기도 전에 문을 열었다. 옷매무새가 흐트러지고 공포에 질려 있어서 거의 알아보기 힘들 지경이었다.

"카렌 때문이군요." 그녀가 말했다.

루이스가 고개를 끄덕였다.

집 안에 들어서자마자 루이스의 핸드폰 전화벨이 울렸다.[5] 아잘리아는 카렌과 관련된 전화임을 직감하고 귀를 기울였다.

"돈 루이스" 발신자가 입을 열었다. "지금쯤 우리가 댁의 딸을 데리고 있다는 걸 알겠죠."

그자는 조직에서 논의한 끝에 카렌의 몸값으로 100만 페소, 즉 7만 7,000달러가량을 책정했다고 말했다.[6]

루이스는 바람이 나뭇잎을 스치듯 사각거리는 소리를 들었고, 곧이어 카렌의 목소리가 들렸다.

"아빠, 이 사람들이 원하는 건 돈뿐이야. 다른 건 없어." 카렌이 말했다.

루이스는 딸의 목소리를 듣게 될 줄 몰랐고, 그 목소리에 무장해제되었다. 대답할 겨를도 없이 카렌이 계속해서 말했다.

"돈을 건네면 나를 풀어줄 거야. 주지 않는다면 아마 이게 작별 인사가 되겠지."

아잘리아는 동생의 목소리에서 아버지가 자신을 구해줄지 확신하지 못하고 있음을 느꼈다. 납치범은 루이스에게 잘 자라고 말하고는 전화를 끊었다.[7]

아잘리아는 한동안 말없이 아버지와 소파에 앉아 있다가, 돈을 어떻게 마련할 생각인지 물었다. 금액이 크면 빚을 내야 할 수도 있었다. 루이스가 고개를 저으며 말했다.

"내일 오후 3시까지 달란다."

아잘리아가 루이스 엑토르에게 전화를 건 것은 새벽 3시경이었다.[8] 그는 곧장 전화를 받더니 습관처럼 무슨 일인지 물었다. 에르네스토와 관련된 일이거나, 루이스의 건강 문제 때문일 거라고 짐작하는 듯했다. 소식을 들은 그는 곧장 아잘리아에게 가겠다고 했다. 아잘리아는 이 소식을 전하기 가장 두려운 사람에게 마지막으로 전화했다. 어머니였다.

그날 밤 아잘리아는 마치 꿈결처럼 안개에 휩싸인 기분이었다. 초현실적이지만 촉감으로 느껴지는 아주 짙은 안개. 아버지는 말없이 소파에 앉아 있었다. 아잘리아는 이 모든 일(카렌의 납치, 아버지와의 화해, 어머니와의 통화)이 꿈은 아닐지 궁금했다.

몇 시간 후 그들은 카렌이 지내고 있던 미리암의 거처로 차를 몰았다. 차 안에서 루이스는 자정 무렵 납치범에게 처음 전화를 받은 직후에, 그 집에 이미 다녀왔다고 말했다. 카렌의 차는 없었고, 문이 잠겨 있었지만 조명과 텔레비전은 켜져 있었다고 했다.

그곳에 도착했을 때는 오전 6시가 다 되어갔지만 아직 날이 어두웠다. 아잘리아는 집 안에서 잠자고 있는 카렌을 발견하기를 간절히 바랐다. 카렌이 가상의 피해자였기를, 범인이 그저 동생을 납치한 척했을 뿐이기를.

아잘리아는 현관문을 열어보았다. 잠겨 있지 않았다. 가족들은 거실 테이블 위에서 카렌의 지갑을 발견했다. 주변에 내용물이 흩어져 있었다. 앞서 루이스 혼자 왔을 때는 그곳에 지갑이 없었다.

"누군가 다녀간 게 분명해." 루이가 말했다.

집 안은 난장판이 되어 있었다.[9] 전기 코드가 사방에 널려 있었고, 서류들이 바닥에 널브러져 있었으며, 가구들은 엎어져 있었다. 가족들은 카렌을 찾는 데 집중하느라 어지럽혀진 집 안을 제대로 살펴보지 못했다.

아잘리아가 카렌과 같이 저녁을 먹기로 약속했다던 사촌을 만나보자고 했다.

건너편에 사는 그 사촌은 카렌이 자신과 저녁을 먹던 도중에 누군가의 전화를 받더니 친구를 차로 데려다주어야 한다며 갑자기 나갔다고 했다.

"무슨 친구?" 아잘리아가 물었다.

"울리세스." 사촌이 대답했다.

아잘리아가 물을 겨를도 없이 사촌이 덧붙였다. "그게 누군지는 나도 몰라."

루이스는 카렌의 몸값을 대출받으러 가기 전 집에 들러 샤워했다. 오전 8시가 거의 다 되어가고 있었다. 그는 은행에 단정한 모습으로 가고 싶었다.

아잘리아는 어머니를 데리러 버스 정류장으로 차를 몰았다.

미리암은 기사에게 부탁해 세타스의 감시하에 있는 산페르난도 터미널보다 몇 블록 전에 버스에서 내렸다. 감시를 피하고 싶었다.

그녀는 가방을 내려놓고 아잘리아와 포옹했다.[10] 차에 들어가자 미리암의 전화벨이 울렸다. 어머니의 통화 소리를 듣고, 아잘리아는 그가 아버지에게 전화했던 젊은 남자임을 알 수 있었다. 납치범의 말투는 무례했다. 루이스와 통화하던 때의 정중함은 온데간데없었다.

납치범은 잔말 말라며 요구 사항을 간략하게 전달하더니, 카렌을 바꿔주었다.[11] 미리암은 속이 뒤집어지는 것을 느꼈다. 무엇보다 죄책감 탓에 괴로웠다. 이 모든 일이 자신의 잘못, 부모의 책임인 것만 같았다.

"괜찮니?" 목소리가 갈라지며 미리암이 물었다. "그자들이 너한테 무슨 짓을 했니? 다친 데는 없니?"

"엄마, 제발. 말 좀 할게." 카렌이 소리쳤다. "이건 돈 문제야. 제발 어떻게든 돈을 구해줘."

아잘리아에게는 카렌이 마치 대본 연습이라도 한 것처럼 몇 시간 전 아버지에게 했던 말을 똑같이 되풀이하는 것처럼 들렸다. '돈 문제일 뿐이다. 돈만 건네면 아무 문제 없을 것이다.' 그때 납치범이 전화를 가로채 통화를 뚝 끊었다. 미리암은 울음을 터뜨렸다. 아잘리아는 어머니가 그렇게 우는 것을 본 적이 없었다.

그 시각 루이스는 은행에 가고 있었다. 그는 20년 넘게 가게를 운영하며 은행원들과의 관계가 좋았고 신용 상태도 좋았다. 당시 지역 은행들은 납치 피해자 가족을 위한 대출 상품을 출시했다. 납치범들이 몸값을 요구하는 일이 얼마나 흔해졌는지 보여주는 암울한 현상이었다.

루이스가 아직 대출을 받는 데 필요한 절차를 마무리하고 있는데 납치범들로부터 다시 전화가 걸려 왔다. 오전 10시였다. 납치범은 루이스에게 계획이 변경되었다며 앞서 이야기한 것보다 더 빨리 돈을 달라고 통보했다.

그건 힘들다고 하자 납치범이 말을 끊었다.[12] "잘 들어, 영감탱이. 그건 우리가 결정해. 당신이 아니라."

납치범은 돈 가방을 들고 산페르난도 보건소로 오라고 했다. 그곳에서 현금을 건네받을 누군가가 카렌이 어디 있는지 알려줄 거라고 했다. 루이스 혼자 와야 했다.

온 가족이 평생 저축한 돈과 은행에서 대출받을 수 있는 돈을 최대한 끌어모았다. 모두 합쳐서 1만 달러가 조금 안 되었다.

미리암은 범인들의 눈에 띄지 않게 보건소에서 조금 떨어진 길에 차를 대고 현장을 지켜보았다. 보건소 안에는 두어 사람이 접이식 의자에 앉아 있었고, 다른 사람들은 주변을 서성이고 있었다. 루이스는 길에 서서 기다리고 있었다.

2시간쯤 후 돈을 건네받을 똘마니가 도착했다. 수염도 나지 않은 데다 가슴이 오목해 보일 만큼 마르고 몸집이 작아서 꼭 10대 소년처럼 보였다. 모자를 눌러 쓰고, 초록색 재킷을 입고 있었다.[13] 소년이 마치 바통을 넘겨받는 계주 선수처럼 오른팔을 내밀었지만, 루이스는 돈 가방을 움켜쥐었다.

"내 딸은?" 루이스가 큰 소리로 묻자 밖에 서 있던 사람들이 쳐다보았다.[14]

"20분 뒤 공동묘지." 소년이 가방을 잡아당기며 대답했다. 미리암은 소년이 체리색 포드 익스플로러를 타고 떠나는 모습을 차 안에서 지켜보았다.

부부는 천천히 차를 몰아 불과 200~300미터 거리의 공동묘지로 향했다. 거리에는 산페르난도를 덮친 끔찍한 상황 탓에 폐가가 줄지어 있었다. 부서진 집들 앞에 잔디만 무성했다.

그런 상황임에도 묘지는 잘 관리되어 있었다. 잔디와 관목이 깔끔하게 관리되었고, 화창한 날에는 커다란 나무들이 묘지 위로 그늘을 드리웠다. 그러나 그날은 지평선 위로 폭풍우가 내릴 듯 먹구름이 몰려와 하늘을 잿빛으로 물들였다.

미리암과 루이스는 날이 어두워질 때까지 묘지 주차장에서 기다렸지만 아무도 오지 않았다. 두 사람은 아잘리아의 집으로 돌아가 납치범에게 전화를 걸었다. 납치범은 아무 문제 없다고, 그저 날씨 탓에 카렌을 데려가지 못했을 뿐이라고 했다. 날씨가 안 좋은 것은 사실이었다. 먹구름이 비를 퍼부어서 거리가 잠시 물에 잠기기도 했다. 납치범들 주장대로 단지 돈 문제일 뿐이라면, 카렌이 풀려나는 것은 시간문제였다.

토요일이었던 그다음 날 가족들은 아잘리아의 집에 머물며 소식을 기다렸다. 무슨 소리가 날 때마다 온갖 감정에 휩싸였다. 전화벨 소리, 잘못 울린 자동차 경적, 이웃들이 들어오고 나가는 소리…. 시간이 흐르고 날이 어두워지자 무언의 두려움이 가족 모두에게 엄습하기 시작했다. '만약 카렌이 돌아오지 않는다면 어떡하지?'

루이스 엑토르는 이런 두려움을 외면하려 했다.[15] 몸값을 지불했으니 납치범이 약속을 어길 이유는 없었다. 다른 가족들도 그런 믿음을 붙들고 뜬눈으로 밤을 지새웠다. 지나가는 자동차 라이트가 비칠 때마다 혹시 카렌이 아닐까 하는 마음에 하나같이 집 밖으로 뛰어나갔다.

희망과 절망 사이의 수심과 외로움으로 가득한 공간을 헤맨 그 몇 시간이 영원처럼 길게 느껴졌다. 온 가족이 모인 것은 몇 년 만이었지만, 거의 아무 말도 하지 않았다. 다음 단계로 넘어가려면 카렌의 소식이 필요했다. 카렌이 돌아오지 않을지도 모른다고 생각하는 건 마치 미래를 스스로 포기하는 것 같았다. 반면 카렌이 돌아올 거라고 지레짐작하는 건 마치 운명을 시험하는 것 같았다.

이튿날 아침 미리암은 이웃의 전화를 받았다.[16] 이웃은 미리암네 집 앞에 주차된 체리색 익스플로러에서 두 여자가 내리는 걸 봤다고 했다. 그 여자들이 열쇠로 문을 열고 집 안에 들어가서 재킷과 검은색 신발, 카렌의 지갑을 들고 나왔다고.

가족 모두 좋은 소식이라고 생각했다. 날씨가 추워져서 카렌에게 입힐 옷을 챙겨 간 것이라고. 가족들은 애써 괜찮은 상황이라고 믿었다. 다른 상황은 상상도 할 수 없었기 때문이다. 마음속 어두운 구석에 자리한 의심을 마주하기보다 한 줄기 희망을 찾는 편이 한결 나았다.

납치범들은 그날 늦게 전화로 돈을 더 요구했다. 루이스는 대답 없이 핸드폰을 노려보았고, 힘겹게 고개를 저으며 눈물을 삼켰다. 미리암은 그 요구를 듣고 이렇게 외쳤다. "대체 어떻게 우리한테 돈이 더 있을 거라고 생각하는 거야!"

몸값 책정은 과학보다 기술에 가까웠다. 피해자 가족이 감당할 수 있는 금액이란 어림짐작과 협상에 달렸다. 몸값을 너무 빨리 건네면 납치범들은 더 뜯어낼 돈이 있다고 생각하고 재협상을 시도한다. 미리암 가족은 통장 잔고를 탈탈 턴 데다 대출까지 받아서 정말 돈이 없었다. 이제 할 수 있는 건 기다리는 것뿐이었다. 경찰 신고는 불가능했다. 어차피 도움도 되지 않을뿐더러, 혹시 납치범들이 신고 사실을 알면 카렌의 목숨만 더 위태로워질 것이었다.

더 할 수 있는 일이 없었던 미리암은 사위 에르네스토에게 자신을 집에 데려다 달라고 했다. 흐트러진 가구며 바닥에 나뒹굴던 물건 등 집 안의 상황은 루이스와 아잘리아에게 이미 설명을 들었다. 미리암은 집에 가는 것을 계속 미루고 있었다. 딸이 실종된 현장을 목격하고 고통스러운 감정에 빠지는 것이 두려웠다. 그러나 납치 배후에 있는 자들의 정체와 그들이 남겼을지 모르는 단서들은 점점 궁금해졌다.

집에 가는 길에 라스팔마스 앞을 지나쳤다. 커피와 함께 간단한 아침 식사를 할 수 있는 작은 식당으로, 치안이 좋던 시절에는 마을 노인들이 자주 모여서 수다를 떨곤 하던 장소였다. 그곳 주차장에서 체리색 익스플로러를 발견한 미리암은 에르네스토에게 건너편에 차를 세우라고 다급히 외쳤다.[17]

미리암은 두 남자가 식당에서 나오는 것을 보았다. 차에 올라

타기 전 키 큰 남자가 두리번거리며 길모퉁이를 살폈다. 사거리에서 신호를 받고 정차해 있는 차들과 빠르게 지나가는 다른 차들을 훑어 보던 그의 시선이 에르네스토의 트럭에 멈추었다. 누군가가 지켜보고 있음을 알아챈 것이 확실했다.

집 안에 들어간 미리암은 핸드폰 충전기와 고데기 케이블이 끊어진 채 바닥에 떨어져 있는 것을 보았다. 절단면이 해져 있었다.[18] 카렌의 침실 문 앞에는 비닐봉지 하나와 서류들이 사방에 흩어져 있었다. 몸부림친 흔적이었다. 거실 가구의 위치가 달라져 있었고, 옷장은 마구잡이로 뒤진 듯했다. 미리암은 바닥에서 정유회사 사원증을 집어 들었다. 카렌의 베네수엘라 출신 남자친구의 것이었다. 미심쩍은 남자였다. 나이 많은 유부남인 듯했다. 미리암은 거실 바닥에서 남성용 부츠 한 켤레를 발견했다.

서류, 옷가지, 사원증, 끊어진 충전기 케이블… 납치범들이 남긴 물건들만으로 상황을 짐작하기는 어려웠다. 집 안에 들어왔던 건 분명하지만, 뭘 하려던 건지 오리무중이었다. 일련의 단서는 어떤 결론으로도 말끔하게 이어지지 않았다.

그날 저녁 아잘리아의 집에 돌아가 있었던 미리암은 노크 소리를 듣고 문으로 달려갔다.[19] 손님은 카를로스의 엄마라고 자신을 소개했다. 미리암은 그 이름을 떠올리느라 잠시 기억을 더듬었다. 카를로스는 미리암의 오빠가 사장인 자동차 정비소의 직원이었다. 오빠와 가족처럼 가깝게 지냈다. 카렌과 동갑이라 미리암도 오래전부터 그를 알고 있었다. 카를로스의 엄마는 카렌이 납치되었던 1월 23일 밤에 자기 아들이 카렌과 함께 있었다고 했다. 미리암은 들어가서 이야기하자고 했다.

카를로스의 엄마는 납치 당일 밤, 카렌의 부탁으로 카를로스가 퇴근 후에 차를 점검해 주기로 했었다고 했다. 그날 밤 카를로스가 타지에서 온 자신의 사촌과 함께 카렌을 만나러 갔는데, 그때를 마지막으로 두 사람과 연락이 되지 않았다는 것이다. 이튿날 아침 납치범들이 그녀에게 전화를 걸어 몸값을 요구했다. 가진 돈이 없다고 하자, 그들은 낄낄거렸다.

"그럼 아들을 송장으로 만들어 보내주지."[20]

다음 날 미리암은 차를 몰고 나왔다. 라 칼레안차 거리로 접어들 때쯤 체리색 익스플로러가 자신을 미행하고 있음을 알아차렸다.[21] 식당 주차장에 있던 그 차였다. 침착함을 유지하려 했지만, 미처 경로를 바꿀 겨를도 없이 그 차가 쏜살같이 추월해 길 한복판을 막아섰다.

두 젊은 남자가 차에서 뛰어내렸다.

"카렌의 엄마죠?" 키 큰 쪽이 물었다.

미리암이 고개를 끄덕였다.

"10분 뒤에 레스토랑 엘 주니어에서 봅시다. 혼자 와요." 그가 말했다.

식당에서 미리암은 테이블을 사이에 두고 세타스 조직원의 맞은편에 앉았다. 큰 키, 수척한 얼굴, 밝은색의 피부, 곱슬머리… 에르네스토의 차 안에서 봤던 남자였다. 그의 손에 들린 무전기에서 이따금 지지직거리는 소리가 들렸다. 산페르난도 시내 곳곳에 배치된 보초들이 경찰과 군부대의 움직임을 보고하는 것이었다. 미리암에게 이름을 밝히지 않았지만, 무전기에서 그를 '사마'라고 불렀다. 그는 자신이 중간 보스이며 딸을 되찾게 도와줄 수 있다고 말했다.

사마의 옆에는 몸집이 작은 남자가 앉아 있었다. 사마의 똘마니인 듯했다. 사실 남자라기보다 아직 10대 소년에 가까웠다. 소년은 둥글고 작은 얼굴에 비해 눈이 유난히 컸다. 사마가 말하는 동안 허겁지겁 음식을 먹어치우더니, 미리암이 손도 대지 않은 샌드위치를 넘겨다보고는 먹을 건지 물었다. 그녀는 그에게 접시를 밀어주었다.

소년이 먹는 동안, 사마는 미리암에게 카렌이 살아 있으며 안전하고 기분도 좋은 상태라고 안심시켰다.

"카렌이 원래도 대마초 같은 걸 피우나요?" 그가 물었다.[22] "내 말은, 그 정도로 느긋해 보인다는 거예요. 아주 차분하게 잘 지내고 있어요."

그는 카렌이 다루기 쉬운 사람이며, 차분한 태도 때문에라도 그녀를 돌려보내고 싶은 마음이라고 말했다. 하지만 그 결정을 혼자서 할 수는 없다고 했다. 그러려면 세타스에서 산페르난도 지역의 관리를 맡은 엘 라리가 최종 결정을 내려야 한다는 것이었다. 미리암은 이름들을 머릿속에 기록했다. 사마, 엘 라리. 사마는 자신이 미리암을 도울 수 있다고 했다. 1,600달러만 주면 자신이 책임자들에게 손을 써두겠다고 했다.

미리암은 미심쩍은 눈으로 그를 지켜보았다. 물론 카렌이 살아 있다고 믿고 싶은 마음은 굴뚝같았다. 하지만 이미 몸값을 다 지불했는데, 사마는 돈을 더 요구하고 있었다. 도와줄 수 있다면서도 자신이 책임자는 아니라고 했다. 앞뒤가 안 맞는 말이었지만, 어쩌면 그것이 이 상황의 본질인지도 몰랐다.

2014년 당시 세타스를 둘러싼 정보들은 온통 앞뒤가 맞지 않았다. 세타스는 2010년에 산페르난도를 공포에 떨게 했던 조직과 달라져 있었다. 과거의 거물급 조직원들은 대부분 죽거나 감옥에 들어가서,[23] 젊은 세대가 대신 그 자리를 차지했다.[24] 체계가 무너진 세타스는 예측 불가능한 조직이 되었다. 지역적 차원에서는 특히 더 경험 부족을 드러냈다. 반면 산페르난도는 4년 전보다 정부의 통제가 강화되어 육군과 해병대가 주기적으로 순찰했다.[25] 그렇다고 안전해진 것은 아니었다. 납치가 끊이질 않았고, 여전히 세타스 조직원들이 제멋대로 활개를 치고 다녔다.

그러므로 논리적으로는 사마의 말이 진짜일 수도 있었다. 어쩌면 작은 일당이 상부의 허락 없이, 또는 상부 몰래 카렌을 납치했을 수 있었다. 미리암은 정말 그런 상황이라면, 동조하는 척할 필요가 있다고 생각했다. 적어도 시도는 해볼 만했다. 그를 믿는 척하고 요구를 들어주면서 그 말이 진짜이기를 바라는 것이다.

커다란 전면 유리창 너머로 가게 앞에 주차된 체리색 익스플로러와 늦은 오후의 도로를 분주하게 지나가는 차들이 보였다. 양옆에는 식사 중인 사람들이 있었다. 미리암은 모든 것이 그저 자신의 슬픔을 이용해 돈을 뜯어내려는 술수일지 모른다는 의심을 제쳐두고 돈을 더 지불하기로 결정했다.

사마가 미리암을 차로 데려다주겠다고 했다. 미리암은 혼자 오라는 지시를 어기고, 루이스에게 눈에 띄지 않는 곳에서 기다리라고 해둔 상태였다. 만일 그녀가 사마의 차에 타지 않는다면 일행이 있음을 들킬 것이었고, 만일 차에 탄다면 일당을 아잘리아의 집으로 안내하는 꼴이었다. 그러나 이미 중요한 문제가 아니었다. 어차피 사마는 그녀가 어디로 갈지 알고 있었다.[26] 그는 미리암을 아잘리아의 집 앞에 내려주고는 다시 연락하겠다고 말했다.

미리암은 핸드폰을 노려보았다. 1,600달러를 지불하고 일주일이 넘게 지났다. 아직 희망을 버리기는 이르지만, 무심한 핸드폰에 대고 제발 전화벨을 울려달라고 애원하고도 남을 시점이었다. 아잘리아의 집 거실은 비상상황실을 방불케 했다. 미리암은 니스칠을 한 가구와 어두운색으로 무늬가 그려진 커튼 사이에 앉아 있었다. 커피 테이블에는 빈 유리잔이, 소파에는 널브러진 서류 뭉치가 있었다. 걱정과 두려움에 사로잡힌 가족들의 어수선한 모습이었다. 종종 모르는 번호로 전화가 걸려 오면 한순간 희망이 샘솟았다가, 전화를 받자마자 사그라지곤 했다. 그중 몇몇은 새로운 몸값을 요구하는 전화였다. 미리암 가족이 곤경에 빠진 낌새를 알아채고, 이를 이용하려는 다른 일당들의 전화였다.

2주 후 미리암은 그저 불행을 물색하고 다니는 사기꾼이 아니라 실제 납치범으로 짐작되는 자의 전화를 받았다. 전화벨이 울리자 아잘리아가 집 안을 가로질러 욕실에 있던 엄마에게 핸드폰을 건넸다.

"보스가 명령을 내렸고, 따님을 돌려줄 준비가 됐어요." 전화 속 목소리가 말했다. "돈이 조금 더 필요해요. 푼돈이에요."

미리암은 즉시 의심이 들었다. 왜 이렇게 시간이 한참 흐른 뒤에 푼돈을 요구하는 걸까?

"내 딸을 데리고 있다면 그 애를 바꿔주세요." 그녀가 말했다.

"그건 안 돼요. 하지만 곧바로 돌려보낼 거예요." 목소리가 대답했다.

미리암은 이성을 따르는 대신 몸값을 더 지불하기로 했다.[27]

그녀는 중앙 광장에 있는 편의점에서 400달러를 송금했다. 남자가 카렌을 데리고 있을 가능성은 거의 없다고 생각했지만, 그래도 가능성이 아예 없는 것보다는 나았다. 그야말로 가난한 사랑이었다. 그들이 딸을 납치했을지도 모른다는, 딸이 살아 있을지도 모른다는, 그리고 딸을 돌려줄지도 모른다는 희미한 가능성 때문에 그동안 저축한 돈을 낯선 사람의 계좌에 몽땅 털어 넣는 것 말이다.

납치범들은 어떻게든 희망의 끈을 놓지 않으려는 피해자 가족의 비이성적일 만큼 절박한 심정을 먹이로 삼는다. 피해자 가족들에게는 뻔뻔한 거짓말이 차라리 진실보다 나을 수 있었다. 몸값은 가족을 되찾을 수단인 동시에 환상을 지탱할 수단이기도 했다. 사랑하는 사람을 되찾을 수 있다는 환상은 계속 살아갈 이유, 절망으로 떨어지지 않을 이유가 되었다.

미리암은 약속된 시간을 훌쩍 넘기고 밤이 될 때까지 광장에서 카렌을 기다렸다. 노점상들이 하나둘씩 형광등 불빛을 밝히고 나서야 그곳을 떠날 때가 되었음을 깨달았다.

날과 날의 경계가 흐려졌고 날짜가 헷갈리기 시작했다. 기억은 날짜가 아니라 추상적인 시간의 흐름에서 단편적으로 떨어져 나와 기록되었다. 나중에 곰곰이 생각해 본 다음에야 비로소 단편적 장면, 아직 그 의미가 드러나지 않은 결정적인 순간에 중요성을 부여할 수 있었다.

카렌의 실종 2주 후부터 미리암과 아잘리아는 차를 몰고 시내를 돌아다니며 체리색 익스플로러를 찾아다녔고, 슬픔의 무게에 짓눌리지 않으려 계속 움직였다. 모녀는 라 칼레안차 거리를 따라 시내 중심가를 통과했고 교차로를 지나 남쪽으로 향했다. 미리암은 거리의 가게들, 공공시설, 산책로 등을 훑어보았다.

두 사람을 강을 건너 파소 레알 지역의 미리암네 동네 입구를 통과했다. 미리암이 아잘리아에게 배가 고픈지 묻고, 곧 바비큐 식당이 있는 길가에 차를 댔다. 미리암은 음식을 주문하러 갔다가 급하게 차로 돌아왔다. 식당 안에서 '라 차파라'로 통하는 카렌의 친구가 간이 테이블에 앉아 있는 것을 발견한 것이었다.

"라 차파라가 저기 앉아 있는 거 보이니?" 미리암이 물었다. 아잘리아는 보인다고 대답했다.

"걔가 탄산음료만 시켜놓고 있어." 미리암이 말했다.

앞에 빈 접시나 구겨진 냅킨도 없었다. 두 사람은 근처 테이블을 잡았고, 미리암이 라 차파라를 그 자리로 불렀다. 라 차파라는 키가 작은 곱슬머리 소녀였다. 그녀는 아직 10대였고, 카렌보다 몇 살 더 어렸다. 미리암이 카렌에게 무슨 일이 일어났는지 들었냐고 물었다. 소녀는 고개를 저었다. 미리암이 납치 이야기를 꺼내자 라 차파라는 긴장한 모습으로 자신이 앉아 있던 자리를 흘끔 돌아보았다. 소녀가 자리로 돌아가자 미리암이 아잘리아에게 말했다.

"쟤한테 뭔가 구린 게 있어 보여. 다들 아는 납치 소식을 모르는 처하잖아."

며칠 후 미리암은 같은 식당에서 같은 자리에 앉아 있는 라 차파라를 또 보았다. 시내의 남쪽 도로변에 있는 그 식당에서는 과거에 쓰레기 폐기장이었던 부지 입구가 또렷하게 보였다. 그곳이 세타스의 은거지라는 소문이 있었다. 미리암은 그곳이 망보기 좋은 위치라고 생각했다.

그로부터 얼마 후 미리암은 시내의 대형 식료품점에서 루이스와 장을 보고 나오다가 주차장에서 키가 크고 호리호리한 곱슬머리 남자의 실루엣을 발견했다. 그 실루엣, 즉 사마는 웬 나이 든 남자와 함께 있었는데 그 남자의 일거수일투족에 각별한 신경을 기울이는 것으로 보아 그 남자가 사마의 보스인 듯했다.[28] 미리암은 종종걸음으로 사마에게 다가가 따졌다.

"딸을 돌려준다고 했잖아. 그 애가 어디 있는지 말해."

깜짝 놀란 사마는 그녀를 데리고 자리를 피해 조용히 말했다. "지금은 말 못 해요. 보스랑 있어서요." 그는 다음에 이야기하자며 주머니에서 종이 한 장을 꺼내 전화번호를 써주고는 돌아갔다. 나이 든 남자는 무장한 남자 몇 명과 흰색 SUV에 타고 있었다. 미리암은 고개를 돌려 루이스에게 말했다.

"저들을 미행해야 해."

두 사람은 그들을 따라 조용한 주택가로 접어들었다. 흰색 SUV는 자주색 집 앞에 멈춰 섰고, 루이스는 길모퉁이에 차를 대고 사마와 보스 등 일행이 차에서 내려 집 안으로 들어가는 모습을 지켜보았다.[29] 미리암은 그곳 주소를 메모했다.

몇 주가 더 지나면서 미리암은 깊은 우울감에 빠졌다. 하루하루가 반복되는 절망으로 채워졌다.[30] 그녀는 깊이 잠들지 못했고, 자주 한밤중에 깨어나 상실감에 시달렸다. 낮에도 눈물로 시간을 보냈다. 어떤 날은 침대에서 일어나는 것도 힘들었다. 침실에서 나오더라도 거실을 거의 떠나지 않았다. 평소 늘 옷을 잘 차려입었지만, 이제는 종일 파자마 차림으로 지냈다. 몇 시간씩 핸드폰만 들여다보고 있었다. 마치 그 안에 불행을 끝낼 해답이 있는 것처럼. 미리암은 세 차례나 몸값을 지불하며 카렌이 살아 있을지도 모른다는 희망을 이어갔다. 희망은 미리암에게 믿고 매달릴 대상이 되어주었고, 가슴 저린 상실감을 메울 수 있게 해주었다. 그런데 희망은 부서졌고, 우울감이 나날이 깊어졌다.

아잘리아는 엄마가 걱정되기 시작했다. 엄마는 모두가 의지할 수 있고, 용기를 얻을 수 있는 사람이었다. 아무리 상실감이 크고 절망적이더라도 이렇게 주저앉는 건 전혀 엄마답지 않았다. 엄마에게는 여전히 두 자녀가 있고, 남편이 있고, 가게가 있었다.

카렌이 실종된 지 정확히 한 달째가 되었던 2014년 2월 23일, 미리암은 소파에서 몸을 일으키고 2층으로 올라가 목욕했다. 그녀는 거울 앞에 앉아 정말 오랜만에 머리를 빗었다.[31] 화장을 하고 외출복을 입었다. 그리고 아래층으로 내려가 거실에서 아잘리아에게 말했다.

"한 달이 지났는데 그놈들이 카렌을 돌려주지 않았어. 이게 무슨 의미인지 나는 엄마로서 가슴 깊이 느낄 수 있어." 그녀가 말했다.

미리암은 카렌이 집에 영영 돌아오지 않을 거라고 했다. 적어도 자신이 바랐던 방식으로는 말이다. 막내딸 카렌은 죽었다. 목소리에는 자기 연민이 없었고, 얼굴에는 눈물도 고통스러운 기색도 없었다. 그녀는 그 자리에 서서 잠시 신중하게 말을 골랐다.

"내 여생을 걸고 내 딸에게 이런 짓을 한 놈들을 전부 찾아낼 거야. 반드시 대가를 치르게 하겠어." 미리암이 말했다.

오랫동안 미리암은 자신의 표적 명단을 늘려갔다. 첫 번째 표적은 카렌을 돌려주겠다며 추가로 몸값을 요구한 사마였다. 명단에는 그의 동료 세타스 조직원들이 있었다.

1. 사마

2. 크리스티아노

3. 엘 플라코

4. 플로리스트

5. 엘 마리오

6. 엘 키케

7. 라 차파라

8. 라 구에라 소토

9. 라 마초라

아잘리아는 어머니가 집 밖으로 나가서 트럭에 올라타는 것을 보았다. 그날 이후 미리암은 다시는 그 전으로 돌아가지 않았다.

2장 두 가지 역사

레이노사 다리를 건너다(1994년)

세타스가 산페르난도를 장악하기 한참 전, 카렌 로드리게스가 납치되기 20년 전, 미리암은 한 살배기 딸 카렌의 손을 잡고 레이노사의 국경 다리 위를 걷고 있었다. 국경 너머 미국인 의사들과 진료 예약이 잡혀 있었다. 미리암은 다리 건너편을 지켜보았다. 그곳에서 제복 차림의 미국 국경경비대 대원들이 무심한 태도로 사람들의 여권을 넘기며 보고 있었다.

멕시코 진문의들은 카렌에게 가망이 없다고 판단했지만, 미리암은 텍사스에서 다시 진단을 받고자 어렵사리 예약에 성공했다. 순전히 의지의 힘이었다.[1] 미국 의사들의 진료는 딸이 휠체어 신세를 피할 마지막 기회였다. 장밋빛 피부와 카나리아처럼 노란 머리의 카렌은 움직이는 아기 인형처럼 보였다. 식료품점에서 거리에서, 그리고 미리암 부부가 일하는 산페르난도 시장에서 모두가 카렌을 안아 보고 싶어 했다. 카렌은 부모뿐 아니라 낯선 사람들에게도 곧잘 안겼다. 사촌들은 어느 날 갑자기 자기들 사이에 뿅 하고 나타난 이 작고 낯선 생명에 매료되어 언제나 카렌을 안아주었다. 카렌이 혼자 기어다니는 경우는 별로 없었다.[(2)]

그 때문에 미리암은 불과 몇 개월 전인 1994년 여름이 되어서야 카렌의 걸음마가 늦다고 생각하게 되었다. 미리암이 일으키려 할 때마다 카렌은 누군가가 엉덩이를 아래로 잡아당기듯 휘청거렸다. 카렌은 망가진 장난감처럼 오래 서 있지 못했다. 아무리 달래며 일으켜 세워도 소용없었다.

처음에는 너무 많이 업어주고 안아줘서 버릇이 나빠진 것뿐이라고 생각했다. 당시 각각 열여섯 살, 열 살이었던 아잘리아와 루이스 엑토르는 집에 전기도 들어오지 않고, 부모가 종일 시장에 나가 일하던 힘든 시절을 겪었지만, 카렌은 중산층 가정에서 태어나 상대적으로 호사를 누렸다. 미리암과 루이스는 카렌이 걸을 생각이 없어서 잘 걷지 못하는 거라고 짐작했다.

그러나 카렌의 첫돌 무렵 미리암은 무언가가 잘못되었음을 직감했다. 산페르난도 시내 병원에서 의사가 끔찍한 진단을 내렸다. 카렌의 고관절이 선천성 기형이며, 평생 도움 없이는 혼자 걷지 못할 거라고 했다. 더 큰 문제는 의사가 자신이 해줄 수 있는 일이 없다고 말한 것이었다.

자유롭게 움직이지 못하는 삶, 어딘가에 묶여 있는 삶을 자식이 살길 바라는 부모는 없을 것이다. 미리암은 특유의 퉁명스러운 태도로 의사의 진단을 받아들이지 않았다.

"선생님이 뭘 안다고 그렇게 말해요?" 그녀가 쏘아붙였다.

미리암은 주도 시우다드 빅토리아로 향했다. 그곳에는 정부에서 운영하는 소아과 전문병원이 있었다.[3] 미리암은 타마울리파스주 최고의 의료진에 큰 희망을 걸었다. 하지만 몇 주 뒤 카렌을 데리고 병원 검사실에 서 있던 미리암은 또다시 나쁜 소식을 듣고 몸을 휘청거렸다. 의료진은 카렌에게 고관절 기형뿐 아니라 심잡음도 있다고 했다.

미리암은 카렌의 심잡음을 알고 있었다. 출산 당시 산부인과에서는 카렌이 크면서 증상이 나아질 거라고 했었다. 그런데 소아과 의사 말로는 그 심잡음 탓에 고관절이형성증 수술이 위험하다는 것이었다. 심장마비를 일으킬 수도 있다고 했다.

미리암은 고개를 가로저으며 말했다. "수술해 줄 다른 의사를 찾을게요."

멕시코에서 비관적인 진단을 받는 것은 그 질병의 실제 치명률과 무관하게 사형 선고와 다름없다.[4] 환자들은 대부분 열악한 여건과 선택지 탓에 충분히 교육받지 못하고 경험이 부족한 의사들을 만난다. 공중보건 제도에 의존해야 하는 상황이라면 그보다 더 나쁘다.[5] 기본적인 진찰 예약을 잡는 데만 수개월씩 걸린다. 어찌어찌 진찰은 받더라도 연줄이 없는 사람들은 엄청나게 운이 좋지 않은 이상 전문적인 진료를 받지 못하는 경우가 다반사다.

미리암은 의지의 힘을 믿었다. 아무리 문이 굳게 닫혀 있어도, 아무리 큰 저항이 있어도 언제나 방법이 있기 마련이라고 생각했다. 남편의 실직에 따른 경제적 위기와 개인적 비극을 겪으면서도 미리암이 가족을 건사할 수 있었던 비결이었다. 그녀는 멕시코에서는 치료받기 힘든 희귀병을 가진 이웃 소년의 엄마를 기억했다. 그 엄마는 텍사스주 휴스턴에서 그 병을 고칠 수 있는 병원을 알아냈다. 병원

치료 덕분에 아들은 삶을 이어가며 가족에게 희망을 주었다. 시우다드 빅토리아의 병원을 나오자마자 미리암은 그 엄마를 찾아갔다.

세계 최고 수준의 소아외과 병원으로 인정받는 휴스턴 슈라이너 병원에서는 멕시코 등 여러 나라에서 건너온 아이들의 희귀병을 무료로 진료해 주고 있었다.[6] 환자를 미국으로 데려가려면 먼저 보호자가 영어로 신청서를 써야 했다. 영어를 몰랐던 미리암은 지역 도서관 사서의 도움을 받아 신청서를 작성했다. 신청서를 내러 휴스턴에 가는 것은 비용이 너무 많이 들었다. 미리암은 희귀병 소년의 엄마에게 휴스턴에 갈 때 신청서를 대신 전해달라고 부탁했다.

몇 개월 뒤 슈라이너 병원에서 전화가 왔다. 병원에서는 미리암이 카렌을 데리고 직접 내원해야 한다고 했다. 의사들이 직접 카렌을 진찰하고 치료가 가능할지 판단할 예정이었다. 멕시코 의사들의 비관적인 진단을 극복하고, 미국에서 (생각할 수 있는 최선의) 선택지를 찾은 미리암은 한 살배기 딸을 데리고 국경 다리를 건너 매캘런으로, 다시 그곳에서 버스를 타고 라페리아로 가야 했다. 문제는 카렌에게 비자도 여권도 없었다는 것이다.

무뚝뚝한 미국 국경경비대 대원 두 사람이 출입국 사무소 앞을 지키고 서서 여권을 검사하고 있었다. 미리암은 자신이 얼마나 곤란한 상황인지 설명했다. 어린 딸이 일생일대의 수술을 받으러 미국에 가야 한다고. 그녀는 자신이 정기적으로 국경을 건넜음을 증빙하는 출입국 기록과 병원에서 보낸 서류를 보여주었다.

30분가량의 실랑이 끝에 대원들은 미리암과 카렌을 통과시켜 주었다.

임시 진료소가 마련된 라페리아에서 여러 가족이 모여 병원 직원들이 환자들의 서류를 하나씩 검토하는 모습을 지켜보았다. 의사들은 진료소에서 환자들을 진찰하며 수술 가능성을 가늠했다. 미리암은 수술이 성공할 가능성이 낮다는 걸 알고 있었다. 최선을 다했지만 딸이 걷게 되지 못할 수도 있다는 현실적 가능성 때문에 여전히 두려움에 휩싸여 있는 시간이었다.

담당 의사는 카렌을 치료할 수 있을 가능성이 크다며 당장 카렌을 휴스턴으로 데려가겠다고 했다. 미리암은 카렌의 수술 후 한 달간 더 텍사스에 머물며 후속 절차를 처리했다. 카렌은 수술을 통해 대퇴골에 백금 소재의 인공관절을 이식받고, 전신 깁스를 했다. 멕시코로 돌아온 이후에는 아잘리아와 루이스 엑토르가 교대로 카렌의 기저귀를 갈아주었다. 깁스 뒤쪽의 뚫린 부분에 손을 집어넣고 역겨운 냄새와 질감의 블랙박스를 더듬더듬 뒤져야 하는 어려운 작업이었지만, 두 사람은 그 일을 해내며 책임을 나눈다는 가훈을 지켰다.

인공관절이 몸에 잘 맞춰지면서 카렌은 다리 보조기와 작은 보행기를 사용하기 시작했다. 미리암은 매일 카렌을 시장에 데리고 다녔다. 자연스럽게 카렌은 다른 상인들의 아이들과 어울려 놀았다. 머지않아 함박웃음을 띤 카렌이 다리를 절며 보행기의 도움 없이도 다른 아이들을 쫓아 콘크리트 복도를 누비고 다녔다.

미리암은 매월 검진을 받기 위해 카렌을 데리고 휴스턴에 갔다. 의료진은(그리고 미리암은) 카렌의 몸이 수술 이후 잘 적응하고 있는지 주의 깊게 추적·관찰했다. 마치 어느 순간 카렌의 움직임에 어떤 기적 같은 일이 일어날 것처럼. 휴스턴행은 카렌이 열여덟 살이 될 때까지 이어졌다. 그 무렵 카렌은 성인과 다름없는 몸집이 되었다. 의사들은 인공관절이 계속 잘 기능할 것이니 안심하라고 했다.

가족들은 카렌이 임신하면 문제가 생길 수 있다는 사실을 알았다. 그러나 카렌이 워낙 신나게 뛰고, 헤엄치고, 껑충거리고, 춤을 추고 다녀서 카렌 본인을 포함한 모든 사람이 그녀가 어린 시절에 큰일을 치렀다는 걸 거의 잊어버릴 정도였다. 미리암만 빼고 말이다.

모든 것이 달라지던 시기

타마울리파스주는 역사적으로 북미 대륙을 오가는 사람과 물자의 주요 통로였다.[7] 석유와 가스, 수자원과 광물, 바람과 모래와 햇빛 등 천연자원도 풍부하지만, 타마울리파스주의 경제적 가치는 대부분 지리적 특성에서 비롯되었다. 미국과 인접하고 멕시코만을 끼고 있어서 밀수가 주요한 경제 활동으로 자리 잡았다. 타마울리파스주에는 멕시코를 통과해 미국으로 가는 가장 빠른 경로가 있었고, 그 사실이 국경 지역의 도시들(특히 마타모로스)을 불법 무역의 거점으로 탈바꿈시켰다.

20세기 초 멕시코 전역을 휩쓴 역사적 변혁 이후 밀수 조직망 역시 변화를 겪었다. 1910년부터 1920년까지 이어진 멕시코 혁명은 지역 경제에 활력을 불어넣었는데, 그 과정에서 불법적인 물자 이동도 덩달아 늘어났다.[8] 전쟁이 끝날 무렵인 1919년 미국에서 볼스테드 법(Volstead Act), 이른바 금주법이 발효되었는데 이로 인해 타마울리파스주의 밀수업자들에게 새로운 기회가 열렸다.[9] 이들은 처음에는 술을, 나중에는 코카인을 비롯한 마약을 판매했다. 이는 훗날 걸프 카르텔의 핵심적인 사업 기반이 되었다.

미리암은 산페르난도에서 남쪽으로 약 20킬로미터 떨어진 목장에서 성장했다. 그녀의 부모는 수수와 옥수수를 재배하고, 가축을 기르며 근근이 생계를 유지했다. 9남매 중 막내인 미리암은 큰오빠보다 스무 살이나 어렸다. 터울이 큰 덕분에 미리암은 시대적 변화의 수혜를 조금은 누릴 수 있었다. 오빠들은 아버지와 농장에서 일했지만, 미리암과 남동생 호르헤는 시내에 있는 학교를 다녔다.

산페르난도는 200년간 작은 목축업 마을이었다. 넓고 평탄한 대지가 대부분이어서 스페인 정복자들이 1748년 멕시코 북동부를 식민지화하며 데려온 마소를 기르기에 이상적인 환경이었다.[10] 그러나 1940년부터 1960년 사이에 모든 것이 달라졌다. 개발이 진행되며 인구가 2배로 늘었고, 미리암 가족처럼 교외에 살던 사람들이 일자리와 교육받을 기회를 찾아 시내로 이주했다. 1960년 미리암이 태어나던 무렵, 산페르난도 역시 멕시코 전역에서 일어난 큰 변화를 겪었다.[11] 도시화에 따라 인구가 크게 늘었다. 하지만 '비야(마을) 산페르난도'로 알려졌던 지역은 당시까지도 주민 모두가 서로를 아는 작은 공동체였으며, 혹시 누군가를 잘 모르더라도 성만 들으면 그 사람의 가계도를 짐작할 수 있었다.

산페르난도는 해를 거듭하며 비약적으로 발전했다. 미리암이 중학교에 입학한 1970년까지 인구는 불과 20년 전보다 3배 늘어난 3만 명이 되었고[12] 가축을 기르는 땅에서 관목, 선인장, 덤불 등이 정리되었고, 경작할 수 있도록 개간되었다. 멕시코 정부에서 녹색혁명이라는 이름으로 추진한 농업 개혁의 일환이었다.[13] 가장 작황이 좋은 작물은 수수였다.[14] 수수는 물이 부족해도 잘 자랄 만큼 강인한 식물이라 관개가 불가능한 토지가 대부분이며 연평균 강수량도 많지 않은 산페르난도 환경에 적합했다.

미리암은 농사에 흥미가 없었다. 그녀는 가족과 달리 세련된 분위기를 풍겼고, 어린 소녀 시절부터 오빠들에게 돈과 인간관계에 대한 조언을 건넸다. 학교생활에도 금세 적응했다. 성적이 좋은 편이었고, 졸업 전에 독학으로 타이핑도 익혔다. 그녀는 사춘기 때부터 기가 셌다. 자신의 주장을 굽히거나 결정을 철회하는 것을 끔찍하게 싫어했다.

미리암이 루이스 살리나스에게 빠진 건 고등학생 때였다. 그는 다소 거만한 성격이었고, 밝은 피부색과 차가운 회색 눈을 가진 금발의 건장한 남자였다. 연애를 시작한 두 사람은 미리암네 부모님의 눈길을 피해 함께 시간을 보내곤 했다. 미리암보다 세 살이 많은 루이스는 시내에 있는 가정용품 판매점 집 아들이었다. 미리암은 어릴 때부터 그를 좋아했었다. 미리암과 사귄 지 얼마 되지 않아 루이스는 학교를 졸업했고, 미국의 한 공장에 취업하기 위해 산페르난도를 떠났다. 당시 산페르난도에는 농업과 목축업 분야 외에는 마땅한 일자리가 없었다.

그로부터 얼마 후 미리암은 자신의 임신 사실을 알게 되었다. 당시 그녀는 열일곱 살이었다. 1970년대 멕시코에서 혼외 임신은 여성과 그 가족에게 사회적 자살이나 다름없었다. 가톨릭 교리에 뿌리를 둔 철저하게 보수적이고 가부장적인 가치관이 팽배했다. 미리암이 임신 사실을 털어놓자 부모는 그녀와 의절하다시피 했다. 미리암은 루이스에게 임신 사실을 알리지 않았다. 그는 돈을 벌러 텍사스로 떠났고, 미리암과 전화나 편지도 주고받지 않았다. 둘 사이에는 영원한 사랑에 대한 약속이 없었고, 루이스는 돌아오겠다고 약속하지도 않았다. 적어도 그때까지는 결혼 이야기도 없었다.

미리암은 자신에게 벌어진 상황에 대해 한마디 변명도 하지 않았다. 대신 그녀는 짐을 꾸려서 언니가 살고 있던 반대쪽 땅끝으로 떠났다.[15] 당시 30대 후반이던 맏언니 소코로는 안정적인 직장에 다니며 가족을 부양하고 있었는데, 동생 미리암을 두 팔 벌려 환영해 주었다.

미리암은 동네 여자들을 찾아다니며 화장품을 팔아 돈을 벌었다. 하루가 다르게 배가 불러가는 몸으로 언덕길을 오르락내리락해야 했다. 그녀는 사람들과 이야기를 나누며 친밀감을 형성하고 낯선 사람에게도 속마음을 터놓게 만드는 재주가 있었다. 매력적인 동시에 뻔뻔스럽게 물건을 팔면서도 몰아붙이는 느낌은 없어서 사람들을 웃게 했다. 그 덕에 돈을 꽤 잘 벌었다.

그러나 점점 더 고향이 그리워졌다. 미리암이 생업 전선에 나선 것은 오직 한 가지 목표 때문이었다. 산페르난도로 돌아가서 연인 루이스, 그리고 부모와는 상관없이 자신만의 삶을 시작하고 싶었다. 1977년 12월 2일 미리암은 딸을 낳았고, 아잘리아라는 이름을 지어주었다. 3주 뒤에는 그동안 모은 돈으로 산페르난도행 편도 버스표를 샀다. 인연을 끊자던 부모의 말이 진심이었는지 시험하기 위해 갓난아이를 안고 멕시코를 횡단했다. 긴 여정이었다.

다행히 부모는 진심이 아니었다. 손녀를 보자 마음이 누그러졌다. 미리암은 가족과 화해하고 집으로 돌아갔다. 하지만 여전히 루이스에게는 연락하지 않았다. 미리암은 루이스에게 자신을 다시 만날 마음만 있다면 어떻게든 연락할 방법을 찾을 거라는 생각을 고수했다. 아잘리아를 안고 거리를 걷다 루이스의 누나들을 우연히 마주치지 않았다면, 미리암은 루이스와 다시 만나지 못했을지도 모른다.

루이스의 누나들은 미리암이 갑작스레 종적을 감춘 뒤 오랫동안 그녀를 보지 못했지만, 밝은 피부색의 아잘리아를 보자마자 그 아이가 루이스의 딸임을 알아차렸다.

누나들이 루이스에게 전화를 걸어 소식을 전하고 그를 산페르난도로 불러들였다. 그리고 며칠 뒤 루이스는 미리암에게 청혼했다. 두 사람은 1978년 1월 30일에 결혼했다. 아이가 자신이 혼외 임신으로 태어났다는 것을 부끄러워할까 봐 출생신고는 1978년 2월 2일로 했다.

일터에 복귀하고 싶은 마음이 굴뚝같던 루이스는 산페르난도로 돌아왔을 때만큼 재빠르게 미국으로 떠났다. 미리암은 다시 싱글맘과 다름없는 처지가 되었지만, 부모는 그녀가 루이스와 결혼했다는 사실에 안심했다. 직접 일자리를 찾기 시작한 미리암은 곧 정부 기관에 취업했다.

정부에서는 농업을 현대화하려는 노력을 전국으로 확대했고, 타마울리파스주를 멕시코 북부의 곡창지대로 키우려 했다. 그 시절 멕시코 경제는 그야말로 호황을 누리며, 오늘날 경제학자들이 '멕시코의 기적'이라고 칭하는 황금기에 접어들었다.[16] 그 시기에 정부 기관의 일자리는 높은 임금뿐 아니라 가족 모두의 삶을 건사할 수 있는 여러 복지 혜택도 의미했다.

정부 기관들은 대체로 느리고 비효율적이지만 농무부는 예외였다. 종자 은행을 설치해 종자들을 관리했고, 계절별 기상 패턴과 토양 유형에 대한 농민들의 의견을 수렴했다. 주 정부와 주지사도 타마울리파스를 멕시코 최고의 수수 생산지로 만들겠다는 공약을 전반적으로 잘 이행했다. 공업용 농작물 생산에 필수적인 배수로와 농수로를 냈고, 수백 킬로미터에 이르는 비포장도로를 만들었다. 그 도로는 본래 산페르난도에서 130킬로미터 떨어진 국경 지역까지 농작물 운송할 목적으로 지어졌지만, 이후 결국 범죄자들이 밀수에 이용하는 통로가 되었다.

타마울리파스 지부에서는 1만 제곱킬로미터에 달하는 농경지를 관장했는데, 미리암은 일선에서 농민들과 목축업자들의 민원을 처리하는 업무를 맡았다.[17] 농민의 딸로서 미리암은 자신을 찾아오는 사람들을 이해했고, 그들에게 무엇이 필요한지 잘 알았다. 그녀는 행정 절차를 포함하여 온갖 종류의 문제에 대해 상담해 주며 농민들과 우정을 쌓았다. 그리고 부업으로 민원인들에게 카우보이부츠까지 팔기 시작했다. 과나후아토주의 레온시를 여행하던 때에 그곳 상인들이 멕시코 북부에서 인기 있는 카우보이부츠를 수작업으로 만들어 파는 것을 보고 아이디어를 얻었다. 산페르난도에는 그런 부츠가 없었다. 부츠를 몇 켤레 사 왔는데, 일주일 만에 모두 팔렸다. 얼마 후부터 그녀는 대량 주문을 위해 매달 그곳을 방문했다.

타마울리파스주(특히 농업 분야)에 그야말로 활기가 넘치던 시절이었다. 미리암 개인에게도 인생에서 가장 신나는 시기였다. 독립적인 삶을 사는 것이 좋았다. 아잘리아가 학교에 들어갈 무렵, 그녀는 부모님 집에서 나오기로 결심했다.[18] 루이스가 미국에서 보내준 돈으로 시내 중심가에 작은 집을 얻을 수 있었다. 루이스가 휴가 때(혹은 이따금 주말에) 집에 오기는 했지만, 공간이 부족하지는 않았다. 그는 아잘리아가 네 살이 되었을 때 산페르난도로 돌아왔다. 비자 기간보다 오래 체류한 탓에 미국에서 추방을 당했던 것이다.

걸프 카르텔의 아버지: 후안 N. 게라

1960~1970년대에 성장하는 동안 미리암은 타마울리파스주에서 범죄 활동을 본 적이 거의 없었다. 범죄자들의 존재감은 미미해서 그들과 교류할 이유가 없는 평범한 사람들에게는 느껴지지 않을 정도였다. 당시 타마울리파스주에서 주로 범죄가 벌어지는 곳은 범죄 조직들이 모여 있던 마타모로스였다. 그곳은 훗날 걸프 카르텔로 불릴 조직의 본거지이기도 했다. 그들은 지역 내에서 가장 치밀하고 체계적인 범죄 조직이었다.

당시 조직의 주요 사업은 밀수였다. 1920년대에 미국에서 금주법이 시행되자[19] 밀수업자들은 리오그란데강 건너편의 텍사스주로 테킬라 등 주류를 밀반입하며 막대한 부를 쌓았다.[20] 그들은 금주법이 폐지된 이후에도 기존에 구축한 네트워크를 바탕으로 자동차 부품이며 가전제품, 타이어, 심지어 담배까지 수요가 있는 물건은 무엇이건 국경의 양쪽으로 밀수하며 계속해서 번창했다.

수십 년 후 정부와 미디어에서 걸프 카르텔이라고 이름 붙인 이 조직은 후안 N. 게라라는 이름의 전직 경찰관이 1930년대에 만들었다.[21] 게라가 조직을 이끄는 동안 멕시코의 국가적 근간에 범죄 조직이 자리 잡기 시작했다. 게라 수하의 밀수업자들은 그의 정계 인맥을 이용해 자유롭고 안정적인 공급망을 보장받았다. 결국 정부가 밀수의 공범이 됨으로써 부패와 공모, 범죄와 폭력의 토대를 마련한 꼴이었다. 이는 이후 수십 년 동안 이어졌다.[22]

미국 역시 타마울리파스를 비롯한 멕시코의 조직범죄가 성장하는 데 의도치 않게 일조했다. 금주법은 게라와 공범들에게 조직을 결성하는 기틀이 되었고, 이후 시행된 마약 금지 정책은 게라의 후계자인 후안 가르시아 아브레고가 코카인 밀수까지 사업을 확장하는 계기가 되었다.[23] 마약 밀수를 시작하면서 걸프 카르텔을 비롯한 범죄 조직들의 수익은 수십억 달러씩 증가했지만, 그 대가로 멕시코 전역에서 수십만 명의 목숨이 희생되었다.

미리암네 같은 평범한 가족들도 더 이상 예전처럼 범죄를 까맣게 모른 채 살 수 없게 되었다. 사람들은 어떻게 상황이 그 지경까지 악화되었는지, 살인 사건이 머리기사도 되지 못할 만큼 흔해졌는지, 범죄자들이 제대로 처벌도 받지 않고 활개를 칠 수 있는지, 정부에서 이토록 속수무책인지 도무지 이해할 수 없었다.

그 내막의 일부는 후안 N. 게라와 관련되어 있다.

글로리아 란데로스 피살 사건

1947년 7월 23일 멕시코의 인기 여배우 글로리아 란데로스가 마타모로스에서 총격으로 사망했다.[24] 당시 스물세 살이던 란데로스의 가족은 멕시코 북부에서 순회 극단을 운영하는 연극계 명문가였다. 자택에서 발생한 비극적인 총격 사건을 애도하는 기사가 신문 1면을 장식했다.[25] 시민들은 사건이 벌어진 이유를 궁금해했다.

처음부터 그녀의 죽음과 관련된 정황은 명확하게 결론이 나지 않으며 수많은 질문을 일으켰다. 일부에서는 그녀가 오발탄에 맞은 사고였다고 했지만, 어떤 이들은 그보다 더 끔찍한 사건이라고 주장했다. 질투심에 찬 분노가 살인으로 이어졌다는 것이었다. 유력한 용의자의 성격과 의심스러운 배경에 대해서는 언론 대부분이 한목소리를 냈다. 유력한 용의자로 지목된 사람은 그녀의 남편 후안 N.

게라였다. 타마울리파스주 지역 신문인 《노티시에로》에 따르면, 그는 "끔찍한 전과 기록이 있는 인물이자 늘 법의 테두리 바깥에서 살며 온갖 종류의 밀수로 막대한 부를 쌓은 인물"이었다.[26]

1915년에 태어난 게라는 금주법 시대에 처음으로 멕시코에서 미국으로 주류를 밀수해 부를 축적한 밀수업자 집안 출신이었다. 1930년대에 금주법이 폐지되자 게라 일가는 품목만 바꾸어 허술한 국경을 넘나들며 담배에서 자동차 타이어에 이르기까지 온갖 품목을 밀수했다.[27]

당시 멕시코는 엄청난 변화를 겪고 있었다. 멕시코 혁명기에 10년간 이어진 내전의 영향으로 정부에서는 사회적 평등, 부의 재분배, 독재적 정치 문화의 종식을 약속했다. 한편 새로운 정치 계급으로 부상한 민간 지도자들은 이후 수십 년 동안 멕시코 정치 제도의 기틀을 마련했다.

하지만 게라 일가는 부를 이용해 정치권으로 손을 뻗었다. 정치인과 경찰을 매수해 불법 사업보다 협력 관계에 가까운 구조를 구축했다. 범죄 조직은 대부분 사회의 음지에서 활동하겠지만, 수도 멕시코시티까지 연결된 긴밀한 인적·재정적 네트워크를 갖춘 게라 일가는 숨는 대신 사회의 일부가 되었다.[28] 게라 일가에서 일으킨 조직은 이후 100년에 걸쳐 멕시코의 밀수업을 장악해 나가며 결국 걸프 카르텔로 발전한다.

주지사와 주 상원의원, 심지어 연방 정부의 장관까지 게라의 환심을 사려 했다.[29] 게라의 동생 로베르트는 타마울리파스주 정부에서 재정 최고 관리자로 잠시 공직을 맡았으며, 조카는 훗날 마타모로스의 시장이 되었다.[30]

후안 N. 게라가 글로리아 란데로스를 살해한 1947년 여름 무렵, 게라 일가는 타마울리파스 전역에서 이루어지는 밀수 대부분을 확실하게 장악했다. 정치인과 관계 당국은 이들을 막기는커녕 오히려 유착관계를 맺었다. 게라 일가는 마치 정치인들에게 월급을 주는 고용주가 된 듯 각종 면책특권을 누렸다. 그저 여기저기 돈봉투를 건네고 다니는 수준이 아니었던 것이다. 게라는 단지 정치인 한 명, 한 명에게 뇌물을 건네는 것으로는 부족하다고 일찌감치 판단했다. 그는 아예 이들을 동업자 삼아 이권을 챙겨주고 입지를 보장해 주었다. 경찰과 세관 공무원과 군대가 정치권에 의해 좌지우지되고 있었으므로, 정치인을 매수한다는 것은 곧 게라의 조직이 국영기업과 다름없어진다는 뜻이었다.(31)

혁명 이후에도 멕시코는 한동안 권위주의 국가였다. 대통령이 모든 것을 결정하며 엄청난 권력을 행사하는 중앙집권형 권력구조였다. 게다가 멕시코는 제도혁명당(PRI)이라는 정당이 거의 20세기 내내 집권했다. 꽤 모순적으로 보이는 정당명은 사실 제도혁명당의 가장 큰 자산을 요약하고 있었다. 그 자산이란 바로 집권한다는 것을 유일한 원칙으로 삼고 인기에 영합하는 무정형의 이념이었다. 다시 말해, 그들은 얼마든지 제도적인 동시에 혁명적일 수 있었다.

일당 독재는 멕시코의 정치제도를 통제하는 강력한 수단이 되었다.(32) 제도혁명당은 기업인과 노조 간부, 자본가와 노동자와 함께 일했다. 심지어 경찰, 범죄 조직과 동시에 협력했다. 모든 종류의 권력이 마치 한 팀처럼 굴면서 맞서 싸워야 할 반대 세력이랄 게 없어졌고, 정치적 갈등이 표출되지 않도록 억누를 수 있었다. 이러한 구조에서 범죄자들도 정부의 통제하에 정부가 원하는 대로 일했다.

후안 N. 게라는 자신이 제도혁명당 당원임을 자랑스러워했다. 텍사스 국경 지역 신문인《브라운스빌 헤럴드》기자와의 인터뷰에서 자신은 언제나 제도혁명당을 지지해 왔다고 밝히며 당원증을 꺼내 보여주기까지 했다.[33]

게라 일가의 정치적 입김이 어느 정도인지 확실히 드러난 것은 글로리아 란데로스 피살 사건 이후였다. 체포 직후부터 게라는 수감 생활이 1개월을 넘기지 않을 것이라 장담하며 법꾸라지로서의 악명을 높였다.[34] 밝은색의 피부와 매부리코, 큰 몸집의 게라는 국경 마을의 불량배 같은 모습이었다. 그가 수감된 교도소를 취재한 기자는 게라를 거대한 곰에 비유하며[35] 살기 넘치는 범죄자의 모습이라고 말했다.[36]

연방 정부와 주 정부 당국자들은 게라를 기소하겠다고 공언했다. 타마울리파스 주지사는 지역 신문과의 인터뷰에서 강한 어조로 그를 비판했고, 지검장은 마타모로스로 이동해 직접 사건을 지휘했다. 그러나 사실 두 사람은 당시 만연했던 부정부패를 통해 이권을 챙기던 정치인 네트워크에 연루되어 있었다.[37] 게라의 조직 역시 그 네트워크의 일부였다.

멕시코에서 권력은 노골적인 동시에 은밀하게 작동했다. 평소에는 배후에서 움직이지만, 필요할 때는 공공연하게 힘을 과시하기도 했다. 게라로서는 은밀하고 조용하게 사건이 무마되는 상황이 이상적이었다. 만약 장인 카를로스 란데로스의 지치지 않는 항의와 투쟁이 없었다면 틀림없이 그렇게 되었을 것이다.[38]

총격 사건 일주일 후, 카를로스 란데로스는 지역 신문을 통해 편파적인 재판을 규탄하는 내용의 공개서한을 발표했다. 사건을 담당하는 판사가 손주의 양육권을 게라 일가에 넘겨주었다는 것이었다. 자신들에게는 게라 일가에 맞설 무기가 없다고 했다. 마타모로스에서는 이들을 돕겠다고 나서는 변호사도 구할 수 없었다.[39] 그러나 그것은 시작에 불과했다.

명백히 1급 살인으로 보였던 사건 정황이 금세 무너지기 시작했다. 담당 판사와 검사가 중요한 법의학적 증거들을 은폐했다. 그 중에는 글로리아 란데로스가 총상을 당한 자리 바로 아래에 박힌 총알도 있었다. 총알이 없다면 그녀가 살해되었다는 직접 증거도 없는 셈이었다.[40]

당국은 공식적으로는 진상규명을 지원하는 척하면서, 배후에서 진실을 은폐하고자 세심한 노력을 기울였다. 당국이 이중적인 행태를 보이면서 점차 사건에 대한 다른 해석이 등장했다. 글로리아의 사망이 오발 사고였다는 것이다.[41] 시간이 흐르면서 수사는 동력을 잃었고, 언론에서 이 사건을 다루는 빈도가 줄었으며, 정치인들은 입을 다물었다.[42]

정부는 공식적으로는 여전히 후안 N. 게라를 검거하겠다고 공언했다. 그러나 이는 반대 여론을 잠재우려는 공수표, 즉 시늉에 불과했다. 정부는 단지 약속을 지키지 않는 것을 넘어, 담당 수사관들을 통해 이 사건의 법적 기반을 치밀하게 약화시켰다. 사법 절차 전체를 통틀어 진실로 밝혀진 것은 자신의 수감 생활이 1개월을 넘기지 않을 거라던 게라의 호언장담뿐이었다.

사건은 그대로 종결되었고 후안 N. 게라는 흠집 하나 없이 일상으로 돌아갔다.

1952년 게라는 마타모로스에서 프레드라스 네그라스라는 유명한 술집을 열었다.⁽⁴³⁾ 그곳에서 그는 사업을 이어갔고, 그로부터 오래 지나지 않아 또 다른 살인 사건으로 뉴스에 등장하며 사회적 물의를 일으킨다.

카렌의 어린 시절(1970~1990년)

미리암의 남편 루이스가 멕시코로 돌아왔다. 미국에서 거의 8년을 살았지만 다시는 돌아오지 말라는 말과 함께 인정사정없이 국경 너머로 내쳐졌다. 남은 것은 상처와 열패감뿐이었다. 그는 평생 자식들에게 절대 '건너편'에 가지 말라고 경고했다.

　루이스가 산페르난도로 돌아오며 미리암과 아잘리아의 일상이 갑자기 달라졌다. 오랜 세월 멀리 떨어져 지내던 그가 돌아온 것이 기뻤지만, 두 모녀에게는 나름의 일상과 생활 방식이 있었다. 루이스의 존재는 마치 새로 들인 가구처럼 익숙해지는 데 시간이 걸렸다. 그는 이따금 미리암의 체중을 짓궂게 놀리거나, 살림에 대해 불평을 늘어놓았고, 술까지 마셨다. 종종 벌어지는 부부싸움의 주된 이유는 루이스에게 변변한 직업도 저축도 없다는 것이었다. 미리암이 루이스를 먹여 살리며 집안의 역학 관계가 불편해졌다. 두 사람이 자영업을 시작한 것은 그 때문이었다. 루이스는 부모님이 시내에서 장사하는 것을 보며 자랐다. 직접 가게를 열지 못할 이유가 없었다. 언젠가 부모님이 은퇴하면 그 고객들을 이어받을 수도 있었다. 미리암이 공무원 대출을 받아 부부는 카우보이모자와 가정용품을 판매하는 가게를 열었다.⁽⁴⁴⁾

　처음 몇 년 동안은 변변한 성과가 없었다. 게다가 1980년대 초부터 멕시코 경제가 둔화하기 시작했다.[45] 1982년에는 외환 위기가 발생했고 그 여파가 전국을 덮쳤다.[46] 경제는 마비 상태가 되었다.[47] 다행히 미리암은 직장에 다니며 생계를 유지할 수 있었다. 그 어느 때보다 의료보험이 절실했을 때, 주 정부의 의료보험이 큰 도움이 되었다. 그해 미리암은 둘째를 임신했고, 그 아이는 힘든 시기에 찾아온 한 줄기 빛과 같았다. 10월에 미리암은 건강한 아들을 낳았다. 당시 아잘리아는 곧 다섯 살 생일이었다.

미리암은 육아를 위해 휴직계를 냈다. 길 건너편에 소아과 의사가 살아서 종종 도움을 받았고, 아이가 생후 1개월이 되던 날 예방접종도 그 집에서 했다. 그런데 아이가 이상 반응을 보이며 밤새 울었다. 다음 날 아침, 외출할 채비를 하고 있던 소아과 의사를 찾아가자 그는 이상 반응을 완화할 약을 처방해 주었다. 아이에게 약을 먹이고 길을 건너던 미리암은 아이의 호흡이 멈춘 것을 느꼈다. 아이를 흔들어 깨워도 반응이 없었다.

미리암이 큰 소리로 도움을 청했지만, 의사는 이미 집을 떠나고 없었다. 그녀는 아이를 품에 안고 달리기 시작했다. 가게들과 식당들, 시장을 지나 언덕 위의 병원까지 달렸다. 그러나 병원에서 해 줄 수 있는 일은 없었다. 의사에게 처방받은 약의 부작용으로 아이가 세상을 떠났다. 미리암은 자신의 판단 착오를 도무지 용서할 수 없었다. 부부는 각자의 방식으로 삶을 이어갔다. 그럴 수밖에 없었다. 두 사람에게는 아잘리아가 있었고, 가게도 운영해야 했다. 불운과 행운은 언제든 찾아올 수 있고, 인생의 비극에서 유일한 해독제는 앞으로 나아가는 것이었다.

이듬해였던 1983년에 미리암은 다시 임신했다. 아이는 1984년

5월에 태어났고, 부부는 아들에게 아버지의 이름을 따서 루이스 엑토르라는 이름을 지어주었다. 미리암이 복직하면서 육아는 루이스가 맡았다. 그 무렵 루이스는 가게를 산페르난도 시장으로 옮겼고, 아이를 바구니에 넣어 시장으로 데리고 다녔다. 월세는 비쌌지만 손님이 늘어 금세 투자금을 회수할 수 있었다.

가게가 안정되면서 미리암은 중산층다운 삶을 살기로 했다. 자동차를 샀고, 장차 파소 레알로 불리게 될 지역에 집을 지으려 땅을 하나 매입했다. 그러나 번번이 재정적 문제로 공사가 지연되었다. 허리케인이 닥쳐 가게 지붕을 날려버린 일도 있었다. 그로부터 얼마 후인 1989년에는 도난도 당했다. 도둑들은 금고를 털어 미리암이 결혼기념일에 선물한 손목시계를 비롯한 금붙이와 권총 등을 훔쳤다.

금전적 피해도 컸지만 예전처럼 마음 편히 살 수 없다는 상실감이 더 컸다. 아는 사람일 가능성이 큰 누군가가 뻔뻔스럽게 가게를 털었다는 사실은 일상의 안전을 심각하게 위협했다. 루이스는 그냥 넘어가자고 했지만 미리암은 그럴 수 없었다. 그녀는 조사에 착수했다. 먼저 시내에서 중고품을 취급하는 매장들을 확인했고, 경찰에 도난 신고를 했다. 경찰에서는 아무것도 하지 않겠지만 미리암은 도난품을 기록으로 남겨둘 필요가 있다고 생각했다.

지역이 발전하며 더 나은 상권, 더 나은 인프라, 더 많은 일자리 등의 이점을 가져왔다. 그러나 산페르난도로 외지인들이 유입되면서 지역 주민들 사이에는 불안감이 커졌다.[48] 마주치는 모든 사람이 서로 아는 사이인 것은 이제 옛날이야기였다. 그러던 어느 날 낯선 남자 한 명이 미리암의 눈길을 사로잡았다. 시내 북동쪽의 작은 광장에 혼자 앉아 있던 그 남자는 손목에 루이스의 시계를 차고 있었다.⁽⁴⁹⁾ 미리암은 여섯 살배기 루이스 엑토르의 손을 잡고 그에게 다가갔다. 미리암은 남자에게 시계가 멋지다고 칭찬하며 어디서 샀는지 물었다. 오렌지색 페이스에 숫자가 굵게 새겨진 디자인이었다. 남자는 친구에게 선물받았다고 했다.⁽⁵⁰⁾

"거짓말 마세요. 그 시계 훔친 거잖아요." 미리암이 말했다.

남자는 긴장한 듯 어색하게 웃으면서 아니라고 했다. 미리암은 남자에게 이미 도난 신고를 해두었다고, 전화 한 통이면 경찰이 달려올 거라고 했다.

남자가 광장의 콘크리트 바닥을 내려다보더니, 질렸다는 듯 손목시계를 툭툭 치며 말했다. "이봐요, 난 어떤 문제도 원치 않아요. 장물인 줄 몰랐어요."

미리암은 그러면 시계를 어디서 샀는지 알아야겠다고 했다.

"권총도 팔고 있었어요." 남자가 시계를 끌러 그녀에게 건네주며 말했다. 자신에게 시계를 판 남자의 이름은 모르지만, 권총을 산 사람은 안다고 했다.

이튿날 미리암은 그 사람을 찾아가 금고에 있던 권총을 내놓으라고 했다. 그가 머뭇거리자 미리암이 물었다.

"장물 매매가 범죄인 긴 알죠?"

미리암은 그 권총을 자신의 명의로 등록해 두었다며 해당 총기의 소유권을 가지고 있는 건 자신뿐이라고 했다. 거짓말이었지만 상대는 그 사실을 몰랐다.

"당신이 권총을 훔쳤다고 경찰에 신고하면 곤란해질 거예요."

남자는 곤란한 상황을 원치 않았다. 특히 경찰과 관련해서는 더욱 그랬다.

"총 가져가죠." 그가 말했다.

미리암은 그 남자에게 금목걸이에 대해서도 아는 게 있는지 물었다. 그는 어느 목사가 사 갔다고 했다. 미리암이 아는 사람이었다. 미리암은 그날 바로 그 목사의 집에 찾아가 금목걸이를 내놓으라고 했다. 목사는 자신은 모르는 일이라고 잡아뗐다. 미리암은 이번에는 경찰 신고로 위협하는 대신 그의 평판을 이용했다.

"목사님이 장물 매매를 한다는 사실이 세상에 알려지길 원치 않는다면 돌려주시는 게 좋을 겁니다."

그리고 목사는 미리암의 말대로 했다.

미리암은 금고 위치를 정확히 알고 있었던 것으로 미루어 보아, 직원 소행이라고 짐작했다. 혐의를 입증할 수는 없었지만, 어쨌든 부부는 그 직원을 해고했다.

1991년 미리암은 1970년대 후반부터 몸담았던 농무부를 떠났다.[51] 이후 건강 문제와 경제적 안정이 걱정거리가 되면서 그 결정을 후회하지만, 당시에는 루이스의 가정용품 가게가 잘되고 있었고, 가족 명의의 집도 생기면서 과감한 결정을 내렸다. 미리암은 로데오 부츠라는 새 가게를 차려 곧바로 성공을 거두었다. 가게를 산페르난도 시장으로 이전한 뒤에는 고객층이 농민에서 지역 주민 전체로 확장되었다. 미리암과 루이스는 결혼 이후 처음으로 경제적 여유를 누렸다. 행운이 계속되었다. 이듬해 봄, 미리암은 다시 한번 자신의 임신 사실을 알게 되었다. 그 무렵 아잘리아는 10대 고등학생, 루이스 엑토르는 여덟 살이 되었지만 둘 다 어린 동생이 생긴다는 사실을 반겼다.

이듬해 2월 카렌 살리나스 로드리게스가 태어났다. 온 가족이 나서서 카렌을 돌보았고, 마치 팀 마스코트처럼 어디든 데리고 다녔다. 하지만 가정생활은 시장을 중심으로 돌아갔다. 아이들도 부모가 일하는 산페르난도 시장에서 일상의 대부분을 보냈다. 시장에서 학교로 갔다가 수업이 끝나면 다시 시장으로 돌아왔다. 온 가족이 함께 일했고, 그래서 즐거웠다. 시장 상인들의 아이들이 그늘진 시장 통로에서 늘 북적거리며 함께 놀았다. 아잘리아와 루이스 엑토르는 일손을 보태며 용돈을 받았다.

어린 카렌의 존재가 가족 내의 긴장을 누그러뜨려 주었지만, 산페르난도는 카렌이 10대와 20대를 지나는 동안 붕괴되어 갔다. 카렌이 느낀 좌절감과 계급 의식, 너그러움과 반항심은 점점 더 그녀를 언니, 오빠와 다른 사람으로 만들었다. 그리고 훗날 '적당한 선'을 지키는 것은 그녀의 삶에서 생사를 가르는 문제가 된다.

3장 카르텔의 시대

정치와 범죄의 유착(1946~1952년)

멕시코 혁명과 10년간의 내전 이후 멕시코는 기존의 권력구조와 통치 방식을 변화시키고 새로운 정치 지형을 구축할 방법을 모색했다. 최종 목표는 부를 재분배함으로써 포르피리오 디아스 대통령의 30년에 걸친 독재 기간, 그리고 그 이전부터 깊이 뿌리 내린 불평등을 줄이는 것이었다. 이런 노력은 일정 부분 안정을 가져왔고, 간헐적으로 개혁 시도가 이어졌다. 그러나 이후 여러 차례 대통령이 바뀐 70년에 걸쳐 불평등 문제는 거의 개선되지 않았다. 오히려 범죄 조직들이 크게 번성했다.

걸프 카르텔을 성장시킨 것은 초창기 두목 3명이었다. 초대 두목 후안 N. 게라는 조직의 핵심 조직망을 구축했다. 게라는 1930년대와 1940년대에 자신의 정치권 인맥과 밀수 수완을 바탕으로 걸프 카르텔을 멕시코의 주요 범죄 조직 중 하나로 만들었다.

1980년대에 게라가 일선에서 물러난 후에는 그의 조카 후안 가르시아 아브레고가 조직을 이어받아 규모를 키웠다. 아브레고는 삼촌이 밀수하던 자질구레한 물건들 대신 코카인을 밀수하며 세계적으로 악명을 떨쳤고, 수십억 달러의 수익을 올렸다.

걸프 카르텔은 1996년 가르시아 아브레고가 체포된 뒤 크게 휘청거렸다. 이후 1998년 오시엘 카르데나스가 1998년 경쟁자들을 숙청하며 두목이 되었다. 그는 조직 내 권력을 장악했고, 세타스 창설이라는 중대한 변화를 이끌었다. 세타스는 범죄 세계를 평정할 목적으로 멕시코의 최정예 군인들을 고용해 창설한 준군사 조직이었다. 그때부터 멕시코에서 오늘날까지 이어지고 있는 범죄 조직의 군사화 시대가 시작되었다. 그러나 2007년 체포된 카르데나스가 미국으로 인도된 것을 기점으로 걸프 카르텔과 세타스의 군사적 동맹이 결렬되었고, 끔찍한 폭력은 일상이 되었다.

이러한 변화의 배경에는 1940년대 전후 시대에 나타난 전문직 출신의 새로운 정치 지도자들이 있었다. 멕시코 최초의 문민 대통령인 미겔 알레만 발데스가 대표적이다.[1] 전쟁 영웅의 아들이자[2] 법률가였던 발데스는 정치적 수완이 뛰어났다. 그는 젊은 시절부터 이후 수십 년 동안 내각과 주 정부, 나아가 국가 전체를 이끌 정치 지도자들과 동맹을 맺고 평생을 친구로 지냈다. 발데스와 친구들은 21세기까지 이어지는 거대한 경제적·정치적 자산을 형성했다.[3]

후안 N. 게라가 아내를 살해하고도 처벌을 피했던 당시, 알레만 대통령이 란데로스 가족으로부터 여러 차례 탄원서를 받은 것은 그 때문이다.[4] 주지사부터 검사, 대법관까지 모두 부분적으로는 알레만에게 정치적 빚이 있었다. 그러나 알레만은 글로리아 란데로스 피살 사건 같은 예민한 사안에 적극적으로 개입할 만큼 무모하지 않았다. 그는 선택적으로 면죄부를 부여하며 자신의 왕국을 통치했고, 이는 게라에게 유리하게 작용했다.

알레만은 제도혁명당[5]의 특징을 보여주는 인물이었다. 권력을 위해서라면 어느 정치적 노선이든 수용하고, 도움이 된다면 누구든 자기편으로 끌어들인다는 점에서 말이다.[6] 제도혁명당은 1929년부터 2000년까지 70년 넘게 집권했다. 멕시코에서 대통령의 임기는 6년 단임으로 제한되어 있다. 이는 정치인 개인이나 특정 계파보다 정당이 우위에 있다는 메시지로 작용했다. 하지만 알레만은 분명 제도혁명당의 상징적 존재였다. 범죄 세계의 후안 N. 게라처럼 말이다. 재임 기간 알레만과 측근들은 5억에서 8억 달러를 해외 은행에 예치한 것으로 추정된다. 이는 멕시코의 전체 외채보다 큰 금액이었다.[7]

알레만의 재임 기간 타마울리파스주 밀수업자들과 제도혁명당 출신 고위공직자들 간의 유착관계는 공고해졌다. 특히 세관은 부패한 공무원들이 제 주머니를 채우기 좋은 자리였다.[8] 알레만은 누에보 라레도와 마타모로스 등 몇몇 지역의 세관장을 직접 임명했다.[9] 세관을 통제하면 타마울리파스를 드나드는 모든 밀수품을 통제할 수 있었다.[10] '콘트라반디스타(contrabandista)', 즉 밀수업자들은 지역 경제의 핵심이었고, 수입의 역군이었다. 계속 돈줄을 댈 수만 있다면 정부에서는 밀수업자들을 내버려두었고, 필요하다면 보호해 주기까지 했다.

1960년 4월 마타모로스에서 후안 N. 게라와 관련된 또 다른 살인 사건이 발생했다. 이 사건이 전국적으로 보도되며, 세관의 부정한 돈벌이는 폭로될 위기에 처했다.

옥타비오 비야 코스 피살 사건

1960년, 멕시코 혁명에 앞장선 전설적인 산적 출신 영웅 프란시스코 '판초' 비야의 아들 옥타비오 비야 코스가 후안 N. 게라 소유의 술집에서 살해되는 사건이 발생했다. 당시 게라는 멕시코 북동부 전체에서 가장 세력이 큰 범죄 조직의 두목이었다. 옥타비오 비야 코스가 피살된 사건은 대중에게 큰 충격을 주었고, 곧 전면적인 수사가 시작되었다. 멕시코 전역의 신문 1면이 관련 정보와 추측, 정치 논평으로 도배되었다. 그러다 총격이 발생한 이유가 타마울리파스 세관을 둘러싼 분쟁이라는 주장이 제기되었다. 당시 세관은 정부 인맥을 등에 업은 게라가 장악하고 있었다.

타마울리파스주 레이노사시 세관원이던 비야 코스는 동료 2명과 게라의 술집에 갔는데, 동행했던 동료에 따르면 "해결할 일이 있어서"였다고 한다.[11] 비야 코스가 세관에 불만이 있었음을 완곡하게 표현한 말이었다. 타마울리파스에서는 신참이었지만, 그는 다른 주에서 세관원 지위를 이용해 뒷돈을 챙긴 전력이 있었다. 또 그 전에는 세무 공무원으로 일하던 또 다른 주에서도 비슷한 일을 벌인 바 있었다. 일각에서는 그가 타마울리파스에서도 같은 방식으로 비위를 되풀이하려 한다고 의심의 눈초리를 보냈다.[12]

그날 술집에서 게라와 비야 코스의 대화는 한순간에 험악해졌다. 한 목격자에 따르면 두 사람이 함께 술을 마시다가 갑자기 비야 코스가 언성을 높이며 게라를 죽이겠다고 위협했다. 그러나 이를 행동으로 옮기기 전에 게라의 운전사가 벨트에서 총을 꺼내 세 발을 쐈고 비야 코스는 그 자리에서 즉사했다.[13]

사건 직후, 정부에서는 철저하고 공정한 수사를 촉구했다.[14]

이 사건은 여러 면에서 게라의 아내 글로리아 란데로스 피살 사건을 떠올리게 했다. 그때와 마찬가지로 수사가 진행될수록 사건에 대한 당국의 설명이 달라지기 시작했다. 수사 범위와 수사팀의 규모가 줄었고, 수사 전망은 어두워졌다. 그래도 비교적 이른 시점에 비야 코스에게 총을 쐈다고 알려진 운전사가 사건 당일에는 근무하지 않았다는 사실이 드러났다. 법의학적 증거를 종합할 때 범인은 게라일 가능성이 컸다.[15]

그러나 그 무렵 게라는 이미 잠적한 상태였다.[16] 그가 알레만 전 대통령의 측근인 예비역 대령 소유의 목장에 은신처를 마련했다는 주장이 나왔다. 과거 란데로스 피살 사건에서 수사가 진행될수록 오발 사고였다는 결론으로 기울었던 것처럼 이 사건에서는 두 사람이 술에 취해 몸싸움을 벌이다가 발생한 사고였다는 주장이 힘을 얻었다.[17] 비야 코스 일가도 정부에 대한 입김이 제법 셌지만 게라에 비할 바는 아니었고, 진실을 밝히려는 노력은 좌절되었다.[18] 얼마 후 은신처에서 나온 게라는 당국의 조사를 받았다. 그러나 혼자가 아니었다. 전직 타마울리파스의 주지사가 동행했다. 겨우 30분간의 조사 끝에 게라는 무혐의로 풀려났다.[19] 대신 그의 운전사가 수감되었다.[20]

이후에도 게라는 번번이 당국의 눈을 피했다. 그는 지역 정치인으로 변신하여 자신이 운영하는 술집에서 파티를 열었고, 국제 미인 대회와 여러 행사를 후원했다. 1964년에는 알레만 전 대통령의 공적을 기념하는 행사도 개최했다(훗날 미국 대통령이 되는 조지 H. W. 부시도 참석했다).[21] 후안 N. 게라의 밀수업은 조금도 위축되지 않았다.[22] 게라 일가의 정치적 영향력도 마찬가지였다. 동생 로베르토는⁽²³⁾ 주 정부의 재무국장으로 임명되었고,⁽²⁴⁾ 로베르토의 아들 헤수스 로베르토 게라 벨라스코는 1984년 마타모로스의 시장으로 선출되었다.⁽²⁵⁾ 게라 일가의 정치적 영향력이 더욱 막강해지던 때에, 그는 조카 후안 가르시아 아브레고를 자신의 후계자로 결정했다.⁽²⁶⁾ 지역 언론에서는 게라의 조직을 '라 파밀리아(La Familia)', 즉 '그 가족'이라고 불렀다.⁽²⁷⁾

카르텔 두목의 계보

후안 N. 게라처럼 50년 가까이 카르텔을 이끌려면 특별한 리더십이 필요하다. 밀수품을 시장에 유통하고, 점점 더 경비가 삼엄해지는 국경을 통과할 방법을 찾는 것이 전부가 아니다. 카르텔 두목의 역할은 인사 관리이기도 하다. 조직원과 하청업체뿐 아니라, 범죄를 눈감아 주는 대가를 요구하는 정치인, 공무원, 경찰과 폭넓은 네트워크를 관리하는 것이 중요하다.⁽²⁸⁾ 고위직 인사들은 경찰 혹은 군의 기습을 받는 일을 막아주고, 더 나아가 공권력의 칼끝이 경쟁 카르텔을 향하게 했다. 길거리의 저급한 폭력배들이 이런 사람들의 상대가 되었겠는가?

카르텔에서 리더십의 핵심은 경쟁자가 겁을 먹을 만큼 충분히 폭력을 행사하되, 세간의 이목을 끌거나 돈으로 유지해 온 네트워크를 해칠 만큼 지나치지는 않도록 균형을 잡아주는 것이다. 그러려면 규율이 필요했다.⁽²⁹⁾ 일이 순조롭게 진행된다면 엄청난 자금을 세탁하면서⁽³⁰⁾ 남아메리카에서 미국으로 이어지는 복잡한 물류망을 관리할 수 있었다.

후안 N. 게라가 물적 네트워크를 통해 물건을 밀수하며 정치적 네트워크의 비호를 받았다면, 후안 가르시아 아브레고는 지역의 정치적 상황과 수요 변화에 적응하기 위해 걸프 카르텔을 재편했다.[31] 매달 수백만 달러 수준으로 뇌물 규모를 키웠고 코카인 밀수를 카르텔의 주요 사업으로 삼았다.[32]

수십 년 동안 남아메리카의 마약이 카리브해를 거쳐 플로리다로 흘러들어[33] 미국 전역으로 퍼져나갔다.[34] 그러다 미국 정부에서 카리브해를 통한 마약 밀수를 차단하면서 어느새 멕시코가 새로운 거점으로 떠올랐다.[35] 그때 가르시아 아브레고는 100년에 한 번 있을까 말까 한 기회의 냄새를 맡았다. 그리고 그의 결정은 카르텔의 운명뿐 아니라 멕시코 전체의 운명까지 바꿔놓았다.

가르시아 아브레고는 헬멧을 뒤집어쓴 듯 곱슬머리가 심했고 이목구비는 날카롭고 몸집은 뚱뚱한 남자였다. 1996년 체포되던 당시, 그는 FBI의 지명수배자 명단에 오른 최초의 마약 밀수업자였다.[36] 가르시아 아브레고는 삼촌 게라와 마찬가지로 카르텔을 이끄는 동안 중요한 변곡점을 만들며 카르텔 두목의 전범을 제시했다.

멕시코의 법치가 얼마나 무너졌는지 드러나기 시작했다. 마약 밀수업은 거래 금액만 수십억 달러에 이를 정도로 규모가 커졌다. 폭력 범죄도 급증했다.[37] 후안 N. 게라 시절이라고 폭력이 심하지 않았던 것은 아니다.[38] 게라 역시 어릴 때부터 폭력을 이용하는 데 거리낌이 없었다. 그래도 가르시아 아브레고와 비교하면 게라의 폭력은 고풍스럽게 느껴질 정도였다(이후 등장한 오시엘 카르데나스, 그리고 세타스에 비교하면 가르시아 아브레고도 점잖은 편이었다). 가르시아 아브레고는 타마울리파스에서 마약 카르텔이 저지른 최초의 대규모 폭력 사태를 주도했고, 종래의 '균형'을 깨뜨린 그 사건은 멕시코와 미국 전역에서 신문의 머리기사를 장식했다.

    1984년 엘 카초라는 별명으로 불리는 오랜 동업자가 문제를 일으키기 시작하자[39] 가르시아 아브레고는 그를 제거하기로 마음먹었다.[40] 그런데 생각보다 만만치 않았다.[41] 최초의 암살 미수 이후[42] 엘 카초는 마타모로스의 개인 병원에서 치료를 받았다.[43] 체면을 구기고 싶지 않았던 가르시아 아브레고는 킬러들에게 병원 습격을 명령했다. 대낮에 벌어진 무차별 공격으로 5명이 사망했다. 무고한 희생자도 있었다.[44] 그런데 그 사건은 가르시아 아브레고와 부하들에게 아무런 타격을 주지 않았다. 적어도 그때까지는 그랬다.

    엘 카초는 다른 병원으로 전원되던 도중 사망했고 그 후 카르텔이 재편되는 과정에서 최측근이었던 부하들이 가르시아 아브레고 밑으로 들어갔다.[45] 카르텔은 종종 기업에 비유되곤 한다. 물론 범죄 조직의 언행이 더 직설적이긴 하겠지만, 본질적으로 그 둘은 꽤 비슷하다. 기업이 로비하듯 카르텔도 뇌물을 건넨다. 또 기업이 브랜드 이미지를 관리하듯 카르텔도 평판을 관리한다. 마찬가지로 기업이 적대적 인수합병을 하듯 카르텔도 경쟁자의 조직원을 가져온다.

    병원 습격 사건으로 여론은 악화되었지만 가르시아 아브레고는 아무런 처벌도 받지 않은 채 범죄 활동을 이어갔다. 몇 년 후에도 그는 언론인 2명에 대한 살인을 교사했다.[46] 자신을 마약 밀수업자라고 표현한 지역 언론《엘 포풀라르》의 편집기자와 칼럼니스트였다.[47] 그로부터 2년 후인 1991년에는 그의 부하들이 마타모로스의 교도소에서 폭동을 일으켰다.[48] 수감자 18명이 사망했고 교도소가 몇 개월간 범죄자들에게 장악당했다. 그러나 이런 극악무도한 범죄 행위에도 가르시아 아브레고와 카르텔 조직원들은 아무도 체포되거나 기소되지 않았다. 그 때문에 1980년대에서 1990년대 초까지 가르시아 아브레고는 정부 고위층의 비호를 받는, 함부로 건드릴 수 없는 인물로 여겨졌다.[49]

그러나 가르시아 아브레고의 성공에는 대가가 따랐다. 불필요한 세간의 관심, 특히 미국의 관심을 끈 것이다. 미국에서는 국경을 통과해 밀수입되는 마약이 늘어나는 것을 골칫거리로 여기며 멕시코에 조치를 마련하라고 압박했다. 1993년 멕시코 정부는 가르시아 아브레고를 추적할 체포 전담반을 꾸렸고[50] 3년 후 그를 체포해 미국에서 재판을 받게 했다.[51] 이듬해 아브레고 가르시아가 종신형을 열한 차례나 선고받으면서[52] 후안 N. 게라부터 이어진 걸프 카르텔의 시대는 그렇게 종지부를 찍었다.[53]

멕시코에서 정치와 범죄는 자전거의 두 바퀴처럼 움직였지만[54] 1990년대 후반부터 변화를 겪었다. 정치권 전체가 뇌물을 받고 막강한 범죄 조직들을 비호하던 기존의 공생 관계가 해체되기 시작한 것이다. 일당 독재에 신물이 났던 평범한 시민들이 민주화를 요구하기도 했다.

멕시코의 현대화 과정에서 변화를 마주한 것은 정치와 범죄뿐만은 아니었다. 1990년대부터 멕시코는 경제 구조를 개편할 발판을 마련했다.[55] 미리암 로드리게스가 카렌의 수술을 위해 휴스턴으로 향하던 1994년 무렵 멕시코 정부는 미국·캐나다 정부와 북미자유무역협정(NAFTA)에 서명했다. 국가 간 교역량이 늘면서 마약을 미국에 밀수할 기회도 많아졌다. 실제로 멕시코 전역에서 가장 분주한

곳은 타마울리파스주의 국경 도시인 누에보 라레도였다.

북미자유무역협정이 발효되던 해에 멕시코 남부에서 사파티스타 민족해방군에 의한 무장봉기가 일어났다.[56] 사파티스타는 정치인들의 부패와 무관심에 지친 토착민 집단으로서 이들은 제대로 무장하지도 않은 상태였다. 이들의 봉기는 군에 의해 금세 진압되었다(훗날 세타스 조직원이 되는 특수부대도 진압에 참여했다).[57] 하지만 이 사건은 부패한 정치권과 신자유주의적 세계화에 대한 민중의 불만을 상징적으로 보여주었다.

1990년대 후반 멕시코 정치는 기존의 질서가 무너지며 새로운 시대의 서막이 올랐다.[58] 견고했던 권력구조가 힘을 잃었고 멕시코 시민들은 기존 질서의 붕괴를 간절히 원했다. 가르시아 아브레고가 종신형을 선고받은 1997년, 제도혁명당은 70년 만에 처음으로 과반 의석을 차지하는 데 실패했다. 그리고 3년 뒤 멕시코 혁명 이래 처음으로 대권까지 빼앗겼다.[59] 제도혁명당이 70년간 휘둘렀던 무소불위의 권력은 민주화 요구에 따라 분산되었고, 정부는 조직범죄에 대한 통제력을 상실했다. 그동안 마약 밀수를 관리했던 중앙집권적 권력에 공백이 생긴 것이다. 그리고 그 공백을 마약 카르텔이 채웠다.

정치 패러다임이 달라진 후에도 뇌물과 부패는 그대로였다. 다만 예전처럼 일사불란하게 이루어지지 않을 뿐이었다. 제도혁명당의 통치하에 일관된 질서가 유지되는 대신, 범죄 세계와 정치권의 다양한 세력이 저마다의 질서를 만들기 시작했다. 그 과정에서 권력관계가 역전되었다. 이제 마약 밀수업자들이 권력을 쥐었고[60] 누가 우위를 차지할지를 두고 범죄 조직 간의 유혈 사태가 벌어졌다.

경찰을 비롯한 공권력은 폭력을 통제할 수 없는 정도로 처참한 상태였다. 공권력은 수십 년간 법을 집행하는 대신 정치적 후원자에게서 원하는 것을 얻어내는 데 몰두했다. 제도혁명당의 일당 독재가 끝나가던 무렵 법치에 관심이 없다는 점에서는 경찰과 검찰도 카르텔과 다를 바가 없었다. 설상가상 걸프 카르텔의 마지막 두목 오시엘 카르데나스가 마구잡이로 폭력을 휘두르자 미리암 가족처럼 대다수의 평범한 이들은 속수무책이었다. 카르데나스는 세타스를 창설하며 폭력 범죄의 지형을 바꿔놓았고, 세타스는 2010년 잔혹한 방식으로 산페르난도를 장악한다.

미리암의 새로운 삶(1997~2007년)

카렌이 고관절 수술을 받은 이후 미리암은 체중이 불었다. 버스로 장거리를 이동하는 것이⁽⁶¹⁾ 부담스러웠지만 정기 검진마다 카렌을 텍사스로 데려가야 했다. 정신과 몸의 갈등이나 다름없었다. 물론 카렌을 챙기는 시간이 더 많았지만 미리암은 다른 자식들에게도 똑같이 헌신했다. 1995년 아잘리아는 고등학교를 졸업하며 아버지에게 대학에 가고 싶다고 말했다.

"왜 가족이 힘들게 번 돈을 딸내미 대학 보내는 데 써야 하냐?" 루이스가 콧방귀를 뀌며 아잘리아에게 물었다. 그는 차라리 남편을 찾아서 가정을 이루라고 했다.

아잘리아는 자리를 박차고 일어나 어머니를 찾아갔다.

"넌 계속 공부해라. 금전적인 문제는 내가 해결해 볼 테니까." 미리암은 그렇게 말하며 딸을 안심시켰다.

모녀 사이에는 단둘이 살던 시절에 돈독한 유대감이 생겼다.

여성에게 부과되는 사회적 기대와 한계에 대한 공감대도 있었다. 미리암은 산페르난도의 남성중심주의가 딸의 진로를 결정하도록 내버려두고 싶지 않았다. 미리암은 자식을 위해서라면 못 할 일이 없었다. 아잘리아가 낮에는 일을 하느라 야학에 다니기 시작하자 미리암은 딸이 은행 대출을 받아 차를 살 수 있도록 연대 보증을 서주었다. 아잘리아를 키우며 자신이 그랬던 것처럼 매일 남에게 차를 태워달라고 사정하거나 밤거리를 걸어 다니게 하고 싶지 않았다.

1997년 미리암은 몸에서 이상을 느끼기 시작했다. 구역질이나 어지러움처럼 체중이 불며 생긴 증상뿐 아니라, 몸이 전반적으로 안 좋았다. 미리암은 아잘리아와 지역의 공공 병원에 가서 검사를 받았다. 나중에 진찰실에서 의사가 두 가지 소식을 들려주었다. 하나는 놀라웠고 다른 하나는 걱정스러웠다. 의사는 미리암이 임신했다고 했다. 미리암은 까맣게 모르고 있었다. 곧이어 의사는 미리암이 질색하는 특유의 무신경한 태도로 유산 가능성이 크다고 했다.

"자궁에서 암이 발견되었습니다."[62]

당시 아잘리아는 열아홉 살, 루이스 엑토르는 열세 살, 카렌은 네 살이었다. 아잘리아는 옆에 앉아 어머니의 안색을 살폈다.

"저는 죽을 수 없습니다. 어린 자식들이 있는데 내가 죽으면 키워줄 사람이 없어요." 미리암이 고개를 가로저으며 말했다.

의사는 종양을 제거하려면 수술을 해야 한다고 했다.

주 정부에서 일하던 시절에는 의료 관련 복지가 확실했다.[63] 최고의 의사에게 우선적으로 진료 예약을 할 수 있었고, 공무원에게만 제공되는 의료 서비스에 접근할 수 있었다. 주 정부를 떠난 그녀에게 이제 남은 선택지는 천문학적으로 비싼 치료비나 형편없는 의료 서비스뿐이었다. 민간 병원에 갈 만한 여유는 없었으므로 공공 병원에서 치료를 받아야 했다.

수술은 성공적이지 않았다. 종양을 완전히 제거하지 못한 것이다. 수술 후 병실에 누워 있던 미리암에게 암 진단을 내렸던 그 무신경한 의사가 다가왔다. 이번에도 미리암의 곁에는 아잘리아가 있었다. 의사는 어쩔 수 없었다고 말했다. 자신들은 최선을 다했다는 말투였다.

"상황이 애초에 생각했던 것보다 훨씬 복잡해졌습니다."

의사가 말을 마치기 전에 미리암은 자신이 말기 암이라는 것을 알아챘다. 그녀는 딸의 부축을 받아 침대에서 일어났고, 곧 소지품을 챙겨 퇴원했다.

당시 서른일곱 살이었던 미리암은 카렌의 수술 이후 3년 만에 자신의 목숨을 구할 의사를 찾아야 했다. 미리암과 루이스는 어떤 선택을 할지 고민하며 밤을 지새웠다. 미리암은 더 이상 공무원 의료보험 대상자가 아니었다. 저소득층 대상 의료보험은 있었지만[64] 그 보험이 적용되는 병원들은 늘 예약이 밀려 있었고, 재정난으로 시설이 낙후했다.[65] 하지만 아직 제3의 선택지가 남아 있었다. 정규직 근로자 대상의 사회보장제도였다.

멕시코에서는 전체 노동자의 60퍼센트가량이 비공식적으로 고용되어 있다.[66] 급여 대상자 명단에 올라 있지 않은 이들은 정부의 감시 밖에서 일하며 소득세를 납부하지 않는다. 그러나 국세청에 사업자 등록을 마친 기업에 고용된 사람들은 임금의 일부를 보험료로 공제하고[67] 의료 서비스를 보장받을 수 있다.[68] 미리암 부부는 루이스의 가게를 사업자로 등록하기로 했다. 그다음 미리암을 정식 직원으로 고용해 사회보장제도를 이용할 계획이었다. 그렇게 하면 더 나은 시설에서 더 나은 의사에게 치료를 받을 길이 열릴 것이었다.

그와 동시에 미리암은 마타모로스의 병원에서 명의로 인정받는 의사를 찾았다. 사회보장제도에 가입된 병원이었다. 미리암은 여러 차례에 걸쳐 방사선 치료와 화학요법을 받았다. 매번 마타모로스까지 가서 치료를 받은 다음 속이 메스꺼워진 채로 버스를 탔다. 치료가 1년째에 접어들었을 때 의사는 자궁 적출을 고려해 보자고 했다. 수술 후 더딘 회복 과정이 시작되었다. 루이스 엑토르와 아잘리아는 깊은 안도감을 느끼면서도 현실적인 문제로 고생했다. 두 사람은 수술 부위가 감염되지 않도록 청결하게 유지하는 임무를 맡았다. 아잘리아는 어머니의 음부를 닦다가 구토하곤 했다. 그럴 때면 10대 청소년이던 루이스 엑토르가 누나를 대신했다.

건강을 회복한 이후 미리암은 치료 부작용으로 갑상선 기능이 저하되며 체중이 크게 늘었지만 한결같이 자식들의 삶을 챙겼다. 1998년 아잘리아가 에르네스토와 결혼했고 2000년에는 아들을 낳았다. 미리암은 자청해서 딸 내외가 일하는 동안 아이를 봐주었지만 체중 탓에 아이를 안거나 쫓아다니는 데 애를 먹었다.[69]

2003년 루이스 엑토르가 고등학교를 졸업했다. 그는 아버지처럼 곧장 일을 시작하고 싶어 했지만 미리암은 대학 진학을 권했다.[70] 아잘리아는 자기는 대학에 보내달라고 아버지에게 애원하다시피 했는데, 남동생은 대학에 가지 않겠다고 어머니와 싸우는 상황이 아이러니하게 느껴졌다. 결국 2년 후 그는 대학을 휴학하고 텍사스주 매캘런에 있는 무역 회사에서 일하기 시작했다. 미리암은 대학 졸업장은 있어야 출세할 수 있다고 주장했으나, 루이스 엑토르는 당장 돈을 벌고 싶었다. 그러나 몇 년 후 어머니 말이 옳았음을 깨닫고 복학했다.

루이스 엑토르가 복학하던 해에 미리암은 평생 자신을 괴롭힌 체중 문제를 해결하기로 결심했다. 여러 해 동안 위 우회술을 받을지 고민했다.(71) 위 우회술을 받고 인생이 달라졌다는 지인도 있었다. 유일한 문제는 이 수술은 대부분 보험 적용이 되지 않아 비용 부담이 크다는 것이었다. 미리암은 적당한 병원을 찾아다니기 시작했다. 의사들은 대개 수술비를 현금으로 요구했지만, 자신들이 내킬 때는 보험 적용을 해주기도 했다. 미리암은 의사를 회유하고자 자신이 좋아하는 새우와 신선한 염소 고기 등 산페르난도의 특산물을 대접했다.(72) 이를 계기로 그녀는 의사와 친한 친구 사이가 되었고, 의사는 위 우회술에 보험 적용을 해주었다.

가족들은 수술을 반대했다. 남편 루이스는 아내의 체중에 대해 심한 말을 일삼았지만, 그렇다고 아내가 수술받는 것까지 원하지는 않았다. 혹시 수술이 잘못되지는 않을지 걱정했다. 아잘리아도 마찬가지였다. 루이스 엑토르만 수술에 찬성했다. 그는 어머니가 체중을 줄이지 못하면 오래 살기 어렵다고 생각했다.

수술 직전 아잘리아가 무서운지 묻자 미리암이 답했다.

"암 진단을 받았을 때도 똑같이 말했잖아. 암도 나를 죽이지 못했는데, 이까짓 수술이 날 죽일 수 있다고 생각하니?"

미리암은 수술을 받고 1년 만에 무려 90킬로그램을 감량했다.⁽⁷³⁾ 체중이 너무 줄어든 탓에 달라진 몸에 적응하느라 심리 치료까지 받아야 했다. 얼마 지나지 않아 미리암은 그녀의 개성을 농축한 축소판이라도 된 듯 달라졌다. 다시 가게에서 팔 부츠 등을 떼 오기 시작했고, 손주를 돌보았고, 아들을 만나러 자주 시우다드 빅토리아에 다녀왔다.

2007년 당시 산페르난도는 미리암의 어린 시절만큼 호황기를 맞아 빠르게 도시화되고 있었다.⁽⁷⁴⁾ 소도시 사람들에게는 영화관과 마트가 생기면 삶이 어떻게 달라질지 상상하는 게 일종의 로망이었다. 산페르난도에도 곧 영화관과 대형마트가 들어설 거라는 소문이 돌았다.

미리암에게 위 우회술은 새로운 삶을 위한 신체적인 재구성이었다. 그로부터 3년 후 세타스가 산페르난도를 장악하며 폭력의 양상이 재구성되었다. 당시 아잘리아는 서른, 루이스 엑토르는 스물셋, 카렌은 열네 살이었다. 세 사람 모두 삶의 다음 단계로 넘어가려던 참이었다.

4장 권력이 된 폭력

살인은 어떻게 메시지가 되는가(1997~2007년)

후안 가르시아 아브레고가 옥살이를 시작한 1997년까지 오시엘 카르데나스는 흔히 말하는 거물과 거리가 멀었다.[1] 그는 자신의 좁은 입지를 커다란 야심으로 채웠다.[2] 걸프 카르텔 두목 자리를 둔 권력 다툼에서 그는 단순한 진리에 도달했다. 폭력이 자신을 차별화할 유일한 방법이라는 것이었다.[3] 법은 멀고 주먹은 가까운 타마울리파스에서 카르데나스는 세타스를 창설하며 폭력을 권력 유지 수단으로 삼았다.

카르데나스의 영입 제안을 받은 특수부대 중위 구스만 데세나는 군복을 벗고 걸프 카르텔에 합류했다.[4] 첨단 무기를 사용하고, 정보 작전을 펼치고, 어떤 지형과 기후에서도 신속하게 작전을 수행할 수 있다는 점에서 구스만은 여타 조직원과 확연히 달랐다. 그는 카르텔에 합류하자마자 30명가량을 영입했는데, 그중 상당수가 특수부대 출신이었다.[5] 그들이 결성한 조직이 바로 최초의 세타스였다.

세타스는 살인으로 심리전을 벌였다. 다시 말해, 적에게 공포심을 심어줄 수단으로 살인을 활용했다.[6] 이전에도 카르텔 간의 전쟁은 충분히 잔혹했지만, 세타스는 적을 산 채로 불태우거나 토막 낸 시신을 모두가 볼 수 있도록 전시했다.[7] 세타스 조직원들은 폭력에 익숙할뿐더러, 폭력을 행사하는 방법을 제대로 훈련받은 사람들이었다. 그들에게는 규율이 있었다.

군 출신들이 범죄에 동원된 것은 멕시코 폭력의 역사에서 가장 중대한 사건이었다. 그 전까지 카르텔 조직원들은 훈련받지 않은 폭력배들에 불과했다. 당시 멕시코에서는 특수부대의 최정예 군인들도 합당을 대우를 못 받고 있었지만 카르데나스는 자금력이 충분했다. 카르데나스는 정부가 고용주로서 무능하다는 점을 이용했다.

그러나 카르데나스는 자만심이 화근이 되어 몰락하고 만다. 걸프 카르텔을 장악한 직후였던 1999년, 그는 두 차례나 미국 마약단속국 수사관들에게 노골적인 살해 위협을 했다.[8] 10여 년 전 멕시코에서 엔리케 카마레나라는 수사관을 잃었던 마약단속국으로서는 용납할 수 없는 도발이었다. 마약단속국의 관심 밖에 있었던 카르데나스는 하루아침에 최우선 표적이 되었다. 2000년 텍사스주 대배심에서 카르데나스를 기소하며 체포 작전이 시작되었다.[9] 카르데나스는 3년 만에 붙잡혀 수감되었다.[10]

걸프 카르텔의 영역 확장에 준군사 조직으로 성장한 세타스가 동원되었다.[11] 더 많은 인력과 물자, 무기가 필요했다. 카르데나스는 늘어난 운영 비용을 충당하고 조직원들의 불만을 잠재우기 위해 자체적으로 이권 사업을 벌이는 것을 허용했다.[12] 딱 한 가지 일만 제외하면, 그때부터 세타스 조직원들은 돈벌이를 위해 무슨 일이든 할 수 있었다. 한 가지 일은 마약 밀수였다. 마약 밀수만큼은 걸프 카르텔 내부의 전문 밀수꾼들을 통해 주도면밀하게 진행했다.

세타스는 영역 확장을 통해 이권을 취하려 했다.[13] 일단 어떤 지역을 장악하면 지역 주민들의 고혈을 쥐어짰다. 처음에는 그 지역 폭력배들에게 세금을 뜯었다. 누가 반발하면 죽여버렸고, 그러면 나머지는 시키는 대로 했다. 세타스는 점차 갈취 대상을 늘렸다.[14] 식당이나 구멍가게 사장, 심지어 노점상에게도 금품을 받았다.

이 사업이 성공하려면 국가의 간섭을 피해야 했고, 그러려면 공직자들을 매수해야 했다.[15] 어려울 게 없는 일이었다. 멕시코에는 주로 범죄자들이 쓰는 '플라타 오 플로모(Plata o Plomo)'라는 말이 있다.[16] '은이냐 납이냐', 즉 뇌물을 받을 것인지 아니면 총알 세례를 받을 것인지 선택하라는 뜻이다. 이는 세타스가 장악한 지역의 정치인과 경찰에게 주어진 선택지였다. 대부분 그들의 제안을 받아들였고, 거부한 소수는 총알 세례를 받았다.

세타스는 마치 기생충처럼 지역사회에 불행을 일으키며 돈을 빨아들였다. 그들은 곧 수익성 있는 사업을 창출했다. 몸값을 요구하는 납치였다.[17] 미리암 가족 같은 사람들은 경쟁 카르텔들 조직이나 부자들만 납치 대상이 되리라 생각했다. 그러나 세타스는 몸값을 활동 자금에 보탤 세금처럼 취급했다. 피해자 가족이 부유하든 부유하지 않든 납치만 하면 거액을 챙길 수 있었다. 그때부터 세타스는 멕시코에서 가장 저급한 범죄자 집단으로 전락했다.

그 전까지 주민을 대상으로 한 약탈은 카르텔의 주요 수입원이 아니었다. 카르텔은 오히려 일정 부분 평범한 사람들에게 지지받기도 했다. 정치권과 공권력에 대한 반감이 매우 큰 멕시코에서 평범한 계급 출신인 카르텔 조직원들이 정부에 맞서자 환영받았다. 그러나 결국 돈이 문제였다. 세타스 입장에서 지역 주민 대상의 납치와 약탈은 마약 밀수와 무관하면서도 안정적인 수입원이었다. 곧 다른 조직들도 이와 같은 범죄를 벌이기 시작했다. 세타스가 성장함에 따라 다른 조직들도 보조를 맞추었다. 오시엘 카르데나스와 세타스가 멕시코 전역에서 과거보다 잔혹하게 폭력을 행사하면서 다른 조직들도 다시는 그 전으로 돌아갈 수 없게 되었다.[18]

폭력은 부메랑이 되어 돌아왔다. 2002년 세타스의 첫 번째 조직원인 구스만 데세나가 마타모로스 모처의 레스토랑에서 멕시코 군에 의해 사살되었다.[19] 구스만의 자리는 곧바로 다른 인물로 대체되었지만 걸프 카르텔은 범죄 세계와 사회의 암묵적인 규범을 노골적으로 무시한 대가로 역풍을 맞기 시작했다.[20] 정부에서도 손놓고 있을 수만은 없었다. 2003년 3월 카르데나스는 걸프 카르텔의 두목이 된 지 불과 5년 만에 체포되었다.[21]

그러나 카르데나스에 대한 이야기는 여기서 끝나지 않는다. 그는 교도소에 수감된 이후에도 계속해서 조직을 이끌었다.[22] 전략적으로 뇌물을 건네며 걸프 카르텔 내부에서 권력을 유지했다. 그에게는 조직을 계속 이끌 명분이 있었다. 구스만이 죽고 자신이 감옥에 갇힌 틈을 타 경쟁 조직인 시날로아 카르텔에서 국경 도시인 누에보라레도를 빼앗으려 한 것이다.[23] 수익성이 큰 국경 도시의 패권을 놓고 두 조직이 전쟁을 벌이면서 곳곳에서 유혈 사태가 발생했다. 세타스가 저지르는 참혹한 살인에 경악한 멕시코 대통령은 군을 투입해 사태를 진압했다.

누에보 라레도는 평화를 되찾았지만 여전히 세타스의 통제하에 있었다.[24] 사실상 아무것도 달라지지 않았다. 두 카르텔의 전쟁은 폭력이 일상이 되었음을 알리는 신호탄이었다. 매년 살인 발생 건수가 늘었고, 잔혹한 범죄가 줄을 이었다. 2005~2006년을 지나며 끔찍한 살인을 과시하고 우발적인 충돌이 발생하고 정부에서 군을 투입하는 일이 반복되며[25] 점차 대수롭지 않을 일처럼 여겨졌다.[26] 2006년 선출된 펠리페 칼데론 대통령이 마약과의 전쟁을 선포하며, 정부의 군사적 개입을 공식화했다.[27] 군 주둔과 함께 끝없는 전쟁이 시작되었다.

카르데나스는 교도소의 독실에서 점차 격화되는 폭력 사태를 편안히 지켜보았다. 하지만 그럴 수 있는 시간도 얼마 남지 않았었다. 산페르난도 거리에 아직은 희망이 남아 있던 2007년 초 카르데나스는 재판을 받기 위해 미국으로 압송되었다.[28] 평생을 감방에서 썩게 될 위기에 빠진 카르데나스는 미국 법무부와 형량을 거래했다.

카르데나스는 2007년부터 2010년까지 3년간 자신이 만든 살인 집단을 해체할 수 있도록 미국 당국에 은밀히 협조했다.[29] 그러나 이 결정은 걸프와 세타스의 전쟁을 촉발하는 데 일조했다. 내전을 벌이며 활동 자금이 부족해진 세타스는[30] 점점 더 납치에 의존하며 미리암 가족처럼 평범한 사람들에게 자신들이 초래한 비극의 대가를 떠넘겼다.

5장 사라진 사람들

장악 이후(2010~2011년)

2010년 세타스가 산페르난도를 장악한 이후[1] 미리암은 가족들에게 행동을 조심하고, 무슨 일이 있어도 갈등 상황을 피하라고 신신당부했다. 시우다드 빅토리아에 사는 루이스 엑토르에게는 집에 너무 자주 오지 말라고 해두었다. 미리암은 세타스가 범죄 대상으로 남자들을 노린다고 생각했다. 세타스의 광기 속에서 부모들은 끊임없이 두려움을 다스려야 했다. 다행히 아잘리아와 루이스 엑토르는 더 키서 제 앞가림을 하고 있었다.

카렌은 달랐다. 카렌은 광란의 한가운데에서 어린 시절을 보냈고, 고등학생 때부터는 지역사회 전체가 마비되었다. 골목길에서 불쑥불쑥 참혹한 살해 현장과 훼손된 시신을 마주하며 두려움에 떨어야 했다. 부모들은 아이들의 눈을 가리곤 했다. 어떻게 세상에서 이런 일이 벌어지는지 자녀에게 설명할 수 있는 부모가 있을까?

미리암 부부는 카렌에게 평범한 생활이 계속되는 양 굴었다.

용돈을 주며 쇼핑이나 외식 등의 소비생활을 이어갈 수 있게 해주었다. 그러나 서로에게 쌓인 불만은 감출 수 없었다. 미리암은 이미 몇 해 전부터 남편이 못마땅했지만, 루이스는 동업자이기도 했다. 두 사람의 사업은 기대 이상으로 성공적이었다. 그녀는 사업을 포기할 수 없었고 그럴 생각도 없었다. 성공에 자신이 한몫했다고 생각했다. 그러나 2010년 무렵 인내심이 바닥나기 시작했다. 카렌은 점점 더 갈등의 골이 깊어지는 부모님을 피해 밖으로 돌며 일탈을 시작했다. 사춘기 청소년의 평범한 반항이었지만, 산페르난도의 특수한 상황을 고려하면 무척 위험한 행동이었다.

세타스는 산페르난도에 통행 금지를 내렸다. 출입로를 봉쇄했고, 무장한 남자들이 지나가는 차들을 무작위로 세워 신분증을 검사했다. 그들이 즉석에서 건네는 몇 가지 질문에 어떻게 답하는지에 따라 탑승자들의 운명이 결정됐다.

무자비한 폭력이 논리를 대신했다. 세타스는 자신들이 저지르는 폭력을 다른 누군가에게 똑같이 당할지도 모른다는 불안감에 시달렸다. 그 불안감은 역습을 당하기 전에 선수를 쳐야 한다는 근거가 되었다. 산페르난도와 인근 도시에서 흔적도 없이 사라지는 남자들이 많았다. 이들의 시신은 교외의 공터에 암매장된 채 발견되곤 했다. 실종되거나 행방을 알 수 없는 사람들은 '사라진 사람들(los desaparecido)'이라고 불렸다.[2] 그들은 마치 존재 자체가 삭제된 듯했다.

비극적인 역사를 겪은 라틴아메리카 국가들에서 '사라지다(desaparecer)'라는 동사에는 무거운 의미가 담겨 있다. 이는 단순히 누군가가 종적을 감추는 것이 아니라, 납치 등의 이유로 다시 볼 수 없게 된 것을 뜻한다. 20세기에 아르헨티나와 칠레의 독재 정권하에서 반체제 인사로 간주된 인물들은 고문을 받고 '사라졌다'. 과테말라와 엘살바도르에서는 끔찍했던 내전을 전후로 좌익 동조자로 의심받던 공동체가 완전히 사라졌다. 멕시코에서도 1960~1970년대에 제도혁명당에 의해 1만 2,000명가량의 사람이 사라졌다.[3] 역사학자들은 20세기 멕시코에서 수많은 사람이 사라진 이 시기에 '더러운 전쟁'이라는 이름을 붙였다. 멕시코 정부에서는 그 시기에 벌어진 만행을 조사하려는 시도조차 하지 않았다. 아르헨티나, 칠레, 우루과이 등 다른 국가에서는 진상규명위원회가 출범해 암매장지를 전수 조사하며 지난 정부의 범죄를 단죄했지만, 멕시코에서는 정부의 책임을 물으려는 시도가 거의 없었다.

'사라짐'은 잔혹하고 효율적이고 실용적인 폭력이라는 점에서 비열한 전쟁의 연장선에 있었다. 시신이 없으면 범죄는 성립하지 않는다. 그러나 미리암 가족의 경우처럼 누군가가 사라지는 사건은 그를 사랑하는 가족과 주변 사람들에게 영원한 고통을 준다. 과거에 벌어진 끔찍한 살인 사건들도 공포의 연속이었지만, 적어도 유족들이 시신과 유품을 수습할 수는 있었다. 그러나 사라진 사람들의 가족들은 고인의 마지막을 애도할 기회마저 빼앗겼다.

산페르난도는 수십 년간 걸프 카르텔과 유착관계를 유지했다는 낙인이 찍혔다. 걸프 카르텔과 무관한 사람들도 그 낙인 탓에 고초를 겪었다. 세타스는 산페르난도에 걸프 카르텔의 잔당이 숨어 있으리라 의심하며 주민들을 공포에 몰아넣었다.[4] 2010년 산페르난도를 장악한 세타스 점령군은 몇 년에 걸쳐 초토화 작전을 벌였다. 기업부터 구멍가게까지 가리지 않고 돈을 뜯었고, 자금을 조달하기

위해 몸값을 요구했다.⁽⁵⁾

통행 금지로 인해 응급구조대의 24시간 교대 근무가 중단되면서 산페르난도에서는 야간에 총을 맞더라도 치료를 받으려면 아침까지 기다려야 했다. 밤에는 시신을 수습할 수도 없었다. 24시간 영업하던 편의점도 오후 5시면 문을 닫았다. 상인들이 덜컥거리며 셔터를 내리는 소리와 함께 일몰이 시작되었다. 평범한 가족들은 해가 지면 어두운 집 안에 모여서 날이 밝기를 기다렸다. 대문은 벽돌로 막아버리고 샛길로 출입하는 사람들도 있었다. 통행 금지 시간 이후에 병원이나 약국에 가야 할 일이 생기면 무엇이 더 생명을 위협하는지 냉정하게 저울질해야 했다. 야간에 차를 몰고 나가려면 목숨을 걸어야 했기 때문이다. 세타스의 피해망상 탓에 주민 모두가 신경쇠약에 빠질 지경이었다.

두려움과 불신이 사회적 상호작용을 뿌리째 흔들었다. 사람들은 이웃집에서 비명이 들려도 나가보지 않았다. 어느 날 밤 아잘리아가 집 근처까지 왔는데, 한 무리의 트럭이 끼익 소리를 내며 이웃집 앞에 멈춰 섰다. 그녀는 무슨 일인지 묻지도 않고, 아들을 데리고 서둘러 집 안으로 도망쳐 들어가 문을 잠갔다.

이유를 설명할 수 없는 비극이 벌어지면 멕시코 전역에서 후렴처럼 흘러나오는 "테니안 알고 께 베르(Tenían algo que ver)"라는 말이 있다. '아니 땐 굴뚝에 연기 나랴'라는 뜻이다. 사람들은 희생자를 탓했다. 이웃이든 낯선 사람이든 상관없었다. 심지어 피해자가 가까운 친구일 때도 폭력을 정당화했다. 이는 어느 날 갑자기 삶의 일부가 되어버린 죽음과 실종을 받아들이는 방식이자 자신들의 무능함과 비겁함과 이기심을 정당화하는 논리였다.

미리암의 친구 찰로는 거의 20년간 장례식장을 운영했다. 그의 어머니가 그 일을 시작한 1970년대에는 사망자 대부분이 자연사였고, 최악의 경우가 사고사였다. 찰로는 열네 살 때부터 어머니를 도우며 자신이 장례 사업에 필요한 모든 것을 배웠다고 생각했다. 2010년부터 갑자기 모든 것이 달라졌다. 밤낮으로 참혹한 상태의 시신이 몰려들었다. 찰로는 슬픔을 목격했고, 슬픔에 빠져 사랑하는 사람뿐 아니라 자기 자신까지 잃어가는 사람들을 목격했다. 유족들은 종종 상실감을 이겨내지 못했다. 예전의 모습으로 돌아가지 못했다. 아무도 시신을 수습하러 오지 않아서 찰로가 가족 대신 묘비도 하나 없이 시신을 묻은 적도 있었다.

찰로의 일에는 위험이 따랐다. 세타스가 설치한 검문소를 통과해 분쟁 지역을 드나들어야 했다. 때로는 안전이 확보되기도 전에 학살 현장에 도착했다. 사실상 납치 상태였던 적도 있다. 다행히 잠시뿐이었고, 무사히 풀려났다. 뚱뚱한 몸집에 어울리지 않는 길고 가느다란 목, 매부리코와 곱슬머리 사이로 튀어나온 귀 등 전혀 위협적이지 않은 그의 외모도 한몫했을 것이다.

2011년 3월, 세타스가 산페르난도를 장악한 지 1년이 되었을 무렵 찰로는 호출을 받고 교외의 '엘 도도'라는 농장에 갔다. 군이 그곳에서 세타스의 훈련 캠프를 발견해 현장에 있던 인원 전원을 사살한 상황이었다.[6] 군 당국은 세타스 조직원 8명을 사살했다고 발표했지만,[7] 찰로가 목격한 시신은 그보다 많았다. 군은 세타스 조직원들이 항복할 때까지 헬기 사격을 퍼부었다. 시신 몇 구는 산산조각이 나 있었다.

현장에는 사춘기를 막 지난 듯한 어린 소녀의 시신도 있었다.

당국은 실수로 무고한 희생자가 발생한 것은 아닌지 우려했지만 그 소녀는 사실 '시카리아(sicaria)', 즉 여성 암살자로 밝혀졌다. 걸프 카르텔에 의해 아버지가 살해당하자 이후 1년 넘게 세타스에서 일해온 것이었다.

그녀의 아버지는 카르텔 간의 전쟁이 시작된 직후, 다른 자동차 판매상들과 타마울리파스를 지나다 억울하게 목숨을 잃은 희생자 중 한 명이었다.[8] 그의 시신을 수습한 사람도 찰로였다. 소녀는 복수심에 휩싸여 열여섯 살에 세타스에 입단했다. 그녀의 죽음은 정부에서 세타스를 잘 진압하고 있음을 증명하는 통계가 될 것이었다. 그날 밤 세타스 간부들이 시신을 가져가겠다며 찾아왔을 때 찰로는 그렇게 하도록 내버려두었다. 그에게 다른 선택지는 없었다.

주민들은 테러에 맞설 자경단을 조직해 산페르난도에서 세타스를 몰아내야 한다고 은밀히 이야기하곤 했다. 그러나 결국 두려움 앞에서는 모두가 저항 정신보다 생존 본능을 따랐다. 두려움이 모두를 지배했다. 하지만 그건 세타스도 마찬가지였다. 세타스는 자신들이 산페르난도라는 전략적 거점을 빼앗기지는 않을까 두려워했다. 걸프 카르텔의 전쟁 물자와 인력이 산페르난도를 거쳐 국경 지역의 전선으로 이동하고 있지는 않을까 두려워했다.

세타스는 걸프 카르텔이 마약이나 조직원을 국경으로 운반하는 것을 막기 위해 북쪽으로 향하는 모든 경로를 통제했다.[9] 밀수 경로를 차단하면 걸프 카르텔의 돈줄을 틀어막을 수 있었다. 말려 죽이기 작전이었다. 승용차, 트럭, 버스 할 것 없이 산페르난도를 지나는 모든 차량이 검문을 받았다.[10] 심지어 타마울리파스를 거쳐 미국으로 건너가는 밀입국자도 통제 대상이었다. 세타스는 밀입국자들도 걸프 카르텔에 합류할 수 있는 잠재적 조직원으로 간주했다.

2010년 8월, 산페르난도로 이어지는 국도를 검문하던 세타스 일당이 미국으로 밀입국하려는 사람들이 탄 트럭 2대를 멈춰 세웠고, 곧 72명이 목숨을 잃는 전례 없는 규모의 학살이 발생했다. 그때부터 세타스는 공공의 적 1호가 되었다.

74명의 밀입국자, 2명의 생존자

젊은 남자가 어둠 속에서 화들짝 깨어났다. 그의 옆에는 시신들이 마치 잠든 것처럼 다닥다닥 줄지어 있었다.[11] 남자 역시 오른쪽 얼굴에 총상을 입긴 했지만 어쨌든 목숨이 붙어 있었다. 그는 미국으로 밀입국을 시도하던 에콰도르인 루이스 프레디 랄라라는 인물로서, 세타스의 무차별 공격에서 가까스로 살아남았다.[12] 몸을 움직이는 사람이 한 명 더 있었다. 운 좋게도 부상 없이 살아남은 온두라스인 남성이었다. 두 사람은 세타스가 하루 전 밀입국자 무리를 이끌고 간 목장의 지붕이 거의 다 떨어져 나간 헛간에서 눈을 떴다.[13] 거친 콘크리트 벽면을 따라 다른 72명이 케이블타이에 손이 묶인 채 바닥에 엎드려 있었다.[14] 바닥에 풀이 무성했다.

두 사람은 저 멀리 서 있는 가로등 불빛에 의지해 광활하게 펼쳐져 있는 수수밭 옆 비포장도로를 따라 함께 도망치다가[15] 칠흑 같은 어둠 속에서 덜거덕거리는 트럭 소리가 들리기 시작하자 헤어졌다. 온두라스인 남성은 제 갈 길을 갔다.[16] 프레디 랄라는 15킬로미터를 더 걸어간 끝에 해병대에서 국도에 설치한 검문소에 들어가 이렇게 말했다.[17]

"저는 프레디 랄라라고 합니다. 무장한 괴한들이 사람들을 납치해 죽이려 했습니다."[18]

해병대원들은 처음에는 그 말을 믿지 않았다. 프레디가 타고 있던 밀입국 트럭이 세타스에 납치된 지 이틀이 지난 시점이었다.[19] 밀입국자 무리에는 과테말라인, 온두라스인, 엘살바도르인, 에콰도르인, 브라질인, 인도인 등이 있었다.

수십 년간 타마울리파스를 지나는 고속도로는 브로커들에 의해 미국행 밀입국의 마지막 관문으로 이용되었다.[20] 카르텔들은 이 관문을 장악하고 밀입국자 1인당 수천 달러의 대가를 요구했다.[21] 프레디는 뉴저지에서 일하는 부모님과의 재회를 꿈꾸며 에콰도르의 작은 마을을 떠난 열여덟 살 청년이었다. 그는 과테말라와 멕시코 남부를 거쳐 타마울리파스에 도착했다.[22] 그러나 미국 국경을 넘기까지 채 2시간도 남지 않았을 때 그가 타고 있던 트럭이 산페르난도 외곽에 멈춰 섰다.[23] 101번 국도를 따라 배치된 세타스 일당이 총기를 앞세워 트럭 2대를 멈춰 세우고는 어느 농장 부지로 이끌고 갔다.

농장에 도착하자 그들은 밀입국자 무리에게 타코와 탄산수를 나눠주며 일자리를 제안했다.[24] 세타스에 들어와 멕시코군, 걸프 카르텔과의 전쟁에 참여하면 매주 500달러 이상을 주겠다고 했다.[25] 신참 조직원이 보통 받는 것의 몇 배에 해당하는 큰 금액이었다. 제안을 받아들이면 남자들은 시카리오(sicario), 즉 암살자가 되고 여자들은 가사도우미가 되어야 했다.

대부분이 제안을 거부했다. 그러자 세타스는 밀입국자 무리를 다시 트럭에 태워 버려진 목장으로 데려갔다. 거기서 무장한 조직원

8~9명이 사람들을 케이블타이로 결박하고[26] 거센 바람이 부는 허허벌판 가운데에 서 있는 헛간으로 밀어 넣었다. 그들은 밀입국자들의 눈을 가리고 밤이 되기를 기다렸다. 머리 위로는 뒤틀린 나무가 지붕을 뚫고 자라나 있었다. 납치범들은 벽을 따라 사람들을 디귿 자로 줄을 세우고, 바닥에 엎드리게 했다. 세타스 조직원 몇몇은 주변으로 보초를 나갔다. 다른 몇몇은 헛간에 남아 밀입국자들에게 얌전히 있으라고 으름장을 놓았다. 밀입국자들은 영문도 모른 채 곧 죽을 운명이었다.[27]

학살에 가담한 세타스 조직원에 따르면, 세 사람이 9구경 권총 한 자루를 돌아가며 쏴야 했기 때문에 2시간가량이 걸렸다고 한다.[28] 마침내 총성이 멈췄을 때는 이미 늦은 저녁이었다. 세타스 일당은 이튿날 시신을 매장하러 헛간에 돌아오기 전까지 쉬기로 했다. 그러나 이튿날 동이 트자마자 프레디의 신고를 받은 해병대 대원들이 현장 조사를 나왔다.[29] 해병대는 프레디의 이동 경로를 되짚어 가며 목장에 도착했고, 그곳에서 밀입국자 72명의 시신을 발견했다. 형언할 수 없이 참혹한 학살의 현장이었다.

죽은 밀입국자들이 카르텔에 대체 어떤 의미였는지를 두고 논란이 일었다.[30] 세타스는 밀입국자들이 걸프 카르텔에 돈을 내고 밀입국을 시도한 것이라고, 즉 걸프 카르텔의 밀수품이나 다름없다고 여겼던 것일까? 그들을 죽인 세타스의 테러 행위에 대체 어떤 경제적 이득이 있는 것일까? 세타스 합류를 거절했다는 이유만으로 그들을 걸프 카르텔의 잠재적 병력으로 간주한 것일까? 합류를 거절한 이유가 이미 걸프 카르텔과 계약했기 때문이라고 생각한 것일까?

두 사람이 살아남았다는 사실로 미루어 학살의 규모를 짐작할 수 있었다. 세타스 일당이 일을 너무 서둘렀던 것일 수도 있고, 총을 다루는 데 서툴거나 방아쇠를 당기는 데 지쳤던 것일 수도 있다. 이유가 무엇이든 일당은 2명을 살려두었다. 이런 실수를 알아채지 못할 만큼 비인간적 학살이 일상화된 것일지도 몰랐다.

희생자 가족들의 법률 대리인은 최대한 여러 증인의 진술을 들었고, 10년 넘게 이어진 노력 끝에 정부의 사건 기록도 확보했다.[31] 그러나 일부러 일관성 없이 작성한 것은 아닌지 의심스러울 만큼 난해한 수만 페이지의 자료를 검토하려면 최소 몇 년은 필요할 듯했다.

시간이 지날수록 소문과 억측이 정부 조사와 객관적 정보의 공백을 채웠다. 이렇게 된 데에는 끔찍한 학살을 지나간 일로 치부하려는 멕시코 정부의 의도가 일정 부분 영향을 끼쳤을 것이다. 진실을 은폐·왜곡하며 복잡한 맥락을 무시한 채 거부감 없이 받아들일 수 있는 단순한 이야기로 둔갑시키는 능력이야말로 멕시코 정부의 주특기였다.[32]

정부의 대처는 종종 일정한 패턴을 따른다. 상상할 수 없는 잔혹한 범죄가 발생하면 사회적 충격과 공분이 일고, 엄정히 수사하겠다는 정부의 약속이 뒤따른다. 그러나 수사는 불투명하고 느리게 진행되고, 엄중함을 가장한 정부의 관료주의적 태도는 서서히 기대감을 잃게 한다. 정부의 책임을 최소화하는 방향으로 정해진 결론을 향해 사실관계는 무시되거나 입맛에 맞게 선별된다. 여론이 들끓으며 사회적 혼란이 생기지만, 시민 대부분은 사건의 진실이 미궁에 빠졌다고 받아들인다.[33] 세상은 계속 그런 식으로 굴러간다.

이런 패턴을 따르는 나쁜 선례들이 있었다. 후안 N. 게라가 처음에는 자신의 아내를, 그다음에는 판초 비야의 아들을 살해했다. 삼촌에게 카르텔을 물려받은 후안 가르시아 아브레고가 병원 습격 사건을 일으켰고 언론인 2명에 대한 살인을 교사했다. 18명이 사망한 교도소 폭동의 원인을 제공하기도 했다. 오시엘 카르데나스가 제대로 단죄받지 않았다는 사실 역시 정부의 교묘한 은폐 전략을 생중계하는 꼴이었다.

진상을 규명하려는 학계의 연구와 언론인들의 숭고한 노력도 대체로 가설을 하나 더하는 데 그쳤다.[34] 어떤 이들은 이 학살 사건이 세타스와 걸프 사이에 벌어진 수많은 분쟁 가운데 하나일 뿐이라고 주장했다. 유독 이 사건이 여론의 주목을 받은 것은 프레디 랄라가 우연히 해병대 검문소를 발견했고, 또 해병대가 우연히 시신들이 암매장되기 전에 학살 현장에 도착했기 때문이라는 것이다.[35]

멕시코인들은 비현실적인 폭력 사건에 점점 더 익숙해졌지만, 밀입국자 72명이 학살당한 이 사건은 전 세계 신문의 1면을 장식했다. 칼데론 대통령으로서는 대응에 나설 수밖에 없는 상황이었다. 산페르난도와 주변 도시들, 나아가 주 전체가 세타스의 야만적인 점령하에 있는 것을 더는 좌시할 수 없었다. 이 일은 멕시코 땅에서 일어난 (단일 사건으로서는) 가장 큰 규모의 학살 사건으로 기록되었다.[36] 2011년까지는 말이다.

가족의 갈등

산페르난도가 무너져 가는 동안, 미리암은 자신의 삶이 외부 환경을 반영하듯 소용돌이치며 부서지고 있음을 절감했다. 남편과의 관계는 어느 때보다 최악으로 치달았다. 예전보다 더 자주 다퉜다. 심지어 다른 사람들 앞에서 다툴 때도 있었다. 시장에서도 거의 아무런 대화를 나누지 않았다.

지역 경제도 무너지고 있었다. 세타스는 강력한 정보망을 갖추고 있었다.[37] 농부 한 명, 한 명의 수확량과 지역 곡물 창고 납품량, 그리고 지역 곡물 창고별 시장 판매량을 파악했다. 그들은 철저히 계산했고, 장부에서 의심스러운 부분이 있으면 확인을 요구했다. 시장에 일찍 문을 닫는 가게가 늘었다. 이미 폐업한 곳도 많았다. 위기를 버티고 살아남으면 세타스에 자릿세를 바쳐야 했다. 장사가 잘되면 어김없이 세타스 일당이 찾아왔다. 손님들은 이제 꼭 필요하지 않은 물건에는 지갑을 열지 않았다. 누구도 계속 고용되어 있으리란 보장이 없었다. 아무도 재력을 드러내고 싶어 하지 않았다. 그랬다가는 세타스의 표적이 되기 십상이었다.

미리암 역시 가게를 유지하기도 빠듯했다. 냄비, 프라이팬, 토르티야 반죽 프레스, 주걱, 주방칼 등 경기와 상관없이 늘 수요가 있는 가정용품을 취급하는 루이스는 사정이 좀 나았다. 미리암은 가정 경제에 더 이바지한다며 루이스가 으스대는 걸 참아야 했다. 게다가 약간의 수수료를 받으며 루이스가 취급하는 가정용품을 팔기 시작했다. 경제적으로 더 의존하게 된 것이다.

33년간의 결혼 생활을 끝내는 것은 미리암에게도 쉬운 결정이 아니었다. 루이스는 열여덟 살에 결혼한 첫사랑이자, 유일한 사랑이었다. 물론 자주 다투긴 했지만, 함께 가족을 이루어 안정적인 삶을 구축한다는 공동의 목표가 있었다. 그런데 이제 홀로서기를 해야 했다. 자식들, 특히 딸들은 엄마의 편에 섰다. 그다지 어려운 선택이 아니었다. 어머니는 헌신적이었지만, 아버지는 자기 자신만 생각했다. 누구에게든 마찬가지였다. 자식들이 도움을 청하면 루이스의 대답은 "네가 알아서 해"일 때가 많았다. 반면 미리암은 어떻게든 해결책을 찾아주려 했다.

루이스 엑토르는 아버지를 가족을 건사한 사람이자, 가족의 삶에 자리 잡은 존재로 생각했다. 행동은 마음에 들지 않았을지 모르지만, 그것도 그것대로 받아들였다. 반면 아잘리아는 아버지가 어머니를 무시하는 데 질려서 말도 섞지 않았다. 그녀는 아버지가 미국에서 막 돌아왔을 때 어머니가 가족을 먹여 살린 것을 기억하고 있었다. 동생들은 모르는 시절이었다. 사실 아잘리아도 루이스 엑토르도 제 앞가림을 하느라 아버지를 상대할 여유도 없었다.

카렌은 이야기가 달랐다. 그녀는 마치 따뜻한 빛이 감싸고 있는 듯한 느낌, 즉 막내로서 가족들의 맹목적인 사랑을 받는 데 익숙했다. 부모의 별거는 그런 환상이 깨지는 것을 의미했다. 카렌은 어쩌면 미리암보다도 그 사실을 힘들어했다.[38] 아직 고등학생이었지만 아버지의 여러 허물을 잘 알고 있었고, 어머니가 이를 눈감아 주는 것을 답답해했다. 부모가 별거를 시작하자 카렌은 자주 화를 내며 감정적으로 반응했다. 아버지의 외도를 비난했고, 이를 수수방관한 어머니를 원망했다. 또 상황이 나빠지는 동안 제대로 나서지 않은 언니와 오빠를 탓했다. 형제들은 카렌에게 아버지에게는 자신의 삶을 결정할 권리가 있다고 설득하려 했다. 그러나 카렌에게 부모의 결별은 마치 자신의 유년 시절이 무너지는 듯한 충격을 주었다.

미리암이 카렌의 화를 부추겼다. 괴로움을 주체할 수 없었고, 평생 양보하며 살아온 결과가 남편의 외도라는 사실에 배신감과 굴욕감을 느꼈다. 그런데 속내를 털어놓을 사람이 마땅치 않았다. 미리암에게 카렌은 한집에 같이 살며 가게 일을 돕는, 가장 친한 친구이기도 했다. 미리암은 결혼 생활의 추악한 진실을 막내딸에게 털어놓았다. 어머니의 슬픔을 내면화한 카렌은 예전보다 어두워졌다. 생기를 잃은 듯했다. 10대 시절에는 고스 문화에 빠져 올블랙 옷에 검정 립스틱과 초커까지 하고 다니기도 했다. 카렌의 우울은 갈수록 심해졌다.[39] 단짝 친구 파니에게 어머니도, 아버지도, 부모의 부부싸움도 지긋지긋하다며 죽고 싶다고 말할 정도였다. 몇 해 전 어머니가 암으로 돌아가신 파니는 카렌에게 아버지가 외도하고, 부모가 이혼한다고 해서 세상이 끝난 것은 아니라며 정신 차리라고 말해주었다. 하지만 카렌에게는 위로가 되지 않았다.

카렌은 어느 날 친구들과 드라이브를 하다 시내에서 아버지가 애인과 차를 타고 있는 것을 목격했다.[40] 친구들은 카렌이 아버지와 관련된 문제에 예민하다는 것을 알았지만, 두 사람을 미행하는 것이 재밌다고만 생각했다. 적어도 처음에는 그랬다. 불과 1~2분 후부터 걱정이 시작되었다. 신호등에 빨간불이 들어오자 친구들은 카렌이 차에서 내려 신발 한쪽으로 루이스의 차 조수석 창을 두드리는 것을 지켜보았다.

"내려, 쌍년아." 카렌이 소리치며 차 문을 잡아당겼다.

그 순간 모두가 얼어붙었다. 좁은 인도에 서 있던 보행자들과 주변 운전자들, 카렌의 친구들, 심지어 루이스까지. 잠시 후 정신을 차린 루이스가 차에서 내려 애인과 딸 사이로 파고들었다.

"이게 뭐 하는 짓이야?" 루이스가 카렌에게 소리쳤다.

카렌과 루이스가 몸싸움을 벌이다 넘어지며 도로 위에서 나뒹

굴었고, 카렌은 아버지에게 뻔뻔하고 무례하다고 소리쳤다. 그 탓에 교통이 정체되며 주변에 사람들이 모여들었다. 루이스가 바닥에서 일어나며 너야말로 무례하다고 외쳤다. 곧 경찰차가 도착했다. 경찰관 한 명이 루이스에게 무슨 일인지 물었다. 루이스는 딸이 미친 사람처럼 그의 차를 가로막고 자신과 동승자를 이유 없이 괴롭혔다고 했다. 카렌은 아버지가 대놓고 바람을 피워 작은 동네에서 가족 모두를 부끄럽게 했다고 진술했다. 루이스는 나쁜 남편이고, 못난 아버지라고 했다.

"따님 말을 귀담아들으세요." 경찰이 루이스를 불러 말했다.

버스 승객 학살 사건(2011년)

입을 닫고 살아야 한다는 것쯤은 산페르난도 주민 대부분이 알고 있었다. 적어도 사람들이 모여 있는 곳에서는 그래야 했다. 그러나 미리암은 여전히 집에서 하던 대로 정부에서는 대체 뭘 하고 있냐고 구시렁대며 산페르난도가 세타스의 손에 넘어가게 내버려둔 정치권과 공권력을 욕하곤 했다. 산페르난도를 지나는 버스에서 '사라진' 승객이 수백 명 규모로 늘고 있었다. 아무리 멕시코라지만 그 정도 규모의 실종자 수는 사회적 경각심을 일으켰다.

2010년 세타스가 산페르난도를 장악한 이후 많은 가족이 그곳을 도망치듯 떠났다. 대부분 다른 곳에서 새 삶을 시작할 수 있을 만큼 돈이나 연줄이 있는 이들이었다. 미리암은 어차피 둘 중 어느 것도 없었지만, 떠나는 것 자체에도 반감을 느꼈다. 가족들이 그 이야기를 꺼내면 이렇게 말하곤 했다.

"왜 우리가 떠나야 돼? 잘못한 것도 없는데."

산페르난도에서 실종이 이어지는 와중에도[41] 미리암은 가족들에게 말을 아끼고 누가 묻는 말에만 대답하라고 신신당부할 뿐이었다. 매일같이 사람들이 끔찍한 방법으로 살해되었고[42] 구겨진 메모장처럼 사랑하는 사람들의 삶에서 찢겨 나갔다.

펠리페 칼데론 대통령이 선포한 마약과의 전쟁의 실상은 참담했다.[43] 밀입국자 72명이 학살당한 사건처럼 끔찍한 사건이 일어나면 시민들이 차가운 무관심에서 벗어나 함께 분노하기도 했다. 그러나 분노는 일시적이었고, 언론 보도에도 한계가 있었다. 일부 지역 방송국은 더 이상 마약 밀수업자의 악행에 대해 목소리를 내지 않기로 합의했다. 정부에서는 언제나처럼 특검, 엄정 수사, 군 동원 등을 보여주기식으로 약속하며 사람들을 안심시켰다.[44]

세타스는 자신들만의 논리를 따랐고, 사회적 규범을 무시했으며, 외부의 압력을 아랑곳하지 않았다. 전시에도 따라야 할 원칙과 교전 수칙이 있기 마련이다. 그렇지 않으면 생존을 위한 행동이라는 미명하에 전투 중 벌어진 어떤 짓이든 정당화할 수 있기 때문이다. 그러나 범죄 집단에게 따라야 할 수칙 따위는 없었다.[45] 오히려 과잉과 무차별이 미덕이 되곤 했다. 이런 행위들은 전투원 개개인의 인간성을 말살하고 폭력의 악순환을 촉발했다. 도덕은 사라지고, 다른 사람의 인격을 짓밟는 온갖 방법이 새로운 표준이 되었다. 자신을 지키려는 생존 본능은 종종 두려움을 일으킨다. 두려움은 증오로, 증오는 폭력 행위로 이어진다.

세타스는 걸프 카르텔의 위협이 끝나지 않았다고 생각했다. 걸프 카르텔에서 전투원들을 평범한 버스 노선에 태워 몰래 타마울리파스로 들여오고 있다고 확신했다. 산페르난도 지역의 세타스 일당은 상부의 지시에 따라 버스들을 멈춰 세우기 시작했다.[46] 걸프 카르텔의 근거지인 미초아칸주에서 출발하는 버스는 특히 요주의 대상이었다.[47]

2011년 3월과 4월, 세타스는 몇 주에 걸쳐 산페르난도를 지나는 버스의 승객들을 납치했다. 피랍자 대부분은 전투원이 될 수 있는 나이대의 남자들이었다. 무장한 조직원들이 매일같이 버스를 기다렸다가[48] 승객들을 내리게 했다. 승객들은 핸드폰, 시계, 지갑 등을 빼앗긴 채 산페르난도 곳곳으로 이송되었다. 경찰 트럭에 타기도 했다. 그곳에서 승객들은 굴착기 기사가 거대한 구덩이를 파는 것을 기다렸다.[49] 그사이 중간 보스들은 대마초나 코카인을 흡입하고 술을 마셨다. 목격자들의 증언에 따르면, 이 승객들은 체계적이고 끔찍한 수법으로 살해되었다. 총을 쏠 때도 있었지만, 총알을 낭비하지 않고 총성이 울리지 않도록 망치를 사용하기도 했다. 세타스에서 장기간 활동하며 인명 살상에 무감각해진 이들도 있었지만, 일부 신참은[50] 입단 전까지 길거리 좌판에서 닭을 팔아 일주일에 40달러 정도를 벌던 젊은이들이었다.[51]

수백 명이 납치된 것으로 추정되지만 정부 기록에 따르면, 수습된 유골은 196구에 불과했다.[52] 학살은 여러 주에서 자행되었다. 세타스는 버스 승객들을 라호야 지역을 비롯한[53] 산페르난도 내 버려진 공터들로 끌고 가서 살해하고 집단으로 암매장하는 만행을 저질렀다.[54] 지역 주민들도 참상을 지켜보았다. 보지 않기가 오히려 어려웠다. 어떤 남성은 아침에 딸을 등교시키다 참상을 목격했다. 딸은 총기로 무장한 남자들이 왜 승객들을 버스에서 내리게 하는지 물었다. 아버지는 서둘러 딸을 학교에 들여보내며 걱정하지 말라고 말할 뿐이었다.

2011년 3월, 어느 버스 승객의 아내가 관계 당국 곳곳에 전화를 걸기 시작했다. 남편이 집에 오지 않고, 더 이상 연락도 닿지 않는다는 것이었다. 그녀는 마침내 버스가 출발한 미초아칸 지역에 있는 연방 국가정보국 사무실에 연락했다. 곧 미초아칸 지역의 지부장이 타마울리파스의 지부장에게 전화했고, 타마울리파스 지부장은 다시 여러 곳에 전화하기 시작했다. 그로부터 얼마 후 정부 당국에서 충격적인 명단을 발표한다.[55] 실종자 대부분은 미초아칸에서 산페르난도를 지나 타마울리파스의 국경 지역에 도착하는 버스에 탑승한 사람들이었다.[56]

수사 당국에서 이 사실을 멕시코시티에 있는 윗선에 보고하면서 그 내용은 대통령실까지 알려졌다. 더 많은 책임자가 개입하고, 더 많은 통화가 오가면서 버스 회사는 결국 버스가 산페르난도를 지날 때 무장한 남자들이 승객 수백 명을 납치했음을 인정했다.[57] 멕시코 국가정보국 국장이던 기예르모 발데스는 펠리페 칼데론 대통령에게 문제가 생겼다고 보고했다.[58]

6장 저주받은 가족

"엄마한테 평생 갚아도 모자랄 빚을 졌어"

어느 날 누군가가 트럭을 타고 아잘리아의 집 앞을 지나치며 묵직한 편지 봉투를 던졌다. 대문이 열려 있었던 탓에 봉투는 현관문 바로 앞에 떨어졌다. 아잘리아의 남편 에르네스토 앞으로 온 편지였다. 발신자는 그동안 에르네스토를 지켜보았다며 증거로 그의 출입 기록, 차량 정보, 업무 일정, 습관 등을 편지에 남겼다. 편지 하단에는 납치당하고 싶지 않다면 연락하라며 전화번호가 적혀 있었다.[1] 농업에 종사하는 에르네스토는 수입이 나쁘지 않았다. 몸값을 치를 여력은 충분했다. 문제는 몸값을 치른다고 납치 위협이 사라지리란 보장은 없다는 것이었다.[2]

　　납치는 가해자 측에 비대칭적 이점이 있었다. 논리적으로는 지시를 따르고 몸값을 치르면 피해자를 돌려줘야겠지만, 현실은 그렇지가 않았다. 피해자 가족들은 자신들이 어떻게 하든 세타스가 피해자를 죽일지 모른다는 사실을 알더라도, 기꺼이 사랑하는 사람의 몸값을 바칠 터였다. 다른 선택은 사형 선고를 의미했다.

미리암은 아잘리아의 전화를 받자마자 딸의 집으로 향했다. 곧 고풍스러운 스페인식 응접실처럼 꾸며진 거실에서 미리암은 건너편에 앉은 아잘리아 부부에게 말했다.

"나한테 계획이 있어."

자신이 직접 협상에 나서서 협박범들에게 몸값을 건넨다는 계획이었다. 아잘리아 부부는 선뜻 찬성하지 못했다. 미리암에게 위험을 대신 감수하게 할 수는 없었다. 미리암이 반박했다.

"놈들이 나이 든 아줌마한테 뭘 더 바라겠니? 돈만 건네받으면 돌려보내 줄 거야."

미리암은 우선 두 사람을 차에 태워 에르네스토 어머니의 집으로 데려갔다. 그리고 그곳에서 며칠간 협상을 이어갔다. 세타스 일당은 몸값으로 감당하기 힘든 거액을 요구했다.[3] 미리암이 난색을 보이자 자신들이 에르네스토에 대해 얼마나 자세히 알고 있는지 귀띔했다. 위협할 때 흔히 쓰는 수법이었다.

2012년 당시에는 상대가 실제로 세타스 일당인지 아니면 그저 시류에 편승해 한몫 챙기려는 파렴치한인지 알 수 없을 만큼 납치와 협박이 만연했다.[4] 그러므로 표적의 일상과 약점을 간파하고 있음을 드러내는 것은 협박범 입장에서 피해자 가족에게 상황을 심각하게 받아들이고 몸값을 내놓게 하는 데 효과적인 수법이었다. 미리암은 협박범이 에르네스토에 대해 알고 있는 정보를 줄줄 읊는 것을 듣다 그만 짜증이 치밀었다.

"당신이 우리에 대해 그렇게 잘 안다면 그만한 돈이 없다는 것도 알 거 아니에요. 멍청이처럼 굴지 말아요." 그녀가 납치범을 쏘아붙였다.

마침내 합의를 이뤘다. 협박범은 시내 남쪽의 버려진 주유소로 돈을 가져오라고, 반드시 에르네스토 혼자 와야 한다고 지시했다.

"내가 가야겠어. 에르네스토가 가면 돌려보내 주지 않을 거야." 미리암은 말했다.

에르네스토와 아잘리아는 미리암의 주장에 반대했다.

"이건 엄마 일이 아니잖아. 엄마가 책임질 일이 아니야." 아잘리아가 말했다.

"저들이 원하는 건 에르네스토야. 놈들이 나이 든 아줌마한테 뭘 바라겠니?" 미리암이 외투를 걸치며 말했고, 결국 그렇게 결론이 났다. 그녀는 주머니에 권총을 넣으며 이렇게 덧붙였다. "놈들이 납치하려 든다면, 호락호락 당하지는 않을 거야."

미리암은 문 앞에서 걸음을 멈추더니, 만약 자신이 15분이 지나도 돌아오지 않으면 미국으로 달아나라고 당부하며 말했다. "카렌도 같이 데려가 줘."

그날 밤 11시, 미리암은 차를 몰고 버려진 주유소로 향했다. SUV 3대가 시동을 건 채 기다리고 있었다. 도로는 황량했고, 주변은 칠흑같이 어두웠다. 가로등 불빛이 검은 아스팔트를 비추며 얼룩덜룩한 무늬를 만들었다.

미리암이 차를 세우자 SUV 한 대도 그 옆에 나란히 차를 세웠다. 복면을 쓴 남자가 빈 주유기에 돈을 놓고 가라고 했다. 미리암은 돈을 던져두고 그곳을 떠났다. 집에 돌아오자 가족들이 가방을 싸둔 채 주방에 모여 있었다. 아잘리아가 어머니를 끌어안으며 말했다.

"엄마, 우린 엄마한테 평생 갚아도 모자랄 빚을 졌어."

2010년부터 루이스 엑토르는 산페르난도에 오지 말라는 어머니의 당부를 따라 줄곧 시우다드 빅토리아에 머물렀다. 대학에 다니는 동안에는 정기적으로 고향에 돌아가 아버지의 가게에서 일하며 학비를 충당했었다. 그러나 이제 아버지도 너무 위험하다며 아들이 오는 것을 말렸다.
　매일같이 젊은 남자들이 사라졌다. 아무런 이유 없이 거리에서, 집에서, 도로에서 납치당해 어딘가로 끌려갔고, 그들의 존재 자체가 마치 지우개로 지운 듯 사라졌다. 피해자 가족들은 아버지나 아들, 형제나 사촌이 사라졌다는 사실 외에는 정확히 무슨 일이 일어났는지도 알지 못했다. 정보의 공백은 상상력으로 채워야 했다. 부모들은 사라진 자식이 전쟁 중인 카르텔에 징집되어 강제로 복무하고 있을 것이라 짐작했다. 끔찍하기는 매한가지지만 그렇게 상상하면 사랑하는 자식이 아직 살아 있을지 모른다는 희망을 품을 수 있었다.
　루이스 엑토르는 한동안 정부의 여론조사 기관에서 공립학교 관련 조사를 했다. 업무를 위해 차로 타마울리파스주를 지날 때는 철저히 루틴을 지켰다. 출근은 동튼 후에 했고, 통행 중에는 늘 정부 배지를 달고 있었다. 카르텔 검문소를 지날 때면 천천히 차를 멈추고 창문을 내려 묻는 말에 대답했다. 그는 자기 할 일만 하면 불미스러운 일을 피할 수 있다고 생각했다. 그에게는 두려움을 없애는 것이 아니라, 충동적인 행동을 조심하고 본론에 집중하는 것이 중요했다. 여전히 삶을 통제하고 있다고 느끼기 위한 자기 암시에 불과했을지도 모르지만 말이다.
　세타스의 산페르난도 습격 당일 밤 루이스 엑토르와 포커를 치던 친구 중 한 명은 공격에 휘말려 사망했고, 다른 한 명은 신원이 오인되어 사살당했다. 다른 두 친구는 강도를 당한 뒤 국도 옆에서 주검으로 발견되었다. 세타스 입장에서는 살려두는 편이 죽이는 것보다 훨씬 더 위험했기 때문이다. 혈기 넘치는 사랑 탓에 목숨을 잃은 친구도 있었다. 한밤중에 여자친구 몰래 산페르난도까지 찾아가려던 게 화근이었다. 루이스 엑토르는 안전을 위해 날이 밝을 때까지 기다리라고 했지만, 친구는 미소를 지으며 아침에 여자친구와 함께 잠에서 깨고 싶다고 했다. 밤 10시 무렵 출발한 친구를 다시는 만날 수 없었다.

루이스 엑토르는 가까운 사람일수록 잔소리를 아끼지 않았고, 성급하게 행동하는 걸 못 견뎠다. 부모보다 훨씬 냉정한 성격을 타고난 그는 어린 시절부터 부모가 여러 사람 앞에서 다투는 꼴을 부끄러워했다. 화를 잘 내지 않았고, 최악의 상황에서도 다른 각도에서 덜 폭력적이고 덜 노골적인 방법을 찾곤 했다. 루이스 엑토르는 자신의 가족에게는 아무 일도 없을 것이라고 굳게 믿으며 평정심을 유지했다. 이웃들이 납치와 실종으로 고통받는 동안에도 그의 가족은 규칙적인 삶을 살았고, 모험을 벌이지 않는 한 무고한 사람이 희생당할 일은 없다고 생각했다.

그러나 아무리 경험이 많아도 운이 따르지 않으면 죽임당할 수 있었다. 밤늦게 차를 몰고 다녀도 아무 일 없는 친구들이 있었지만, 어떤 친구들은 다시는 운명을 시험할 수 없게 되었다. 두려움 앞에서 사람들은 다양한 성격만큼 다양하게 반응했다. 혼란을 느끼는 사람도, 그때그때 다르게 행동하는 사람도, 어리석은 선택을 하는 사람도 있었다.

한번은 친구 후안이 카르텔 검문소에서 차를 세웠다가 납치도 당하고 돈도 빼앗겼다. 일당은 후안을 흠씬 두들겨 패고는 며칠 뒤 풀어주었다. 후안은 앞으로는 카르텔 검문소 앞에서 멈춰 서지 않고, 그냥 통과해 버릴 것이라고 했다. 루이스 엑토르는 후안에게 정신 차리라고, 목숨을 잃느니 돈을 빼앗기는 게 낫다고 말했다.

이듬해 봄 후안은 방학을 맞아 다른 친구 한 명과 잠시나마 암울한 타마울리파스에서 벗어나 미국 텍사스주 사우스 파드레 아일랜드로 여행을 다녀오기로 했다. 카르텔에 장악당한 도시에서 대학 생활도 제대로 즐기지 못하는데, 며칠만이라도 파티를 즐기고 클럽에도 가볼 생각이었다. 그런데 여행 당일에 일이 꼬이면서 두 친구는 늦은 밤이 되어서야 출발할 수 있었다.

루이스 엑토르는 이튿날 아침 어머니가 울면서 전화하기 전까지 밤새 벌어진 일을 까맣게 몰랐다. 두 친구는 시내에서 10킬로미터 정도 떨어진 국도 한쪽에 쓰레기처럼 버려진 채 시신으로 발견되었다. 무슨 일이 있었는지 정확히 알 수는 없었다. 다른 살인 사건들과 마찬가지로 조사가 전혀 이뤄지지 않았다. 그런데 시신이 발견된 곳 근처에는 카르텔 검문소가 있었다. 루이스 엑토르는 후안이 자신의 말대로 검문소를 그냥 통과하려 했던 건 아닐까 싶었다.

그 시절 젊은이의 객기는 목숨으로 대가를 치르곤 했다. 루이스 엑토르는 이따금 자신들의 세대 전체가 몰살당하고 있다고 느꼈다. 2010년 이후 몇 년 동안 죽거나 실종된 친구와 동창과 이웃이 대체 몇 명이던가. 실제로 조직범죄에 연루된 사람들은 아예 세어보지도 않았다. 그 사람들은 더 빠르게, 차례차례 죽어나갔다.

마치 밀려드는 해일에 휩쓸려 부서지고, 썰물이 되며 군데군데

잔해가 드러난 마을처럼 2010년과 2011년 사이에 벌어진 사건들은 산페르난도에 영원한 상처로 남았다. 어떤 이들은 최악의 시기는 지나갔으며 지역을 재건할 수 있다고 믿었다. 정부에서는 군을 투입해 세타스에 보복했고, 마을에 다시 평화를 가져왔다.[5] 텅 비었던 거리가 다시 얼떨떨한 생존자들로 채워졌다. 식당들이 다시 문을 열기 시작했다. 과거는 좀처럼 이야기되지 않았다. 옳고 그름을 떠나, 다시 일상을 살아가려면 그래야 했다.

문제는 세타스가 불행에 기생하며 잔인함과 경제적 전체주의를 내세워 범죄 세계의 지형을 영구적으로 바꿔놓았다는 것이다.[6] 비록 통제력에 조금 흠집이 나긴 했지만, 세타스는 예전과 똑같은 방식으로 범죄 활동을 이어갔다. 예전 간부들은 죽거나 수감되었지만, 더 젊은 간부들이 빈자리를 채웠다.[7] 기존의 범죄 네트워크가 붕괴하면서 세타스는 마치 살아남으려 몸부림치는 다친 짐승처럼 굴었다. 규율은 사라졌고 우발적인 판단과 극단적인 행동은 늘었다. 산페르난도에서 세타스는 여전히 위험한 존재였다.

위험한 우정 (2013 - 2014년)

2013년 여름, 고등학교를 졸업한 카렌은 대학에 진학하며 시우다드 빅토리아로 거처를 옮겼다. 그러다 곧 다시 산페르난도로 돌아왔는데, 심리학 전공 공부가 적성에 맞지 않았기 때문이다.

시우다드 빅토리아에서 카렌은 두 친구와 함께 살았다. 산페르난도에서 살 때보다 즐겁고 안전했다. 카렌은 그곳 생활의 모든 면에 만족했다. 학교만 제외하면 말이다. 대학 생활에 흥미를 느끼지 못했고, 강의 내용도 마음에 들지 않았다. 그러나 산페르난도에서 숨죽여 보낸 청소년 시절과 달리, 친구들과 클럽에도 다니고 파티도 열며 밤늦게까지 시간을 보낼 수 있었다.

카렌은 낭만적인 성격이었지만 진지한 연애 상대를 찾지 못했다. 친구들은 남자 보는 눈이 끔찍하다고 카렌을 놀리곤 했다. 카렌은 항상 이미 애인이 있거나, 자신보다 못나 보이는 사람에게 끌렸다. 카렌의 연애는 가족들에게도 미스터리였다. 아잘리아는 카렌에게 가끔 관심 있는 남자 이야기를 듣곤 했다. 대부분 그녀가 보기에는 잘생기지도 재밌지도 않은 남자였다.

카렌은 비극적인 사랑에 끌렸다.[8] 친구들은 그녀가 가질 수 없는 대상을 갈망한다고 생각했다. 약혼자가 있는 남자에게 푹 빠진 적도 있었다. 잘 알고 지내던 사이도 아닌데 어떻게 한 건지 그 남자가 입던 셔츠를 구해 와서 마치 애착 이불처럼 덮고 잤다. 그 남자는 카렌의 마음을 몰랐고, 카렌도 표현한 적이 없었다.

아잘리아는 카렌이 반한 상대들이 다정하고 멀쩡한 남자들이지만, 결혼 상대는 아니라고 말해주었다. 에르네스토처럼 능력 있고 번듯한 사람을 만나야 한다고. 하지만 카렌은 가족의 그 어떤 충고도 달가워하지 않았다. 젊은이 특유의 반항심이 묻어났는데, 마치 상처받은 어린아이의 마음에 돋은 가시 같았다. 자기 자신을 보호하려던 것뿐 전혀 악의는 없었다.

대학에 다니던 동안에도 카렌은 거의 매주 주말마다 산페르난도를 찾았다. 친구들이 아직 그곳에 살았고, 자유로운 삶을 추구하는 동시에 익숙함도 원했기 때문이다. 부모의 별거 탓에 집에 갈 때 마음이 마냥 편치만은 않았지만, 그 상황을 이용하기 시작했다.[9] 대부분은 어린 시절부터 살았던 집에서 미리암과 주말을 보냈다. 어머니와의 관계가 소원할 때면 아버지 집에 머물기도 했다. 부모 모두에게 화가 났던 카렌은 자신의 애정을 놓고 두 사람을 경쟁시켰다.

카렌은 단짝 친구 파니네 집을 제집처럼 드나들었다.[10] 산페르난도 도심에 있는 파니네 집은 지역 주민들에게 성채라는 의미의 '라 시우다델라(La Ciudadela)'로 불렸다. 산페르난도강이 내려다보이는 수천 평 규모의 부지에 자리 잡은 그 집은, 청소년 시절부터 카렌에게 아지트나 다름없었다. 부모의 감시로부터, 그리고 어쩌면 자신의 슬픔으로부터 도피할 수 있는 은신처였다.[11] 파니의 어머니는 암 투병 끝에 2009년에 사망했다. 카렌이 아버지의 불륜으로 인해 세상이 뒤집힌 듯 고통스러워하며 분노를 느끼던 시기였다. 두 소녀는 갑자기 유년 시절이 사라진 듯한 고통과 아무런 경고 없이 닥쳐온 불행 앞에서 느꼈던 무력감을 나누었다.[12]

둘은 초등학생 때부터 친구였다. 그때부터 하루도 빠짐없이 메시지를 주고받거나 수다를 떨거나 무언가를 계획했다. 일주일에 닷새는 함께 시간을 보냈고, 장소는 주로 파니의 집이었다. 카렌에게는 다른 친구들을 비롯한 여러 인간관계가 있었지만, 모든 관계의 기반에는 파니와의 우정이 있었다. 슬픈 가정사를 거치며 우정이 점점 더 돈독해지는 동안, 산페르난도 지역 전체가 철저하게 봉쇄되었다. 온 세상이 자신들을 괴롭히는 것 같았다. 게다가 부모들은 세타스의 우발적인 범행을 염려하며 두 사람의 외출을 단속했다.[13] 어린 여성들이 수시로 납치된다는 소문이 돌았다. 두 사람의 생각은 달랐다. 부모의 염려와 보수적인 지역 문화에 따라 삶이 좌우되는 것이 지긋지긋했다. 삶을 더 즐기고 싶었다. 부모의 걱정스러운 눈길이나 언니들이 우쭐대며 건네는 경고는 오히려 제 뜻대로 살겠다는 결의를 다지게 했다.

산페르난도는 놀거리가 마땅치 않았다. 전국적으로 악명이 높을 만큼 광란의 폭력이 난무했지만, 극장도 쇼핑몰도 없는 소도시였다. 걸프와 세타스의 갈등 이후로는 사교 생활마저 조금씩 중단되었다. 지역 주민들에게는 드라이브가 유일한 여가였다. 번화가인 라 칼레안차 일대를 드라이브하는 젊은이가 많았다. 카렌도 드라이브를 무척 즐겼다. 카렌은 밤마다 마치 무한 루프에 갇힌 것처럼 그 일대를 빙글빙글 돌았다.[14]

2013년 무렵부터 주민들은 끔찍한 상황에 익숙해졌다. 주민 대부분은 야간 외출을 단념했다. 카렌과 파니는 친구는 물론이고, 낯선 사람들까지 초대해 라 시우다델라의 넓은 마당에서 파티를 열었다. 파니의 언니 야스민은 결혼 후 독립했고, 아버지는 출장이 잦아서 집이 비는 날이 많았다. 한편 카렌은 부모의 죄책감을 이용해 자유를 얻어냈다. 두 소녀가 지나치게 위험한 일을 벌이고 있다는 것은 자명해 보였다. 둘만 제외하고 당시에도 모두가 그렇게 느꼈다.

한번은 야스민이 모처럼 집에 왔는데, 마당에 낯선 사람들이 가득했다.[15] 정자에서 사람들이 담배를 피우거나 술을 마시고 있었고, 요란한 음악이 울려 퍼졌다. 앳된 20대들이 눈이 풀린 채 마당 한가운데를 차지하고 있었다. 지독한 대마초 냄새가 사방에 진동했다. 집 안도 엉망이었다. 욕실 세면대는 떨어져 나갔고, 물탱크에서 온수가 줄줄 흘러내리고 있었다.

"누가 세면대를 깼어?" 야스민이 꽥 소리를 지르자 사람들이 깜짝 놀랐다.

"젠장, 파니네 엄마가 왔나 봐." 누군가가 소리쳤다.

"엄마가 아니라 언니야. 어쨌든 다들 여기서 당장 나가!"

야스민은 모두를 쫓아내고 파니와 카렌을 꾸짖었다. 둘은 그저 실실 웃을 뿐이었다. 그러나 무슨 말을 더 꺼내기 힘들었다. 두 사람은 상실감에 짓눌린 젊은이 특유의 빈정거림이 몸에 배어 있었다.

카렌은 늘 생각보다 행동이 앞서는 편이었다.[16] 한번은 세차 중에 자동차 후드로 뛰어올랐다가 미끄러져서 다리가 골절되기도 했다. 야스민은 병원에서 치료받던 카렌에게 대체 무슨 생각으로 비누칠된 자동차에 올라갔는지 물었다.

"음, 아무 생각도 안 했는데." 카렌이 대답했다.

파니의 아버지도 몇 차례 대화를 시도해 보기는 했다. 어차피 파니와는 말이 통하지 않았기 때문에 한번은 카렌에게 다가가 이렇게 말을 건넸다.

"넌 파니의 단짝이고, 우리 가족이 얼마나 널 아끼는지 잘 알 거야. 그렇지? 그래서 말인데… 아저씨가 네게 몇 가지 조언을 해주고 싶구나."

카렌이 어이없다는 듯 시선을 돌렸지만, 그는 굴하지 않고 말을 이어갔다.

"가볍게 하는 말이 아니다. 정말 조심해야 돼. 세상이 흉흉하니 밤늦게 돌아다니지 말거라."

말이 통하지 않았다. 그는 자리를 떠나며 마지막으로 경고했다.

"내 말을 귀담아듣지 않는구나. 나는 너희가 계속 그러다가, 어느 날 납치되거나 더 나쁜 일을 당하지 않기를 바랄 뿐이다."

파니의 아버지는 늘 두 소녀를 단속했다.[17] 미리암도 그가 카렌을 조카처럼 여겨 훈육하는 것으로 생각하고 신뢰를 보냈다. 그러나 출장이 잦았던 탓에 매 순간 둘을 쫓아다닐 수는 없었다. 그러다 딱 한 번 그가 두 소녀의 행동에 불같이 화내며 분명하게 선을 그은 적이 있었다. 카렌과 파니가 새로 사귄 누군가에 대해 알게 되었을 때였다.[18]

바바라 비야프랑카는 10대 아들을 둔 40대 후반 여성으로, 산 페르난도 주민들 사이에서 수십 년간 평판이 썩 좋지 못했다. 파티를 즐겼고 주변에 남자가 끊이지 않았다. 대부분 수상한 남자들이었다.[19] 그런데 방황하던 두 소녀가 그녀와 가까워진 것이다. 바바라의 조카는 악명 높은 세타스 간부였다.[20] 그녀 자신도 오랫동안 여러 세타스 간부와 가깝게 지냈다.

바바라는 자신을 어머니처럼 따르는 세타스의 길 잃은 소년들을 먹여주고 재워주었다. 대부분 10대에서 20대 초반 사이의 청년들이었다. 세타스에서 정식으로 일한 적은 없지만 넓게 보면 세타스 무리나 다름없었다. 세타스 간부들과 가까이 지내는 그녀에게 사람들은 두려움을 느끼거나 마지못해 고개를 숙였다.[21] 대단한 권력은 아닐지 모르지만, 두려움이 지배하는 산페르난도에서는 분명 무시할 수 없는 영향력이었다. 그 때문에 그녀를 떠받드는 사람도 있었고, 파니의 아버지처럼 거북해하는 사람도 있었다.

파니의 아버지는 처음으로 두 소녀가 바바라와 함께 있는 모습을 보았을 때부터 강경한 태도를 보였다. 어느 날 누군가가 라 시우다델라 앞에서 경적을 울려대며 파니를 기다렸다. 바바라가 새로 산

픽업트럭에 카렌을 태워 온 것이었다. 파니의 아버지는 누가 왔는지 보려고 집 앞까지 내려왔다.

"도대체 저 여자가 여기서 무얼 하고 있는 거냐?" 그가 파니에게 물었다.

파니는 바바라가 자신을 데리러 왔으며, 함께 차를 타고 번화가를 천천히 둘러볼 거라고 했다. 그러더니 이렇게 덧붙였다.

"아빠, 바바라는 나쁜 사람이 아니야. 사람들 말 믿지는 마."

그러나 그녀의 아버지는 단호했다.

"저 여자가 두 번 다시는 내 집 앞에 얼씬거리지 못하게 해라."

텍사스주 매캘런에서 가사도우미로 일했던 집은 미리암에게 신세계 같았다.[22] 산페르난도와 불과 2시간 거리였는데 말이다. 생활 양식부터 음식까지 모든 문화가 새로웠다. 집주인 부부가 인도계 의사여서 난생처음 커리를 맛보았고, 집 안에 한 폭의 그림처럼 섬세한 외제 고급 카펫이 깔려 있어서 신발을 벗고 다녀야 했다. 그때의 경험은 미리암에게 고통스럽고 뻔한 변두리 생활을 벗어나 재충전할 기회였다. 미리암은 집주인 가족과 잘 지냈다. 열 살배기 남자아이를 아주 예뻐 했고, 부부는 그녀를 잘 대해줬다. 아잘리아에게 전화해 안주인이 선물한 이국적인 장신구를 자랑한 적도 있었다. 산페르난도에서는 상상도 못 했을 자극을 얻었고, 미리암은 새로운 일에 몰두하며 보람을 느꼈다.

미리암은 2주에 한 번씩만 버스를 타고 산페르난도로 돌아갔다. 가게는 카렌이 대신 보고 있었다. 당시 카렌은 다른 대학교 방사선학과로의 편입을 앞두고 이듬해까지 시간 여유가 있었다. 동생만큼 학교를 싫어했던 오빠 루이스 엑토르는 카렌에게 이 기회에 새로운 도전을 해보라고 권유했다.

"널 행복하게 만드는 일을 찾아봐."

문제는 카렌이 학교뿐 아니라 다른 무엇에서도 행복을 느끼는 때가 많지 않았다는 것이다. 그녀는 경제적인 이유와 연애 사업 탓에 우울했다. 부모의 별거를 생각하면 여전히 기분이 안 좋았다. 당시 카렌은 누구의 간섭도 받지 않고 어머니 집에서 혼자 생활했는데, 낮에 가게에서 일하다가 밤이 되면 친구들과 시간을 보냈다. 루이스의 집에 머물 때도 있었지만 아버지가 통금 시간을 잘 지켜야 용돈을 주겠다고 하자 곧장 그 집에서 나왔다. 부녀 사이의 감정의 골이 깊어졌다. 카렌은 아버지를 있는 모습 그대로 인정하지 못하고 다른 사람이 되기를 기대했다. 루이스는 딸이 자신이 사는 방식을 존중해 주기를 바랐지만, 아버지답게 자식을 대하는 데 서툴렀다. 두 사람은 시장에서 마주치기만 해도 다투기 바빴다.[23]

카렌이 피자집에 갔다가 애인과 함께 줄을 서 있던 루이스와 마주친 적이 있었다. 이성을 잃은 그녀는 가족은 내팽개친 채 대놓고 다른 여자와 놀아난다며 또다시 비난을 퍼부었다. 한동안 못 들은 척하던 루이스가 코웃음을 치며 말했다.

"내가 가족을 내팽개친다고 걱정할 것 없다." 루이스가 애인의 허리를 감싸안으며 이렇게 덧붙였다. "지금 네 동생을 만들러 가던 참이니까."

단짝과 떨어져 지내자 카렌은 더 외로워졌다. 당시 파니는 마타모로스에서 간호학을 전공하고 있었다. 종종 파니를 찾아가곤 했지만 혼자 지내는 시간이 훨씬 많았다. 카렌의 곁에 남아 있는 친구는 바바라뿐이었다. 카렌은 점점 더 자주 바바라를 만났고, 함께 산페르난도 거리를 돌아다니며 완전히 다른 세계의 사람들을 알게 되었다. 카렌의 가족들이라면 절대 엮이고 싶어 하지 않았을 부류의 사람들이었다.

어느 날 모처럼 파니와 밤늦게까지 함께 있던 카렌은 술을 더 마시자며 그녀를 바바라의 집으로 데려갔다. 그렇게 세 사람이 거실에서 맥주를 마시고 있는데, 남자 한 무리가 소총을 들고 들어왔다. 바바라는 카렌과 파니에게 걱정할 것 없다고, 남자들이 세타스 일당이기는 하지만 자신의 친구들이라고 말했다. 파니는 불편한 기색이 역력했다. 당시에는 군에서 매일 밤 거리를 순찰하고 있었다. 무장한 남자들이 드나드는 것이 목격되면 충격이 벌어질지도 모를 일이었다. 파니가 그만 돌아가자고 말했다. 카렌은 그러자면서도 계속 앉아서 맥주를 홀짝였다.

카렌은 세타스 내에서 바바라의 영향력이 얼마나 큰지 이야기하곤 했다. 산페르난도 지역의 새 두목이 바바라에게 새 차를 사주기로 약속했다고 했다. 한동안 새 두목과 묘한 기류가 흐르자 바바라는 믿을 구석이 생겼다며 들떴다. 카렌은 세타스 내부지리도 된 것처럼 파니에게 이야기했다. 바바라의 삶에 자신을 투영하며 그녀의 영향력을 마치 제 것처럼 느끼는 듯했다.

한번은 바바라의 집에 사마라는 젊은이가 지저분한 차림으로 나타났다.[24] 신발에 구멍이 나 있었고, 세수도 하지 않은 듯했다. 파니는 그의 손톱에 낀 때를 보고 카렌에게 노숙자 같다고 속삭였다. 그때 바바라가 끼어들었다. 그녀는 사마가 노숙자 같은 게 아니라 그렇게 보이도록 위장했을 뿐이라고 했다. 사람들 사이에 자연스럽게 섞이려면 허름한 옷차림이 유리하다는 것이었다. 그가 세타스에서 산페르난도 지역의 정보 수집을 총괄하고 있다고 했다.

파니는 카렌이 산페르난도를 떠나 다른 곳으로, 가능하다면 마타모로스로 이사하기를 바랐다. 자신에게도 반항아 기질이 남아 있었지만 예전만큼은 아니었다. 그런데 카렌은 정도가 지나쳐 보였다. 한번은 레이노사에서 다른 친구들도 함께 만났는데, 그중에서는 경찰도 한 명 있었다. 그 친구가 차 안에 방탄조끼가 있다고 하자 카렌은 한번 입어보고 싶어 했다. 그런데 카렌이 방탄조끼를 입고 있는 사진을 SNS에 올리면서 산페르난도가 발칵 뒤집혔다. 그녀가 세타스에 연루되어 있다는 소문이 퍼지기 시작했다.[25] 그렇지 않다면 전투복을 입고 마약 밀수업자 같은 포즈를 취한 채 사진을 찍을 이유가 없다는 이야기였다.

매캘런에서 일하던 미리암이 집에 갈 때마다 카렌을 통제하려 했지만 소용없었다. 카렌은 늦은 밤에도 내키는 대로 집을 드나들었다. 어머니나 언니가 전화로 어딘지 묻고 아무리 조심하라고 신신당부해도 귓등으로도 듣지 않았다. 밤늦게 집에 돌아온 딸에게 미리암이 어디 있었는지 물으면 카렌은 눈을 동그랗게 뜨고 되물었다.

"엄마가 무슨 FBI라도 돼?"

미리암은 자신이 알던 딸을 잃어버린 것만 같아 두려웠지만, 다른 사람들도 비슷하겠거니 했다. 자식들은 부모에게 대들고 수상한 친구들과 어울리며 일탈도 하는 법이라고 말이다. 그러나 과거에 부모들이 걱정하던 것은 가족의 평판이 나빠지거나 자식의 앞길이 막히거나 공개적인 망신을 당하는 것 정도였다. 그런데 지금은 자칫

하면 목숨을 잃을 수도 있었다. 카렌에게는 바바라 말고도 탐탁지 않은 친구들이 있었다.[26]

카렌은 매음굴 주인의 수양딸인 라 차파라와 자주 함께 시간을 보냈다. 라 차파라는 어린 시절 미리암네와 멀지 않은 파소 레알 지역에서 가난하게 성장했다. 미리암은 더 이상 입지 않는 옷가지 등을 그녀에게 가져다주곤 했다. 카렌은 라 차파라를 마스코트처럼 데리고 다녔다. 파니는 카렌이 라 차파라를 대하는 방식이 마음에 들지 않았다. 카렌이 마치 하인을 대하듯 이래라저래라 명령하는 모습이 마치 사회적 지위를 악용하는 듯했다. 반면 카렌은 불우한 친구들에게 손을 내미는 자신의 우정이 무척 민주적이라고 생각했다. 부모는 그 친구들을 경멸할지 모르지만, 자신은 이들을 더 나은 삶으로 이끌었다며 자랑스러워했다.

더 수상한 인맥도 있었다. 카렌이 아무런 약속도 없는 날 시간을 때우려고 만나는 남자들 가운데 판초라는 남자가 있었다. 그는 라 차파라보다도 불우하게 성장했고, 조직범죄에 연루되어 있었다(정확한 직책은 알 수 없지만 이따금 세타스에서 일했다). 판초는 시내에 있는 부모 명의의 집에서 파티를 열곤 했는데, 카렌은 가끔 그 파티에 남자친구를 데려왔다. 그중에서는 자식 딸린 30대 후반의 유부남도 있었다.[27]

걱정스러운 사생활에도 불구하고 카렌은 매일 가게에 출근했고, 학교에 다녀온 조카들을 돌봐주었다. 길 건너편에 사는 사촌과도 계속 잘 지냈다. 카렌은 멕시코의 흔한 중산층 고학력자들과는 달리 불우한 이웃들을 친절하게 대했다. 돈을 보태주거나 교통편이 없는 사람은 집까지 차로 데려다주었다. 차를 얻어 탄 사람들 가운데 한

명과는 친해지기도 했다. 플로리스트라고 불리는 노점상이었다.[28]

카렌은 순진하게 행동하는 면이 있었다. 보수적인 멕시코 사회의 제약과 부모의 울타리를 무너뜨리고 싶었을 것이다. 멕시코에서 여성들이 지켜야 하는 사회적 규범이 구시대적이라고 느꼈다. 이를테면 교회에 열심히 다니기, 늦지 않게 결혼하기 등등. 30년간의 결혼 생활 끝에 이혼한 부모도 사회적 규범을 어긴 건 마찬가지라고 생각했다. 카렌은 점점 더 가족들에게 자신의 사생활을 숨겼다.[29] 파니의 집에서 파티를 여는 것부터, 바바라와 친구가 된 것, 그리고 어느 순간 범죄 세계에 노출된 것까지.

한창 매캘런에서의 삶에 만족하던 때에도 미리암은 틈만 나면 아잘리아에게 전화해 사위와 손자의 안부를 물었다. 카렌에게도 자주 전화해 가게 매출을 확인하다 은근슬쩍 근황을 물어보곤 했다. 카렌은 못 들은 척하거나, 엄마는 경찰이 되었어야 한다는 농담을 되풀이했다.

찬바람이 매섭게 불던 2014년 1월 24일 새벽 4시, 아잘리아의 전화가 걸려 왔을 때 미리암은 마치 조금 전까지 이야기하던 사람처럼 전화를 받았다.[30]

"무슨 일이야?" 미리암이 물었다.

"끔찍한 일이 생겼어."

"네 남편한테 무슨 일이 생긴 거니?"

"아니, 카렌한테." 아잘리아가 흐느끼며 대답했다.

영원히 도망칠 수는 없다

카렌이 실종된 지 한 달 후, 아잘리아 부부는 아들을 데리고 고급 해산물 레스토랑에 갔다. 평소라면 사치였겠지만 모처럼 평범한 삶을 사는 기분을 느끼고 싶었다. 경제적으로 빠듯하지는 않았다. 농업에 종사하는 에르네스토의 벌이가 괜찮았고, 아잘리아도 은행에서 일했다. 적어도 미리암의 젊은 시절보다는 형편이 나았다. 부부는 늦은 점심을 먹고, 저녁 6시쯤 귀가해 함께 TV를 시청했다.

아잘리아가 좋아하는 프로그램을 보는 동안 에르네스토가 담배를 사러 나갔다. 아들도 따라갔다. 아잘리아는 두 사람에게 조심하라고 말했다. 오래전부터 습관처럼 했던 말이지만 카렌이 사라진 후로는 그 말이 가슴에 사무쳤다. 근처 편의점은 걸어서도 다녀올 수 있었다. 차로 3분 거리였다. 그런데 20분이 지나 TV 프로그램이 끝날 때도 두 사람이 돌아오지 않았다. 남편에게 전화해 보자, 집 안에서 전화벨이 울렸다. 핸드폰은 다른 방에서 충전기에 꽂혀 있었다. 얼마 후 남편의 트럭 소리가 들렸다. 타이어 마찰음과 엔진 소리였는데, 아잘리아는 왜 남편이 그렇게 빠른 속도로 집 앞을 지나치는지 영문을 알 수 없었다.

1시간이 지나도 두 사람이 돌아오지 않았다. 아잘리아는 겁에 질려 어쩔 줄을 몰랐다.[31] 어떻게 한 가족에게 이렇게 여러 불운이 겹겹이 찾아올 수 있을까? 그리고 왜 하필 지금일까? 혹시 무슨 일이 생길까 봐 겁에 질린 것이 아니었다. 이미 무슨 일이 생겼음을 직감하고 있었다. 그 순간 전화벨이 울렸고 가슴이 마구 요동쳤다. 전화를 받았지만 입을 뗄 수가 없었다.

수화기 건너편에서 에르네스토가 당장 집 밖으로 나오라고 소리쳤다. 아잘리아는 그 소리를 들었지만 갑작스러웠던 탓에 말뜻을 곧장 이해하지 못했다.

"집에서 나오라고. 당장 나와. 방금 납치당할 뻔했어!"⁽³²⁾ 에르네스토가 거듭해서 외쳤다.

아잘리아는 2층으로 뛰어 올라가서 가족의 여권만 챙겨 도망쳐 나왔다. 차에 타자마자 어머니에게 전화를 걸었다. 당시 미리암은 루이스와 카렌의 사라진 트럭을 찾아다니고 있었다. 온 가족이 에르네스토 어머니의 집에 모였다. 에르네스토가 무슨 일이 있었는지 설명하는 동안, 미리암은 권총을 들고 창가에서 망을 보았다.

평소와 똑같이 편의점에 가던 길이었다. 그런데 우회전을 하자마자 갑자기 지프 밴 한 대가 끼어들었다.⁽³³⁾ 에르네스토는 급히 브레이크를 밟았다. 경적을 울리려던 순간 지프 문이 열리더니 피부색이 밝고 머리카락 색은 까마귀처럼 새까만 여자가 에르네스토 부자를 향해 총을 겨눴다.⁽³⁴⁾ 여자가 길모퉁이에 차를 세우라고 소리쳤다. 에르네스토는 그 차를 알아보았다. 산페르난도에서 악명 높은 차였다. 모퉁이에서 지프 밴이 다시 앞을 가로막고 멈춰 섰다.

지프 밴 옆으로 트럭 한 대가 간신히 지나갈 만한 틈이 보였다. 에르네스토는 아들에게 바닥으로 몸을 숙이라고 속삭였다. 지프 밴에서 다시 사람이 나올 때, 에르네스토는 힘차게 액셀을 밟았다. 그는 연석을 들이받으며 잽싸게 지프 밴을 따돌리고 반대 방향으로 차를 돌려 다시 속도를 높였다. 트럭 짐칸에 있던 아이스박스들이 날아가 버릴 정도였다.

에르네스토는 빠른 속도로 파소 레알을 향했다. 그곳에는 여기저기 샛길이 나 있고 울퉁불퉁 험한 길이 많았다. 자신의 트럭은 충분히 그 위를 달릴 수 있겠지만 지프 밴은 그러지 못하리라 생각했다. 뒤도 돌아보지 않고 아들만 생각하며 속도를 높였고, 10분을 넘게 내달린 후 마침내 차를 세웠다. 그는 행인에게 핸드폰을 빌려서 아잘리아에게 전화했다.

세타스의 지프 밴은 악명이 높았다.[35] 에르네스토에게 총을 겨눴던 예쁘장한 동시에 무시무시한 그 여자는 산페르난도 지역 목사의 딸이라는 소문이 돌았다.[36] 그녀의 일당은 납치 범죄를 저지른 횟수로 세타스 내에서도 손꼽히는 자들이었다. 이번에는 운 좋게 탈출했지만 그들의 표적이 된 이상 영원히 도망칠 수는 없을 터였다.

아잘리아 가족은 집으로 돌아갈 수 없다고 판단하고, 그날 저녁 곧바로 빈손으로 산페르난도에서 도망쳤다. 사촌 한 명이 사는 텍사스주 파르로 건너갈 생각이었다. 사촌 역시 산페르난도의 폭력을 피해 달아난 사람이었다. 아잘리아는 세타스 일당이 집을 부수고 물건을 훔쳐 가지 않을까 걱정되었다. 출입문과 창문에 경보 장치가 있지만, 아마도 별 소용 없을 것이었다.

아잘리아가 걱정한 대로 그날 바로 경보 장치가 울렸다. 그녀의 전화를 받은 이웃은 동네를 벗어나는 지프 밴을 보았다고 말했다. 아잘리아는 본능적으로 어머니에게 전화했다. 전화할 다른 사람이 있지도 않았다.

"놈들은 또 올 거야. 빈집이니까." 미리암이 말했다.

"어떻게 하지?"

"내가 그 집에 가 있을게."

미리암은 루이스를 데리고 아잘리아의 집으로 향했다. 그날 밤

두 사람은 세타스 일당이 돌아올 것에 대비해 무장한 채 그 집을 지켰다. 하루가 지나도 일당이 나타나지 않자 미리암은 하루 더, 그리고 또 하루 더 그곳에 머물렀다. 그녀는 며칠 후 보안업체에 방범 펜스 설치를 맡겼다.[37]

미리암은 아잘리아의 옷가지를 챙겨 텍사스로 보내주었다. 에르네스토는 일을 그만두어야 했지만 아잘리아는 상사의 묵인하에 재택근무로 수입을 유지할 수 있었다. 파산을 면했을 뿐 가까스로 생계를 이어가는 정도였다. 먹고사는 것만으로도 저축이 금세 바닥났다. 아잘리아는 바지 두 벌과 블라우스 세 벌로 몇 주를 버텼다.

파르에 머문 지 2개월 가까이 되었던 그해 3월 말 미리암이 전화로 소식을 전했다. 에르네스토를 납치하려던 여자의 일당이 모두 소탕되었다는 소식이었다.[38] 미리암은 멕시코 해병대가 예전 시립 쓰레기 폐기장 자리에 있던 세타스의 거점을 습격해[39] 총격전을 벌인 끝에 6명을 사살했고,[40] 나머지 세타스 조직원들은 뿔뿔이 흩어졌다고 말했다.

7장 표적 명단

엘 바수레로 소탕 작전(2014년)

찰로가 출발한 시각은 2014년 3월 10일 새벽 2시였다. 세타스에서 산페르난도를 장악한 지 4년이 지난 시점이었다. 그는 파소 레알의 흙탕길에 천천히 트럭을 세웠다.[1] 그곳은 군데군데 버려진 목장들이 있는 외딴곳이라 은거지로 제격이었다. 비가 오면 도로가 토사로 뒤덮이는 탓에 비포장도로로만 접근할 수 있었다. 찰로는 어둠 속에서 조심스럽게 차를 몰았다. 목적지는 보통 엘 바수레로(El Basurero), 즉 쓰레기 폐기장이라고 불리는 곳이었다. 예진에 쓰레기 폐기장이 있던 터와 가까워서 그렇게 불렸다. 미로처럼 복잡한 흙탕길 너머에 있는 세타스의 거점에 시신들이 있다는 소문이 돌았다. 찰로는 자신이 바로 그 엘 바수레로에 가고 있음을 알았다.

군용차 한 대가 찰로를 호위했다. 찰로는 갈림길에서 우회전한 후에 깊게 파인 바퀴 자국을 피해 조심조심 차를 몰았다. 앞서가던 해병대 차량이 캄캄한 목초지 초입에서 좌회전했다. 입구에는 해병대의 군용차 5대가 둥그렇게 주차되어 있었다. 풀들이 무성한 들판을 따라 굽이진 길이 목장으로 이어졌다. 여기저기 작은 구조물들이 흩어져 있었다. 우물 옆으로는 풍차 한 채가, 목장 건물 가장자리에는 닭장이 보였다. 커다란 나무 아래로 망가진 트랙터 한 대가 녹슨 채 서 있었다.(2)

찰로는 차에서 내려 시신들을 수습했다. 시신은 젊은 남자 셋, 젊은 여자 셋으로 총 여섯 구였다. 모두 흉부와 복부에 여러 개의 총상이 있었다.(3) 이미 죽은 시신인데도 여전히 불량배 같아 보였다. 대부분 문신을 하고 있었고, 어려 보였지만 표정은 비정했다. 어떤 학대와 상실과 절망이 뒤섞여 있기에 한 인간에게 폭력과 겁박으로만 채워지는 깊은 구멍을 남긴 것일까? 마치 인간성을 말살당한 듯한 표정이었다. 그들은 결국 자신들도 폭력에 의해 죽임당할 것을 알면서도 그런 죽음을 자초했다.

해병대에서 사살한 것일까? 확신할 수는 없지만 찰로의 경험상 군과의 교전에서 생존하는 세타스 조직원은 거의 없었다. 멕시코 군에게는 어떤 말도 통하지 않았다. 특히 상대가 세타스 조직원이라면 말이다. 군사 작전의 대외적 목적은 장기간 참혹하게 고통받은 산페르난도에 안정과 평화를 가져오는 것이었다. 하지만 실제로 군인들은 조직범죄와 조금이라도 연루된 듯한 사람들을 거리낌 없이 사살했다.

찰로는 언젠가 해병대의 현장 지휘관을 만난 적이 있다. 그는 전화로 산페르난도의 상황을 묻는 상급자에게 점점 더 평화로워지는 중이라고 보고했다고 말했다.

"왜 그러셨어요? 완전 엉망진창인데요." 찰로가 물었다.

"상황이 안 좋다고 보고하면 나를 감시할 누군가를 보낼 테니까요. 그렇게 답해야 감시받지 않고 마음대로 쳐부술 거 아닙니까."

그 지휘관은 '파르티르 라 마드르(partir la madre)'라는 비속어를 썼다. 찍소리도 내지 못할 만큼 두들겨 팬다는 의미였다. 당시의 상황을 잘 표현하는 말이었다. 해병대는 세타스 조직원을 발견하는 족족 찍소리도 내기 전에 사살했다. 문제는 늘 모든 조직원을 추적할 수는 없고, 가끔 무고한 사람을 죽이기도 했다는 것이다. 군 당국은 실수에 대한 책임을 묻지 않았다. 군인들은 하고 싶은 대로 행동하고, 누구도 감히 이들에게 문제를 제기하지 못한다는 점에서는 세타스 조직원들과 다를 바가 없었다. 간혹 누군가가 잔혹 행위나 오인 사살을 고발하더라도 군 당국은 무시로 일관했다. 시신들을 내려다보던 찰로는 이것이 해병대의 소행임을 확신할 수 있었다. 과거에도 비슷한 광경을 목격한 적이 있었다. 쓰레기처럼 버려진 젊은 세타스 조직원의 시신들 말이다.

해병대원들은 신원 노출을 피하기 위해 얼굴을 가린 채 추적을 이어갔다. 그들은 전력에서 압도적 우세를 점하고 있었지만, 동시에 자신들이 얼마나 취약한지도 알았다. 계속 멕시코에서 살아야 하는데, 카르텔에서 앙심을 품고 무슨 짓이든 할 수 있었다. 2009년에는 세타스 두목을 사살하는 작전에 참여했다는 이유만으로 조직원 일당이 어느 해병대원의 일가족 4명을 살해한 사건도 있었다.[4]

찰로는 시신들을 나란히 정렬해 하나씩 영구차에 실었다. 일단 장례식장으로 옮긴 후에 누가 시신을 찾으러 오는지 기다릴 생각이었다. 시신들에는 지난 4년간 수습한 수백 구와 구별될 만한 특징이 없었다. 이름도 없고 애도할 가족도 없는 길 잃은 영혼들의 주검일 뿐이었다.

　다만 한 가지 찰로가 모르는 사실이 있었다. 죽은 6명은 모두 어떤 식으로든 미리암의 딸 카렌의 실종과 관련되어 있었다. 그리고 그들을 기습하고 사살하고 소탕한 이 작전을 도운 사람이 바로 미리암이었다. 그녀는 신원을 숨긴 채 처음부터 끝까지 그 현장에 있었다.

　그날 일찍 미리암은 차를 몰고 중앙 광장을 지나다가 벤치에 앉아 있는 여자들을 봤다. 두 여자가 유심히 노트북을 들여다보고 있었다. 낯선 얼굴들이었다. 그러나 그 노트북은 익숙했다. 카렌의 노트북이 분명했다. 미리암은 차를 세우고 두 사람을 지켜봤다. 둘 다 20대 중반이었는데 한 명은 흑발, 다른 한 명은 금발에 가까웠다. 시험공부 중인 학생들일지도 몰랐다. 가슴을 후벼 파는 그 노트북만 없었다면 미리암이 그들에게 주목할 일은 없었을 것이다.
　미리암은 차 안에서 해병대의 알렉스 중위에게 전화했다. 그에게 처음 연락한 것은 2월 말 미리암이 절망을 떨치고 일어나 카렌의 죽음을 받아들인 직후였다. 카렌의 실종에 연루된 자들을 어떻게 추적할 것인지 궁리하다가 언젠가 버스에서 어느 노인이 자신에게 건넨 명함이 떠올랐다. 노인은 자신의 아들이 해병대 장교이니 도움이 필요하면 연락하라고 했었다. 알렉스 중위가 바로 그 아들이었다.
　미리암은 곧 해병대가 경찰과는 완전히 다른 방식으로 작전을 수행한다는 사실을 알게 되었다. 그들은 단호했고 사살을 불사했다. 어느 교전에서 해병대원 한 명이 전사했다면 적은 30명 가까이 사살되었다. 교전 후에는 부상자보다 사망자가 더 많았다. 이 비율은 해병대에서 혹시 모를 후환에 대비해 적을 완전히 끝장내려는 경향이 있음을 보여준다. 미국 대사관 직원들은 멕시코 해병대와의 교전에서 살아남은 사람이 있다면 그것이야말로 뉴스감이라고 말하곤 했다.[6] 미리암은 해병대가 그곳에 도착해 두 여자를 체포하는 모습을 지켜보았다. 이후 두 사람의 신원이 밝혀졌다. 마르가리타 렌테리아와 그녀의 친구 제시카였다.

마르가리타의 아버지 후안 렌테리아는 거실에서 가족들과 권투 경기를 시청하고 있었다. 그런데 해병대원들이 문을 부수고 들어와[7] 집 안을 헤집기 시작했다. 물건들을 마구 바닥에 떨어뜨리고 서랍을 샅샅이 뒤졌다. 침대에 있던 그의 아내를 내동댕이치더니 침대 아래까지 수색했다. 렌테리아는 집 밖으로 끌려갔다.

군용차 전조등과 저 멀리 있는 가로등 빛을 빼면 밖은 칠흑같이 어두웠다. 군용차 한 대에서 숨 막힐 듯한 비명이 들렸다. 차 쪽으로 걸어가는 동안 누군가가 그 안에서 문을 걷어차는 소리도 들렸다. 안에 묶여 있는 듯했다. 렌테리아가 저 사람은 누구냐고 물었지만 대원들은 묵묵부답이었다. 다가가려 하자 개머리판으로 내리치며 그를 밀쳐 냈다. 집 안에서는 계속 물건들을 거칠게 바닥에 내던지는 소리가 들렸다. 마치 무엇이라도 물증을 잡아 가족 전체를 모욕하려는 것 같았다. 대원들은 계속해서 마르가리타에 대해 물었다. 마지막으로 본 게 언제인지, 딸이 집에 숨겨놓은 물건은 없는지.

"나한테 그 애는 오래전에 죽은 자식이나 다름없습니다." 렌테리아는 지난 몇 년간 딸을 못 봤다고 말했다.

대원들이 수색을 이어갔지만, 그 집에는 살림살이도 별로 없었다. 한때 알코올중독자였던 렌테리아는 지금은 신도 몇 명이 모이는 작은 교회에서 사례비도 없이 목회를 하고 있었다. 좌판에서 옥수수와 호박 등을 팔며 생계를 유지했다. 궁색한 형편이 집 안에 고스란히 드러났다. 집이라고 해봐야 마감도 되지 않은 허름한 콘크리트 단칸방이 고작이었다. 천장에 철근이 튀어나온 것으로 보아 2층을 증축할 생각인 듯했다. 현실적 계획보다 야무진 꿈에 가까웠지만 가족에게 절실한 일이기도 했다.

쉰여섯 살의 렌테리아는 청회색의 눈동자와 갈색 피부가 인상적인 사람이었다. 암 환자인 어머니, 당뇨가 심한 아내, 그리고 손주(마르가리타의 세 자녀 중 한 명)를 돌보고 있었다. 게다가 병약한 다른 딸도 함께 살고 있었다. 예전에는 술에서 위안을 얻었지만, 지금은 사람들에게 복음을 전하며 보람을 느꼈다. 렌테리아는 딸 마르가리타가 성인이 된 이후에야 자조 모임에 나가기 시작하며 알코올중독에서 벗어났다. 그는 자부심을 품고 매일같이 일했다. 젊은 세대와 달리 게으름과는 거리가 먼 사람이었다.

렌테리아는 마르가리타가 비뚤어져서 집안 망신을 시킨다고 생각했다. 어린 시절부터 고집이 셌던 마르가리타는 고등학교를 졸업하지 못했다. 아버지의 알코올중독은 어린 시절 그녀에게 큰 충격을 주었다. 미혼이었던 마르가리타는 열여섯 살에 처음 임신했고 이후 두 아이를 더 낳았다. 검은 머리카락이 매력적인 여성이지만 세 아이를 함께 키울 배우자를 만나기는 쉽지 않았다. 토르티야 가게에서 매일 반나절씩 옥수수 반죽을 섞으며 먹고살았다. 그러다 제법 유명한 세타스 조직원 한 명이 그녀에게 호감을 드러냈다. 엘 티그레(El Tigre), 즉 호랑이라는 별명의 그는 여자들 꽁무니를 따라 다니기로 유명했다. 그다지 매력적인 남자는 아니었지만 상황이 절박하거나, 그를 두려워하는 여자들이 그와 연인이 되곤 했다.

마르가리타는 엘 티그레를 한번 만나보기로 했다. 양육비를 일절 받지 못하며 계속 세 아이를 키우기가 막막했다. 그때부터 그녀는 아르바이트와 육아뿐인 단조로운 일상에서 해방되었다. 한때는 사람들에게 무시받았지만 이제 어디서든 존중받았다. 존중이 두려움 혹은 혐오와 양립할 수 있다는 사실이야말로 세타스의 성공 비결이었다. 과거에는 눈에도 잘 띄지 않던 그녀가 지금은 혐오의 대상이 되었다. 사람들을 학대하고 죽이고 갈취하는 세타스 조직원과 연인이 되었기 때문이다. 그녀를 혐오하는 사람 중에는 그녀의 아버지도 있었다.

렌테리아는 엘 티그레에게 협박 전화를 받은 적이 있었다. 엘 티그레는 1만 페소를 요구하며 돈을 보내지 않으면 각오해야 할 것이라고 했다. 렌테리아는 코웃음을 쳤다. 그만한 돈은 꿈에서도 손에 쥐어본 적이 없었다. 계속 협박을 받으면서도 같은 입장을 고수했다. 자신이 좌판을 펴는 위치까지 알려주며 그만한 돈을 받아낼 수 있을지 언제든 와서 한번 보라고 말했다. 딸의 새 남자친구가 누구인지 알고 충격에 빠질 수밖에 없었다. 그는 마르가리타에게 자신이 가난할지는 모르지만 적어도 정직하게 일해서 돈을 번다고 말했다. 열심히 일하는 사람들을 착취하는 자와 어울리는 것은 배신이나 다름없었다. 마르가리타가 엘 티그레를 사랑한다고 했지만 그는 가족과 새 남자친구 중 한쪽을 선택하라고 했다.

엘 티그레는 렌테리아의 마음을 얻고자 새 트럭을 선물하고 싶다고 했다. 거절당하자 트럭 가격만큼 현금을 주겠다고 했다. 렌테리아는 꿈쩍도 하지 않았다.

"피 묻은 돈은 받을 생각 없네."

마르가리타는 범죄자들과 시간을 보낼수록 조금씩 변해갔다. 렌테리아가 보기에 딸은 이제 자신을 가족보다 우월한 존재로 생각하는 듯했다. 그녀에게는 돈과 권력이 있었지만 아버지에게는 둘 다 없었다. 마르가리타가 악명 높은 지프 밴을 타고 산페르난도를 누비며 납치를 벌인다는 소문이 돌았다. 딸은 자신의 삶에 참견하지 말라고 말하곤 했지만, 한번은 사실 엘 티그레가 범죄 세계에서 벗어나기를 바란다고 털어놓은 적이 있었다. 돈을 많이 모으려는 것도 그 때문이라는 것이다. 렌테리아는 과연 그런 날이 올지 의심스러웠다.

결국 마르가리타는 심각한 사건에 휘말린 듯했다. 해병대가 떠난 후 렌테리아는 군용차에 갇혀 비명을 지르고 발버둥을 치던 사람이 혹시 딸이었을까 하는 걱정이 들었다. 딸과 관련된 일이 아니라면 해병대가 들이닥칠 이유가 없었다. 마르가리타가 무슨 짓을 한 건지 궁금했다.

이튿날 렌테리아는 전날 벌어진 교전 이후 장례식장에 안치된 시신 여섯 구 가운데 마르가리타가 있는지 확인해 달라는 전화를 받았다. 그는 날이 밝자마자 찰로의 장례식장에 찾아갔다. 찰로는 입구까지 마중 나와 그를 안치실로 안내했다.[8] 사망한 세타스 일당의 벌거벗은 시신들이 흰 시트로 가려진 채 놓여 있었다. 렌테리아는 이들이 뉴스에 나온 해병대와 세타스 간의 교전에서 사살된 것이 아니라, 다른 이유로 살해되었음을 바로 알아차릴 수 있었다. 불과 몇 시간 전까지 군용차에 갇혀 있던 딸의 목소리를 들었는데 어떻게 딸이 그 교전 현장에 있을 수 있었겠는가? 해병대에서 딸을 목장까지 끌고 가서 살해한 게 분명했다.

집을 때려 부수고 아내를 함부로 내동댕이친 것도 모자라 해병대가 이제는 딸까지 살해했다. 렌테리아는 어떻게든 문제 제기를 하기로 했다. 하지만 그날 고소장을 내러 갔다가 담당 공무원으로부터 소용없을 거라는 말을 들었다. 아무도 그 일을 중요하게 여기지 않을 것이며, 계속 문제 삼는다면 오히려 그가 위험해질 거라고 했다.

"그냥 포기하세요. 어차피 일어난 일은 이미 일어난 일이고, 그런다고 따님이 돌아오는 것도 아니잖아요."

렌테리아는 그 공무원이 자신에게 완곡하게 경고한다고 생각했다. 당신의 딸 마르가리타는 납치범이자 살인자라고. 만일 계속해서 이 일을 문제 삼는다면 그와 가족만 위험해질 뿐이라고.[9] 결국 그는 고소장 접수를 단념했다.

14일간의 대기 이후 렌테리아는 장례식장에서 마르가리타의 시신을 인도받아 시내에 있는 묘지에 묻었다. 추도식도 장례식도 하지 않았다. 그는 딸이 세타스에 들어간 순간부터, 다시 말해 가난하고 힘들더라도 정직하게 살기보다 범죄자로 살기를 선택한 순간부터 자신이 알던 딸을 잃어버렸다는 사실을 비통해했다. 마르가리타는 그의 마음속에서 이미 오래전 죽은 딸이었다. 그녀를 땅에 묻은 것은, 딸의 죽음이 뒤늦게 현실이 되었음을 의미할 뿐이었다.

미리암은 카렌의 노트북을 갖고 있던 두 여자가 카렌에게 어떤 일이 있었는지 알 거라고 생각했다. 적어도 카렌의 실종에 연루된 사람들을 알 거라고, 일당의 거점이 어디인지 알지도 모른다고 알렉스 중위를 설득했다.[10] 마르가리타와 제시카가 해병대에 체포되고 몇 시간 후, 루이스가 집 근처 공터까지 미리암을 데려다주었다. 미리암은 폐가에 몸을 숨긴 채 해가 질 때까지 해병대의 호송을 기다렸다가, 자신도 엘 바수레로 소탕 작전에 동행하겠다고 루이스에게 말했다. 마침내 해병대 차량이 나타났다. 해병대가 가는 곳마다 세타스의 망꾼들이 있었다. 해병들은 신원이 드러나지 않도록 미리암에게 군복을 입혔다.

해병대에서는 마르가리타와 제시카를 앞세워 세타스의 거점으로 향했다. 두 사람이 지목한 옛 쓰레기 폐기장 인근에 군용차들이 멈춰 섰다. 미리암은 거점이 어디인지 실토하라고 두 여자를 고문했는지, 아니면 그냥 겁박만 했는지 묻지 않았다. 아무래도 상관없었다. 미리암은 마르가리타가 지프 밴에서 나와 에르네스토에게 총을 겨눴던 여자일 거라고 확신했다.

엘 바수레로에 도착한 해병대는 세타스 거점까지 도보로 접근했다. 미리암은 멀찌감치 떨어진 채 흙길을 따라갔다. 갑자기 대원들이 고함을 질렀다. 미리암은 날카로운 총성과 함께 총알이 지나가는 것을 들었다. 세타스 일당이 총을 쏴대고 있었다. 해병대도 신속하게 대응 사격을 시작했다. 세타스 일당 중 일부가 총을 쏘며 항전했고 나머지는 숲으로 도망쳤다. 숲을 거쳐 강에 이르면 추격이 어려울 터였다. 총성이 잠잠해지자 목장 구조물과 나무 아래와 들판 등에 시신 네 구가 흩어져 있었다. 남자 셋, 여자 하나였다.

아직 살아 있는 납치 피해자 몇 명이 발견되었다. 한 명은 소탕 작전 직전에 세타스의 여자 조직원이 자신을 참수하려 했다며 횡설수설했다. 미리암이 단서를 제공한 이 소탕 작전 덕분에 여러 무고한 목숨을 구할 수 있었다. 하지만 그곳에 카렌은 없었다. 미리암은 위장한 채 해병대원 사이에서 현장을 수색했다. 허물어져 가는 헛간에 들어가 바닥을 살폈다. 흙바닥에 검붉은 얼룩이 덮여 있었다. 녹슨 고문 도구가 나무 테이블 위에 있었고, 누런 밧줄이 나무에 매달려 있었다. 미리암은 그곳에서 발견되는 물건이나 흔적이 자아내는 악몽 속을 걸어 다녔다.

대체 무슨 짓을 한 걸까? 어떻게 사람을 가축처럼 도살하는 시설을 만들 만큼 인간성이 말살된 걸까? 목걸이형 사원증과 정부 허가증, 온갖 사진이 사방에 널려 있었다. 이 사람들은 모두 죽었을까, 일부라도 살아남았을까?

미리암은 쌓여 있는 물건들을 살펴보았다. 스카프와 의자 쿠션이 보였다. 둘 다 카렌의 것이었다. 딸이 그곳에 있었다는 사실, 그러나 이제는 없다는 사실에 슬픔과 안도감이 동시에 밀려왔다. 한 가지 미스터리가 걷히자마자 또 다른 미스터리가 뒤따랐다. 기쁜 동시에 가슴이 내려앉았다. 미리암은 실망을 감춘 채 그 물건들을 원래 있던 자리에 내려놓았다. 그리고 총격전을 비롯해 그날 밤 자신이 목격한 모든 광경을 비밀로 간직했다.

이튿날 나온 신문 기사들은 정부 보도자료를 그대로 가져온 것이었다.[11] 보도에 따르면 순찰 중이던 해병대원들이 세타스의 공격을 받았다. 총격이 이어졌고 대원들은 남녀 3명씩 총 6명을 사살했다. 그리고 현장에서 3명의 납치 피해자가 구조되었다. 그러나 지어낸 이야기일 뿐이었다. 사실 그날 밤 소탕 작전에서 4명이 사살되었고, 그중 누구의 신원도 확인되지 않았다. 해병대원들은 주변을 수색한 끝에 아직 살아 있는 납치 피해자를 발견했다. 그 후 살해되고 한참 동안 방치된 시신들이 추가로 발견되었다. 시신으로 발견된 여성 피해자 중 한 명은 임신부였다.[12]

분노한 해병대원들이 트럭에서 마르가리타와 제시카를 끌고 나와 임신한 여성에 대해 캐물었다. 둘은 세타스 일당이 국도에서 여자들을 납치했는데, 가족이 몸값을 보내지 않아 죽였다고 답했다. 대원들은 조용히 두 사람의 진술을 듣다가 자백이 끝나자 무릎을 꿇게 하고 그 자리에서 제시카를 사살했다. 마르가리타에게는 도망쳐 보라고 했다. 한 명이 이렇게 말했다.

"숲까지 도망칠 수 있다면 넌 자유야."

마르가리타는 목장 건물에서 나와 숲으로 전력 질주했다. 그동안 해병대원 한 명이 느긋하게 그녀를 명중시킬 준비를 했다.

정부의 부검 보고서에 따르면 세타스 조직원 4명은 흉부와 복부에 여러 발의 총상을 입고 사망했다.[13] 다섯 번째 사망자는 여성이었는데 무릎을 꿇은 채 처형당한 듯 쇄골에서 허리로 이어지는 관통상 하나만 남아 있었다. 여섯 번째 사망자도 여성이었다. 그녀는 사망자 중 유일하게 등 뒤에 총상이 남아 있었다.

표적 1: 사마

미리암이 자세히 말하지는 않았지만 가족들은 소탕 작전의 자초지종을 알았다. 그녀가 카렌의 실종에 연루된 자들을 추적하겠다고 말했을 때, 가족들은 그 말을 자신과 가족이 어떤 대가를 치르든 반드시 그렇게 하겠다는 다짐으로 이해했다. 미리암이 광장에서 카렌의 노트북을 가지고 있는 여자들을 보았고, 그 여자들이 소탕 작전에서 사살됐다는 사실도 알았다. 그리고 소탕 작전이 벌어진 목장에 카렌도 붙잡혀 있었다. 두 여자가 자초한 일이었다. 가족들은 그들이 해병대에 의해 사살되었다는 사실이 기쁘지도 유감스럽지도 않았다. 아마도 마르가리타의 아버지 후안 렌테리아를 제외하면 산페르난도 주민 누구라도 그랬을 것이다.

전국에서 발생하는 살인사건 100건당 겨우 한두 건만 해결될 정도로 정의가 구현되지 않는 상황을 고려하면[14] 미리암 가족은 이미 운이 좋은 편이었다. 사랑하는 이를 잃으면 마음을 굳게 먹게 된다. 타인에 대한 생각이나 감정도 달라진다. 세타스 조직원 몇 명이 더 죽든 말든 무슨 상관이겠는가? 그건 심지어 세타스 일당의 가족들도 마찬가지였다. 찰로의 장례식장에 있던 여섯 구의 시신 중 가족이 수습해 간 시신은 단 하나, 마르가리타의 것뿐이었다. 다른 시신들은 2주 동안 그곳에 그대로 안치되어 있다가 시립 묘지에 묻혔다. 혹시 미래에 누가 찾으러 올 상황에 대비해 일련번호가 찍힌 검은 봉지에 담긴 채.

미리암은 소탕 작전에서 죽은 6명이 카렌의 실종에 연루된 이들 중 일부일 뿐이며 심지어 납치를 벌인 당사자들이 아닐 수도 있다고 생각했다. 오히려 카렌에게 일어난 일을 증언할 목격자 6명이 사라졌다고 보는 편이 현실적이었다. 납치에 가담한 다른 일당을 추적할 연결고리기 사라진 셈이었나. 미리암은 그날 무슨 일이 있었는지 알고 싶었다. 대체 누가 무슨 이유로 딸을 납치했는지 알아야 했다. 그리고 카렌이 지금 어디에 있는지도 알아야 했다.

알렉스 중위는 놀라울 정도로 잔혹하게 소탕 작전을 수행했지만, 납치범들을 기소할 수는 없었다. 그렇다면 카렌의 실종은 미리암의 마음속에서 영원히 미제 사건으로 남을 터였다. 미리암은 경찰과 공조해야 한다는 달갑지 않은 결론을 내렸다. 집에 쳐들어가 용의자를 체포하고 진술을 받아내려면 영장이 필요했다. 또 카렌을 납치한 나머지 일당을 찾으려면 정부의 자원을 활용해야 했고, 각각의 납치범을 상대로 소송을 벌이려면 전문가의 조력이 필요했다.

2014년 3월 26일 미리암은 납치 사건 수사를 지휘하는 타마울리파스주 검찰청에 루이스와 함께 출석했다.[15] 주 검찰청은 육중한 철문이 인상적인 3층짜리 건물이었다. 미리암은 딸의 납치 사건에 대해 자세히 진술했다. 필사적이었던 전화 통화부터 몸값을 지불한 과정, 참담했던 결과까지. 그녀는 자신이 사마를 미행했던 일, 반대로 자신을 미행했던 체리색 익스플로러에 대해 이야기했다. 엘 바수레로 소탕 작전도 언급했지만 그곳에서 목격한 사실들은 말하지 않았다. 그녀는 현장 사진에서 카렌의 쿠션과 스카프를 알아보면서 카렌이 그곳 목장에 갇혀 있었음을 알게 되었다고 주장했다. 한마디로, 거짓말을 했다.

미리암은 당시 이미 딸의 납치범을 찾는 데 정부가 큰 도움이 되지 않는다는 것을 알았다. 하지만 루이스의 가게에서 도난당한 물건을 되찾는 데 경찰 보고서가 필요했듯, 언젠가 납치 용의자와 목격자가 입을 열도록 압박하는 데 정부의 미제 사건 파일이 필요할지 몰랐다. 다른 무엇보다 목격자를 찾아야 했다. 문제는 세타스 일당이 증거를 남기지 않는 것으로 악명 높다는 점이었다. 불리한 증언을 할 가능성이 있는 사람을 손쉽게 제거할 수도 있었다.

그러나 오래 지나지 않아 미리암은 목격자를 찾아냈다. 카렌이 납치당한 그날 밤 차를 점검해 주러 왔다가 본인도 납치되었던 친구 카를로스였다. 카를로스는 기적적으로 살아남았다. 그는 레이노사로 도피해 있었는데, 미리암은 그를 찾아가 몇 가지 정보를 알아냈다. 진술을 기록할 수사관이 필요했다. 그의 진술은 카렌 실종 사건에서 가장 중요한 단서가 될 내용이었다.

여러 달 동안 카를로스는 미리암과의 통화를 거부했다. 대부분의 정보가 페이스북 메시지를 통해 전달된 탓에 내용이 다소 파편적이었다. 카를로스는 잔뜩 겁먹은 상태였고, 트라우마에 시달렸다. 그 고초를 당하는 내내 눈이 가려져 있었던 탓에 아무것도 보지 못했으며, 대화 일부와 이름 몇 개만 들었다고 했다. 추적을 시작하기에 충분한 단서였다.

카를로스가 들었다는 이름은 대략 다음과 같았다.

1. 엘 체포
2. 엘 플라코 데 라 리베레냐
3. 행동대장 체로키

카를로스에 따르면 이들은 카렌의 납치에 연루된 이들 중 책임자였을 가능성이 높았다. 그런데 그가 그날 들은 이름 중에는 평소에 많이 들어본 이름이 하나 있었다. 바로 사마였다.

미리암은 납치 배후에 사마가 있다고 의심해 왔다. 비록 사마가 자신은 범죄에 실제로 가담하지는 않는다고 말했고, 카렌을 찾도록 돕겠다는 그의 제안은 제법 솔깃했지만 말이다. 사마는 카렌에게 무슨 일이 일어났는지 처음부터 알고 있었으면서도 내내 미리암을 속였고, 상황을 조작했고, 카렌을 앞세워 제 주머니를 불렸다. 미리암은 사마를 최우선 추적 대상으로 정했다. 사마를 알아볼 자신이 있었다. 그러나 정말 필요한 한 가지 정보, 즉 그의 신원을 알아낼 방법이 마땅치 않았다. 행방을 알더라도 체포 영장을 발부받으려면 사마의 실명을 알아야 했다.

사마도 미리암을 추적하고 있었던 것으로 드러났다. 경찰에 고소장을 접수하고 한 달 후쯤 지프 SUV 한 대가 귀가 중이던 미리암 부부를 미행했다. 파소 레알에 접어들자 바짝 따라붙었다. 미리암은 핸드백에서 권총을 꺼내며 루이스에게 집 앞 골목에 차를 대라고 했다. 그러고는 그 차에서 누가 나올지 기다리며 백미러를 노려봤다. 운전석 문이 열리더니 사마가 걸어 나왔다. 그는 오랜 친구라도 되는 양 큰 소리로 미리암을 부르더니 그동안 잘 지냈냐며 카렌과 관련해 더 알아낸 것이 있는지 물었다. 미리암은 문을 사이에 두고 사마의 가슴에 권총을 겨누며 되물었다.

"여기서 뭐 하는 거지? 난 네가 하라는 대로 다 했어. 그런데 넌 내 딸을 돌려주지 않았어."

사마는 자신이 징계를 받아 시우다드 빅토리아에 머물고 있고, 산페르난도에 온 지 얼마 되지 않았다고 했다. 미리암은 이유를 묻지 않았고, 사마도 설명하지 않았지만, 아마도 공범들이 절반이나 죽은 탓이리라 짐작했다.

"난 너희가 내 딸을 죽였는지 알고 싶어. 그 애의 시신이 어디에 있는지 알려줘."

사마는 모른다고 했다. 자신이 아는 한 카렌은 납치된 적이 없다고 했다. 카렌을 다른 사람과 잠시 착각했었다는 것이다.

"내가 납치한 여자들은 피부색이 밝았어요." 그가 말했다.

사마는 주머니에서 핸드폰을 꺼내더니 다른 납치 피해 여성들을 감금해 두었던 곳의 지도를 보여주었다. 미리암은 한 번 더 속아 보기로 하고, 그가 불러준 전화번호를 받아 적었다.[16] 그는 자신이 돕겠다고 또다시 약속했다. 하지만 이번에도 대가가 있었다.

"아줌마 집이 필요해요." 그가 아무렇지 않게 말했다.

"뭐라고?" 미리암이 물었다.

"딸 찾는 걸 도와줄 수 있지만 그러려면 나한테 그 집을 넘겨야 해요."[17]

그가 다시 한번 말했다. 미리암은 생각해 보겠다고 했지만, 그가 차에서 멀어지는 동안에도 계속 그를 총으로 겨누고 있었다.

그로부터 몇 개월이 지난 7월 초, 아잘리아의 집 거실 소파에서 핸드폰으로 페이스북을 훑어보던 미리암은 환호성을 질렀다. 그녀는 몇 개월간 SNS에서 사마의 이름을 검색했다. 그가 SNS에 부주의하게 사진을 올리거나 정체를 드러낼지 모른다고 생각했다. 동시에 시우다드 빅토리아에서의 사마의 행적을 조사하기 위해 흥신소를 찾았다. 흥신소에 따르면 사마가 엘 코스틸론이라는 레스토랑과 보브라는 이름의 클럽에 자주 드나들었다고 했다.[19] 하지만 정부에서 수사관을 보냈을 때는 이미 한 곳이 폐업하고, 다른 한 곳은 철거된 상태였다.[20]

미리암은 소파에서 몸을 일으키며 대박이라고 외쳤다. 화질은 엉망이었지만, 분명히 사마의 사진이었다. 홀쭉한 몸, 갸름한 얼굴, 그리고 곱슬머리. 옆에는 아이스크림 체인점인 '엘라도스 술타나'의 유니폼을 입은 젊은 여자가 있었다.[21] 주 전체에 엘라도스 술타나 매장은 수십 곳에 달했다. 미리암은 매장을 하나하나 방문하며 사마의 여자친구로 추정되는 사진 속 여자가 일하는 곳을 찾기로 했다. 먼저 사마가 머물고 있다는 시우다드 빅토리아에 있는 지점들부터 찾아가는 것이 합리적이었다. 게다가 그곳에는 엘라도스 술타나 매장이 네 곳밖에 없었다.

시우다드 빅토리아까지 가는 길은 위험천만하여 지루할 틈이 없었다. 1차선 도로를 여전히 세타스 조직원들이 가로막고 있었다. 미리암은 그 도로를 수없이 오가며 엘라도스 술타나 매장들을 돌아다녔다. 도착하면 근처에 몇 시간씩 죽치고 앉아 사마의 여자친구가 오는지 매장 입구를 주시했다. 미리암은 수사에 마법 같은 순간은 없다는 것을 알게 되었다. 수사를 잘하는 사람과 그저 그런 사람을 가르는 비밀 따위는 없었다. 수사에 필요한 건 성실함과 꼼꼼함뿐이었다. 몇 주에 걸쳐 여러 곳에 죽치고 있던 끝에 그녀는 매장으로 들어가는 사마의 여차친구를 목격했다. 미리암은 그곳에서 사마가 나타나길 기다렸다.

미리암은 거울에 비친 자신의 모습을 가만히 바라보았다. 머리를 짧게 자르고 밝은 빨간색으로 염색했다. 사람들의 시선을 얼굴이 아니라 머리카락으로 돌릴 생각이었다. 또 한때 일했던 주 보건부 직원으로 위장하기 위해 옷장에서 예전 유니폼과 공무원증을 찾았다. 목표는 사마의 실명을 알아내는 것이었다. 실명을 모르면 그를 고소할 수도, 체포 영장을 청구하도록 압박할 수도 없었다. 실명을 알아내지 못한다면 사마는 법과 제도상으로는 실체가 없는 존재, 범죄 세계를 떠도는 유령이나 다름없었다.

인정하기 싫었지만 제도는 미리암에게 정말 중요했다. 그녀에게 제도란 납치범들을 수사할 자원과 이들을 체포할 법적 권한을 의미했다. 제도가 정의 구현을 못 하고 있기는 하지만 말이다. 제도를 자신의 편으로 삼으려면 인맥과 인내가 필요했다. 공무원들은 대부분 그녀를 무시하며 지겨울 만큼 진부한 이야기를 쏟아 냈다. 처음에는 미리암도 멕시코에서는 제도에 희망을 걸 수 없다고 생각했다. 제도야말로 추적의 핵심이라는 것을 깨닫기 전까지 말이다.

미리암은 공무원으로 위장한 채 다시 엘라도스 술타나로 향했다. 전날에도 그녀는 매장에서 나온 사마와 여자친구를 집까지 미행했다. 그녀는 공무원증을 목에 걸고 그 일대 집들을 돌며 가짜로 설문조사를 실시했다. 가구원 수를 묻고 중간중간 양념처럼 질문도 곁들이며 모든 거주자의 이름과 생년월일을 알아내 제법 공문서처럼 보이는 노트에 하나씩 기록했다. 오로지 한 명의 이름을 알아내기 위해 모든 사람의 신원을 확인했다. 그리고 미리암은 마침내 사마의 실명과 1994년 12월 23일이라는 생년월일을 알아냈다.

서서히 드러나는 정황

2014년 7월 31일 오후에 미리암은 타마울리파스에서 발생한 납치 사건들의 수사와 기소를 전담하는 특별수사본부에 전화를 걸었다. 카렌 사건도 그곳에서 수사하고 있었다. 그녀는 매번 하는 질문을 반복했다. "수사에 진전이 있나요?" 부질없는 질문이라는 것은 잘 알았다. 한 번도 진전이 있었던 적이 없으니까. 그래도 계속해서 수사를 압박하고 싶었다.

그다음으로 미리암은 시우다드 빅토리아에서 수사관들을 들볶을 때 즐겨 쓰는 두 번째 방법으로 넘어갔다. 직접 수사하며 새로 수집한 정보를 전달한 것이다.[22] 그녀는 자신이 사마라고 알려진 세타스 조직원의 신원을 확인했으니 체포 영장을 청구했으면 좋겠다고 말했다. 그의 실명과 생년월일, 여자친구의 이름과 두 사람이 함께 사는 집의 주소를 알려주었다. 수사관들이 모든 정보를 점점 방대해지는 사건 파일에 꼼꼼히 기록하고 나면, 미리암은 마지막에 꼭 수사를 이어가겠다는 확답을 잊지 않고 받곤 했다. 그녀는 수사본부에서 자신이 대신 마련한 이 기회에 사마를 체포하리라 믿었다. 그러나 일주일 후에도 수사본부에서 별다른 움직임이 없자 수사를 촉구하는 요청서를 정식으로 발송했다.[23]

그 무렵 미리암은 일이 잘 돌아가도록 하는 몇 가지 방법을 알게 되었다. 하나는 알렉스 중위 같은 해병대 군인에게 부탁해 납치범들을 '파르티르 라 마드르', 즉 찍소리도 내지 못할 만큼 두들겨 패는 것이었다. 다른 방법은 무능한 공직사회에 약간의 윤활유를 공급하는 것이었다. 그러려면 낡아빠진 제도가 어떻게 돌아가는지 이해하는 것은 물론이고, 끝없는 참을성이 필요했다. 또 정부 문건에서 사용하는 특유의 형식주의도 알아야 했다. 법적인 문장은 무슨 뜻인지 이해하기 힘들 만큼 중언부언하는 탓에 혹시 일부러 모호하게 표현하는 건 아닌지 의심스럽곤 했다. 일이 원활하게 굴러가기 위해서는 전문가적 헛소리를 엄선해야 했고, 이를 정리할 방법을 정확히 알아야 했다. 집을 급습해 사마를 체포해 달라는 문서를 쓰는 일은 수사본부 담당자에게 주소 확인을 요청하는 것으로 시작했다. 그 내용은 다음과 같았다.

"예비 조사 단계에서 이뤄진 서면 합의에 따라, 금년 7월 31일부로 고시된 명령 번호 UEIPS1398/2014에 새로 추가된 인물의 정확한 소재지를 파악하기 위한 임무를 귀 기관에서 직접, 또는 예하 조직을 통해 수행하도록 하기의 문서를 전달하는 바입니다. 임무 수행을 완료하는 즉시, 수사 파일에 해당 내용이 통합될 수 있도록 임무 수행 내역을 통보하여 주시기 바랍니다."

'납치 용의자 사마의 주소를 확인하고 관련 상황을 알려주십시오'라고 요약할 수 있는 짧은 요청서였다. 그러나 문서를 작성해 담당자에게 전달하기까지는 시간이 한참 걸렸고, 실제로 체포 영장이 집행되기까지는 더 많은 시일이 지체되었다. 소재지를 확실히 파악하기 전까지는 체포 영장을 청구할 수 없었고, 그렇다고 수사관이 직접 그 집을 찾아가 문을 두드리고 사마의 존재를 확인할 수도 없었다. 그것은 당국에서 수사하고 있음을 사마에게 알리는 꼴이었다.

이 모든 과정을 겪은 8월 말 미리암은 자신이 노력하면 정부를 움직여 첫 번째 표적인 사마를 체포할 수 있다는 희망을 버렸다. 마침내 당국에서 임무를 수행하려 나섰을 때는 사마가 더 이상 그곳에 거주하지 않았다.[24]

미리암이 연방 정부의 관련 당국에도 머리를 조아리며 부탁했지만 수사 상황은 사실상 그대로였다. 몇 주간 거절당한 끝에 그녀는 친구에게 연방 경찰 한 명을 소개받았다. 개인적 친분 덕분에 믿을 구석이 생긴 것이다. 마침내 관성적인 답변 이상의 것을 기대해 볼 수 있었다. 미리암은 그 연방 경찰에게 엘 주니어에서 만나자고 했다.[25] 그곳은 오래전 사마와 그의 똘마니가 미리암을 불러냈던

레스토랑이었다.

연방 경찰은 점심시간 즈음 약속 장소에 나타났다. 거리가 내다보이는 창가 자리에 앉아 있던 미리암은 그가 자기소개 할 겨를도 없이 검은색 컴퓨터 가방을 꺼내 보였다. 안에는 딸을 납치한 이들에 대해 그동안 수집한 모든 정보가 들어 있었다. 가방을 열자 테이블 위로 서류들이 쏟아졌다. 경찰관은 서류를 검토하며 놀랍다는 듯 고개를 내저었다. 세타스 조직원 각각의 사진과 함께 페이스북 계정이 적혀 있었다.[26] 어떤 계정은 실명이었고 어떤 계정은 닉네임이었다. 세타스 조직원들이 소총을 들고 함께 찍은 사진, 술을 마시며 파티를 하는 사진도 있었다.[27]

"이런 자료는 처음 봅니다." 경찰관이 말했다. 그는 어떻게 이렇게 많은 정보를 수집했는지, 기간은 얼마나 걸렸는지 물었다.

미리암은 6개월이 넘게 걸렸다고 답했다. SNS를 통해 관계도를 그려나가며 직접 발품을 팔아 얻은 정보를 자신의 연줄을 통해 교차 검증 했다고 설명했다. 그러나 중요한 것은 방법이 아니었다. 정보를 바탕으로 행동해 줄 누군가가 필요했다. 뇌물에 매수되지 않을 사람이 필요했다. 복잡한 과정과 장애물로 가득한 제도에 발목 잡히지도 늑장을 부리지도 않는 든든한 동맹군이 필요했다.

"제가 언제든 형사님께 전화할 수 있어야 하고, 정보에 상응하는 결과가 있어야 합니다." 미리암이 말했다.

대학을 졸업한 후 루이스 엑토르는 주 정부 청사들이 모여 있는 역 근처에 작은 가게를 임차했다. 부모처럼 부츠와 모자 등을 팔 생각이었다. 일하는 시간은 예전만큼 길었지만 벌이가 괜찮았다.

그는 부모와 다른 방식으로 사업을 확장해 갔다. 소비 여력이 있는 20대 젊은이를 대상으로 야구 모자와 오버핏 티셔츠를 판매하기 시작했다. 시우다드 빅토리아는 여전히 세타스의 손아귀에 있어 전반적으로 치안이 불안했지만, 청사 근처에 자리 잡은 이점이 있었다. 비교적 안전했고 유동인구가 많았다. 특히 휴일에는 청사 앞 광장에 사람들이 가득했다.

미리암이 사마를 놓치고 한 달쯤 지났던 2014년 9월 15일, 시우다드 빅토리아 곳곳에서 독립기념일 기념행사 준비가 한창이었다. 수천 명이 모인 중앙 광장에서 주지사가 연설한 뒤에 음악 공연과 불꽃놀이가 축제의 밤을 장식할 예정이었다. 루이스 엑토르는 그날 가게 문을 일찍 닫고 걸어서 광장에 가보려고 했다. 여자친구의 외출 준비가 끝나기를 기다리고 있었다. 그런데 저녁 6시경 셔터를 내리려는데 이웃 상인이 달려와서 잠시 도와달라고 했다. 먹을 것을 사 올 동안만 가게를 봐달라는 것이었다.

루이스 엑토르가 가게 앞 의자에서 이웃 상인을 기다리고 있는데, 10여 명이 광장을 향해 줄지어 지나갔다. 해가 뉘엿뉘엿 지고 있었고, 가로등이 켜지기 시작했다. 전문가들은 상실 이후에도 삶을 즐기면서 일상으로 돌아가라고 조언하곤 하시만, 루이스 엑토르는 도저히 그럴 수가 없었다. 그는 일하고 또 일했다. 가끔 술은 마셨지만 여전히 여동생을 잃은 충격에서 헤어나지 못했다. 어쩌면 영원히 그럴지도 몰랐다. 동생이 납치되었던 당시에는 모두 잘 해결되리라 믿었다. 세타스는 몸값을 바랄 뿐이라고, 돈 문제일 뿐이라고 생각했다. 그런데 아니었다.

이후 루이스 엑토르는 가족에게 닥친 최악의 상황에 제대로 대처할 수 없다는 사실에 무력감을 느꼈다. 미리암은 나름대로 납치범들을 추적하며 자신이 알아낸 정보를 계속해서 아들에게 전달했다. 그러나 그는 시우다드 빅토리아에 있었고, 어머니는 주로 산페르난도에서 활동했다. 여력이 닿는 만큼은 도우려 했지만, 할 수 있는 일이 많지 않았다. 그는 핸드폰에 사마의 사진을 두어 장 저장해 두고 생각날 때마다 들여다보았다.⁽²⁸⁾ 사실 시우다드 빅토리아는 인구가 채 35만 명도 되지 않았다. 어머니의 짐작대로 사마가 여전히 그곳에 있다면 언젠가 길에서 마주칠 수도 있었다.

　루이스 엑토르는 시간을 확인했다. 이웃 상인에게 슬슬 짜증이 나기 시작했다. 광장으로 몰려가는 사람들에게 물건을 팔려고 늦게까지 영업하는 가게가 많았지만 그는 축제에 참여할 생각이었다. 자영업의 몇 안 되는 장점은 영업시간을 스스로 정할 수 있다는 점인데, 이웃 상인 때문에 계속 발이 묶여 있었다. 그때 가게 입구에서 어느 젊은 남자 손님이 모자를 써보는 것이 보였다. 청바지에 하늘색 셔츠 차림의 그 남자는 키가 크고 깡마른 체형이었고 살짝 곱슬머리였다. 루이스 엑토르는 머릿속으로 몇 가지 생각이 교차했다. 이웃 상인을 기다리며 모자 하나는 더 팔 수도 있겠다는 생각, 남자가 너무 여러 모자를 써본다는 생각, 그리고 그 남자가 왠지 모르게 낯이 익다는 생각….

　"이거 좀 봐. 이 모자 정말 멋지지? 내일 다시 와서 사야겠어."
젊은 남자가 옆에 같이 있던 이들에게 말했다.

　루이스 엑토르는 가게 앞쪽 거리를 힐끔 내다보았다. 그의 어머니와 아버지, 그리고 여자친구로 보이는 이들이 보였다. 같이 축제에 가는 길인 듯했다. 그리고 그 순간 문득 깨달았다. 모자를 써보며 감탄하던 젊은 남자는 바로 사마였다. 루이스 엑토르는 자리에서 벌떡 일어나 서둘러 돈통을 잠그고 셔터를 내렸다. 동시에 이미 여자친구와 팔짱을 낀 채 군중 속으로 멀어져 가는 사마의 뒷모습을 계속 주시했다.

루이스 엑토르가 더듬더듬 자물쇠를 채우고 있을 때, 이웃 상인이 밝은 표정으로 돌아왔다. 그는 이웃에게 손을 흔들어 보이고, 계단을 뛰어 내려가 군중 속을 파고들었다. 광장으로 향하는 군중 속에서 그는 사마를 놓치지 않도록 주의하며 적당한 거리를 유지했다. 사방이 탁 트이고 반듯한 보도블록이 깔려 있는 주지사 관저 앞 광장을 지나며 루이스 엑토르는 어머니에게 전화해 어떻게 해야 할지 물었다.

"놈을 시야에서 놓치면 안 돼. 내가 다시 전화할게. 계속 뒤쫓아. 미행하는 걸 들키면 안 돼." 미리암이 대답했다.

미리암은 곧바로 엘 주니어에서 만났던 연방 경찰에게 전화해 상황을 설명했다. '아들이 유력한 납치 용의자 사마를 뒤쫓고 있다. 사마가 무장을 했는지는 모르겠다. 광장에서 다른 세타스 조직원과 합류할지도 모르지만 그를 추격할 기회인 것은 분명하다.' 행동에는 많은 변수가 따랐고, 변수에는 운도 포함되어 있었다. 미리암이 연방 경찰을 소개받은 것도, 루이스 엑토르가 사마를 발견한 것도, 그 경찰관이 바로 전화를 받은 것도, 그리고 마침 근처에 있던 그가 자신의 팀원들과 함께 시우다드 빅토리아 역사 지구로 출동한 것도 전부 운이 좋았다. 미리암은 루이스 엑토르에게 연방 경찰의 전화번호를 전달했다.

"상황이 어때요, 구에로(güero)? 지금 위치가 어디입니까?"[29]

경찰관이 피부색이 밝은 남성을 뜻하는 속어로 부르며 질문했다.

"광장으로 가고 있어요." 루이스 엑토르는 사마가 들을까 싶어 목소리를 낮췄다.

"나도 지금 거기로 가고 있어요. 절대 놓치면 안 돼요. 잘할 수 있습니다." 경찰관이 말했다.

광장으로 이어지는 길목마다 사람들이 가득했고, 입구마다 경찰 검문소가 있었다. 루이스 엑토르는 곧 줄이 긴 이유를 알게 되었다. 광장으로 가는 모든 사람이 금속 탐지기를 통과해야 했다. 물론 사마도 예외는 아닐 것이다. 미리암이 끊임없이 전화해 상황을 물었다. 그는 참다 참다 제발 그만 전화하라고 했다. 계속 전화벨이 울리면 사마 일행이 수상하게 여길지 몰랐다. 사마는 루이스 엑토르의 존재 자체를 몰랐지만, 계속 미행하는 데에는 한계가 있었다. 사마 일행이 불과 1시간 전에 시장에서 봤던 밝은 피부색의 가게 주인이 자신들을 미행하고 있음을 알아차리기 전에 경찰이 도착할 수 있을까? 이번에 놓친다면 언제 다시 사마를 찾을지 기약이 없었다. 루이스 엑토르는 사마를 불러 세우고, 그의 가족 앞에서 직접 두들겨 패줄까 싶은 생각도 들었다. 머릿속에서 복수극이 펼쳐졌다. 그동안 잠 못 이루게 했던 분노가 들끓었지만, 사실 두렵기도 했다. 지금 그의 앞에서 태평하게 돌아다니고 있는 자는 악마나 다름없었다. 카렌의 납치에 연루된 바로 그 범죄자였다.

영원처럼 길게 느껴지는 30분이 지났다. 사마가 길거리 음식을 파는 사람들 사이로 이리저리 걸어 다니는 동안 그는 경찰관에게 다시 한번 전화했다. 경찰관이 일상적인 순찰을 하는 것처럼 느긋하게 군다고 느껴졌다. 그는 거의 다 왔다고, 광장 쪽으로 걸어가는 중이라고 했다. 미리암은 연방 경찰에게 "소동은 금물"이라며 절대 사이렌을 울리고 라이트를 번쩍이며 출동하면 안 된다고 일찌감치 경고했다. 그랬다가는 사마와 그 일행이 달아날 텐데 인파가 밀집한 광장에서 벌이는 추격전은 도망치는 쪽이 유리했다.

루이스 엑토르는 웅장한 성당 문에 몸을 기댄 채 경찰을 기다렸다. 곧 경찰관 3명이 도착했다. 광장의 밝은 조명이 밤하늘을 가득 채우고 있었고 군중의 목소리가 건물들 사이로 메아리쳤다. 루이스 엑토르는 경찰과 함께 사마에게 조금씩 다가갔다. 여자친구에게 어깨동무하고 있던 사마를 경찰관 한 명이 어깨를 붙잡아 돌려세웠다. 루이스 엑토르는 조금 떨어져 상황을 지켜보고 있었다. 말소리는 전혀 들리지 않았다. 모든 상황이 차분해 보였다. 지나치게 차분했다. 마치 경찰관이 사마에게 가볍게 경고하는 듯했다.

그는 연방 경찰에게 전화해 어떻게 된 상황인지 물었다. 연방 경찰이 진정하라고 말하는 소리가 들렸다. 핸드폰 너머로 사마가 큰 목소리로 자신의 심장질환을 이야기하는 소리, 알 수 없는 말로 웅얼거리는 소리, 그리고 건강 상태가 좋지 않아 범죄를 저지를 수 없다고 항변하는 소리가 들렸다. 경찰관들이 사마에게 심장마비를 일으키기 전에 제발 진정하라고 말했다. 그러나 루이스 엑토르에게는 그 말도 너무 친절하게 느껴졌다. 초조해지기 시작했다. 사마가 경찰에게 읍소해 체포를 피하는 것은 아닌지 걱정스러웠다. 루이스 엑토르는 연방 경찰에게 다시 전화해 사마가 뭐라고 말하든 절대 풀어주면 안 된다고 애원했다. 경찰은 웃으며 말했다.

"그자는 우리 수중에 있어요. 어머니께 전화해서 얼른 오시라고 전하세요."[30]

경찰들은 사마에게 굳이 수갑조차 채우지 않았다. 사마는 너무 겁을 먹어서 달아날 생각도 못 했다. 경찰들이 사마를 데리고 광장에 설치된 펜스를 통과하며 루이스 엑토르의 시야에서 멀어져 갔다. 경찰은 사마를 납치 사건 특별수사본부로 연행했다. 미리암 가족도 그곳에 모였다. 루이스 엑토르는 건물 앞에서 1시간 넘게 부모가 오기를 기다렸다. 심장이 여전히 세차게 뛰고 있었다. 불과 몇 시간 전까지 미행했던 사마를 직접 대면하고 싶었다.[31] 직접 일을 매듭짓고 싶었다. 그러나 미리암이 건물 앞에서 멈춰 세우더니 그의 가슴에 살며시 손을 얹고 말했다.

"아니, 넌 가면 안 돼. 세타스에서는 네 존재를 몰라. 넌 우리의 비밀 병기야."[32]

사마는 밤새 이어진 기나긴 심문 끝에 입을 열었다.[33] 자신은 카르텔에서 망꾼으로 일했었고, 카렌에게 생긴 일은 건너 들었을 뿐이라는 등 거짓 진술이 많았다. 그러나 철저히 거짓말만 할 수는 없었다. 카렌을 돌려받는 데 필요하다며 돈을 뜯어낸 사실은 미리암이 직접 증언할 수 있었기 때문이다.

사마는 영악하게 제 잘못을 다른 사람들에게 떠넘겼다. 그런데 오히려 그 덕분에 미리암은 표적들의 이름을 알게 되었다. 변호사가 동석했지만 사마에게 진술을 거부하게 하거나 조언을 건네는 등의 행동은 일절 하지 않았다.[35] 공무원들은 사마의 머그샷을 촬영했다.[36] 상의를 탈의한 사마는 겁에 질려 눈이 빨갛게 충혈되었고, 눈물을 글썽거렸다.

사마는 자신은 모이세스라는 남자 밑에서 일했다고 주장했다.

모이세스는 카렌의 친구였는데 카렌이 사라지고 얼마 지나지 않아 참수당했다. 사마는 모이세스가 산페르난도에서 멕시코군을 감시하며 노점상으로 일했다고 했다. 피부색이 밝은 여성을 의미하는 구에라(Güera)라는 별명으로 불렸던 카렌(가족들도 종종 같은 별명을 불렀다)에 대해 다음과 같이 진술했다.

음… 구에라라고 불리던 카렌 알레한드라 살리나스 로드리게스의 납치와 관련해서는… 그래요, 저도 그들이 카렌을 납치했다는 걸 알고 있었어요. 납치에 가담한 사람은 엘 체포, 크리스티아노, 그리고 그들이 씨칸이라고 부르던 사람이 한 명 더 있어요.
엘 체포는 납치 혐의로 시우다드 빅토리아 교도소에 갇혀 있는 걸로 알고 있어요. 제가 알기로는 크리스티아노는 아직 시우다드 빅토리아에 있을 텐데. 호라시오 테란 지역의 중학교 근처에 살 거예요. 씨칸이요? 씨칸은 몇 개월 전 산페르난도에서 해병대에 의해 사살됐다고 알고 있어요.

미리암은 사마가 진술한 이름들을 표적 명단에 추가했다(그중 둘은 별로 도움이 되지 않았다). 조금씩 상황이 정리되었다. 납치범 2명의 소재를 알아냈고, 그녀가 실마리를 주었던 엘 바수레로 소탕 작전에서 사살된 남자 조직원 한 명(씨칸)의 신원도 밝혀졌다.

1. 엘 체포: 교도소
2. 크리스티아노: 시우다드 빅토리아 거주(추정)
3. 씨칸: 사망

미리암은 진술을 받아 적으며 동시에 사마를 심문하는 수사관들에게 질문거리를 알려주었다. 사마가 진술을 이어갔다.[37]

크리스티아노가 나한테 자기들이 구에라를, 그러니까 카렌을 파소 레알 근처 목장에서 죽였다고 했던 게 기억나요. 인근에 연방 경찰서가 있고 시우다드 빅토리아로 통하는 길목에 있는 곳이랬죠. 몸값을 요구했다고 했어요. 몸값으로 10만 페소를 불렀고, 산페르난도에서 그 돈을 받았다고 했어요. 산페르난도 보건소 주변에서 카렌네 아버지가 건네주었다더군요.
납치범들이 카렌을 방금 말한 목장으로 데려간 걸로 알아요. 크리스티아노, 엘 체포, 씨칸, 이렇게 세 사람이 그렇게 말했거든요. 거기서 카렌을 끔찍한 방법으로 죽였다고 말했는데, 구체적으로 어떻게 죽였는지 말하지는 않았어요. 카렌이 걸프 카르텔의 조직원이라 죽였다고 했어요.
바바라 비야프랑카라는 카렌의 친구를 납치했다고 했던 것도 기억나요. 바바라도 죽였는지 아니면 풀어줬는지는 모르지만, 어쨌든 그 후로 바바라를 본 적은 없어요. 바바라는 카렌과 아주 가까운 친구였어요. 그 둘은 항상 붙어 다니면서 술을 마셨어요. 모이세스도 같이 만났죠. 아마 모이세스는 산페르난도에서 죽은 것 같아요. 그들이 참수했겠죠.

사마는 그럴듯하게 들릴 만큼은 충분히 진실을 섞어가며 진술했다. 특히 돈을 건네받은 과정은 사실대로 말했다. 바바라가 언급된 것도 놀라운 일은 아니었다. 모이세스는 실제로 참수당했다. 그의 머리가 발견된 병원 근처에는 구경꾼이 몰렸었다. 독특한 헤어스타일 탓에 다른 사람을 오인했을 여지는 없었다. 그러나 미리암을 포함해 카렌과 가까웠던 사람들이 아는 한, 카렌은 그 어떤 카르텔의 조직원도 아니었다.

미리암은 딸이 죽었을 것이라 생각했고, 딸이 영영 돌아오지 않을 거라고 말했으며, 그 말이 사실인 양 굴었다. 그러나 카렌이 죽었다는 말을 직접 전해 듣고 증거가 나오기 전까지는 카렌이 살아 있을 가능성이 있었다. 깊은 절망에 빠져 있었지만 눈에 보이지 않는 저 너머에서 카렌이 돌아오리라는 실낱같은 희망이 있었다. 아직 희망이 있는데 자식의 죽음을 받아들일 부모가 어디에 있겠는가? 그것은 한 줄기 빛이 사라지기 전에 미리 커튼을 닫아버리듯 마음속에서 자식을 죽이는 셈이었다.

카렌의 죽음을 알게 되는 것, 그것도 납치에 연루된 세타스 일당 가운데 한 명으로부터 직접 전해 듣는 것은 참담한 일이었다. 하지만 알다가도 모르는 것이 세상일이었다. 특히 슬픔과 관련된 일, 실종과 관련된 일은 더더욱 그랬다. 혹시 사마가 사실과 다르게 알고 있거나 거짓말했을 가능성, 혹시 카렌이 아직 살아 있을지도 모른다는 희미한 가능성이 여진히 미리암의 마음속에서 깜빡거렸다. 계속 살아가기 위해서는 그런 희망의 불씨가 필요했다.

미리암은 카렌이 걸프 카르텔 조직원이라 살해되었다는 사마의 무심한 말을 믿지 않았다. 앞뒤가 안 맞는 이야기였다. 카렌이 세타스 조직원이었던 모이세스와 친구였다면 왜 걸프 카르텔에서 일했겠는가? 당시 카렌은 시우다드 빅토리아에서 집에 돌아온 지 채 6개월이 되지 않았었고 다른 대학에 들어갈 준비를 하고 있었다. 카렌은 도통 무슨 일을 하고 돌아다니는지 말하지 않았지만, 미리암은 카렌에게 무모한 면이 있음을 알았다. 심지어 딸이 어울려선 안 될 사람들에게 지나치게 관심이 많았다는 것도 알았다. 그러나 카렌은 결코 카르텔 조직원이 아니었다.

지금 미리암을 지탱하는 것은 다른 희망, 즉 카렌의 죽음에 연루된 자들을 찾아내서 대가를 치르게 하겠다는 열망이었다. 그중 일부는 이미 대가를 치렀다. 엘 바수레로 소탕 작전에서 사살된 조직원 중 한 명은 카르텔에서 익명의 암살자로 활동하던 이른바 씨칸이 분명했다(그는 사후에도 유명 래퍼의 이름에서 따온 별명으로만 알려졌다). 그리고 악명 높은 범죄자 엘 체포는 또 다른 납치 범죄로 이미 교도소에 수감되어 있었다. 남은 것은 크리스티아노 한 명이었다. 그는 엘 주니어에 사마와 함께 나타났던 바로 그 소년이었다. 사마는 자신의 책임을 덜기 위해 크리스티아노가 책임자인 듯 말했지만, 앳된 얼굴과 왕성한 식성을 생각하면 사실일 가능성은 없었다. 미리암은 그를 찾아내야겠다고, 크리스티아노라면 모든 것을 사실대로 털어놓을지도 모른다고 생각했다.

두 번째 표적: 크리스티아노

이튿날 저녁 9시경, 연방 경찰은 차를 몰고 수색을 나갔다. 사마의 진술에 따르면 크리스티아노는 아직 호라시오 테란 지역에 거주할 것으로 추정되었다.[38] 경찰은 다 쓰러져 가는 거리를 돌며 누군가가 살았던 흔적 등 차를 멈추고 살펴볼 만한 단서가 있는지 살펴보았다. 그러다 새로 접어든 거리에서 블랙진과 빨간 티셔츠 차림에 배낭을 멘 젊은이가 눈에 띄었다. 경찰이 따라오자 그는 샛길로 달아날 생각인 듯 좌우를 살피며 발걸음을 재촉했다. 경찰들은 그 젊은이, 그러니까 크리스티아노가 달아나기 전에 차에서 뛰어내려 그를 붙잡았다.[39]

크리스티아노는 거리에서 10달러짜리 대마초를 팔며 계속 그 동네에 살고 있었다. 별다른 저항 없이 순순히 연행된 그는 자신이 크리스티아노라고 곧장 인정했다. 경찰은 그를 조사실로 데려간 후 미리암을 기다렸다. 경찰보다 더 많은 정보를 아는 미리암이 조사 내용을 확인할 예정이었다.[40] 크리스티아노에게 무엇을 어떻게 질문해야 할지 미리암이 가장 잘 알았다. 또 그녀가 이미 수집한 증거와 범죄의 연관성도 크리스티아노에게 확인할 필요가 있었다.

피의자 조사는 자정을 넘긴 시점에 시작되었다. 곧 경찰들이 크리스티아노를 거칠게 몰아붙이기 시작했다. 미국에서 피의자에게 미란다 원칙을 고지하는 것만큼이나 멕시코에서는 고문이 일상이었다. 유엔에서 "일반화되었다(generalized)"라고 표현할 만큼 만연했다. 사실상 피의자 조사의 핵심이나 다름없었다. 타마울리파스주 수사 당국에서는 고문을 "치료(therapy)"라는 은어로 불렀다. 미리암은 다른 조사실에 앉아서 들려오는 소리에 귀를 기울였다. 그가 사실대로 진술하기를 바라는 마음은 굴뚝같았지만, 그가 받는 고문에는 안타까움을 느끼며 종종 몸을 움찔했다.

일부 멕시코 남자들은 경찰 또는 경쟁 조직에 의해 고문과 폭행을 당할 수 있고, 때 이른 죽음을 맞을 수도 있다는 사실을 잘 알았다. 그 독한 놈들과 달리 크리스티아노는 겁에 질려 있었다. 카렌을 납치하던 때 그는 이제 막 열여덟 살이 된 미성년자였다.[41] 머그샷 촬영을 위해 상의를 탈의하자 몸집이 아이처럼 앙상했다.[42] 강해 보이고 싶었는지 몸에 담배 피우는 해골 문신이 있었다. 크리스티아노는 눈에 띌 정도로 몸을 떨었고 목소리도 흔들렸다. 조사가 잠시 중단되자 어머니를 불러달라고 했다.

"배가 고파요." 크리스티아노가 말했다.

미리암은 동정심을 느꼈다. 가슴이 아팠다. 분노보다 더 근본적인 감정이었다. 그녀는 크리스티아노가 있는 조사실로 건너가 비닐로 감싼 닭고기 한 조각을 건네주었다.[43] 조사가 길어지면 자신이 먹으려고 가방에 싸 온 음식이었다. 어린 시절 친구이자 1년 전 남편이 납치된 이달리아 드 바에스도 수사본부에 함께 와주었다가 그 모습을 지켜보았다.

어안이 벙벙해진 수사관 한 명이 화난 목소리로 이놈이 무슨 짓을 했는지 잘 알지 않냐고 물었다. 미리암은 어깨를 으쓱할 뿐이었다. 인간은 두 가지 진실한 감정을 동시에 품을 수 있다. 살인자에 대한 증오심, 그리고 겁먹은 소년에 대한 동정심.

"무슨 짓을 했건 쟤는 아직 어린애야. 쟤가 말하는 소리를 듣는데, 마치 내 자식처럼 느껴지더라." 미리암이 친구에게 말했다.

크리스티아노는 마치 무거운 짐을 내려놓듯 사마가 암시만 했거나 전혀 언급하지 않았던 내용까지 자세히 이야기했다.[44] 여러 이름이 언급되었다. 미리암이 조사 과정에서 카를로스를 포함해 여러 사람에게서 이미 들어본 이름들이었지만 크리스티아노는 이들의 행적과 각자 맡은 역할까지 구체적으로 진술했다. 쿠이톨이라는 남자가 새로 언급되었지만 지금은 사망했다고 했다. 씨칸, 마르가리타, 제시카 등과 함께 엘 바수레로 소탕 작전에서 사살된 것이다.

납치범 일당의 우두머리는 엘 라리라고 불리는 남자였다. 크리스티아노는 엘 라리가 산페르난도 지역 세타스의 두목이며 자신은 그의 오른팔인 사마와 몸값을 받으러 다녔다고 진술했다. 크리스티아노에 따르면 엘 라리는 잘 다림질한 셔츠와 정장 바지를 입고 머리를 깔끔하게 정돈해서 학교 선생님처럼 보인다고 했다. 시 로고가 있는 트럭을 몰고 다녔는데, 당국으로부터 받은 것일 가능성이 컸다.

산페르난도에서 활동하는 세타스 조직원들에게 살인은 대수롭지 않은 일이었다. 국도를 지나는 차들을 멈춰 세우고 운전자를 끌어내 죽이거나 몸값을 요구했다. 사소한 구실만으로도 사형 선고를 내리곤 했다. 크리스티아노에 따르면 대마초를 조금이라도 소지하고 있는 운전자는 밀수와 연루되어 있다고 간주했다. 만약 세타스와 거래하는 것이 아니라면 운전자는 영영 찾을 수 없는 실종자가 되고 말았다. 한번은 차 안에 권총이 있다는 이유로 세타스 일당이 어느 남성을 살해했는데, 아무도 찾을 수 없도록 시신을 강철 드럼통에 넣어 처리했다고 한다. 범죄와 완전히 무관한 사람들은 풀려났다. 물론 가족이 몸값을 치렀다면 말이다.

크리스티아노는 "그 여자들이 걸프 카르텔 조직원이라며 목을 쳤어요"라고 납치 후 참수당한 여자들에 대해 진술했다. 희생자 중에서는 임신부도 있었다. 엘 바수레로에서 해병대원들이 이성을 잃고 마르가리타와 제시카를 사살한 것도 임신부 시신 때문이었다.

카렌은 실제로 걸프 카르텔에 연루되어 있었거나, 적어도 그렇다는 의심을 받아 살해되었다. 트럭에 타고 있는 무장한 남자들의 사진이 핸드폰에 저장되어 있었던 것이다. 결정적 증거가 아닐 수도 있겠지만, 세타스 일당은 굳이 모험을 선택하지 않았다. 무고한 사람들, 다시 말해 범죄에 연루되어 있다고 의심할 여지가 전혀 없는 사람들은 종종 풀려났다. 그러나 조금이라도 의심스러운 사람들은 그 이유가 얼마나 타당한지와 상관없이 살해되었다. 세타스로서는 리스크가 큰 상황에 굳이 모험을 선택할 이유가 없었다.⁽⁴⁵⁾

크리스티아노는 카렌과 어울려 다니던 바바라 비야프랑카에 대해서도 진술했다. 바바라는 일당이 머물도록 집을 내어줄 만큼 세타스의 조력자였는데, 자신과 사마에게도 음식을 가져다주곤 했다고 했다.

"우리를 도와주던 바바라를 왜 죽인 건지 이유를 듣지는 못했어요. 내 짐작에는 바바라가 카렌과 어울려 다녔다는 이유로 죽인 것 같아요."

카렌과 바바라는 파소 레알 인근 목장에 묻혔다. 바로 엘 바수레로였다. 크리스티아노는 몸값으로 받은 현금을 전달하러 그곳에 몇 차례 가본 적이 있었다. 잔뜩 겁을 집어먹은 크리스티아노는 카렌의 시신이 묻혀 있는 곳까지 수사관들을 안내하겠다고 했다. 그곳에 다른 시신 몇 구가 더 있을지도 몰랐다.⁽⁴⁶⁾

"몇 구는 어디에 묻혔는지 위치도 기억해요. 한번은 사마와 몸값을 전달하러 갔는데, 조직원들이 시체를 묻어두었으니 그 위를 밟지 말라고 농담처럼 말했었거든요."

미리암은 보안 관계자들과 함께 크리스티아노가 인도하는 곳으로 갔다. 경찰에서 안전을 위해 입힌 방탄조끼 탓에 크리스티아노는 안에 입은 헐렁한 빨간 티셔츠가 구겨졌고, 머리에 쓴 헬멧은 너무 큰지 머리에 비스듬히 걸쳐놓고 있었다. 미리암이 엘 바수레로에

간 것은 그날로 세 번째였다.[47] 첫 번째는 세타스 조직원 6명을 사살한 엘 바수레로 소탕 작전이 벌어진 3월이었고, 두 번째는 그로부터 몇 개월 후인 7월이었다. 법의학 전문가들이 샘플을 채취할 수 있도록 미리암이 직접 현장 조사를 추진했었다.

크리스티아노는 발을 끄며 부식된 트랙터가 묘비처럼 서 있는 목장 안으로 들어갔다. 나뭇가지들이 엇갈리며 가을 하늘 아래에 어지러운 윤곽선을 드리우고 있었다. 목장 한가운데에 있는 사각형 잔디밭에 파헤쳐진 흔적이 보였다. 경찰을 비롯한 10여 명의 수사 인력이 그곳에 빙 둘러섰다. 크리스티아노는 누군가가 갈아엎은 듯한 그 땅을 가리키며 말했다.

"여기가 그 여자가 묻힌 자리예요."

7월 방문 당시에도 미리암은 트랙터 앞의 땅이 파헤쳐진 것을 보고 깜짝 놀랐다. 누군가가 이미 현장을 다녀간 것이 분명했다. 엉성하게 표시하거나 함부로 짓밟힌 증거물, 시신을 옮긴 흔적 등을 볼 때 법의학적 수사 과정에서 현장이 훼손된 듯했다. 당시 미리암은 현장에 있던 사람들에게 해병대의 소탕 작전 이후 엘 바수레로를 다녀간 수사 기관이 있는지 물었지만, 그들은 멀뚱멀뚱 그녀를 바라보기만 할 뿐이었다.

몇 명이 트랙터 앞의 메마른 흙더미를 샅샅이 살펴보기 시작했다. 다른 사람들은 구조물들을 수색하며 세타스가 남긴 흔적들을 봉지에 넣고 꼬리표를 붙였다. 미리암은 부질없는 짓이라는 생각이 들었다. 이 모든 것이 희생자들을 위한 일종의 쇼처럼 느껴졌다. 수사를 마무리했음을 보여주는 관료주의적인 생색이랄까? 결과적으로 총 11개의 뼈가 발견되었다. 그중 2개는 온전했지만 나머지 9개는 조각난 상태였다. 또 신분증, 가게 전단지, 2014년도 플래너 등 오래전에 버려진 물건들도 있었다.

미리암은 루이스와 둘이서 목장 안을 돌아다녔다. 여기저기에 거대하게 파낸 구덩이가 있었고, 그 옆에는 흙더미가 쌓여 있었다. 7월 현장 조사 당시에 새로 파낸 구덩이들도 있었지만, 나머지는 언제부터 있던 구덩이인지 아무도 모를 일이었다.

수사 당국에서 엘 바수레로를 다녀간 지 약 일주일 후에 사범대 학생 43명이 멕시코 남부 게레로주에서 실종되는 사건이 발생했다. 지역 카르텔이 경찰과 공모해 버스를 타고 이동 중이던 이들을 납치한 사건이었다. 2014년 9월 당시 실종은 빈번했지만 그렇게 여러 명이 동시에 사라진 것은 카르텔로 몸살을 앓던 멕시코에서도 충격적인 사건이었다. 이 재앙적인 사건을 계기로 멕시코에서 벌어지는 대규모 실종에 세계의 이목이 집중되었다. 정부에서는 사건의 심각성을 축소하려 했지만 멕시코시티에 운집한 시민 수십만 명이 거리를 행진하며 대책 마련을 촉구했다. 곧 멕시코 사회에 근본적인 변화가 생길 듯했다. 하지만 그런 일은 일어나지 않았다.

두 정권에 걸쳐 이루어진 진상조사 끝에 정부에서는 학생들이 사망했다고 발표했다. 하지만 당시까지 학생 3명의 시신 일부가 발견되었을 뿐 다른 학생들은 여전히 실종 상태였다. 이후에도 부모들은 자식이 아직 살아 있을지도 모른다는 희망을 붙들었다. '아요치나파 사범대 학생 실종 사건'이라고 불리게 된 이 일을 계기로 멕시코에서는 실종이라는 개념이 많은 사람에게 국가 전체의 비극으로 인식되기 시작했다.

미리암이 겪은 개인적 비극과 그녀의 투쟁 역시 보편적인 공감을 얻는 듯했다. 그러나 변화는 거기까지였다. 이후 미리암은 순전히 자신의 의지만으로 카렌이 겪은 일들을 밝혀냈다. 반면 정부에서는 전 세계에서 초빙한 전문가로 이루어진 위원회 등 수많은 자원을 동원해 대대적인 수사를 벌였지만 여전히 43명이 실종된 사건의 진상을 밝히지 못하고 있다.

증인 1: 울리세스

미리암은 자식들에게 자신이 하는 일과 거리를 두게 했다. 혹시라도 자식들이 두려움을 느낄까 걱정했다. 아잘리아는 일과 육아를 병행하고 있었고, 루이스 엑토르도 떨어져 지내고 있었다. 두 사람 모두 미리암처럼 매일같이 단서를 추적할 시간이 없었다. 남편 루이스는 미안함 때문에라도 종종 동행했지만 별로 도움이 되지 않았다. 미리암은 가족 대신 경찰과 검찰에 점점 더 의지하게 되었다.

수사 당국에서도 미리암이 끈기와 성실함으로 일군 성과를 인정했다. 그녀가 행방을 알아낸 사마는 자신을 포함해 세타스 조직원 몇 명이 납치에 가담했음을 자백했다. 그의 진술을 토대로 붙잡은 크리스티아노는 시신이 대규모로 암매장된 위치와 납치범들의 이름을 알려주었다. 미리암은 분명한 성과를 냈고 이를 좋아하는 건 수사 당국도 마찬가지였다. 그 때문에 일이 늘더라도 말이다. 경찰과 검찰은 그녀의 요청을 경청하고 따르기 시작했다.

크리스티아노가 추가로 알려준 명단이 의미가 있으려면 확인 절차를 거쳐야 했다. 미리암이 사마의 실명과 주소를 확인했던 것처럼 그 이름들을 신체적 특징이나 출산증명서 혹은 자산 정보와 연결할 단서가 필요했다. 미리암은 그들이 모두 범죄에 연루되었다는 사실은 의심하지 않았다. 다만 그들을 추적할 방법을 몰랐다.

또 다른 납치 범죄로 이미 교도소에 있었던 엘 체포는 미리암 앞에서 거의 아무 말도 하지 않았다.[48] 키가 160센티미터 정도로 미리암이 상상했던 것보다 훨씬 작았지만, 프로 복서 출신답게 몸이 다부졌다. 그는 한때 멕시코 복싱 연맹에 정식으로 등록된 선수였다. 그러나 대전료만으로는 공과금도 낼 수 없었다. 그는 복싱을 은퇴하고 세타스에 들어갔다. 여자친구였던 제시카(카렌의 노트북을 가지고 있던 여자 중 한 명)가 사망했을 때, 엘 체포는 페이스북에 그녀를 애도하는 글을 올렸다. 미리암은 그 내용을 상세하게 기록하고 출력해 두었다.[49] 그러나 수사관들이 엘 바수레로 소탕 작전에 대해 질문했을 때 그는 제시카를 포함해 당시 사살된 세타스 조직원들과의 개인적인 인연은 일절 진술하지 않았다.[50]

2014년 연말이 다 되도록 미리암은 증언할 사람을 찾지 못했다. 범죄자들은 경찰에서 아무리 두들겨 패도 사실대로 말하지 않을 터였다. 묵비권을 행사해야 석방될 가능성이 높아졌다. 그들이 남긴 빈칸을 채워줄 사람을 찾아야 했다. 미리암은 카렌에게 있었던 일을 증언할 만한 두 사람을 알고 있었다. 한 명은 여전히 몸을 숨긴 채 통화를 거부하는 카를로스였다. 그는 페이스북을 통해 몇몇 이름은 알려주었지만 그 이상은 말하려 하지 않았다.

베일에 싸인 인물도 한 명 있었다. 납치 당일 사촌과 식사 중이던 카렌과 통화했다는 울리세스라는 친구 말이다. 카렌은 전화를 받고 그를 데려다주겠다며 서둘러 나갔고, 이후 아잘리아의 전화를 받지 않았다. 울리세스라면 분명 그 사이에 있는 빈칸을 채워줄 수 있었다. 소도시인 산페르난도에서 그의 가족을 찾아내는 데에는 다행히 오랜 시간이 걸리지 않았다.

울리세스의 어머니는 미리암을 문 앞에 세워둔 채 말을 얼버무리며 아들의 행방을 전혀 알려주지 않았다.[51] 미리암은 처음에는 동정심, 그다음에는 모성애, 마지막에는 의협심에 호소하며 교묘한 심리전을 펼쳤다. 그날의 이야기를 듣고 싶었다. 울리세스가 증언해주기를 간절히 바랐다. 어떻게 해도 말이 통하지 않자 미리암은 자신의 영향력을 무기처럼 휘두르며 겁박하기 시작했다. 울리세스가 제 발로 나타나지 않는다면 경찰을 불러 연행하겠다고 했다.

"아드님의 행방을 수사 당국에 알리지 않는다면, 그리고 아드님이 그날 일을 진술하지 않는다면, 두 분 모두 납치 용의자로 간주하겠습니다."

결국 울리세스가 카렌이 납치된 날 있었던 일에 대해 입을 열었다. 여러 정보가 누락되어 있었지만 그날 일을 사실대로 증언한 목격자는 처음이었다.[52] 그가 카렌을 처음으로 만난 것은 그녀가 납치되기 불과 하루 전 어느 파티에서였다. 판초라는 남자가 시내에 있는 부모 명의의 집에서 자신의 생일 파티를 연 것이었다. 파란만장한 과거가 있는 사람, 범죄에 연루된 사람 등 다양한 사람이 모여 있었다. 그날 밤 울리세스는 파티에 혼자 갔고, 같이 술을 마시던 사람 대부분과 잘 모르는 사이였다. 카렌은 바바라 비야프랑카와 함께 있었는데, 울리세스는 두 사람과 한동안 이야기를 나누다 전화번호를 교환했다. 얼마 후 카렌은 바바라와 함께 베네수엘라 출신인 자신의 남자친구 후안을 데리러 나갔다.

이튿날 오후에 그가 동네 편의점에서 맥주를 마시고 있는데 전화벨이 울렸다.

"오늘 약속 있어?" 카렌이 심심한 듯 물었다.

곧 카렌이 그를 데리러 편의점으로 왔다. 그녀는 별다른 설명 없이 판초의 집으로 차를 몰더니 시동도 끄지 않고 서둘러 집 안으로 들어갔다가 10분 후쯤 돌아왔다. 그다음에는 바바라를 데리러 그녀의 집으로 향했다. 라 칼레안차 일대를 두어 차례 천천히 돈 다음, 카렌이 오늘은 거리에 활기가 없다며 그만 돌아가자고 말했다. 바바라를 집에 데려다주는 길에 체리색 익스플로러가 카렌의 차 옆으로 지나갔다. 바바라가 "방금 지나간 거 개들이다"라고 했지만 울리세스는 그게 무슨 말인지 알 수 없었다.

세 사람이 탄 차가 어느 치킨집 앞에서 우회전하자마자 흰색 세단 한 대가 급정거하며 길을 막아섰다. 그 차에서 무장한 남자 셋이 뛰어나와 세 사람에게 소총을 겨누며 차에서 내리라고 명령했다. 카렌은 차에서 내리며 그들에게 항의했다.

"구에라, 총에 맞기 싫으면 순순히 뒤에 타." 남자가 카렌의 별명을 부르며 말했다.

울리세스는 다른 남자에게 가격당해 정신을 잃었고, 어느 집 욕실에서 두 손이 묶인 채 깨어났다. 눈을 가린 천 조각 너머로 어렴풋이 빨래를 널어놓은 것이 보였다. 누군가가 카렌에게 큰소리로 돈이 어디에 있는지 물었다. 카렌은 고문을 당하면서도 계속 그게 무슨 이야기인지 모른다고 말했다.

"비닐봉지를 어떻게 쓸 수 있는지 알아?" 그가 카렌에게 물었다.

질식 고문을 암시하는 듯했다. 곧 옆방에서 누군가가 숨이 막히는 듯 캑캑거리는 소리가 들렸다. 카렌인 것 같았다. 납치범들은 카렌에게서 자백을 받아내려 했지만 무엇에 대한 자백인지는 설명하지 않았다. 카렌은 그들이 대체 무엇을 캐묻는 건지 영문도 모르는 듯했다. 카렌이 필사적으로 애원했지만 똑같은 질문과 고문이 계속되었다. 그러다 집 밖에서 차를 세우는 소리가 들렸다. 울리세스는 납치범들이 긴장한다고 느꼈다.

납치범 일당이 아닌 듯한 두 사람이 집 안으로 들어왔다. 한 명이 자신은 차를 점검하러 왔다고 말했다. 카를로스였다. 실랑이는 몸싸움으로 이어졌고, 곧 두 사람(카를로스와 그의 사촌)도 울리세스가 갇혀 있던 욕실 바닥에 던져졌다. 몇 분 후 납치범들이 돌아와 울리세스를 일으켜 앉혔다. 일당 한 명이 입에 총구를 넣으며 마지막으로 하고 싶은 말이 있는지 물었다.

"내가 무슨 짓을 했다고 이래요?"

울리세스가 그렇게 묻자 납치범들은 웃음을 터뜨렸다. 그들은 카를로스와 그의 사촌에게도 똑같은 짓을 했다. 그 남자는 죽음이 가까웠다고 생각했는지 "하느님이 축복해 주시기를"이라며 세타스 일당을 위해 기도했다. 납치범들은 꼭 영화 대사 같다며 더 크게 웃었다. 마지막 남자도 같은 질문을 받았다. 그는 대답 대신 부츠가 너무 꽉 조여서 계속 무릎을 꿇고 앉아 있으면 다리가 아프다고 투덜거렸다. 납치범들은 같이 온 어느 풍채 좋은 여자를 불러 그를 좀 도와주라고 했다. 그 여자가 남자의 다리 위로 올라가 펄쩍펄쩍 뛰며 마구 짓밟았다. 이후 미리암이 파악한 바에 따르면 그 여자는 마구잡이로 폭력을 휘두르는 것으로 악명 높은 일명 '라 마초라'였다. 남자가 고통스럽게 비명을 지르자 그녀가 물었다.

"이제 좀 어때? 아직도 아프냐?"

여러 소음이 불규칙하게 귓전을 때리며 울리세스의 정신을 혼미하게 했다. 그는 납치범 중 하나가 "너희 엄마들 중 하나가 자식을 찾고 있단다"라고 스치듯 말하는 것을 들었다. 울리세스에게 하는 말이었다. 그의 어머니가 벌써 몇 시간째 납치범들에게 전화를 걸고 있었다.[53] 잠시 후 납치범들은 카렌과 세 남자를 차에 태워 목장으로 이동했다. 피해자들은 작은 헛간에 떠밀려 들어가 흙바닥 위에 앉았다. 울리세스는 납치범들의 이름이나 얼굴은 전혀 기억이 나지 않는다고 주장했다.

이튿날 누군가가 울리세스를 부르더니 곧 풀어주겠다고 했다. 그의 어머니가 수시로 전화를 걸고, 미친 듯이 온갖 데를 찾아다니며 세타스를 성가시게 하고 있었다.[54] 얼마 지나지 않아 차 한 대가 울리세스를 데리러 목장으로 들어왔고, 납치범들은 눈을 가린 채 그를 가족에게 돌려보냈다. 울리세스는 수사관들에게 그 이야기를 하며 혼란스러워했다. 적어도 겉으로는 그렇게 보였다. 다만 수사관 모두가 아는 분명한 사실이 있었다. 피해자 어머니가 끈질기게 매달린다는 이유만으로 세타스에게서 풀려난 사람은 아무도 없다는 사실 말이다.

미리암은 그날 이후 다시는 울리세스의 진술을 들을 수 없었다. 울리세스 모자가 수사 당국에 더 이상 협조하지 않았던 것이다. 울리세스의 어머니가 아들이 증인 선서를 하는 대가로 요구한 유일한 조건은, 아들을 납치한 이들의 정체를 수사 당국에서 더 이상 캐묻지 않는 것이었다. 사실 울리세스가 납치범들의 이름이나 자신이

끌려갔던 장소에 대해 자세한 진술을 거부한 데에는 그럴 만한 이유가 있었다. 그는 납치범들이 자신을 돌려보내며 다음과 같이 경고했다고 진술했다.

"우리가 일단은 너를 돌려보내 주지만 누가 그날 무슨 일이 있었는지 물어보면 파티에 다녀오느라 정신이 없어서 어머니가 전화한 줄 몰랐었다고 말하는 게 좋을 거야. 겁 없이 허튼 생각을 했다가는 네 머리에 총알이 박힐 테니까."

증인 2: 카를로스

서서히 퍼즐 조각이 맞춰지기 시작했다. 어떤 조각은 딱 들어맞았고, 어떤 조각은 아직 넓게 남아 있는 빈칸 위를 돌아다녔다. 사마와 크리스티아노의 진술은 카렌이 살해된 장소를 찾는 데 도움이 됐다. 울리세스의 진술을 통해 카렌이 납치된 날의 정황을 일부나마 파악할 수 있었다. 비록 그들이 카렌을 납치한 이유는 여전히 알 수 없고, 영원히 풀리지 않는 미스터리로 남을지도 모르지만 말이다.

미스터리는 피해자 가족에게 영원한 형벌이다. 가족들은 구원을 찾아 길을 헤매는 순례자처럼 사라진 가속을 찾아 전국을 떠돈다. 혹시라도 사랑하는 이의 유골을 찾을 수 있다는 희망을 안고, 누군가가 땅을 헤집어 놓은 듯해 보이는 땅은 그게 어디든 파헤친다. 험한 산비탈 길이든, 건조한 땅에서 색이 유독 진한 부분이든, 들판에서 풀이 없는 부분이든 상관없다. 이들에게 사랑하는 이의 죽음을 확인하는 것은 비록 끔찍한 경험이지만 동시에 위안을 준다. 미리암은 적어도 딸이 어디에 묻혔는지는 알게 되었다. 이제 그녀의 새 과제는 카렌의 유골을 찾는 것이었다.

미리암은 대학에 수강 신청까지 하며 법률과 사법제도를 공부했다.[55] 더 정확히 말하자면 법을 자신에게 유리하게 해석하는 방법을 배우고 있었다. 예를 들어, 가택 침입까지 저지른 납치범은 가중처벌 대상이라는 것을 알게 되었다. 다시 말해, 카렌의 납치에 연루된 모든 가해자의 형량이 늘어날 수 있었다. 미리암은 울리세스의 진술을 바탕으로 납치 사건 특별수사본부에 다음과 같은 내용의 편지를 보냈다.

> 납치범이 가택을 침입한 경우 가중처벌 대상이며 제 딸의 사건이 이 경우에 해당한다는 점을 말씀드리고자 합니다. 납치범들은 가택에 침입했음이 명백할뿐더러 집 안에 있던 카렌의 물건을 절도하기까지 했습니다. 도난품에는 자동차 등록증도 포함되어 있었습니다.[56]

미리암의 사건 파일은 온갖 난해한 법률용어를 동원해 세부 절차를 정리한 문서함이 되어갔다. 켜켜이 쌓여가는 문서마다 법적 절차에 대한 주석이 가득했다. 정부에서 무슨 일을 하고, 무슨 일을 하지 않는지 이해하려면 이 문서들을 한 장씩 읽어가며 수많은 주석의 늪을 헤쳐나가야 했다. 그 일에도 끈기와 성실함이 필요했다.

미리암은 많은 일이 서면으로 이뤄지는 행정제도에는 서면으로 접근하는 것이 최선임을 깨달았다. 자신의 청원이 처리되기를 바라며 계속해서 민원을 넣었고, 진술서와 정식 요청서와 추가 정보를 밀어 넣기 시작했다. 당시 미리암은 울리세스 모자의 증언을 이끌어

내거나 세타스 조직원 가족들의 전화번호를 알아내는 등 다른 중요한 활동도 하고 있었다. 그러나 관료주의라는 야수가 제 기능을 하려면 먹이를 건네야 했다.

울리세스는 증언하는 것을 내키지 않아 했고, 그래서인지 몇몇 세부 정보를 숨겼다. 그는 누구의 얼굴도 보지 못했으며, 아무런 이름도 듣지 못했다고 주장했다. 납치범들이 다소 비현실적인 이유로 자신을 풀어주었다고 했다. 꼭 이야기를 들어봐야 할 사람이 아직 한 명 남아 있었다. 카를로스라면 어지럽게 뒤엉킨 거짓말과 실마리들을 풀어낼 수 있을 터였다.

카를로스는 어린 시절부터 미리암 가족과 알고 지냈고, 자기 또래인 카렌과 함께 성장했다. 미리암의 오빠 호르헤의 정비소에서 자동차를 점검하고 수리하는 일을 했다.[57] 그는 그날 카렌의 차를 점검해 주러 갔다가 납치범 일당에게 붙잡혔지만 알 수 없는 이유로 풀려났다. 그러나 사건 이후 거의 9개월이 지난 당시까지도 행방불명 상태였다. 미처 이야기를 들어볼 겨를도 없이 도망치듯 산페르난도를 떠나며 다시는 돌아오지 않겠다고 공언했다고 알려져 있었다.[58] 카를로스의 어머니마저도 아들의 행방을 몰랐다. 핸드폰도 가져가지 않았고, 가족에게 가끔 한 번씩 전화할 뿐이었다.

미리암은 페이스북에서 그를 찾아보려 했다. 그녀가 추적한 범죄자들처럼 카를로스도 온라인에서는 완전히 사라지지 못했으리라 짐작했다. 현역 군인처럼 은밀하고 조심스러웠던 초창기와 달리 젊은 세타스 조직원들은 SNS에 자신들의 행적을 과시했다. 심지어 자신의 범죄 증거가 될 만한 사진까지 버젓이 게시했다.[59] 마치 수사 당국에서 SNS의 존재 자체를 까맣게 모른다고 믿는 듯했다. 미리암은 그런 사진들에서 수많은 단서를 찾았다. 젊은이들의 SNS에 대한 집착을 신께 감사해야 할 노릇이었다.

미리암이 수개월에 걸쳐 응답 없는 메시지를 보낸 끝에 결국 카를로스로부터 답이 왔다.[60] 카를로스는 이후 3년에 걸쳐 여러 주와 연방 정부의 수사 당국에서 카렌 사건에 대해 진술했고, 법정에서 자신을 변호했다.[61] 그의 증언은 미리암이 2014년 1월 22일 저녁, 그리고 세타스 일당이 카렌을 살해하기까지 며칠간의 정황을 파악하는 데 결정적인 역할을 했다.[62]

초반에는 카를로스도 구체적으로 진술하는 것을 망설였다. 누구라도 그럴 만했다. 가까스로 목숨을 부지했고, 세타스 일당이 어떤 짓까지 할 수 있는지 똑똑히 보았으니 말이다. 함부로 입을 열었다가는 세타스에서 죽이려 들 것이라는 사실을 그도 잘 알았다. 그러나 미리암의 간절한 이야기를 들으며 천천히 마음의 문을 열었다. 조금씩 두려움이 사라졌고 자신과 카렌이 겪은 일을 생각하면 마음속에서 깊은 분노가 들끓었다.[63]

카렌이 납치되던 날, 일몰이 가까워지면서 푸른 하늘과 붉은 석양이 겹겹의 층을 이루었다.[64] 카를로스는 차량 점검을 도와줄 사촌과 함께 카렌을 찾아갔는데 처음 보는 남자 둘이 그 집에서 나오며 인사를 건넸다.[65]

"카렌은 어디 있나요?" 카를로스가 깜짝 놀라 물었다.

"구에라는 여기 없소." 둘 중 한 남자가 대답했다. 그러더니 생각이 바뀐 듯 이렇게 덧붙였다. "안에 들어와 기다리시든가."

카를로스와 사촌은 집 안에 들어가자마자 손과 발이 묶인 채 거실 바닥에서 울고 있는 카렌을 보았다. 얼굴은 부어 있었고, 피를 흘리고 있었다. 깜짝 놀란 카를로스와 사촌은 도망치려 했지만, 바로 목덜미를 붙잡혀 바닥에 내던져졌다. 두 남자가 그들의 얼굴에 총을 겨눴다.

"너희는 이제 망한 거야." 남자들이 카를로스에게 말했다.

남자들은 핸드폰 충전 케이블로 그들을 결박했다. 얼굴을 가리고 있지는 않았다. 두 남자는 엘 바수레로 소탕 작전에서 사살된 씨칸과 쿠이톨이었다. 둘 중에서 좀 더 위협적으로 구는 쪽이 씨칸이라고 불렸다. 진술에 따르면 갈색 피부에 긴 얼굴형이었으며 이마가 넓었다고 한다. 쿠이톨은 치열이 고르지 않았고, 머리카락을 짧게 자른 스타일이었다. 두 납치범은 카를로스와 사촌을 밀가루 자루처럼 구석에 내던져 두고는 거실로 돌아가 카렌의 얼굴과 몸을 계속해서 걷어차고 주먹으로 쳤다.

카를로스는 그 소리를 듣고 있기가 너무 힘들었다. 도무지 그들을 이해할 수 없었다. 대체 왜 두 남자가 한 여자를 그토록 야만스럽게 구타하고 있는 걸까? 그녀가 대체 무슨 잘못을 했기에 그렇게 인정사정없이 폭행하는 걸까? 그는 산페르난도 골목 곳곳에서 머리 없는 시신이 발견되던 시절도 겪었지만, 폭력에 대한 그 정도의 집착은 정말 이해하기 힘들었다. 그들에게 살인이 메시지를 전달하는 수단이었다면 구타는 주차 딱지를 붙이는 것 정도였을지 모른다. 그러나 카렌에 대한 구타는 사감이 실린 듯했다. 씨칸과 쿠이톨은 끊임없이 그녀에게 걸프 카르텔에서 일했는지 물었다.

납치범 일당의 책임자인 듯한 남자, 즉 엘 체포도 구타에 가담했다. 그는 45구경 권총을 들고 돌아다니며 씨칸과 쿠이톨에게 계속 지시를 내렸다. 엘 체포는 카렌에게 누구와 내통했고 어떤 정보를 누설했는지 실토하라며 고함을 질렀다. 그녀가 세타스를 배신했다고 확신하는 듯 자백을 받아내는 데 몰두했다. 엘 체포가 회색 비닐봉지를 꺼내서 카렌의 머리 위로 뒤집어씌우고 목을 졸랐다. 카렌은 몸을 비틀며 발버둥을 쳤다. 그녀가 질식해서 까무러치려는 순간, 엘 체포는 비닐봉지를 벗기고 다시 한번 누구에게 무슨 말을 했냐고 물었다.

"난 이 일과 전혀 상관없어. 당신들이 무슨 말을 하는지 정말 모르겠어. 다른 사람으로 착각한 거 아니야?" 카렌이 숨을 헐떡이며 소리쳤다.

엘 체포가 다시 비닐봉지 고문을 시작했다.[66] 최소 여덟 번은 더 비닐봉지를 씌웠다가 벗겼을 때 카렌이 정신을 잃었다. 엘 체포는 물을 양동이째 쏟아 그녀를 깨웠다. 카렌은 무슨 말인지 정말 모르겠다는 말을 반복했다.

세타스 조직원들은 광기에 사로잡혀 있었다. 씨칸은 카렌의 옷장에서 꺼낸 호피 무늬 코트를 입어보았다. 쿠이톨은 고르지 않은 치아를 드러내며 연신 킬킬거렸다. 카렌이 괴로워하는 모습을 보며 납치범들이 웃음을 터뜨릴 때면 누더기 옷을 입고 음흉한 미소를 짓는 극악무도한 패륜아들처럼 보였다. 얼마 후 그들은 이제 카를로스와 사촌을 손보려는 듯 구석으로 다가왔다. 엘 체포가 어느 조직을 위해 일하냐고 물었다.

"우리는 생계를 위해 일해요. 하루 벌어 하루 사는 놈들이라고요." 카를로스가 그렇게 소리쳤지만 엘 체포는 꿈쩍도 하지 않았다.

"몸값을 낼 돈이 없다면 넌 망한 거야." 엘 체포가 말했다.

카를로스는 시간이 지날수록 더 많은 사람이 잡혀 왔다고 증언했다. 울리세스라는 젊은 남자, 카렌의 남자친구라는 늙은 남자, 바바라라는 곱슬머리 여자가 있었다. 그들은 세타스의 다른 조직원들이 담당했다. 사마라는 자가 다른 똘마니들에게 명령을 내렸다. 엘 플라코라는 깡마른 남자도 있었다. 책임자는 아니지만 납치에 깊이 연루된 듯했다. 머리가 짧고 풍채가 좋은 여자는 라 마초라라고 불렸다. 유독 더 폭력적인 그녀를 남자 같다는 의미의 별명인 '라 마초라(La Machorra)'로 부르는 듯했다.[67] 라 마초라는 펄쩍펄쩍 뛰며 피해자들의 다리를 짓밟았고, 특히 카렌에게 관심을 기울이며 재미 삼아 구타하거나 그녀의 옷을 입어보았다.

잠시 후 사마의 주도하에 세타스 일당이 그 집에서 나설 채비를 했다. 마치 세일 마지막 날 쇼핑을 하듯 카렌의 옷장에서 모자며 셔츠 등을 꺼내 걸쳐보았다. 그들은 곧 인질들을 차에 몰아넣고 목장으로 이동했다. 그곳에서 카를로스는 작은 헛간 옆에 있었고, 얼굴을 알아볼 수 없을 정도로 구타당한 바바라와 카렌은 흙바닥 위에 엎드려 있었다. 카를로스는 엘 체포가 카렌에게 말하는 소리를 들었다. 그녀가 걸프 카르텔의 첩자가 아니라는 걸 알고 있으며 그저 그녀의 부유한 가족에게 몸값을 뜯어낼 생각이라고 했다.

시간이 지나면서 카를로스는 세타스 일당의 작동방식과 권력관계를 대략이나마 파악했다. 저마다 맡은 역할이 있겠지만, 교도소 노역장처럼 겹치는 인력이 지나치게 많았다. 일부는 몸값을 받아내는 일을 했고, 또 다른 일부는 납치 계획을 세웠다. 5~6명은 보초를 서며 인질들을 감시하고 먹을 것을 주었다. 얼마 후 목 아래쪽에 긴 흉터가 있는 세타스의 행동대장 체로키가 목장에 도착했다. (카렌이 마스코트처럼 데리고 다니던) 라 차파라도 함께 왔다. 체로키는 AR-15 소총으로 무장한 채 군복처럼 보이는 검은 바지와 검은 셔츠를 입고 검은 캐터필러 부츠를 신고 있었다.

이튿날 아침에 인질들은 엘 키케라는 더벅머리 남자에게 넘겨졌다. 엘 키케는 인질들에게 목마른지 묻더니 물을 가져다주고 결박을 풀어주었다. 세타스 일당이 모든 인질을 한 줄로 앉혀두었다. 곧 사마가 한 명씩 세부 정보와 연락처를 확인하기 시작했다. 사마는 카를로스에게 그의 어머니에게 전화해 몸값으로 얼마까지 줄 수 있는지 물어볼 셈이라고 말했다. 이어서 카렌에게는 네 아빠에게 돈이 있는 걸 아니까 바보처럼 굴지 말라고 했다.

시간이 더디게 흘러갔다. 카를로스는 시간도 자신들처럼 집행유예 상태 같았다고 진술했다. 대체로 감자칩과 탄산음료로 식사를 때웠지만 가끔은 따뜻한 음식도 먹었다. 세타스 일당이 교대하며 인질들의 가족이 몸값을 보내기를 기다렸다. 카를로스는 그들의 이름과 대화 내용, 그리고 다음 납치 계획을 엿들었다. 카렌의 가장 친한 친구인 파니도 그 계획에 포함되어 있었다.

이튿날 체로키가 근처에 군인들이 있다며 장소를 옮겨야 한다고 말했다. 카렌을 비롯한 인질들은 줄을 서서 떠날 채비를 했다. 그런데 그곳을 떠나기 전에 라 마초라가 나타나 카렌의 머리채를 붙잡고 땅에 무릎을 꿇렸다.

"다 네가 예뻐서 그러는 거야." 라 마초라가 넘어진 카렌을 깔고 앉더니 말했다.

라 마초라는 카렌을 구타하기 시작했다. 그녀가 마치 샌드백처럼 카렌의 머리와 몸에 주먹을 날리는 동안 다른 사람들은 조용히 지켜보았다. 구타를 마친 라 마초라는 카렌의 머리채를 잡고 인질들 사이로 밀쳐 내며 이제 모두 가봐도 좋다고 말했다. 그때 엘 체포가 모두는 아니라며 울리세스에게 다가가 말했다.

"네 엄마가 너를 찾고 있다."

울리세스의 어머니는 도로 한복판을 차로 가로막고 서서 간절하게 사라진 아들을 찾았다. 카렌의 전화번호로 끊임없이 전화를 걸기도 했다.[68] 납치범들은 그녀가 계속 시끄럽게 굴다가 혹시 문제가 생기지는 않을까 슬슬 조심스러웠다.

"어머니를 만나게 해준다면 뭐든 시키는 대로 할게요." 울리세스가 엘 체포에게 애원했다.

조직원들이 워낙 빠르게 죽어나가는 탓에 세타스에서는 늘 새로운 조직원을 모집했다. 납치 피해자 중에서 조직원을 모집하는 것도 드문 일은 아니었다. 엘 플라코가 바로 그런 방식으로 세타스에 합류한 인물이었다.[69] 그는 조직의 신뢰를 받으며 빠르게 관리자 급까지 승진했다. 그리고 바로 그 엘 플라코가 울리세스를 넘겨받았다. 울리세스는 세타스에 합류하기로 하며 가족에게 돌아갈 수 있었다. 나머지 인질들은 축축하게 젖은 들판으로 옮겨졌다. 걸을 때마다 진흙이 신발에 달라붙었다. 체로키는 거동이 수월해지도록 그들의 결박을 풀어주었지만, 소총을 어깨에 걸치며 경고했다.

"달아나는 건 꿈도 꾸지 않는 편이 좋을 거다. 난 2년 넘게 군에 있었고, 1킬로미터 밖에서도 너희를 명중시킬 수 있으니까."

세타스 일당과 인질들은 새로운 장소에 자리를 잡고 거기서 밤을 보냈다. 이튿날 그들은 벽난로가 있는 다른 집으로 또다시 거처를 옮겼다. 그날 밤은 무척 추웠다. 체로키는 몸값을 받았다는 간부의 확인을 기다리고 있었다. 얼마 후 세타스 간부인 엘 마리오가 나타났다. 엘 마리오는 다른 조직원보다 나이가 조금 더 많은 30대 중반으로 보였다. 짧은 머리 스타일에 계란형 얼굴이었다. 엘 마리오가 체로키에게 카렌의 베네수엘라 출신 남자친구를 풀어주라고 했다. 그의 회사에서 적잖은 몸값을 지불한 것이었다. 나머지 인질은 오두막에서 하룻밤을 더 묵으며 통조림으로 끼니를 때웠다.

이튿날 그들은 원래 있던 목장으로 돌아가 해 질 무렵에 도착했다. 세타스 일당은 망가지고 부식된 붉은색 트랙터 근처의 작은 풀밭에 모였다. 트럭 한 대가 헤드라이트를 켜놓은 채 주차되어 있었다. 카를로스와 그의 사촌, 카렌과 바바라가 헤드라이트 불빛 속에 함께 서 있었다.

"이 개자식들을 트럭에 태워." 사마가 카를로스와 사촌을 가리키며 씨칸에게 말했다.⁽⁷⁰⁾ 그러고는 몸짓으로 카렌과 바바라를 가리키며 체로키에게 "이년들은 나무 아래로 데려가. 어떻게 처리할지는 알고 있겠지"라고 말했다.

체로키가 두 여자를 트랙터 앞에 있는 풀밭으로 데려갔다. 그러고는 노란 밧줄을 꺼내 가장자리에 서 있는 커다란 나무의 가지에 걸었다. 그는 밧줄의 한쪽 끝을 고리 모양으로 만들고 카렌의 머리를 집어넣으려 했다. 카렌은 심하게 얻어맞으면서도 체로키를 할퀴며 격렬히 저항했다. 하지만 주먹에 얼굴을 강타당하자 힘없이 쓰러졌다. 체로키가 카렌의 목에 고리를 걸고 단단히 조이며 엘 키케에게 신호를 보냈다.

엘 키케가 허공에 있던 밧줄 반대편을 잡아당겼다. 공중에 들려진 카렌이 원호 모양을 그리며 심하게 발버둥을 쳤다. 체로키가 막대로 몇 차례 가격하자 카렌이 의식을 잃었다. 공중에 매달린 그녀의 몸이 헤드라이트 불빛을 받으며 검은 그림자를 만들었다. 카를로스는 카렌의 몸이 시계추처럼 천천히 흔들리는 것을 지켜보며 그녀가 죽었음을 깨달았다. 엘 체포가 이제 카를로스와 사촌을 돌려보낼 때가 되었다고 말했다.

"너희는 볼 만큼 다 봤어." 그는 그렇게 말하더니 별다른 이유 없이 두 사람을 풀어주었다.

그곳을 떠나는 어두운 트럭 안에서 카를로스는 바바라의 희미한 그림자를 볼 수 있었다. 미동조차 없는 그녀의 몸이 분주하게 움직이는 세타스 일당과 선명한 대조를 이루었다. 그 옆에서 쿠이톨이 낡은 트랙터로 구덩이를 파고 있었다.

8장 연대하다

상실에 얽매인 삶

2015년 내내 미리암은 산페르난도 시장에서 계속 일하며 주로 단골 손님에게, 가끔 새로운 손님에게 카우보이부츠를 팔았다. 그 외의 시간 대부분은 딸을 죽인 범인을 추적하고 정부를 상대로 투쟁하는 데 썼다. 그녀는 그 모든 일을 가게의 작은 카운터 뒤에서 해냈다.[1] 가게는 내부 판매 공간과 창고로 이루어진 45제곱미터 정도의 소박한 크기였다. 그곳은 미리암의 사무실 겸 카페였으며, 그녀에게 도움을 청하러 오는 사람들을 위한 만남의 장소였다.

루이스 엑토르와 아잘리아는 집착이 삶의 모든 측면으로 번지며 어머니의 아침과 저녁과 밤을 침범하는 것을 지켜보았다. 이제 그녀는 겨울에 옷을 한 겹 더 입듯 자연스럽게 어딜 가든 총기를 휴대했다.[2] 자녀들은 말리지 않는 것이 상책임을 깨달았다. 몇 차례 시도해 보았지만 그럴 때마다 적대적이고 공격적인 반응이 돌아왔다.

"이 일이 너희에게 일어났어도 난 똑같이 했을 거다." 미리암은

그렇게 말하곤 했다.[3]

두 사람은 그 말이 사실임을 인정했다. 어머니가 어떤 사람인지 알았다. 그리고 어머니의 노력은 결실을 얻고 있었다. 이미 사건에 연루된 2명(사마와 크리스티아노)의 체포를 도왔고, 이제 카를로스가 알려준 정보와 명단을 바탕으로 다른 표적을 추적할 계획을 세우고 있었다.

1. 울리세스를 데려간 엘 플라코
2. 마타모로스에 있다는 플로리스트
3. 나이와 경험이 많은 세타스 간부, 엘 마리오
4. 바비큐 식당에서 엘 바수레로 인근 도로를 감시하고 있는 모습이 미리암에 의해 목격된 여자, 라 차파라

표적 명단을 추적하는 데 능숙해지면서 미리암은 복수하는 것 이상의 목적을 찾기 시작했다. 2015년 초부터 그녀는 법률과 정부의 느슨한 법 적용 사이의 간극을 능숙하게 헤쳐나갔다. 법률 자체만 놓고 보면 피해자의 권리 보장이나 국제적 원칙 준수라는 측면에서 흠을 잡기 어려웠다. 멕시코는 세계적 기준에 부합하는 법률을 갖추었다. 문제는 법률을 적용하는 데 있었다. 정부의 의지가 부족하기도 했지만, 법의 도움을 받아야 할 피해 당사자들이 관련 법의 존재 자체를 몰랐다. 인권침해에 해당하는 범죄를 겪은 피해자들과 그 가족들은 연방법과 주법에 따라 식비와 주거비, 장례비, 신체적·정신적 건강 서비스, 법률 지원 등을 받을 수 있었다. 미리암이 새롭게 찾은 목적이 바로 그 부분이었다. 그녀는 관련 법을 알았고, 자신

에게 어떤 권리가 있는지 알았으며, 이를 보장받으려면 어떻게 관료주의에 맞서야 하는지 알았다.⁽⁴⁾

미리암은 절망만으로는 충분하지 않음을 깨달았다. 세상에는 영원히 끝나지 않을 만큼 슬픈 이야기가 넘쳐났다. 충격적인 사건조차 사회적으로 익숙해지고 무감각해질 지경이었다. 일이 돌아가도록 하려면 절망에서 목적으로 나아갈 방향을 찾아야 했다. 절망을 무기로 제도에 맞설 방법을 찾고, 슬픔 속에서도 수완을 발휘해야 했다. 어떤 가족들은 관공서에 찾아가서 고래고래 소리를 질렀다.⁽⁵⁾ 결국 누군가가 조용히 사무실로 데려갈 때까지 그들은 계속해서 소리를 질러댔다. 절실한 일을 해결할 능력이 없다면 새치기할 방법이라도 찾아야 했다.

피해자 대부분은 여러 질문을 마음에 품고 살아갔고, 결코 그 질문들에서 벗어나지 못했다. 왜 그런 일이 일어났으며 자신은 어떻게 해야 하는지. 누가 도와줄 수 있으며 과연 그들에게 도움받을 수 있는지. 미리암은 슬픔에 빠진 채 자기 자신에게 질문하는 것을 그만두고 답을 구하며 한 걸음 앞으로 나아갔다. 눈에 띄고 사회적 관심을 받으려면 다른 사람보다 많은 것을 해야 했다. 자신의 절망을 남들보다 더 내세워야 했다. 부도덕한 일이라고 할 수는 없겠지만 어느 정도의 이기심은 필요했다. 그녀는 자신의 투쟁을 정부에서 개입할 문제로 만듦으로써 무관심이라는 지옥에서 빠져나왔다.

카렌이 실종된 지 1년이 지났을 무렵부터 미리암은 점차 자신의 깨달음을 산페르난도에서 실종으로 고통받는 다른 피해자 가족들을 위해서도 활용하기 시작했다.⁽⁶⁾ 미리암은 지원 요청을 거절할 게 뻔한 공무원과 대면하기 위해 피해자 권리 보장을 위한 연방법과 주법을 샅샅이 살펴보며 태세를 갖췄다. 반면 산페르난도에서 미리암과 알고 지내거나 친구가 된 여성들 중에서는 그런 사람이 없었다. 미리암은 조금씩 그들을 돕기 시작했다.

얼마 후 미리암은 실종으로 고통받는 가족이 놀랄 만큼 어마어마하게 많다는 사실을 알게 됐다. 하나둘 받아 적기 시작한 이름이 금세 수십 개가 되었다. 미리암에 대한 소문이 퍼지면서 많은 사람이 찾아와 사연을 털어놓고 공동체에 합류했다. 미리암은 이들의 이름과 연락처, 사건 번호를 커다란 검은색 공책에 직접 손으로 기록하며 목록을 정리해 나갔다.[7]

그녀는 타마울리파스주 곳곳에 생긴 여러 실종 피해자 가족 단체와 접촉했다.[8] 사랑하는 사람이 실종된 아픔을 공유하고 이를 대변하는 피해자 가족들의 공동체였다. 미리암은 이들의 모임에 참석하며 운영 방식을 파악했다. 산페르난도에서는 그때까지 그런 시도를 아무도 엄두조차 내지 못했다.

마리아 이네스 이야기(2011년)

산페르난도에서는 좋은 일자리를 찾기 힘들었다. 국경 지역에 자리 잡은 레이노사나 마타모로스 같은 도시들만큼 미국과의 교역이라는 이점을 누리지 못했다. 딱 한 군데 있는 공장에서 자동차 부품을 조립했던 마리아 이네스 베라 에르난데스는 그곳에서 일한다는 사실을 자랑스러워했다.[9] 그녀는 입사 14년 만에 교대조 반장으로 승진했다. 공장 관리자들이 그녀를 무척 인정한 덕분에 아들 에두아르도와 며느리까지 채용되었다. 마리아 이네스는 아들, 며느리와 같은 곳에서 일하는 것이 뿌듯했다. 가업처럼 느껴졌다. 그들은 같은 교대조였는데 폭력과 광기로 뒤덮인 산페르난도에서 아들이 기계 앞에 서 있는 모습을 바라보는 것만으로도 그녀는 큰 위안을 얻었다.

에두아르도는 아내, 아이와 파소 레알에 살았다. 파소 레알은 산페르난도에서 시우다드 빅토리아로 향하는 고속도로 직전에 있는 동네였다. 미리암도 그곳에 산 적이 있었다. 마리아 이네스는 산페르난도강 건너의 도심지 근처에 살았다. 에두아르도는 어떤 때는 혼자서, 어떤 때는 가족과 함께 종종 어머니를 찾아왔다. 그러다 해가 저물면 대체로 어머니의 집에서 하룻밤을 묵었다.

세타스가 마을을 장악한 지 1년이 지난 2011년이었다. 당시에도 이미 야간 운전은 위험한 일이었다. 거리 곳곳에 세워진 바리케이드를 총으로 무장한 비이성적인 남자들이 지키고 있었다. 그 무렵 마리아 이네스 가족도 실종 사건이 이어지고 있다는 사실을 알았다. 이웃집 사람도 어느 날 갑자기 사라졌는데, 깨진 창문과 부서진 현관문만이 유일한 증거였다.

2011년 3월 5일 아침에 마리아 이네스는 며느리의 전화를 받았다. 며느리는 혹시 에두아르도가 그 집에 있는지 물었다.[10]

"여기 안 왔는데." 마리아가 말했다.

"이상하네요. 그이가 간밤에 친구들과 어머님 댁 근처로 외출을 나갔거든요. 집에 돌아오지 않길래 어머님 댁에서 자고 오는 줄 알았어요."

전날 오후 4시 30분에 에두아르도는 교대 근무를 마치고 어머니를 데려다주고 자신도 집으로 돌아갔다. 그러다 간단한 일도 처리하고 친구들도 만날 겸 저녁에 다시 외출했다. 친구 중 한 명이 마리아 이네스와 멀지 않은 곳에 살았다. 그런데 그 시점부터 누구도 그를 본 사람이 없었다. 전화를 걸어도 받지 않았다.

마리아 이네스는 공황 상태가 되었다. 일 때문에 시우다드 빅토리아에 있던 남편과는 연락이 되지 않았다. 마리아 이네스는 딸을 찾아가서 도움을 청했다.⁽¹¹⁾ 두 여자는 차를 몰고 마을을 돌며 에두아르도를 찾았다. 마리아는 무언가 착오가 있으리라 생각했다. 아들이 친구 집에서 술에 취해 뻗었고, 핸드폰 배터리도 방전되었을 거라는 희망에 매달렸다. 그런데 아들은 그 집에 없었다. 친구는 에두아르도가 차를 몰아 집으로 돌아가는 것을 본 게 마지막이었다고 했다.

마리아 이네스는 아들의 행적을 뒤쫓기로 하고 아들 친구 집부터 도심까지 차를 몰았다. 무성한 나무들과 정자가 있는 중앙 광장 귀퉁이에 편의점이 있었다. 그 앞을 지나는데 주차장에 문이 잠겨 있지 않은 에두아르도의 자동차가 보였다. 차 안은 비어 있었다. 그녀는 광장 인근 주택가를 집집마다 찾아다니며 혹시 전날 밤에 무엇이든 목격한 것이 있는지 물었다. 대부분은 문도 열어주지 않았다.

그녀는 전날 밤 무장한 남자 무리가 편의점 앞에 검문소를 세웠다는 사실을 마침내 알아냈다. 목격자에 따르면 남자들은 에두아르도를 멈춰 세우고 차량을 수색한 다음 그를 트럭에 태워서 사라졌다.

마리아 이네스는 산페르난도 지역 검찰청으로 달려갔다. 검찰청은 겉보기에는 개방되어 있었고, 세타스의 습격 당시 생긴 총알 자국은 대부분 말끔하게 수리된 상태였다. 그러나 청사에 들어서자 안내 직원은 도와줄 수 있는 일이 없다며 "저희는 감시당하고 있어요"라고 말했다. 심지어 실종 신고를 하는 것도 거절당했다.

마리아 이네스는 친구들이 무법천지가 된 산페르난도의 상황을 한탄하며 할 수 있는 일이 아무것도 없다고 고개를 저을 때마다 조용히 수긍했다. 그런데 절망적인 피해 당사자가 되어보니 모든 것이 예전과 다르게 느껴졌다. 누구보다 살가웠던 아들이 야간에 차를 운전했다는 이유만으로 납치되어 사라졌다. 어디든지 가서 무슨 일이라도 해보고 싶었다.

그녀는 우선 집으로 돌아가 마당의 작은 테이블 앞에 앉았다. 에두아르도를 납치한 누군지 모를 자들이 아들을 돌려줄 의사가 있다는 신호라도 보내기를 기다렸다. 그곳에서 꼬박 24시간을 보냈다. 공장에 전화해 출근을 못 하겠다고 말했다. 남편과 밤새 기다렸지만 몸값을 요구하는 전화는 걸려 오지 않았다.

이튿날 아침 그녀는 다시 한번 검찰청에 가보았다. 자신 같은 처지의 사람들을 도와주지 않는다면 법이 대체 무슨 소용이란 말인가? 실종된 아들을 찾아야 했다. 그러나 이번에도 검찰청 직원들은 수사를 거부하며 "여기서 당장 나가세요"라고 매정하게 말했다.

출근해서 일할 정신이 아니었다. 며칠 뒤 상사가 안부 전화를 걸었을 때 그녀는 전화기를 붙든 채 무너져 내렸다. 아들을 잃었다는 가슴 미어지는 상실감은 갈수록 악화되었다. 대체 무슨 일이 있었는지, 아들이 살았는지 죽었는지도 모르는 상황이 이어졌다. 상사는 그녀의 목소리를 듣더니 집으로 찾아오겠다고 했다. 최소한의 예의를 차릴 기운도 없이 낙담하고 피폐한 채 상사를 맞았다. 상사는 그녀의 안색을 살피더니 모험을 해볼 의향이 있는지 물었다. 그는 어디서 실마리를 찾아야 할지 알 것 같다고 말했다.

상사는 마리아 이네스를 태우고 시내를 가로지르고 강을 건너 파소 레알로 차를 몰았다. 차는 옛 쓰레기 폐기장을 지나 바퀴 자국이 난 비포장도로로 접어들었다. 그녀는 몸을 떨며 조수석에 앉아 있었다. 상사가 모래가 뒤덮인 도로의 갈림길에 차를 세웠다.

상사가 목장 입구를 가리키며 말했다. "그 후레자식들이 저기에 있어요." 그는 그녀가 돌아올 때까지 기다리겠다고 했다.

마리아 이네스는 차에서 내려 울기 시작했다. 닫힌 출입구 밖에서 몇 분 동안 계속 울고 있는데, 민소매 차림의 젊은 남자가 그 안에 있는 집에서 나와 그녀에게 걸어왔다. 민머리였고 문신이 몸을 뒤덮고 있었다. 남자가 흐리멍덩하고 감정 없는 눈빛으로 그녀를 쳐다보았다.

"씨발, 뭐 때문에 그래요?" 그가 물었다.

"내 아들이요." 그녀가 흐느끼며 말했다. 안경 안쪽 뺨으로 눈물이 주룩주룩 흘렀다. "아들을 찾고 있어요. 내 아들이 여기에 있는지, 그 애한테 무슨 일이 있었는지 알아야 해요. 아들을 찾아야 해요."

남자가 멍한 표정으로 그녀를 응시했다. 그녀는 두 손을 들고 애원했다. 그녀가 "저는 아들을 찾고 싶을 뿐입니다. 아들을 찾고 싶어요. 제발요. 혹시 아들이 죽었다면, 그냥 그렇다고 말해주세요. 난 아들 없이 살 수 없어요"라고 반복해서 말했지만 냉랭한 분위기가 조금도 누그러지지 않았다.

"아줌마가 찾는 건 여기 없어요." 남자가 등을 돌려 집을 향해 걸어가다 머뭇거리더니 다시 돌아와서 이렇게 말했다. "아줌마는 암캐야. 그거 알아요?"

슬픔이 예상치 못한 모욕으로부터 그녀를 보호해 주었다. 다른 무엇도 중요하지 않았다. 그 시점까지도 그녀는 자신이 그 젊은 마약 밀수업자에게 정확히 무엇을 바라는지 몰랐다. 깊은 절망과 고통

탓에 자기 자신의 안전 따위는 생각하지 않고 본능적으로 그곳에 온 것이었다.

그러나 남자가 마리아 이네스를 모욕하려던 것은 아니었다. 그는 이어서 말했다. "암캐는 제 자식이 사라지면 찾아다니죠." 그녀는 계속 눈물을 훔치며 그가 무슨 말을 하는지 이해하려 애썼다. "아줌마 아들은 행운아예요. 우리 엄마라면 절대 나를 찾으러 오지 않았을 거예요. 창녀니까요."

젊은 남자가 정말로 하려는 말이 무엇이든 그녀는 거기에 아무런 관심이 없었다. 나중에서야 그 말이 남자의 자기연민이었음을, 어쩌면 그가 살면서 저지른 모든 나쁜 선택의 근원이 그 표현에 담겨 있음을 깨달았다. 당장 그녀에게 중요한 것은 그 남자가 아들이 사라진 지 일주일 만에 처음으로 얻은 단서라는 사실이었다.

"제발요. 제발." 그녀는 계속 애원했다.

그는 다시 등을 돌려 버려진 목장의 집으로 걸어갔고 이번에는 뒤도 돌아보지 않은 채 외쳤다. "당장 여기서 꺼져. 다시는 오지 마."

2011년 4월 말부터 산페르난도 내에서 돌기 시작한 집단 암매장지에 대한 소문이 곧 타마울리파스주 전체로 퍼졌다. 혹시 실종된 가족이 거기에 묻혀 있는지 확인하기 위해 타마울리파스주 전역에서 총 492명이 찾아왔다. 이들이 사라졌다고 주장한 가족의 수는 661명이었다.[12] 처음에는 할 수 있는 일이 별로 없었다. 주 정부는 그렇게 많은 시신을 찾을 준비가 되어 있지 않았다. 산페르난도에서는 DNA 검사소를 마련하거나 적절한 조사를 시작하는 것은 고사하고 마리아 이네스의 사례에서 알 수 있듯 제대로된 실종 신고조차

할 수 없는 상황이었다.

실종 피해자 가족들은 굴하지 않았다. 피해자 가족들은 사랑하는 사람이 살았다고도 죽었다고도 할 수 없는 경계에서 살아간다. 그들은 사랑하는 사람의 부재 못지않게 불확실함에 시달린다. 상실감이라는 유령과 살며 가족이 돌아올지도 모른다는 희망으로 고문당한다. 희망은 자식이나 남편, 동생, 사촌의 유해라도 찾겠다는 열정이 되기도 하고, 피해자 가족들을 소진시키기도 한다.

피해자들과 직접적인 인연이 없는 외부인들로서는 그저 도무지 이해할 수 없는 사건이었다. 밀입국자 72명이 살해된 지 1년도 채 지나지 않아 어떻게 그보다 더 많은 시신이 나올 수 있을까? 어떻게 그렇게 부지런히 악행을 저지를 수 있단 말인가? 대통령을 비롯해 모든 사람이 전쟁이라는 비유를 사용했다. 그 전까지는 사람들의 관심을 끌고 긴장 수위를 높여서 군사적 대응을 정당화하는 과장법처럼 느껴졌다. 그러나 수백 명을 체계적으로 살해하려면 계획과 노력, 그리고 제 기능을 하는 민주사회에서는 있을 수 없는 엄청난 공모와 공포가 동원되어야 했다. 사건 규모를 고려할 때 '살해'라는 단어는 부적절해 보였다. 그것은 몰살, 또는 은유적인 의미의 '전쟁 범죄'처럼 보였다. 산페르난도 주민들은 시든 꽃처럼 살았다. 그들은 산페르난도가 어떤 지경에 이르렀는지 알았다. 하루가 멀다고 사람들이 사라졌고 사람들을 태운 버스가 납치되었으며 카르텔 내부의 갈등이 만연했다. 어딜 가나 시신이 널려 있었다.

그 무렵 산페르난도 사회는 두 부류의 주민으로 나뉘었다. 한쪽에는 상실을 알고 상실을 견디며 살아가는 사람들, 어두운 집착으로 왜곡된 희망을 안고 사는 사람들이 있었다. 어쩌면 그들의 아들

딸이 라 호야의 집단 암매장지나 엘 아레날에 위치한 세타스의 다른 거점에서 시신으로 발견될 수 있었다. 다른 한쪽에는 나쁜 일은 나쁜 사람들에게나 일어난다고 생각하며 살아가는 사람들이 있었다. 두 부류의 사람들 사이에는 깊이 갈라진 틈이 있었다. 마리아 이네스는 에두아르도의 납치를 전후로 양쪽 모두를 경험했다.

그녀는 공장에서 동료들이 "에두아르도가 그 일에 연루된 게 분명해"라고 속삭이며 아들에 대한 소문을 퍼뜨리는 것을 들었다. 아들이 서 있던 자리에 다른 사람이 서 있는 것을 보는 것이 가슴 아팠다. 더 최악인 것은 한때 친구였던 사람들이 그녀에게 일어난 불행에 이유를 부여하며 잔인하게 떠들어 대는 것이었다. 에두아르도에게 차가 있던 것을, 어떤 이들은 그가 가욋돈을 벌고 있다는 증거로 여겼다. 하지만 아들과 며느리는 그 차를 사기 위해 저축을 했었다. 운이 사나웠던 밤에 차를 운전한 선택 말고는 아들이 사라져야 할 다른 이유는 없었다.

4월 내내 매일 아침 날이 밝자마자 그녀는 아들의 사진과 출생증명서, 실종되었던 날의 복장(청바지와 칼라 달린 셔츠 차림) 등을 종이에 적어 시내의 장례식장을 출근하다시피 찾아갔다. 그리고 매일 아침 장의사들은 그런 인상착의의 남자를 보지 못했다고 말했다. 그런 말조차 하지 않는 날이 많았다.

며칠 만에 발견된 시신의 수가 100구가 넘었다.[13] 그녀는 장의사들이 자신에게 결코 진실을 말하지 않으리라는 것을 알았다. 모두 자신들의 목숨을 걱정하고 있었다. 또다시 세간의 주목받으면서 세타스는 더욱더 위험한 존재가 되었다. 정부는 군부대를 파견하며 뭐라도 하는 시늉을 해야 했다. 이 사태를 외면할 수 없는 노릇이었다.

누구도 마리아 이네스 같은 피해자 가족을 돕는 위험을 무릅쓰려 하지 않겠지만, 그녀는 군부대가 파견되면 겁먹은 채 굳게 닫혀 있는 지역 검찰청도 조금은 적극적으로 변하지 않을까 생각했다.

공공연히 자행된 폭력은 이와 관련된 사람들(가해자, 피해자, 증인)의 인간성만 앗아 간 것이 아니었다. 인간이 얼마나 잔혹하고 비열해질 수 있는지 그 밑바닥을 대중에게 적나라하게 보여주었다. 펠리페 칼데론 대통령은 2011년 산페르난도에서 벌어진 대학살을, 자신의 정책을 검증할 기회로 삼았다. 그는 대학살을 마약과의 전쟁, 카르텔과의 전쟁이 실패하고 있다는 증거가 아니라 전쟁을 해야 할 명분으로 이용했다.[14]

칼데론 대통령은 산페르난도에서 벌어진 일들이 언론에 보도된 직후 이렇게 연설했다.

"우리 모두 힘을 합쳐 이 폭력을 규탄해야 합니다. 멕시코 가정의 평화와 안전을 위협하는 범죄에 맞서는 일에 멕시코의 모든 정치적·경제적·사회적 주체가 책임을 느끼고 힘을 합쳐야 합니다."

대통령의 약속에 힘입어 마리아 이네스는 다시 한번 공무원들을 찾아가 보기로 했다. 4월 말의 어느 오후, 그녀는 지역 수사관을 찾아가 도움을 요청했다. 그는 미온적인 태도를 보이는 방식으로 지난 한 해 동안 이어진 대학살 속에서도 자신의 자리를 보전해 온 사람이었다. 그러나 마리아 이네스는 그가 최근에 발견된 10여 곳의 집단 암매장지에서 유해들이 발굴되는 과정을 지켜봤을 거라고 생각했다. 현관문을 두드리자, 그가 옷도 제대로 갖춰 입지 않고 짜증스러운 표정으로 나타나 무슨 일이냐고 물었다. 그녀는 거의 발작적으로 말했다.

"제발요. 수사관님은 제 아들을 아시잖아요. 매일 시신들이 나오는데, 제발 거기에 제 아들이 있는지만 말씀해 주세요."

"아니, 아니. 안 됩니다. 어서 돌아가세요." 그가 고개를 저으며 말했다. "놈들이 우리 집도 감시하고 있어요. 아주머니도 미행당할지 몰라요."

고개를 돌리자 거리에 자동차 한 대가 주차되어 있었다. 안에서 운전자가 두 사람을 지켜보고 있었다. 그녀는 아직은 예전 삶의 흔적들이 남아 있는 집으로 발길을 돌렸다. 남편은 아들의 실종 이후 신경 쇠약을 겪어서 더 이상 거동도 못 하고 온종일 침대 신세를 졌다. 에두아르도를 찾는 일이 가장 절실했지만, 동시에 그녀에게는 이제 막 여섯 살, 여덟 살이 된 어린 두 딸을 돌봐야 한다는 현실적인 책임이 있었다.

마리아 이네스는 집단 암매장지에 대한 언론 보도를 지켜보았다. 다른 사람들과 마찬가지로 그녀도 정부에서 발굴된 유해를 전부 집계하지는 않는 것 같다고, 심지어 그 수를 공개하지 않을지도 모른다고 걱정했다. 숫자를 축소하고 스캔들을 은폐하기 위해 시신 중 일부를 그냥 실종 상태로 남겨두려는 것일 수 있었다. 정부에서는 시신 193구를 발견했다고 발표했다(이후 196구로 수정되었다).[15]

그러나 시신을 수습하는 과정에 참여한 거의 모든 사람이 실제로는 시신이 193구보다 훨씬 더 많으리라 생각했다.[16] 당시 미국 정부의 외교 전문에는 일부 멕시코 공무원들이 사망자 수를 축소해 덜 충격적인 사건으로 포장하기 위해 산페르난도 외부로 시신을 보냈음을 인정했다는 내용이 담겨 있었다.[17]

실제 사망자 수가 몇 명이었는지 차치하더라도 193명이 사망한 사건도 여론에 불을 지피기는 충분했다. 더 이상 사건을 은폐할 수 없었다. 멕시코 사회의 충격, 또는 미국과의 관계에 미칠 충격을 줄일 유일한 방법은 조치를 취하는 것뿐이었다. 당국에서 지역 세타스 조직원들을 대대적으로 검거하기 시작했다. 4월 말까지 76명이 넘는 용의자가 구속되었다. 또한 세타스와 결탁한 혐의로 17명의 경찰관이 체포되었다.

군이 나서서 경찰의 무기를 압수했다. 타마울리파스주 내의 거의 모든 도시에서 경찰의 무기가 압수되어 탄도 테스트를 받았다. 범죄를 저지르는 데 사용되었는지를 확인한 것이다. 수십 년 전 벌어진 이른바 무장해제 작전을 연상시키는 광경이었다.

산페르난도는 세타스와의 전쟁을 각오한 정부의 노력을 상징하는 지역이 되었다. 2011년 벌어진 두 번째 학살 이후 칼데론 대통령은 세타스의 뿌리를 뽑겠다고 결심했다. 세타스 지도부를 겨냥한 전담반이 창설되었고, 조직원들을 제거하는 임무를 맡은 육군과 해병대가 행사하는 폭력은 암암리에 용인되었다.

산페르난도라는 소도시에 세계의 이목이 집중되었던 2010년 대학살 이후 몇 년간 군 당국은 규모와 목표에서 타의 추종을 불허하는 소탕 작전을 벌이며 세타스 전투원과 시카리오를 2,000명 이상 사살했다.[18] 그에 따라 20년 전 아브레고의 범죄 네트워크가 붕괴했던 때처럼 세타스의 지도부가 해체되었다.

2011년 5월부터 마침내 타마울리파스주 공무원들이 산페르난도 주민들로부터 실종 신고를 받기 시작했다. 하지만 신고를 하기 위해서는 2시간 거리의 마타모로스에 가야 했다. 산페르난도가 여전히 너무나 위험한 곳이라는 공공연한 인식을 보여주는 처사였지만, 새삼스러운 일은 아니었다.

　같은 해 5월 8일 마리아 이네스 부부는 신고서와 DNA 샘플을 제출했지만,[19] 이후 몇 년 동안 주 정부로부터 별다른 이야기를 듣지 못했다. 그러던 중 산페르난도 시장에서 미리암 로드리게스라는 다부진 체형의 빨간 머리 여자가 마리아 이네스의 남편에게 다가오더니 아들 에두아르도에게 무슨 일이 있었는지 알아내는 것을 돕고 싶다고 했다.[20]

집단적 슬픔

미리암은 다른 누구보다, 심지어 경찰보다 산페르난도 암흑가에 대해 잘 알았다. 산페르난도 지역의 연방 경찰 책임자 마리아노 데 라 푸엔테는 세타스 조직원 정보가 필요할 때면 미리암에게 전화해 해당 인물이 어떤 범죄를 저지르는지, 누구와 관련되어 있는지, 심지어 어디 사는지 등을 캐물었다.[21] 일로 만난 사이였지만 희끗희끗한 짧은 머리에 키 작은 레슬링 선수 같은 마리아노는 미리암과 친구가 되었다. 두 사람은 2014년 중반 다시 문을 연 산페르난도 지역 검찰청의 치안력을 재건하기 위해 마리아노가 파견되고 얼마 지나지 않아 처음 만났다.[22] 마리아노는 부하 직원들을 이끌고 마을에 도착했는데, 주민들이 자신들을 보고 집과 골목으로 도망치거나 바닥에 주저앉는 모습을 보고 당황했다. 이후 2010년에 벌어진 세타스의 습격 사건을 자세히 알게 되면서 비로소 주민들과 신뢰를 쌓는 것이 얼마나 어려울지 짐작했다. 주민들은 마리아노와 부하 직원들을 지역을 장악하려는 또 다른 적대 세력으로 생각했을 것이다.

마리아노는 미리암의 정의 구현을 돕겠다고 약속했다. 그녀는 아직 표적 명단을 완성하지 못했지만, 관계도를 파악했으며 그들의 가족과 관계를 쌓았다. 이를 통해 파악한 세부 정보와 단서를 바탕으로 서서히 각 표적의 특징을 정리했다.[23]

1. 엘 플라코: 산페르난도 출신의 깡마른 세타스 조직원
2. 플로리스트: 미리암과 카렌이 친절하게 대했던 인물
3. 엘 마리오: 비교적 나이가 많은 세타스 간부
4. 엘 키케: 카렌의 목을 매단 밧줄을 잡아당긴 젊은 남자
5. 라 차파라: 카렌의 실종 이후 엘 바수레로 인근 도로를 감시했던 젊은 여자
6. 라 구에라 소토(새로 알게 된 이름): 산페르난도 지역 세타스 조직원과 어울리던 전직 매춘부이자 엘 키케의 전 애인
7. 라 마초라: 카렌을 반복해서 구타한 여자

미리암의 열정 대부분은 도덕적으로 달리 판단할 여지가 없는 상황이라는 믿음에서 나왔고, 이는 목적이 수단을 정당화하는 논리가 되었다. 표적들은 카렌을 비롯해 누군가의 사랑하는 가족을 살해한 자들이었다. 두려움을 노리는 약탈자이자 타인의 노동을 가로채는 기생충이었다. 살인자들의 가족에게 접근하는 일은 정당했다.

미리암은 엘 키케의 친척으로부터 그가 새 삶을 살려고 노력 중이며 시우다드 빅토리아에서 기독교인으로 거듭났다는 정보를 입수했다.[24] 전혀 의심하지 못하는 사이에 잡기에는 잘된 일이었다. 그는 자신의 신앙심을 탓해야 할 것이었다.

그러나 누가 악당인지 아는 것이 늘 이점만 되지는 않았다.

미리암이 실종 피해자 가족 단체에서 활동하던 어느 날, 수면 위로 시신이 떠오르듯 새로운 이름이 드러났다.[25] 마르가리타 렌테리아였다. 아버지와 의절한 딸, 목장에서 살해당한 여자, 카렌의 노트북을 가지고 있던 바로 그 여자. 피해자 가족 모임에 나타난 마르가리타의 여동생이 미리암에게 도움을 청했다. 그녀는 미리암이 폭력 범죄 피해자에 대한 정부 지원을 이끌어 내기 위해 여러 모임을 통해 힘쓰고 있다는 소문을 듣고 찾아왔다고 했다. 언니 마르가리타가 해병대원에게 살해되었다며 그에 대한 최소한의 보상이라도 받고 싶다는 것이었다.

그녀의 이름은 마리아 데 헤수스 렌테리아였다. 그녀는 광장에서 카렌의 노트북을 가지고 있던 여자의 여동생, 해병대의 강압에 못 이겨 세타스의 거점이 엘 바수레로에 있다고 폭로한 여자의 여동생, 아잘리아의 남편 에르네스토와 아들을 납치할 뻔했던 여자의 여동생, 해병대가 마치 사냥감처럼 달아나게 한 다음 사살한 여자의 여동생이었다.[26]

미리암은 마리아 네 헤수스 렌테리아의 이름과 전화번호를 받아 적었다.[27] 그러나 사건 번호를 적는 칸에는 아무것도 적시 않았다. 그녀의 가족은 마르가리타의 죽음과 관련해 고소장을 제출하지 않았다. 군 당국에서 그러는 편이 좋을 거라고 분명히 말했기 때문이다. 멕시코에서 군은 힘들고 보상이 없는 임무를 맡는 대가로 정부로부터 광범위한 면책특권을 받았지만, 인권침해 소송은 여전히 번거로운 일이었다. 군은 대체로 복잡한 절차를 거쳐야 하는 피곤한 일을 피하고 싶어 했다.

마르가리타 렌테리아. 미리암은 그 가해자의 이름이 피해자 명부에 적힌 것을 보자 욕지기가 일었다. 어떻게 해야 할지 고민이었다. 그녀는 엘 플라코, 플로리스트, 엘 마리오, 라 차파라, 라 마초라 등 표적 명단에 오른 세타스 조직원들의 삶을 파고들었다. 외딴곳까지 차를 몰고 가서 문을 두드렸고, 사람들에게 이야기를 건넸고, 그렇게 정보를 얻어 표적들을 추적해 왔다. 그런데 딸을 죽인 범인의 가족이 그녀에게 도움을 구한 것이다.

전혀 예상치 못한 전환점이었다. 스스로 내세우던 흑백논리를 거스르는 일이었고, 자신의 엄벌주의를 뒤흔드는 결정이었다. 미리암은 해병대를 동원해 끔찍한 폭력으로 마르가리타 렌테리아에게 신속하게 정의를 구현했다. 균형을 추구하지도 스스로를 의심하지도 않는 정의였다. 그런데 마르가리타 렌타리아를 피해자로 간주한다면 그녀를 사살한 것 역시 정의로운 행동으로 보기 어려울 터였다.

하지만 마르가리타 렌테리아가 비뚤어진 것이 그녀 가족의 책임일까? 그런 삶이 존재한다는 사실이야말로 나라가 망가졌다는 증거이며, 미리암이 국가의 책임을 묻는 이유가 아닐까? 마르가리타의 가족도 그녀가 저지른 악행의 피해자가 아닐까? 그녀의 아버지는 마르가리타가 더는 가족의 일원이 아니라는 것을 분명히 했었다.[28] 그녀의 아버지가 좌판을 깔고 식료품을 팔아 버는 돈으로 근근이 먹고사는 가족은 산페르난도에서 영원히 검은 머리 납치범의 가족이라고 낙인찍힌 채 살아가야 할 것이다.

2015년 2월 1일, 마르가리타 렌테리아의 가족은 피해자 구제를 위한 주 정부 시스템에 이름을 올렸다. 미리암의 도움 덕분이었다.[29]

실종 피해자 가족 행사

2015년 11월의 어느 맑은 저녁, 마리아 이네스는 산페르난도 실종 피해자 가족 행사에 참석했다.[30] 그녀는 2층에 마련된 행사장 앞쪽에 서 있었다. 커다란 창밖으로 거리가 내려다보였다. 벽을 따라 의자들이 배치되어 있었고, 한쪽 벽면에는 책상 하나가 놓여 있었다. 책상 앞에는 미리암 로드리게스가 코트를 등받이에 걸어둔 채 화려한 블라우스 차림으로 앉아 있었다.

미리암은 마리아 이네스와 20년 가까이 알고 지낸 사이였다. 마리아 이네스가 아이들과 함께 남편이 일하는 산페르난도 시장을 오가는 모습을 보곤 했다. 아주 가까운 사이는 아니었지만 마주치면 인사하고 가끔 잡담도 나눌 만큼은 친밀했다. 미리암은 마리아 이네스의 아들이 실종된 것을 알았지만 그 이야기를 꺼낸 적은 없었다.

대다수가 고립과 침묵 속에서 암울한 시간을 견디고 있었다. 이미 가까운 사람이 아니라면 누구든 다른 사람들과, 특히 카르텔의 폭력에 노출된 사람들과는 거리를 두려 했다.[31] 폭력에 전염될지 모른다는 두려움, 표적이 된 사람과 얽히면 똑같은 상황에 노출될지도 모른다는 불안감을 느꼈다. 동시에 타인의 고통을 품을 만큼의 심리적 여력이 없기도 했다. 너무나 만연한 고통을 마주하면서 사람들은 정서적으로 안전한 공간을 가족 등 사랑하는 사람들을 위해 남겨두려 했다. 산페르난도에 닥친 불행의 깊이는, 모든 집을 일일이 찾아다녀야 간신히 가늠할 수 있을 정도였다. 먼저 손을 내미는 인간미는 기대도 하지 말아야 했다.

그러나 실종 피해자 가족이 되면서 미리암은 세상을 바라보는 시각이 달라졌다. 그녀는 지난 1년 반 동안 권력의 연결고리를 파고들며 끊임없이 설득하고 압박했고, 이제 당국은 그녀의 요구에 반응하기 시작했다. 그녀는 원하면 지검장을 만날 수 있었고 납치 사건을 담당하는 검사 대부분과 알고 지냈다.⁽³²⁾ 도움이 필요한 피해자 가족이 그토록 많은데, 자신에게 있는 자원을 낭비하는 것은 부끄러운 일 같았다. 미리암은 거침없이 독설을 퍼부었고, 욱하고 고압적인 성격이라며 그녀를 싫어하는 사람들도 있었다. 하지만 그녀는 다른 사람들을 걱정했고, 피해자 권리에 대한 풍부한 지식과 인맥을 이용해 무력감에 빠진 사람들을 도왔다.⁽³³⁾

시장에서 마리아 이네스의 남편에게 먼저 다가간 것도 미리암이었다. 그녀는 에두아르도의 실종에 대해 알면서도 카렌이 실종되기 전까지 그로 인한 트라우마를 이해하지 못한 것을 진심으로 후회했다. 자신이 운영하는 단체를 통해 지금이라도 그 미안함을 보상하고 싶었다. 마리아 이네스의 남편은 몇 년간 거동도 못 할 만큼 심한 신경 발작을 겪으며 더 이상 아들에 대해 생각하는 것을 회피했다. 반면 마리아 이네스는 거의 아들만 생각했다. 그녀는 아들과 함께했던 공간에 머무는 것이 힘들어 공장 일마저 그만두었다.

"아내분한테 저를 찾아오라고 전해주세요." 미리암이 그에게 말했다. "저를 찾아와서 단체에 가입하라고요. 두 분은 실종된 자녀가 있으니까 정부의 지원을 받을 권리가 있어요."

그렇게 마리아 이네스는 미리암이 만든 산페르난도 실종자 가족 단체의 잠정 회원으로서 첫 행사 자리에 참석했다.⁽³⁴⁾ 체력적 부담은 크지 않았지만 감정적으로 조심스러웠다. 에두아르도가 실종된 이후 그녀는 여러 집을 찾아다니며 문을 두드렸고, 공무원들에게 도움을 구했다. 이번이라고 다를까 싶기도 했다.

행사장에서 미리암은 길쭉한 검은색 공책을 올려둔 책상 앞에 앉아 있었다. 마리아 이네스는 미리암과 이야기하기 위해 줄을 섰다. 여성 수십 명이 이미 자리를 잡고 잡담을 나누고 있었다. 그들은 서로 잘 아는 사이 같았고, 피해자 단체가 익숙한 듯했다.

마리아 이네스가 줄 앞에 이르렀을 때 미리암이 미소 지으며 물었다.

"타마로의 아내분 맞죠?"

마리아 이네스는 감정을 억누르기 위해 고통스러운 세부 사항은 제외하고 어떤 일이 있었는지 대략적으로 이야기했다. 그 이야기는 아무리 해도 익숙해지지 않고 자꾸만 눈물이 났기 때문이다. 그녀는 피해자 명부에 자신의 이름과 아들의 이름, 아들이 실종된 날짜, 그리고 전화번호를 적었다.

"지원받고 있는 게 있나요?" 미리암이 물었다.

"아무것도요."

"피해자 지원 제도에도 등록 안 하셨어요?"

"그게 뭔지도 모르는걸요."

마리아 이네스처럼 정부의 피해자 지원 제도에 대해 전혀 모르는 사람이 많았다. 피해자 지원 제도에 등록하면 식료품과 교육비, 그리고 해당 사건의 세부 사항을 파악할 목적으로 이동할 때 교통보조금 등을 지원받을 수 있었다. 정부에서 유가족에게 상실의 아픔을 덜기 위해 제공하는 최소한의 현실적 지원이었다.

"당신과 며느리와 손녀는 끔찍한 일을 겪었어요. 정부에서 그런 일을 막지 못한 것이니 지원받을 자격이 충분해요." 미리암이 부드러운 목소리로 설명했다. "그러려면 피해자 지원 부서에 가서 사건 파일을 등록해야 해요."

마리아 이네스는 지난 세월 동안 정부의 지원 제도를 몰랐다는 사실에 현기증을 느끼며 다른 사람들을 둘러보았다. 에두아르도가 실종된 뒤 그녀와 가족들은 고군분투했다. 감정의 무게가 삶의 거의 모든 면을 사회적·정신적·경제적으로 짓눌렀다. 그녀는 아들을 찾느라 직장을 그만두었고, 가끔 가사도우미로 일할 뿐이었다. 어린 두 딸은 부모가 겪는 슬픔의 그늘 아래에서 성장했다. 마리아 이네스는 미리암과의 대면 상담을 마치고 자리에 앉았다. 고개를 들자 옆자리에 지인이 앉아 있었다.

"당신도 가족이 실종됐나요?" 마리아 이네스가 놀라서 물었다.

"제 남편이 사라졌어요. 당신은요?"

"아들이요."

마리아 이네스처럼 정부를 두려워하고 불신한 나머지 고소장도 제출하지 않은 사람들도 있었다. 세상에 드러나지 않고, 제도에 등록되지 않은 외로운 피해자들이었다. 마리아 이네스가 그런 생각을 하는 동안 미리암이 단체 사람들 전체에게 이야기하기 시작했다.

미리암의 이야기는 마치 설교처럼 감명을 주며 모임 사람들의 분노와 좌절감과 고통에 빛을 비춰주었다. 그녀는 모두가 목소리를 높여 관심을 촉구해야 한다고 했다. 더는 두려워할 필요도, 자신에게 일어난 일로부터 도망칠 필요도 없다고 했다. 세타스는 여전히 산페르난도에서 조직원들을 관리하며 주민들을 공포로 몰아넣고 있지만, 그들은 과거 조직의 그림자일 뿐이다. 상황이 달라졌다. 산페르난도에서도 몇 년 전보다는 정부의 통제가 잘 이뤄지고 있다.

미리암은 산페르난도 지역 세타스가 피해자를 암매장했다고 의심되는 장소들을 수색하는 데 앞장서고 있었다.[35] 그녀는 단체를 움직이며 다른 사람들은 접근할 수 없는 장소도 수색할 수 있었다. 또 그렇게 발굴된 유해와 피해자 가족의 DNA를 비교할 수 있도록 수사 당국과 함께 DNA 검사 실무단을 조직하기도 했다.[36]

그녀는 할 수 있는 한 모든 피해자 가족을 단체에 가입시키고 싶었다. 한 사람, 한 사람은 무시당하기 십상이지만 단체를 조직하면 상황이 달라진다고 사람들을 설득하곤 했다. 사랑하는 가족을 찾을 방법은 서류 속에 있으니 사건을 기록하고, 고소장을 제출해야 한다고 주장했다. 친구, 가족, 이웃 등 주변 사람들을 통해 소식을 전하라고 했다. 핸드폰이 없다면 명부에 지인의 전화번호를 적도록 했다. 피해자 가족 단체의 회원수가 늘면 개인적 비극은 사회적 위기가 되고, 위기감을 키우는 것만이 정부의 행동을 촉구할 유일한 길이라고 강변했다.

미리암이 말했다. "심지어 정부에서도 우리 같은 사람들이 얼마나 많은지 모릅니다."[37]

9장 남겨진 것

DNA 검사

카렌의 참혹한 죽음에 대한 카를로스의 진술은 미리암의 모든 것을 바꿔놓았다. 그녀는 강렬한 신체적 고통을 느꼈다. 텅 빈 몸을 이끌고 비틀거리는 사이에 터져 나온 내장이 햇빛 아래에서 곪는 듯했다. 자식을 잃는 것은 자신의 일부분을 잃는 것이었다. 다른 모든 것에 구조와 목적과 질서를 부여했던 일부분을, 무조건적으로 사랑했던 일부분을, 그야말로 가장 중요한 일부분을 잃는 것이었다.

그러나 슬픔 이상의 무언가가 있었다. 자식이 어떻게 죽었는지 아는 것은 두렵고 끔찍했지만, 동시에 그 사실이 일종의 위안을 주기도 했다. 1년이 넘게 절박하게 조사에 매달린 끝에 미리암은 이제 카렌에게 어떤 일이 있었는지 알게 되었다. 위안이 고통보다 컸다. 복수심이 용광로처럼 끓어오르며 슬픔이 잦아들기까지 그녀는 많은 대가를 치러야 했다. 멈출 수 없었다. 심연을 더 깊이 파고들어야 했다. 정의 구현을 위한 그녀의 노력이 남들에게는 무모하고 미친 짓처럼 보였겠지만, 오히려 그녀가 미치지 않고 제정신으로 살려면 그 방법이 유일했다.

한번은 아잘리아가 세타스를 추적하고 비밀을 파헤치는 일을 언제까지 계속할 생각인지 물었다.[1] 그 끝을 알고 싶다고 했다. 미리암은 카렌을 찾아 무덤에 묻어줄 수 있다면 다 그만두겠다고 말했지만, 아잘리아는 그 말을 들으며 과연 그때는 어머니가 그만둘 수 있을지, 정말 그럴 수 있을지 의심스러웠다.

2015년 이후 세타스의 세력은 2010년만큼 강력하지 않았다. 세타스가 너무나 끔찍한 범죄를 자행했을뿐더러, 다른 카르텔도 그러도록 부추긴 탓에 정부로서는 세타스를 해체하는 것밖에 다른 선택지가 없었다.[2] 전형적인 이카로스 콤플렉스의 사례인 셈이었다. 아직 남아 있는 세타스 조직원들은 폭력으로 황폐화된 사회가 남긴 산물일 뿐, 개척자들은 아니었다. 사람의 목숨 값이 우스워진 산페르난도에서 푼돈이나 벌려고 하는 이들이었다.

미리암은 그녀처럼 사랑하는 사람의 실종으로 되풀이되는 고통을 겪고 있는 다른 가족들을 생각했다. 전국적으로 그런 가족이 수만 가구나 되었다. 이들은 사실상 정상적인 생활 바깥으로 밀려났고, 실종된 가족이 어떻게 되었는지 간절히 알고 싶어 하며 서서히 삶이 파멸될 운명이었다. 미리암은 타마울리파스주 곳곳의 관공서에서 굳은 표정의 부모들을 마주쳤다. 이들은 괴로움을 겪을 만큼 겪어서 이제 눈물도 나오지 않지만, 그렇다고 훌훌 털고 일어설 수도 없는 상태였다. 직접 같은 경험을 하기 전까지 미리암은 이들에 대해 깊이 생각한 적이 없었다. 그러나 많은 것을 알게 된 지금은 트라우마를 공유하는 사람으로서 이들에게 유대감을 느꼈다.

정부는 실종 피해자 가족 문제에 여전히 미온적이었다. 피해자들에게 닥친 비극은 피해자 본인의 책임이라고 생각하는 경향이 있었다. 미리암이 한때 그들을 외면했던 것과 같은 이유 때문이었다. 수사 당국으로서는 안 그래도 재정과 인력이 부족한데 자업자득으로 비극을 겪는 듯한 사람들을 찾는 일까지 돕고 싶지는 않았던 것이다. 물론 실종자 중에 조직범죄에 가담했던 이들도 있었다. 그런 사람들까지 도와줄 도덕적 의무는 없을 것이다. 그러나 실종자 대부분은 무고한 피해자라는 점에서 당국의 논리는 오류가 있었다. 대다수 실종자는 그저 좋지 않은 때에 좋지 않은 장소에 있어서, 단지 의심스러워 보여서, 살인을 대수롭지 않게 여기는 자들의 심기를 자극했다는 이유만으로 표적이 되었다.

그리고 실종자가 어떤 사람이었는지가 중요한가? 무고한 사람을 표적으로 삼는 범죄만 해결해야 하는 것은 아니다. 살인 사건을 수사하는 것은 살인이 인명을 경시하는 일이기 때문이다. 수사의 정당성을 따지는 것은 부차적인 문제다.

하지만 살인 사건의 약 98퍼센트가 미결 사건으로 남는 멕시코시티[3] 과연 정부 당국이 실종 사건 해결에 희망을 줄 수 있을지 의문이 남았다. 멕시코에서는 살인을 저질러도 가해자 대부분이 처벌받지 않는다는 통계이니, 사실상 국가에서 살인 면허를 주는 셈이었다. 멕시코 국민들은 차라리 문을 잘 걸어 잠그는 편이 낫다고 생각했을 것이다.

피해자 가족 단체장들은 당국에서 피해자들의 요구에 응답하게 하거나 피해자 단체와 공조하게 하도록 할 수도 있다는 사실을 깨달았다. 어느 정도 규모와 영향력을 갖춘 사회운동만이 당국의 관심을 받았다. 서서히 미리암이 설립한 단체와 유사한 피해자 단체들이 전국적으로 연합하기 시작했다. 미리암은 피해자 가족들과의 네트워크를 구축해 나갔다. 다른 피해자들을 더 잘 이해하게 되는 것만으로도 이유는 충분했다. 하지만 여전히 미리암의 최우선 목표는 피해자 공동체를 구축하는 것이 아니라, 카렌의 복수를 하고 유해를 찾아 잘 매장하는 것이었다.

많은 경우 유족에게 매장은 슬픔을 억누르지는 못하더라도 애도를 매듭 짓는 최종적인 의식이다. 카렌의 시신을 찾고 순리에 따라 매장 의식을 치르기 위해 미리암은 노력했다. 자식을 잃은 상실감을 애도하고, 슬픔의 닻을 내릴 물리적 장소를 갖고자 노력했다. 미리암이 막내딸의 유해를 찾으려는 것은 단지 정의를 구현하고, 무신경한 정부 당국에 자신의 정당성을 입증하려는 절박함에서 나온 행동이 아니었다. 미리암은 사건 이후 가족 모두가 경험한 끔찍한 과정에서 적어도 정상적인 것 하나는 만들고 싶은 심정이었다.

딸을 죽인 범인들을 추적하기 위해 미리암은 홀로 수사를 이어갔다. 경찰의 경호도 없이 단서를 찾기 위해서라면 먼 길도 마다하지 않고 타마울리파스 곳곳을 돌아다녔다. 정보원으로 삼을 수 있다면 범인들의 가족과도 친구가 될 수 있었다. 변장을 하고 속임수를 써서 순진한 관련자들이 정보를 누설하게 했고, 그 정보를 검증한 뒤에 표적을 추적하는 데 이용했다. 그러나 정부의 도움 없이 딸의 유해를 찾는 것은 불가능했다.

당국의 법 집행 과정에서 법의학 분야가 허점으로 드러났다. 노련한 정치인도 그 사실을 감추기 힘들 정도였다. 실종자 가족의

DNA 정보를 유지·관리하는 법의학 담당관들이 샘플이 오염될 때까지 방치하는 일이 비일비재했다. 이전 정부의 자료가 새 정부에 인수인계되지 않아 피해자 가족들이 DNA 검사를 받고 또 받는 희망과 슬픔의 무한 루프에 갇히기도 했다.[4] 정부는 자문을 위해 해외에서 전문가를 초빙했는데,[5] 해외 전문가들은 십중팔구 연방 정부와 주 정부의 무능함과 무관심이 초래한 한심한 상황에 넌더리를 내며 금세 떠나버렸다.

마약과의 전쟁이 시작된 이래로 10만 명이 넘는 사람이 실종되었다.[6] 그동안 부패 상태가 천차만별인 시신 4만 2,000구가 발견되었는데, 상당수는 산페르난도의 경우처럼 집단 암매장지에서 발견되었다.[7] DNA 채취라는 과학적 수단으로 한 그룹씩 유골들을 분류하면 적어도 실종 피해자 가족의 절반 정도에게는 그 끔찍한 사건의 종결을 알릴 수 있지 않을까? 하지만 논리적으로 당연해 보이는 그런 일은 일어나지 않았다.

미리암은 거의 1년 동안 타마울리파스에서 발견된 유골의 DNA 처리를 담당하는 공무원들에게 때로는 애걸하고 때로는 위협하며[8] 딸의 사건은 가장 해결하기 쉬운 경우임을 거듭 상기시켰다.[9] 대다수의 실종 피해자 가족과 달리, 그녀는 딸이 어디에서 살해되었고 어디에 묻혔는지 알았다. 심지어 엘 바수레로에서 일부 유골이 수습되는 모습을 지켜보기까지 했다.

미리암은 2014년 3월 산페르난도 세타스 소탕 작전 현장에 해병대와 함께 있었다. 몇 개월 뒤인 그해 7월, 법의학 전문가들이 붉은색 트랙터 앞에서 갈비뼈 3개를 발견했을 때도 그 자리에 있었다.[10] 그녀는 그 유골이 카렌의 것일지도 모른다고 생각하며 카렌

사건에 법의학 전문가를 배정해 줄 것을 당국에 요구했다. 그 과정에만 수개월이 흘렀다.[11]

    2015년 1월 7일, 그 갈비뼈 3개의 DNA 정보가 미리암, 루이스와 일치한다는 주 정부 산하 연구실의 보고서는 조금은 갑작스럽게 나왔다.[12] 카렌의 갈비뼈가 맞았다. 다른 가족이라면 그 결과에 기뻐했겠지만, 미리암은 여전히 회의적이었다. 당국은 외부 압력을 피하려고 했든, 혹은 순전히 무능해서든 그런 종류의 거짓말을 해왔다. 더 확실한 정보가 필요했다.

    물론 그쯤에서 그만둘 수도 있었다. 그러나 사랑하는 사람을 잃은 사람 중에서 언제 멈춰야 하는지를, 언제 속도를 늦춰야 하는지를, 언제 운명을 시험하는 일을 멈춰야 하는지를 아는 사람은 거의 없다. 그녀는 투쟁을 이어가기로 했다. 실종으로 인한 지독한 트라우마가 끝나지 않는 슬픔이요, 사라진 유해가 남긴 심리적 구멍이라면 이를 치유할 방법은 실종자의 유해를 찾아 매장하고 가해자를 처벌하는 것뿐이었다.

    미리암은 DNA 증거를 검증할 방법을 알아냈다. 정부에서는 예외적인 경우에 한해, 피해 가족에게 DNA 검사를 외부 기관에서 받을 수 있도록 해주었다. 기나긴 탄원 끝에 미리암은 3개의 갈비뼈를 워싱턴의 저명한 유전학 연구실에 보내는 데 성공했다.[13]

    미리암이 주 정부를 몰아붙인 데에는 다른 이유도 있었다. 그녀는 지난 3월에 목장에서 이뤄진 수색 작업에 대해 알고 있었다. 현장 모습은 많은 것을 암시했다. 수색팀이 7월에 갈비뼈를 발견한 위치는 이미 파헤쳐진 상태였다. 수색팀에 앞서 다른 누군가가 그곳을 다녀갔고 최소한의 증거를 이미 수집했던 것이었다.

그 갈비뼈가 정말 카렌의 것이라면 카렌의 나머지 유골은 어디에 있을까? 인체에는 206개의 뼈가 있다. 나머지 203개는 어떻게 된 것일까? 미리암은 정부에서 적어도 그 일부는 가지고 있을 거라고, 하지만 체계가 없거나 무관심한 탓에 그 사실을 모르는 거라고 짐작했다. 그녀는 카렌의 유해를 전부 찾거나 적어도 찾을 수 있는 데까지는 찾아야겠다고 다짐했다. 이후에 나온 플로리스트의 진술이 사실이라면 범인들이 카렌의 시신을 황산으로 녹였을 수도 있다. 바바라의 경우가 그랬다. 그렇게 생각하면 자식을 잃어버렸다는 공포가 되살아났다. 세타스는 사람들을 실종시켰을 뿐 아니라, 실종된 사람들의 물리적 존재를 문자 그대로 사라지게 했다.

문제는 유골을 언제 수습했는지, 유골이 어떻게 되었는지, 유골에 대한 DNA 검사 여부를 책임지고 추적할 기관이 없다는 것이었다. 복잡하게 얽힌 유골 관리 체계를 파악하려면 각 기관에 일일이 접촉해야 했다. 미리암은 연방 및 주 정부의 관련 기관에 공식 서한을 보내 엘 바수레로 현장을 수색한 기록이 있는지 문의했다.[14] 혼선을 피하기 위해 GPS 좌표까지 첨부했다. 그렇게 2014년 초 몇 개월간 실시된 수색으로 확인 범위를 좁혔다. 카렌의 갈비뼈가 발견된 바로 그 장소에서 누군가가 앞서 유골들을 수습했었다는 사실을 알게 되었지만, 미리암은 당국에 카렌의 유골을 추적할 수 있는 충분한 기회를 주고 싶었다.

2015년 3월 미리암은 결국 '주 인권위원회'라는 정부 기관에 재차 서한을 보냈다.[15] 거창한 기관명과 비교해 정부 내 입지는 변변찮은 기관이었다. 타마울리파스주의 피해자 권리를 보호하고 증진하는 기관이었지만, 실질적으로는 피해자 권리가 침해된 사례를 기록하는 역할을 했다. 미리암과 피해자 가족들은 위원회에 자신들이 정부 기관에서 경험한 부정부패, 비협조적 태도, 부당한 처우 등을 공식 문건으로 남겨달라는 민원을 넣었다. 민원을 통해 실질적인 변화기 생기는 경우는 드물었지만, 피해자 가족으로서는 사건 기록을 바로잡을 기회였다. 미리암은 민원 신청서에 수사관들에게 엘 바수레로에서 수습한 유골과 관련된 새 소식이 없는지 문의했던 순간을 모두 열거하며, 정부의 소극적 대응에 대한 깊은 유감을 표했다.

　　미리암은 딸이 엘 바수레로에서 죽었음을 확신했다. 크리스티아노와 카를로스의 증언도 있었고, 직접 현장에서 카렌의 스카프를 발견하기도 했다. 카렌을 제대로 매장하지 못하고 있는 것이 순전히 정부의 무능함 때문이라는 것도 알았다. 갈비뼈 3개가 아니라, 더 많은 유골이 남아 있어야 했다. 앞서 누군가가 유골을 수습했음에도 이후 3개의 갈비뼈가 추가로 발견될 만큼 유해 수습이 엉성했다는 사실 역시 반론의 여지 없이 명백했다.

　　진실을 알고 있으면서도 이를 부정당하는 것은 환장할 일이다. 미리암은 DNA를 검사하고 관리하는 정부의 능력을 신뢰할 수 없었다. 악의는 없을지 몰라도 잔인할 만큼 무능했다. 그래서 오히려 더 상황을 받아들이기가 힘들었다. 더 나은 결과에 대한 희망이 절망감을 키웠다.

　　그녀는 조사를 요구했다.[16]

표적 3: 엘 플라코

2014년 초 해병대가 세타스의 주요 거점이었던 목장을 급습한 이후 거의 모든 조직원이 산페르난도를 떠났다. 그들은 바람에 흩날리는 홀씨처럼 뿔뿔이 흩어졌다. 미리암은 사마와 크리스티아노를 주도에서 찾았고, 다른 납치 용의자들도 대도시의 익명성 뒤에 숨어 살고 있으리라 짐작했다.

산페르난도와 관련된 세타스 조직원 중에서 미리암이 아는 인물은 몇 명뿐이었다. 카렌을 납치하고 살해하는 데 가담한 엘 마리오, 플로리스트, 라 차파라, 그리고 마지막으로 엘 플라코. 처음에는 엘 플라코의 행방을 온라인 공간에서 추적했다.[17] 그가 사마, 크리스티아노와 팔짱을 끼고 서 있는 사진이 있었다. 그들의 얼굴에는 젊은 치기가 가득했다. 스페인어로 '말라깽이'라는 뜻인 엘 플라코(El Flaco)가 카렌을 납치하고 살해했을 때의 나이는 스물한 살이었다. 산페르난도에서 사란 그는 몸무게가 60킬로그램도 채 안 되는 호리호리한 체격이었고, 콧날이 날카롭고 얼굴형은 갸름했다.[18] 이후 미리암은 엘 플라코를 직접 찾아다녔지만, 그의 삶을 깊이 파고들수록 이야기의 전말은 점점 더 기이해졌다.

카렌이 납치되기 전날 밤 생일 파티를 열었던 카렌의 친구 판초에게시 의외의 단서가 나왔다. 미리암은 판초도 세타스 조직원에게 납치를 당했고 사망했을 거라고만 생각했다. 그런데 그날의 파티에 대해 알아보고자 판초의 가족을 찾아갔을 때, 그의 어머니는 아들이 예전에도 납치되었던 적이 있다고 이야기했다.[19] 납치범은 엘 플라코였다.

그 사건은 카렌이 실종되기 1년 전에 일어났다. 미리암의 설득으로 판초의 어머니가 당국에 직접 진술하지 않았다면[20] 믿기 힘들 만큼 기이한 사건이었다. 카렌이 아직 시우다드 빅토리아에서 공부하던 때인 2013년 중반, 판초가 말없이 사라졌다. 그의 어머니는 온갖 곳을 찾아다니다가 결국 몸값을 요구하는 전화를 기다렸다. 하지만 그런 전화는 오지 않았다. 대신 교외에 사는 사촌으로부터 방금 더없이 이상한 일이 일어났다는 연락을 받았다. 사촌이 창밖을 내다보고 있는데, 판초가 온몸에 멍이 들고 옷에 피를 묻힌 채 벌판을 헤매고 있었다고 했다.

사촌의 집에서도 판초는 자신이 그런 몰골로 나타난 이유를 설명하지 않았다. 먹을 것을 달라더니 찾아왔을 때만큼이나 갑자기, 마치 떠도는 유령처럼 다시 황량한 벌판으로 떠났다.

이튿날 저녁 오후 5시쯤 판초가 전날과 똑같은 모습으로 또다시 벌판에 나타났다. 사촌의 전화를 받고 그곳에 와 있던 판초의 어머니는 아들에게 달려가서 무슨 일인지 캐물었다. 판초는 자신이 엘 플라코에게 납치를 당했었다고 말했다.

판초 가족은 엘 플라코가 어렸을 때부터 그를 잘 알았다. 그는 산페르난도에서 판초와 같은 초등학교에 다녔다. 그렇다고 해도 납치당했던 판초가 제 발로 돌아다니며 먹을 것을 달라고 한 것은 누가 봐도 기이한 일이었다. 이따금 판초의 주머니에서 핸드폰 전화벨이 울렸다. 발신자는 엘 플라코였다. 그는 인질이 너무 멀리 가지는 않았는지 확인하고 있었다.

한번은 판초의 아버지가 핸드폰을 가로채 엘 플라코에게 아들을 안전하게 놓아주는 대가로 무엇을 원하는지 물었다. 엘 플라코의 대답은 결국 '돈'이었다.

"우리 가족을 산페르난도에서 데리고 나오고 싶어요. 우리 엄마에게 1,000달러를 주면 판초를 놓아줄게요."

그날 밤 판초의 부모가 몸값을 지불했고, 가족은 판초와 함께 레이노사로 떠났다. 그들은 엘 플라코가 산페르난도를 떠났다는 소식이 들려올 때까지 레이노사에서 몇 개월을 지냈다.

집으로 돌아온 이후에도 판초는 납치 위협을 받았다. 카렌이 실종되기 일주일 전쯤인 2014년 1월 중순, 세타스는 판초를 다시 납치하려 했다. 그는 간신히 납치를 피했고 크게 걱정하지 않는 듯했다. 며칠 후 판초는 산페르난도의 옛집에서 생일 파티를 열겠다고 했다. 그리고 그날이 가족들이 판초를 본 마지막 날이었다. 판초의 어머니는 또다시 마을 곳곳을 찾아다녔다. 그러다 판초의 친구로부터 파티가 열린 밤 아들이 집에서 납치되었다는 말을 들었다. 그 파티에는 카렌과 바바라, 울리세스도 참석했었다.

판초의 부모는 가족이 살던 옛집으로 달려갔다. 그들은 집 앞에서 시동을 켜둔 채 주차된 회색 차를 발견했다. 잠시 후, 라 차파라와 엘 플라코가 집 안에서 쏜살같이 나오더니 공회전 중인 차를 타고 사라져 버렸다. 판초의 부모는 집 안으로 들어가서 일당이 누군가를 결박하는 데 사용한 듯한 테이프 뭉치를 발견했다. 벽에 피가 묻어 있었고, 바닥에는 라 차파라의 출생증명서를 포함한 서류들이 흩어져 있었다. 판초가 그녀에게 방 하나를 임대해 주었던 것이다.

하지만 판초의 부모는 경찰에 신고하지 않았다. 그들은 뭐가 어떻게 된 상황인지 몰랐다. 몇 주 뒤 판초의 친구가 이번에는 판초가 죽었다는 소식을 전해주었다. 엘 바수레로라는 옛 쓰레기 폐기장 인근 목장에서 엘 플라코에 의해 살해되었다고 했다.

엘 플라코가 납치범이라는 증거를 확보한 미리암에게 또다시 익숙한 과제가 생겼다. 엘 플라코를 추적해야 했다. 알려진 대로 더 이상 범죄 활동에 가담하고 있지 않다면 추적이 더 어려울 터였다. 암흑가는 소수의 통제를 받는 비교적 작은 세상이라 한번 활동이 노출되면 추적이 용이하다. 반면 평범한 사람들이 평범하게 일하고 임대료를 지불하고 가족을 부양하는 나머지 세상은 무한하게 넓다.

얼마 후 미리암은 엘 플라코가 세타스를 떠났다는 소문을 전해준 정보원으로부터 새로운 정보를 입수했다. 엘 플라코가 가족을 건사하기 위해 타마울리파스의 공장에 정규직으로 취업해 장시간 교대근무를 하고 있다는 것이었다.

멕시코에서 정규직으로 일하면 세금을 납부해야 하는데, 이는 곧 엘 플라코가 사회보장제도에 등록되어 있다는 이야기였다. 미리암이 암 진단을 받았을 때 루이스가 그녀를 정직원으로 고용하는 방식으로 이용했던 그 제도 말이다. 논리적으로는 사회보장제도에 엘 플라코의 기록이 존재하리란 뜻이었다. 그렇다면 미리암이 사회보장제도 관련 부서에서 일하는 누군가를 설득한다면 그 정보를 얻어낼 수 있었다.

막상 그 과정은 미리암이 생각한 것보다 쉬웠다. 범죄자와 정부 당국에 대한 공분이 주 전체에 퍼져 있는 타마울리파스주이기에 가능한 일이었을 것이다. 공분이 커질수록 주민들 사이의 공감 역시 깊어졌다. 미리암은 무장 폭력으로 자녀를 잃은 사회보장제도 주무관과 친구가 되었다. 미리암이 자신의 목적을 달성하기 위해 사람들을 동원하고 금세 친밀함과 신뢰를 쌓는 재능을 타고난 것은 맞지만, 그 주무관에게는 굳이 그런 재능을 발휘할 필요가 없었다. 그녀는 엘 플라코를 찾는 것을 자청해서 도왔다.

엘 플라코는 시우다드 빅토리아에 살며 약 60킬로미터 떨어진 산업 단지의 공장에서 일하고 있었다. 케이블과 컴퓨터 부품을 생산하는 공장이었다. 주무관은 엘 플라코에 대한 온갖 종류의 정보를 알아냈다. 예를 들어, 그는 전기요금을 납부했으며 지역구에 등록된 유권자였다. 새로 사귄 친구 덕분에 미리암은 몇 번의 클릭만으로 엘 플라코의 출생증명서 사본까지 손에 넣었다. 그녀는 엘 플라코의 거주지 주소를 비롯한 모든 자료를 파일에 담아 수사 당국에 보냈다.[21] 일주일 후에는 확실한 조사 기록을 남기기 위해 수사관들에게 모든 내용을 서면 진술서로 상세히 설명했다.[22] 2015년 2월 무렵 미리암의 여러 노력 덕분에 엘 플라코에 대한 체포 영장이 발부됐다.[23] 1개월 뒤인 2015년 3월 24일 늦은 오후, 소토 라 마리나라는 소도시 산업 단지의 델피1 공장에 경찰이 들이닥쳤다. 엘 플라코는 이제 막 10시간 교대근무를 시작하려던 참이었다.[24]

죽음을 초래한 장본인

미리임이 수집한 실종 피해자 가족 명단은 점점 늘어나며 산페르난도 지역이 겪은 상실을 기록한 보관소가 되어갔다. 어떤 가족은 이들의 사연을 전해 들은 미리암이 직접 찾아갔다. 어떤 가족은 미리암이 가게에 있거나, 식당에서 밥을 먹거나, 길을 걸을 때 찾아왔다. 대부분 사라진 아버지나 아들, 동생이 어떻게 되었는지 알고 싶어 하는 사람들이었고, 종종 미리암이 정부로부터 피해자 보상을 받아내 준다는 소문을 듣고 찾아온 사람들도 있었다.[25]

　그 무렵 미리암은 정부를 압박해 카렌의 것으로 추정되는 유골과 다른 5명의 유골을 미국으로 보내 DNA 검사를 받는 데 드는 비용 4만 달러를 지출하도록 했다.[26] 그녀는 슬픔에 잠긴 어머니들이 죽은 자식의 장례비를 마련할 수 있도록 도왔고, 피해자 가족들이 주도에서 미결 사건에 대한 답변을 받을 수 있도록 교통비 지원을 받아냈다. 그녀는 보조금 지원을 받아내는 데 달인이 되었다. 예기치 않은 의료비 지출로 파산 위기에 처한 가난한 피해자 가족들에게는 적지만 의미 있는 돈이었다.

하지만 시간이 지나면서 미리암은 자신의 대의명분과 엮이고 싶어 하지 않는 사람들도 있음을 알게 되었다. 2015년 말 미리암은 어느 단체 회원이 아들을 매장할 수 있도록 돕고 있었다. 슬픔에 잠긴 그 어머니는 미리암에게 매장 절차를 맡겼다. 그 어머니는 아들을 산페르난도 공동묘지에 묻지는 않기로 했다. 비용 부담이 컸던 탓이다. 미리암은 대신 도시 외곽의 작은 묘지를 골라 사무엘이라는 이름의 남자와 계약했다.[27]

사무엘은 묘지를 관리하며 겨우 생계를 유지하는 노인이었다. 야구 모자 아래로 흰머리가 아무렇게나 삐져나와 있었고, 피부는 진한 갈색 가죽 같았다. 백내장 탓에 시력을 잃어가고 있었다. 그는 은퇴할 나이를 훌쩍 넘겼지만 계속 일하며 금방이라도 무너질 것 같은 집에서 아내와 함께 살고 있었다. 낡은 양철과 나무로 얼기설기 만든 집이었는데, 군데군데 풀이 자라는 마당에는 녹슨 자동차 부품이며 금이 간 양동이, 빈 코카콜라 병 따위가 가득했다. 가난을 우스꽝스럽게 묘사하는 연극에나 나올 법한 모습이었다.

미리암은 사무엘에게 추가 비용을 지불할 테니 고인을 기릴 수 있도록 제대로 된 무덤과 비석을 만들어 달라고 했다. 그런데 몇 주 뒤 찾아갔을 때 미리암이 확인한 것은 삐뚤삐뚤하고 엉성하게 만들어 놓은 무덤이었다.

"대체 그동안 뭘 하신 거예요?" 미리암이 물었다.

미리암은 이타적인 행동으로 모범이 되기도 했지만 고압적이고 참을성이 없는 사람으로 보이기도 했다. 그녀는 쉽게 인내심을 잃었고, 종종 다른 사람들을 모욕하기도 했다. 사무엘은 자신을 무시한 남자를 칼로 찌른 적도 있었지만, 이제는 너무 노쇠한 몸이었다. 그는 미리암에게 돈을 한 푼도 내지 않아도 좋다고 말했다. 마음에 들지 않는다면 무덤을 만들 다른 사람을 찾으라는 것이었다.

미리암은 자리를 박차고 일어나 곧 다시 연락하겠다고 으름장을 놓았다.

고위직 공무원들도 미리암의 의견을 경청했고, 때로는 그녀의 입김으로 누군가의 일자리가 위태로워지기도 했다. 그녀는 자신의 영향력을 끔찍한 방식으로 휘두를 수도 있었다.[28] 공무원들을 압박하거나 적대 세력을 제거할 수 있었고, 검사들을 자기 뜻대로 좌우할 수 있었다. 이튿날 사무엘은 시청 공무원으로부터 미리암과 갈등을 잘 해결하라는 전화를 받았다. 미리암이 시청에 전화해 민원을 넣었다고 했다.

사무엘은 미리암에게 한 말을 공무원에게 그대로 다시 전해주었다. 자신은 돈을 받지 않아도 된다고 했다. 그는 18년 동안 그 자리에서 똑같은 일을 했고, 이러쿵저러쿵 따지고 싶지 않다고 했다. 그리고 자식이 죽는다는 게 부모에게 어떤 의미인지 자신에게 설교할 필요 없다고, 그에 대해서는 누구보다 잘 안다고 했다.

이튿날 미리암이 묘지에 나타났다. 다만 이번에는 그녀의 목소리가 한결 부드러워져 있었다. 사무엘에게 주의를 주었던 공무원이 그녀에게 사무엘의 아들도 오래전에 실종되었다고 말해준 것이었다.[29] 미리암은 사무엘에게 왜 실종 신고를 하지 않았는지, 그리고 자신이 화낼 때 왜 그 이야기를 하지 않았는지 물었다. 사무엘은 어깨를 으쓱할 뿐이었다.

"제가 아드님을 찾는 걸 도와드릴 수 있어요. 고소장을 대신 제출해 드릴 수도 있고, 피해자 보상을 받도록 신청을 도와드릴 수도 있어요." 미리암이 말했다.

사무엘은 고소장 제출을 원한 적이 없었고, 지금도 그럴 계획이 없다고 했다. 아들이 친구들을 만나러 나갔다가 납치되어 사라진 뒤, 봉합된 것은 그의 입뿐이었다. 납치범들은 그를 찾아와 입 다물고 살라고 경고했다.

이후 납치범들이 700달러를 갈취하려 했을 때, 그는 어이없어서 웃음이 났다. 한 달 내내 일해도 벌 수 없는 금액이었다. 아들을 죽인 자들이 그 아버지에게 감당도 못 할 큰돈을 요구하다니! 세상이 얼마나 썩어빠졌는지를 다시 한번 느낄 수 있었다. 그 돈을 건넬 수는 없었지만 입 다물고 살 수는 있었고 그럴 작정이었다. 그에게는 지켜야 할 다른 자식들이 있었다.

미리암은 이제 세상이 달라졌다고 말했다. 피해자들이 뭉쳐서 정부의 대책 마련을 촉구해야 한다고 했다. 사무엘은 코웃음을 쳤다.

"나더러 이래라저래라 말했던 사람이 많죠. 고소장을 제출하고 정의를 바로 세워야 한다고. 하지만 왜 그래야 하죠? 무엇을 위해서? 내 아내와 아이들까지 납치해 가라고?"

대화 내내 사무엘은 자리에 앉아 있었다. 평소에도 지팡이를 짚고 다녔고 서 있는 것도 버거워했다. 자리에 앉아 있는데도 불편해 보였다. 그의 두 눈은 마치 아주 오래된 해골 속에서 간신히 살아 있는 듯했다.

"나는 지금 내 곁에 있는 가족을 보호할 거요. 내가 수사 당국에 가지 않았던 건, 그자들이야말로 모든 죽음을 초래한 장본인들이기 때문이오." 그가 말했다.

마침내 장례를 치르다

카렌의 유해를 일부라도 되찾으려는 길고 험난한 여정은 2016년 2월 10일에 끝났다. 그날 미리암 가족은 산페르난도 공동묘지의 작은 사이프러스 숲 뒤편 땅에 그녀를 묻었다.[30]

루이스 엑토르는 부모가 바로 그 순간까지도 카렌이 다른 도시나 다른 주에 살아 있을지도 모른다는 실낱같은 희망을 붙들고 있음을 알았다. 유해를 찾지 못한 것은 애초에 유해가 없기 때문이라고. 슬픔이 그들의 이성을 마비시켰다. 카렌의 갈비뼈를 아동용 유골함에 담아 매장하고 장례를 치른 것은 반갑지 않은 결말을 의미했다. 카렌이 죽었다.

루이스 엑토르는 부모가 한낮의 태양 아래에 함께 서 있는 것을 지켜보았다. 어머니에게 이 매장은 그동안 자신뿐 아니라 가족의 목숨이 위태로워지는 것까지 무릅쓰고 오랜 세월 감행했던 추적 과정의 일단락이었다. 그러나 자식을 묻으면서 위안을 얻거나 마음을 정리할 수 있는 사람은 없다.

찰로의 장례식장에 많은 지인이 모였다. 갓난아기였을 때부터 성인이 될 때까지의 모습을 담은 카렌의 사진들이 관 옆에 있는 스크린에 슬라이드쇼로 투사되었고, 그녀가 가장 좋아하던 노래 두 곡이 흘러나왔다.

루이스 엑토르는 부모를 지켜보는 것이 괴로웠다. 본인도 슬픔과 분노를 느꼈지만 두 사람을 보고 있노라면 가족이 겪은 상실이 새삼 뼈저리게 느껴졌다. 이제 다시는 예전으로 돌아갈 수 없었다. 비록 예전에도 가족이 결코 행복하기만 하지는 않았지만 말이다. 부모는 각자의 방식으로 망가져 있었다. 아버지는 더 이상 술을 마시지는 않았지만, 그 대신 고립감과 우울감에 빠져 지냈다. 어머니는 복수심에 사로잡혔다.

루이스 엑토르는 한 챕터가 끝나면서 새로운 챕터가 시작된다고 느꼈다. 가장 달라진 것은 자기 자신이었다. 가족이 느낀 상실의 고통을 그대로 되갚아 주고 싶다고 느끼는 것은 자연스러운 감정이겠지만 그는 엄청난 보복을 원했다. 마음 깊은 곳에서는 자신이 그런 끔찍한 행동을 저지를 수 없다는 것을 알았다. 하지만 가족이 경험한 상실을 그저 참고 넘어갈 수는 없었다.

루이스 엑토르는 주도에서 납치 용의자들의 위치를 확인하고 감시하며 어머니를 도왔다. 그는 앞으로 더 많은 일을 감당해야겠다고 생각했다. 아잘리아가 산페르난도에 머물며 어머니의 친구가 되어주었다면, 자신은 시우다드 빅토리아에서 해야 할 일을 수행하며 어머니의 전략적 파트너가 될 작정이었다.

카렌의 장례를 치른 바로 그날, 연방 정부는 타마울리파스주 정부에 서한을 보내 미리암의 요구 사항[31]에 당국이 응할 것을 권고했다. 서한에는 과거 엘 바수레로에서 이뤄진 수색 과정에서 수습된 다른 유골이 있는지 답변을 요구하는 내용도 담겨 있었다. 약 1년 전 미리암이 보낸 절실한 편지들에 대해 마침내 중앙 권력이 응답한 것이다.

주 공무원들을 움직이는 데 연방 정부의 공문서 한 장이면 충분했다. 일주일 뒤 주 정부가 움직이기 시작했다. 타마울리파스주 법의학 담당 부서에서 엘 바수레로에서 진행된 모든 수색 날짜가 포함된 목록을 발송했다. 대부분 미리암이 의뢰했던 것이었지만 단 한 건은 예외였다. 카렌이 납치된 지 4개월 뒤인 2014년 5월 14일에 이뤄진 수색이었다.

그날 해병대는 오후 9시 45분경에 법의학 담당 부서를 엘 바수레로로 호출해 목장 옆에 엎드린 자세로 반쯤 묻혀 있는 남성 시신 한 구를 수습하게 했다. 수색 과정에서 집단으로 매장되어 있는 유골들이 추가로 발견되었다.[32] 유골들이 묻혀 있던 자리는 낡은 트랙터가 휘저어 놓은 듯 진흙이 뒤섞여 있었다. 수사팀은 유골들에서 2개의 DNA 프로필을 식별했다.

부검 보고서에는 귀중한 정보가 가득했다. 그날 유골들을 기록하고 식별하기까지의 과정(법의학 전문가 지정, 부검 명령, 지문과 DNA 검사 신청)이 항목별로 꼼꼼하게 기록되어 있었다. 법의학 전문가들은 채취한 샘플을 라벨이 붙은 흰색 봉투에 넣어 밀봉했다.

엘 바수레로에서 유골이 발견되고 6일 뒤인 2014년 5월 20일, 보고서에는 이런 결론이 담겼다. "앞서 언급한 샘플은 이후 법적 효력이 필요할 때 증거 목록에 포함될 수 있도록 적절한 절차를 거쳐 밀봉되었다."[33]

2014년 6월 16일 주 정부 산하의 법의학 연구실에서 유골에 대한 DNA 검사를 완료했고, 검사 결과를 산페르난도 지역 검찰청으로 보냈다.(34) 미리암이 2년에 걸쳐 딸의 유골에 대해 문의했던 바로 그곳 말이다.

DNA 검사가 완료되고 주요 증거는 사건 파일에 정리되었다. 이후 해당 유골은 찰로에게 보내져 2014년 10월 11일 공동묘지에 매장되었다.(35)

그로부터 1년 반 후 미리암이 서한을 보내기 전까지(36) 그 유골은 산페르난도의 린콘 델 발레 공동묘지의 제2구역 7열에 묻혀 있었다.(37) 그녀가 줄곧 찾아왔던 바로 그 유골을 당국에서 이미 찾았었고 관련 기록을 완벽하게 남겨두었던 것이다.

1개월 후 조사 결과가 나왔다. 2014년 5월 14일 엘 바수레로에서 수습되었으며, 지금은 공동묘지에 묻혀 있는 2개의 대퇴골은 카렌의 것이었다.(38)

정부는 해당 유골을 추가로 검사할 수 있도록 찰로에게 발굴을 허가했다.(39)

10장 총과 뼈

표적 4: 플로리스트

2016년 3월 27일 새벽에 미리암의 전화벨이 울렸다. 카렌의 장례를 치르고 한 달 후였다. 트라우마를 겪은 이후 이른 아침에 걸려 오는 전화가 평범한 용건인 경우는 없었다. 좋은 소식이건 나쁜 소식이건 늘 중요한 소식이었기에 미리암의 등골이 서늘해졌다.

미리암은 계속 아잘리아와 살고 있었다. 아직 원래 살던 집으로 돌아갈 엄두가 나지 않았고 다른 곳으로 떠날 생각도 없었다. 미리암은 남편처럼 세를 얻어 혼자 살기보다는 가족들과 가까운 곳에 지내고 싶었다. 전화벨이 울리자마자 주방에서 커피를 마시고 있던 미리암이 의자에서 벌떡 일어났다. 마치 전화가 올 것을 예상했던 사람처럼 보였다.

정보원의 전화였다. 그는 미리암이 불안해하기 전에 곧바로 본론으로 들어갔다. 마타모로스 국경 다리에서 미리암의 표적 중 한 명인 플로리스트를 발견했다는 것이다.[1] 미리암은 곧장 남편에게 전화해 자신을 데리러 오라고 했다. 카렌이 실종된 이후 미리암과 루이스의 관계는 달라졌다. 이제 두 사람의 목표는 함께 무언가를 만드는 게 아니라 회복하는 것이었다.

미리암은 곧이어 마리아노에게 전화했다. 얼마 전 연방 경찰의 타마울리파스주 작전 책임자로 승진한 그는 부하들을 보내 플로리스트 체포를 돕겠다고 약속했다.

미리암이 집을 나서며 아잘리아를 안심시켰다. 며칠 전 약속한 대로 그날 오후에 파니네 가족과 바비큐 파티를 하자고 했다. 문을 닫기 전에 미리암이 말했다.

"어떻게든 꼭 그 후레자식을 잡아서 돌아올게."

미리암은 플로리스트가 경찰에 체포되는 모습을 보며 활짝 웃었다. 표적을 검거한 것은 그때까지 네 번째였다. 사마, 크리스티아노, 엘 플라코, 그리고 플로리스트. 표적 명단에는 아직 5명이 남아 있었다. 자동차 외판원 엘 마리오, 라 차파라, 카렌의 목을 조른 밧줄을 당긴 엘 키케, 엘 키케의 여자친구이자 최근 들어 자주 거론되는 라 구에라 소토, 마지막으로 재미 삼아 카렌을 때렸다는 라 마초라.

미리암은 플로리스트와 관련된 일을 모두 빠르게 처리했다. 바비큐 파티 전까지 파니네 집에 도착할 수 있을 듯했다.[(2)]

마타모로스에서 산페르난도로 돌아가는 길은 101번 국도를 타고 멕시코만 해안을 따라 1시간 반 정도 달려야 하는 거리였다. 달리는 차 안에서 미리암은 마리아노에게 전화로 상황을 전하며 도와줘서 고맙다고 감사 인사를 했다. 그는 호탕하게 웃으며 미리암이 플로리스트를 직접 검거했다는 소식을 이미 보고받았다고 했다.

미리암은 마리아노가 아는 누구보다 세타스에 대해 많은 정보를 갖고 있었다. 조직원들의 이름, 전화번호, 주소, 직업 등등.[3] 그녀는 단서를 찾고 증인을 압박하는 데 타고났고 기억력이 비상했다. 그 무렵 마리아노에게 미리암은 없어서는 안 될 존재였다. 그는 용의자가 알아보지 못하도록 그녀를 검은 제복과 복면으로 위장시킨 채 체포 작전에 데려가곤 했다. 그녀는 경찰뿐 아니라 해병대, 육군과도 비슷한 방식으로 공조하며 각종 범죄 용의자와 수배 명단에 오른 마약 밀수업자 검거를 도왔다.

미리암은 공조의 이점을 잘 이용했지만 카렌의 죽음에 연루된 자들은 본인이 직접 추적하는 편을 선호했다. 일단 함정을 파놓은 뒤에만 당국의 협조를 구했다. 작전지휘권을 넘기면 검거 실패, 대규모 유혈 사태, 불법 사살 등 여러 혼란이 발생한다는 것을 뼈저리게 배웠다. 자신이 신뢰하는 연줄들을 곤경에 빠뜨리고 싶지 않았다.

마리아노는 미리암의 플로리스트 검거 이야기를 가만히 들어주었고, 법적으로 문제가 있어 보이는 점들은 슬쩍 눈감아 주었다.

"음, 이제 다 끝났네요. 안 그래요? 당신은 할 만큼 했어요."

그는 마침내 미리암이 추적을 멈출 때가 됐음을 암시했다. 그녀의 지칠 줄 모르는 추적은 놀라웠지만 동시에 위험했다.

"아직 아니에요. 아직 찾아내야 할 년들이 있어요."[4] 미리암이 대답했다.

카렌을 납치하고 고문하는 데 가담했던 라 차파라, 라 구에라 소토, 라 마초라를 말하는 것이었다. 그들은 남자 조직원들보다 추적이 힘들었다.

미리암은 종종 카렌이 실종된 직후 반쯤 미친 상태로 차를 몰고 시내를 헤매고 다녔던 날들을 떠올리곤 했다. 당시 그녀는 라 차파라가 바비큐 식당의 간이 테이블에 앉아 의심스럽게 행동하는 것을 목격했다. 카렌의 몸값을 요구했던 전화들의 GPS 좌표를 검토한 결과, 발신지는 라 차파라의 할머니 집이었다.[5] 그녀가 세타스를 위해 엘 바수레로까지 이어지는 도로를 감시했을 거라는 미리암의 의심이 사실로 확인된 것이다.

미리암은 그 무렵 라 차파라가 가끔 매춘부로 일한다는 사실을 알게 되었다. 그 일의 특성상 비밀스럽고 은폐된 정보들이 많았다. 한번은 시우다드 빅토리아에서 그녀를 검거하기 직전까지 갔었다.[6] 미리암은 추적 끝에 이발소에서 고객을 기다리고 있던 라 차파라를 찾아냈지만, 길에서 몸싸움을 벌이다 그녀를 놓치고 말았다.

라 구에라 소토도 매춘부로 일했다. 그녀는 처음에는 매춘부와 고객으로서, 그리고 나중에는 엘 키케의 여자친구로서 산페르난도 지역 세타스 조직원들과 가까워졌다.[7] 미리암은 그녀가 사마와 관련되어 있다는 정보를 입수했지만, 사실 여부를 확인할 수는 없었다.[8] 사실 그녀와 관련된 정보는 미리암도 별로 아는 것이 없었다.

미리암은 카렌에게 가학적 집착을 보였던 라 마초라에 대한 증오가 깊었다. 그녀는 카렌이 예쁘다는 이유만으로, 혹은 자기 자신이 못생겼다고 생각했던 탓에 카렌에게 이유 없이 심술을 부리며 괴롭혔고 카렌을 마구잡이로 구타했다. 마치 죽이는 것만으로는 직성이 풀리지 않는다는 듯이 말이다. 그 사실이 카렌의 죽음을 더욱더 비통하게 만들었다.

마리아노는 언쟁을 벌여봐야 미리암이 절대로 멈추지 않으리라는 것을 알았다. 그는 미리암에게 여전히 카렌이 납치된 직후 차를 몰고 시내를 헤매고 다녔던 때와 같은 심정으로 추적을 이어가는 것인지 물어본 적이 있었다. 비록 소용없는 일이라 할지라도, 무슨 일이든 하지 않으면 참혹한 현실을 외면하는 것 같은지.

미리암은 파니네 저택을 향해 산페르난도 시내를 내달렸다. 유명 의사인 파니의 아버지가 자신처럼 의사가 된 큰딸 야스민과 사방으로 펼쳐진 저택 뒷마당에서 소금에 잘 재운 소고기와 파를 숯불에 굽고 있었다.

파니는 더 이상 산페르난도에 살지 않고 마타모로스에서 지냈고, 카렌이 사라진 이후에는 집에도 거의 오지 않았다. 하지만 미리암은 여전히 파니네 가족과 가깝게 지냈다. 평소에는 쇼핑백 크기의 화장품 파우치를 들고 다니는 미리암이지만, 아침에 입고 나간 파자마에 외투를 걸치고 모자를 뒤집어쓴 채 바비큐 파티에 나타나는 것을 개의치 않을 정도로 가까운 사이였다. 플로리스트를 검거했다는 사실에 여전히 흥분이 가라앉지 않은 채 미리암은 다른 사람들과 그릴 옆에서 마음껏 수다를 떨었다.[9]

아잘리아와 야스민은 미리암이 오랜만에 정말 행복해 보인다고 느꼈다. 그녀는 플로리스트를 어떻게 검거했는지 모두에게 설명했다. 다들 겉으로는 웃으면서도 마음속으로 조마조마했다. 심지어 아잘리아도 마찬가지였다. 흉악범을 추적하고, 권총으로 위협하고, 경찰 출동을 요청해 검거하다니. 영화에나 나올 법한 이야기였다.

미리암은 종종 복잡한 추적 과정에 몰두하느라 그 행동이 얼마나 무모한지 잊어버리곤 했다. 그리고 그녀의 노골적인 묘사와 상스러운 표현이 그 일과 무관한 사람들에게 어떻게 비칠지도 신경 쓰지 않았다. 친구들은 미리암을 걱정하는 동시에 자신들의 신변을 걱정했다. 그녀와 가깝게 지내다 불똥이 튈 수도 있었다.

야스민은 미리암을 이모라고 부르며 따랐다. 미리암은 가게 일, 피해자 단체 운영 외에 보건소에서 환자들의 권익을 보호하는 일도 했는데,⁽¹⁰⁾ 야스민도 그곳에서 의사로 일했다. 두 사람은 보건소에서 도시락을 나눠 먹곤 했다. 미리암이 자신의 추적 활동과 해병대 소탕 작전, 마약 밀수업자와 그 가족 관계에 대해 이야기할 때면, 야스민은 듣고 싶지 않다고 말하곤 했다. 자세히 알고 싶지 않았다. 오히려 모르면 모를수록 좋았다.⁽¹¹⁾

뒷마당에서 야스민이 미리암에게 이쯤에서 그만두는 게 어떻겠냐고, 범죄자 추적은 경찰에 맡기는 편이 낫지 않겠냐고 질문했다. 그때까지 미리암이 100번도 넘게 들었고, 최근 들어 마리아노에게 자주 들은 질문이었다.

"이모가 아는 정보를 경찰에 넘기고 알아서 체포하게 하는 게 어때요? 직접 위험을 감수하며 그 자리에 있을 필요는 없잖아요." 야스민이 물었다.

"어림없지. 난 경찰을 신뢰하지 않아. 알아서 하라고 내버려두면 언제나 일을 망쳐버린단 말이야."⁽¹²⁾ 미리암은 쓴웃음을 지으며 고개를 저었다.

플로리스트는 구금 상태에서 산페르난도 지역 세타스의 조직도를 자세히 진술했다.⁽¹³⁾ 말단 조직원에 가까웠던 플로리스트는 세타스 조직원을 두 부류로 설명했다. 전략적 요충지에서 의심스러운 활동을 보고하는 망꾼, 그리고 말뚝이라는 뜻의 '에스타카스(estacas)'

라고 불리며 납치 및 살인을 담당하는 무장 조직원들이었다.

경찰서에서 플로리스트는 너무 긴장한 나머지 여러 사실을 떠오르는 대로 잘 연결되지 않는 말들로 늘어놓았다. 그 무렵 이미 수사 당국에 익숙해진 이름들이 줄줄 나왔다. 사마, 엘 체포, 크리스티아노, 엘 플라코. 모두 세타스 출신 범죄자를 수용할 시설로 지정된 시우다드 빅토리아 교도소에 수감되어 있는 인물들이었다.

플로리스트는 자신이 세타스에 들어간 사연도 진술했다. 강제 징집에 가까운 과정이었다.[14] 프로 복서였던 엘 체포가 어느 날 그를 찾아와서, 두목이 그의 세타스 입단을 결정했다고 전해주었다.

"파파 라리께서는 네가 창문닦이로 일하는 주유소가 망보기 좋은 거점이라고 생각하신다." 플로리스트는 엘 체포의 말을 인용하며 산페르난도 지역 세타스 두목인 엘 라리의 이름을 언급했다. 엘 라리는 카우보이모자를 즐겨 쓰고, 시 로고가 선명하게 그려진 흰색 트럭을 몰고 다니는 변덕스러운 인물이었다.

"뭐라고요? 제가 아직 세타스에서 일할 마음의 준비가 안 됐으면요?"

"두목은 네가 어떻게 생각하는지 신경 쓰지 않아."

플로리스트는 그날 이후 세타스 조직원이 되었다.

미리암은 모든 과정을 대부분 알고 있었다. 불과 몇 달 전이었다면 플로리스트의 진술을 듣기 위해 검찰청에 갔겠지만, 이제는 새로운 정보가 있을 때만 진술서를 확인하면 됐다. 그런데 몇 가지 유용한 정보가 있었다. 플로리스트가 카렌의 처형을 도왔던 처진 눈의 엘 키케, 그리고 그의 여자친구인 전직 매춘부 라 구에라 소토를 언급한 것이다. 마침내 라 구에라 소토가 미리암의 주요 표적이 되었다.

파니네 저택에서 식사를 마쳤을 때 테이블 주변 곳곳에 빈 맥주병들이 놓여 있었다. 미리암은 그중 몇 개를 집어 들고는 시멘트 벽이 반쯤 세워져 있는 가장자리로 걸어갔다. 그녀는 빈 병 두어 개를 벽 위에 올리더니, 곧이어 두어 개를 더 올렸다. 그다음 사람들이 모여 있는 곳으로 돌아와 핸드백에서 38구경 권총을 꺼냈다.

몇 년에 걸쳐 그녀의 친구들은 향기를 맡으면 연인을 떠올리고, 접시를 보면 식당을 떠올리듯 미리암을 점점 더 권총과 연결해 생각하게 되었다. 권총의 존재가 미리암의 정체성을 완성시켰다. 권총이 없으면 미리암의 정체성도 사라졌다.

멕시코는 세계에서 총기 규제법이 가장 엄격한 나라 중 하나다. 비록 불법 총기가 넘쳐나지만 말이다. 미리암은 몇 년 전 총기 사용 허가를 신청했다 거부당했다. 하지만 그녀가 총을 쏠 수 있느냐 없느냐는 다른 문제였다. 그녀가 총을 쏘는 모습을 직접 본 사람은 별로 없었다.

미리암은 반자동 권총을 들어 올려 맥주병을 조준했다. 그녀가 몇 발을 발사하자 맥주병들이 산산이 부서졌다. 그녀는 한 발도 낭비하지 않고 모든 병을 맞혔다.

유리 파편들을 경이롭게 바라보던 야스민이 휘파람을 불며 말했다. "이래서 내가 미리암 이모한테 까불지 않는 거예요."[15]

두 번째 장례식

2016년 4월, 주 정부 산하 법의학 연구실은 2014년 5월 엘 바수레로에서 수습된 후 2년 가까이 공동묘지에 매장되어 있던 유골에 대한

최종 DNA 검사 결과를 전했다.⁽¹⁶⁾

카렌의 유골이었다.⁽¹⁷⁾

이의는 없었지만 미리암은 검사 결과를 공식 서면으로 발송할 것을 요청했다. 또한 "전통에 따라 장례를 치를 수 있도록"⁽¹⁸⁾ 시우다드 빅토리아에 보관 중이던 카렌의 유골을 돌려줄 것을 요청했다.

5월 5일 아침, 미리암과 루이스는 시우다드 빅토리아에서 법의학 연구실 사람들을 만났다. 미리암은 레이스 칼라가 달린 검은색 상의에 어울리는 금목걸이 귀걸이를 착용했다. 루이스는 검은색 셔츠와 청바지, 카우보이부츠를 착용했다. 사무실에 도착하자 직원이 부부를 책상 하나와 의자 2개가 있는 작은 방으로 안내했다.

미리 와 있던 찰로가 유골을 인계받아 운구차 안에 비단으로 감싸져 있던 관으로 옮겼다. 그 역시 어두운색 바지와 검은 재킷을 차려입고 머리를 짧게 정리했다. 찰로는 미리암의 불규칙한 추적 활동 연대기에 연속성을 부여해 주었다. 엘 바수레로 소탕 작전 이후 이어진 수색 때마다 현장을 지켰다. 2015년에 처음 카렌의 것으로 식별된 유골⁽¹⁹⁾을 매장한 사람도 그였다. 발굴된 유골들을 정부의 명령에 따라 공동묘지에 매장했다가, 18개월 후 다시 발굴한 사람도 그였다. 이제 그는 두 번째이자 마지막으로 카렌의 유해를 매장할 예정이었다.

장례식장에는 소수의 인원만 모였다. 루이스 엑토르는 사정상 올 수 없었다. 이번에는 정식 장례 행사도, 음악도, 슬라이드쇼도 없었다. 사람들은 조용히 모여 있다가 새로 찾은 유골이 기존에 묻혀 있던 유골과 함께 안장될 묘지로 하나둘 떠났다.

다른 사람들이 떠난 뒤에도 미리암은 한동안 자리에 머물렀다.

아잘리아가 어머니와 함께 있었다. 아잘리아는 몹시 지쳐 보이는 어머니의 주름진 얼굴을 바라보았다. 어머니의 얼굴에는 그 어떤 부드러움도 남아 있지 않았다. 기쁨도, 유머도, 젊은 시절의 경쾌했던 웃음도, 근심이라고는 없던 미소도 남아 있지 않았다.

"언제 끝날까?" 아잘리아가 물었다.

"뭐가 언제 끝나?" 미리암이 물었다.

"이거." 아잘리아는 두 팔을 휘저으며 차례로 관, 장례식장의 어두운 조명, 짙은 색 카펫, 커튼에 가려진 창문을 가리켰다.

미리암은 카렌을 찾으면 추적을 그만두겠다고 약속했었다.[20] 아잘리아는 상상도 못 했던 일들을 해낸 어머니가 비로소 약속을 지킬지 궁금했다. 주변 사람 모두가 미리암과 자신들의 안전을 걱정했다. 일반적인 조직범죄에 맞서는 것만으로도 미친 짓인데, 세타스 조직원을 교도소에 보내고 범죄 조직의 존속을 위협하다니. 죽기를 자청하는 짓이었다.

미리암은 아동용으로 보일 만큼 작은 관을 열어, 그 안에서 작은 봉투를 꺼냈다. 새의 뼈처럼 연약하고 작은 뼛조각들. 그녀가 봉투를 들어 올리며 말했다.

"이게 저들이 내게 남긴 내 딸의 모습이야.[21] 내가 그만둘 수 있다고 생각하니?"

표적 5: 엘 마리오

미리암은 타마울리파스주 이외의 지역에 살거나, 중고차 판매업 등에 종사하는 친구들에게 전화하며 혹시 표적 명단의 인물들을 본 적이 있는지 확인했다. 그러다 엘 마리오에 대한 소문을 듣게 되었다. 엘 마리오는 카를로스가 목장에서 본 비교적 나이가 많은 세타스 간부였다. 그녀는 예전에 한 번 엘 마리오를 붙잡은 적이 있었다. 문자 그대로 벽에 몰아넣고 경찰이 오기를 기다렸다.[22] 그러나 경찰은 오지 않았다. 그때는 언제든 전화해 도움을 요청할 수 있는 경찰이 없었다.

문제는 그뿐만이 아니었다. 미리암이 영장도 없이 엘 마리오의 집에 쳐들어갔던 것이다. 미리암은 벽을 등지고 서 있는 엘 마리오의 사진을 계속 보관하고 있었다. 그녀는 그 사진을 마리아노에게 보냈다. 미리암은 직접 그린 약도를 함께 보냈고, 경찰은 정확한 위치로 출동해 자동차 판매원으로 일하던 엘 마리오를 체포했다.[23] 그러나 구금 기간은 길지 않았다. 엘 마리오의 변호사가 정부 측의 (사실 미리암의) 기소 내용에서 모순을 지적한 것이다.[24]

용의자를 살인 혐의와 직접 관련지을 만한 물증이 없었다.[25] 미리암은 증거를 확보하기 위해 여러 차례 엘 바수레로를 찾아갔다. 티셔츠, 벨트, 지문 등 세타스 조직의 개입을 보여줄 수 있는 무엇이든 찾으려 했지만[26] 결국 빈손으로 돌아올 뿐이었다.

카렌의 납치 과정을 증언할 사람이 부족했다. 카를로스와 그의 사촌 울리세스, 카렌의 베네수엘라인 남자친구가 전부였다. 게다가 울리세스는 세타스에 포섭되어 충성을 맹세한 상태였다. 경찰은 카렌의 베네수엘라 출신 남자친구를 찾아다녔지만 성과가 없었다.[27]

그때 이미 카를로스는 두 번 이상 수사 당국에 출석해 증언을 마쳤다.[28] 두 번의 증언 내용이 조금 달랐는데, 세타츠 측 변호인은 카를로스의 증언에 모순이 있다는 점을 변호 전략의 핵심으로 내세였다.[29] 변호인은 이를 근거로 카를로스가 거짓말을 하고 있거나 적어도 납치 당일의 상황을 자세히 기억하지 못한다고 주장했다.

이 사건은 전적으로 미리암을 중심으로 진행되었다. 그녀는 사건의 동력이자 재판이 시작된 이유 그 자체였지만, 동시에 약점이기도 했다. 미리암은 검사가 아니었다. 사건을 이끌어 갈 방법을 정확히 몰랐다. 그 약점이 멕시코의 낡은 사법제도에서 더 크게 부각되었다. 그러나 미리암은 굴하지 않았다. 범죄행위에서 반복적으로 발견되는 패턴을 증거 삼아 세타스 조직원들이 범죄의 대가를 치르게 하고자 노력했다. 조직원 개인의 범죄를 세타스 전체와 연결했고, 세타스를 산페르난도에서 벌어진 납치 사건들의 배후로 지목할 방법들을 방법을 찾았다.

미리암은 루이스와 함께 사마(그리고 그의 보스)를 미행했던 2014년 당시에 보았던 자주색 집을 찾아가 잠입했다.[30] 마당에 잡초가 무성한 그 집은 창문에 흰색 쇠살창이 설치된 단층 건물로, 세타스에서 납치 피해자를 가둬두던 곳이었다. 건물 외벽에 세타스 조직원들이 검은색 펜으로 낙서해 놓은 별명들이 있었다.

미리암은 각각의 별명을 적어서 페이스북 계정들과 대조해 보았다.[31] 그녀는 산페르난도 지역의 거의 모든 세타스 조직원의 계정을 찾았는데, 조직원들은 대부분 자신의 사진을 페이스북에 게시하곤 했다. 미리암은 조직원 간의 관계를 증명하기 위해 그들이 서로의 페이스북 피드에 남긴 글들을 수집했다.

하지만 표적 중 2명만큼은 페이스북으로 추적되지 않았다.[32] 카렌을 잔혹하게 구타했던 라 마초라, 그리고 세타스와 연루된 전직 매춘부 라 구에라 소토였다.

표적 6: 라 차파라

산페르난도에서 발생하는 폭력 범죄는 인맥으로 얽혀 있었다. 규모와 심각성 면에서 전쟁 지역을 방불케 했지만, 기본적으로 소도시인 탓이었다. 주민들은 서로를 알았고, 직접 알지는 못하더라도 한두 다리만 건너면 아는 사이였다. 미리암은 표적들에 대한 세부 정보를 알아내기 위해 멀리까지 갈 필요가 없었다. 세타스 조직원들의 조심성 없는 이모, 고모, 할머니, 또는 눈치 없는 삼촌이면 충분했다. 연인 사이를 포함해 조직원 간의 관계 역시 지역 내에서 알아낼 수 있었다. 그녀는 정보원들을 통해 카렌을 죽이는 데 가담했다는 (목에 흉터가 있는) 행동대장 체로키와 라 차파라가 연인 관계라는 사실을 알아냈다.[33]

2016년 8월의 어느 따스한 날, 미리암은 시우다드 빅토리아 교도소 바깥에 차를 세워두고, 방문객 무리가 교도소에서 나오는 모습을 지켜보았다.[34] 당시 체로키는 카렌을 납치한 혐의가 아닌 다른 범죄로 수감되어 있었는데, 미리암은 치밀한 조사 끝에 라 차파라가 종종 그를 면회하러 온다는 사실을 알아냈다.

거리에서 몸싸움을 벌이다가 놓친 이후 미리암은 라 차파라를 목격한 적이 없었다. 그녀는 다시는 같은 실수를 반복하지 않겠다고 다짐했다. 미리암은 마침내 라 차파라가 교도소에서 나오는 것을 보았지만 직접 나서는 대신 집까지 미행했고, 집 앞에서 경찰을 불러 그녀를 검거했다.[35]

구금된 라 차파라는 카렌을 납치한 바로 그 무리에게 자신도 납치당했었으며, 그들을 도운 것은 목숨을 부지하기 위해서였다고 주장했다.[36] 미리암은 라 차파라가 증언하는 모습을 의심의 눈길로 지켜보았다. 그녀가 어떻게 자신을 변호하는지 보기 위해 미리암은 담당 검사에게 라 차파라가 라 구에라 소토 등 세타스 조직원들과 팔짱을 끼고 있는 사진 몇 장을 건넸다.

큰 키, 넓적한 얼굴, 초록색 눈동자, 흰 피부의 라 구에라 소토는 산페르난도에서 멀지 않은 소도시 누에보 파디야에서 자랐다. 미리암이 수집한 정보에 따르면, 지금은 세타스에서 일하지 않고 시우다드 빅토리아에서 직장을 구하는 중이었다.[37]

사실 라 구에라 소토에 대한 한 가지 정보가 더 있었다. 아직 확인되지 않았지만, 그녀가 사마의 사촌이라는 정보가 있었다.[38]

표적 7: 엘 키케

그곳은 시우다드 빅토리아의 이면도로에 자리 잡은 아담한 개신교 교회였다. 미리암은 1주 전, 2주 전에도 그곳을 살펴보러 왔었다. 그녀가 주목한 대상은 교회 교역자로, 짙은 색의 짧은 머리와 큰 키, 이목구비가 모여 있는 30대 초반 남자였다.

2016년 11월 14일 오후, 그녀는 그 얼굴을 보고 확신했다. 엘 키케였다.[39]

경찰이 출동해 수갑을 채우자 엘 키케가 미리암에게 자비심도 없냐고 물었다. 그녀는 걸음을 멈추고 그를 노려보며 물었다.

"내 딸을 죽일 때 네 놈의 자비심은 어디에 있었지?"[40]

관료주의에 맞서다

"마리아 이네스 씨 되시죠?"[41]

"네, 접니다."

"아드님을 찾았습니다. 그 말씀을 드리려고 전화했습니다." 전화를 건 여자가 말했다.

목소리를 듣고 마리아 이네스는 그녀가 자신의 정부 측 소송 담당자임을 알아차렸다.

"마타모로스로 출두하셔야합니다."

그녀는 마치 법원 소환장을 전달하듯 건조하게 용건만 말했다. 마리아 이네스는 어안이 벙벙했다. 5년간의 고통이 고작 몇 단어로 표현되었다. '아드님을 찾았습니다.'

친정 엄마가 수술받는 동안 병원 대기실에 앉아 있었던 마리아 이네스는 한동안 가만히 통화 내용을 곱씹다가 다시 전화를 걸었다.

"실례지만 제 아들을 찾았다는 무슨 뜻인가요?"

목이 메었다. 그녀는 지난 몇 년간 그 전화를 기다렸고 꿈까지 꾸었다. 마침내 그 전화를 받았는데 좌절감만 느껴졌다. 그 여자가 대답할 틈도 없이 마리아 이네스는 절대로 그 답을 알고 싶지 않은 질문을 했다.

"어떻게 찾았나요? 아들은 무사한가요? 아들이 죽었나요?"

"죽었습니다." 여자가 딱 잘라 말하고는 전화를 끊었다.

마리아 이네스는 바닥에 주저앉아 울었다. 모든 게 끝났음을 깨닫는 순간, 아들을 찾아 헤맨 지난 5년간의 트라우마가 한꺼번에 되살아났다. 그녀는 미리암에게 전화를 걸었다. 미리암은 그녀에게 마음을 굳게 먹어야 한다고, 평정심을 잃으면 더 힘들어질 거라고 말했다.

미리암은 마리아 이네스가 가족과 함께 마타모로스에 갈 버스표를 대신 준비해 주었다. 이튿날 아침 마리아 이네스 가족은 안내받은 대기실에서 마리아 이네스에게 전화했던 담당자를 몇 시간 동안 기다렸다. 그러다 결국 무작정 사무실로 들어가자, 담당자는 너무 바빠서 응대할 겨를이 없으니 다른 직원을 찾아가 보라고 했다. 마리아 이네스는 끓어오르는 분노와 굴욕감과 혼란이 결합된 복합적인 감정을 느꼈다. 무슨 말을 해야 할지 모른 채 그저 멍한 표정으로 그녀를 쳐다보았다. 정장 차림의 다른 직원이 가족을 다른 곳으로 안내했다. 다시 한참을 기다린 후에 그 직원은 에두아르도의 행방과 관련된 기록은 없다고 통보했다.

"하지만 저는 제 아들의 시신을 찾았다는 전화를 받았는걸요." 마리아가 반박했다.

그 직원은 착오가 있었을 거라고 말했다. 검찰청이나 정부 측 소송 담당자가 실수로 전화했을 거라고는 말하지 않았다. 다만 누구의 잘못도 아닌 사소한 실수로, 죽은 아들에 대한 잘못된 정보가 전달되었을 거라고 했다.

정부 당국의 비협조적인 태도 앞에서 마리아 이네스는 한마디도 못 하고 집으로 돌아갔다. 미리암과 함께 갔더라면 공무원들에게 거세게 항의했을 것이다. 그러나 동시에 마리아 이네스는 자신에게 자격이 없다고 느꼈다. 그것이 무엇이건, 심지어 진실을 알 자격도 없다고.

마타모로스에서 집으로 돌아가는 버스에서 마리아 이네스가 전화했을 때 미리암은 전화기에 대고 소리쳤다.[42]

"그 사람들이 아무 말도 안 해줬다고요? 이런 인정머리도 없고, 입장 바꿔 생각할 줄도 모르는 인간들 같으니라고!"

미리암의 격렬한 지지는 큰 위안이 되었다. 마리아 이네스는 외롭지 않다고 느꼈다. 자신의 분노가 정당하게 느껴졌다. 결국 그녀가 알게 된 것은 아무것도 없었다. 다른 사람들과 마찬가지로 그녀는 그 상황이 낯설었고, 잔뜩 주눅이 든 채 아무것도 요구할 수 없었다. 심지어 최소한의 예의조차도. 냉담하게 어깨를 으쓱하는 몸짓, 무슨 생각인지 알 수 없는 표정, 따로 공부하지 않은 민원인이라면 도무지 알아들을 수 없는 말들. 이 모든 것은 민원인의 요청에 "시간이 소요될 것"이라는 딱딱하고 의례적인 답변 외에는 아무것도 얻어낼 것이 없음을 의미했다.

미리암은 답변을 요구하러 함께 시우다드 빅토리아에 가자고 제안했다.

미리암은 자신에게 적이 많다는 것을 알았다. 세타스만 있는 것도 아니었다. 그녀의 활동가로서의 영향력을 인정하지 않는 사람들, 혹은 그녀가 그 영향력을 믿고 점점 오만하고 무모하게 군다고 느끼는 사람들이 있었다. 게다가 2016년 무렵에는 지난 2년간 공직사회와 대립한 결과, 자신이 정부의 공격 대상이 되었음을 깨달았다.[43]

공격은 미리암이 타마울리파스주 인권위원회로부터 받은 기금을 조사하는 것부터 시작되었다.[44] 그녀가 단체를 대신해 받은 기금의 사용처에 대한 조사였다. 겉보기에는 문제없고 정당한 조사였다. 그러나 정부는 미리암이 실제로 받지도 않은 수만 달러를 받은 것처럼 정황을 만들었다.

정부가 추산한 총액은 경악스러웠다. 거의 5만 달러에 달했다. 그 정도 액수를 받았다면 다른 활동가들이나 단체 사람들의 눈을 피할 수 없었을 것이다.[45] 정부의 단속도 철저했을 것이다. 5만 달러면 타마울리파스주 평범한 노동자 가정의 몇 년 치 임금이었다. 어떻게 활동가 한 명이 그렇게 많은 돈을 받을 수 있겠는가?

미리암이 타마울리파스주 인권위원회에 대한 민원을 넣은 것에 따른 결과였다. 그녀가 카렌과 유골 처리와 관련된 문제로 주 정부 당국을 비난하자,[46] 위원회는 감사라는 관료주의적 가면을 쓴 채 보복을 가했다. 위원회는 미리암에게 지출된 모든 정부 예산을 항목별로 나열했다.[47]

자신에게 지출되었다는 비용을 일일이 확인하는 데에만 몇 달이 걸렸지만[48] 미리암은 명백한 오류들을 발견했다. 예를 들어, 카렌의 유골에 대한 DNA 검사와 관련된 비용인 1만 5,000달러는 사실 다른 가족들의 검사 비용도 포함된 금액이었다.[49] 또 감사 보고서에는 자녀 교육비가 보조금으로 포함되어 있었는데[50] 미리암에게는 학령기 자녀가 없었다. 정부는 그저 자신들이 골치 아팠던 만큼 그녀를 괴롭게 하려는 듯했다.

미리암은 정부가 휘두르는 공문서의 위협에 맞설 방법을 알았다. 관료주의에는 관료주의로 맞서야 한다. 그녀는 모든 지출 내역에 대한 증빙(티켓 사본, 학비 영수증, 문제가 되는 지출에 미리암이 서명했음을 보여주는 문서 등)을 요구하는 서한을 발송했다.[51] "설령 공문에 기록된 금액이 사실로 밝혀지더라도, 정부 측은 제가 입은 경제적 손실의 10분의 1도 지출하지 않은 것입니다"라고 썼다.[52]

마리아 이네스가 마타모로스 방문에서 아무런 성과 없이 돌아오고 얼마 후, 미리암은 승합차를 렌트하여 그녀와 다른 몇몇 여성들을 태우고 시우다드 빅토리아로 향했다.[53] 차 안에서 여성들은 농담을 주고받으며 한껏 들떠 있었다. 오랫동안 정보 공개는 물론이고 방문조차 거부해 온 담당 공무원들을 마침내 직접 대면한다는 기대감 때문이었다.

미리암은 긴장한 마리아 이네스를 주차장부터 주 검찰청으로 들어가는 입구까지 부축했다. 지난 100여 년간 타마울리파스주 지검장을 역임한 엄숙한 얼굴의 초상화가 일렬로 걸려 있는 복도를 지나, 계단을 오르자 유리 벽으로 둘러싸인 타마울리파스주 지검장실이 보였다.

입구에서 경비원이 그들을 막아섰다.

"지금은 아무도 만날 수 없습니다." 경비원이 등 뒤로 다가와 말했다.

"그게 무슨 뜻이죠? 지금 저를 막는 건가요?" 미리암이 언성을 높였다.

빨간 머리 여자가 무슨 이유로 고성을 치는지 보려는 사람들이 모여들자 경비원이 두리번거리기 시작했다.

"지금 저는 허락을 구하는 게 아니에요." 미리암이 경비원의 가슴을 손가락으로 밀며 말했다. "우린 들어갈 겁니다."

바로 그때 지검장실에서 나온 누군가가 미리암을 알아보고는 대기실로 안내했다.

"지검장님과 직접 이야기해야겠어요." 그녀가 말했다.

그가 지검장은 안에 없으니 자신과 이야기하자고 했다.

미리암은 마리아 이네스가 처한 상황, 그녀가 공무원들에게 당한 모욕, 지속적인 2차 가해를 설명하며 대화를 이끌었다. 그 공무원은 조용히 이야기를 듣더니 누군가에게 전화해 파일을 가져오라고 했다. 검토를 마친 그가 파일을 부하 직원에 돌려주며 미리암을 바라보았다.

"이 문제를 해결하기 위해 노력하고 있습니다."

그는 주 정부가 에두아르도가 실종된 2011년에 발굴된 유골들의 신원을 확인하는 과정에서 외부 전문가의 도움을 구하고 있다고 했다. 해외에서 전문가를 초빙해 피해자 가족의 DNA 샘플을 추가로 채취할 예정이라는 것이었다.

면담을 마친 마리아 이네스는 작은 희망을 품었다. 약속받은 대로 얼마 후 연락이 왔다.

"대부분은 친구가 아니에요"

산페르난도에서 슬픔은 철저히 사적인 문제였다. 사람들은 장례식 때를 제외하면 슬픔에 잠긴 모습을 드러내지 않았다. 타인에게 자신의 고통을 드러내려 하지 않았다. 고통을 약점 삼아 이용당할 수도 있기 때문이다. 미리암의 부츠 가게는 예외적인 공간이었다.[54] 그곳에서만큼은 실종자 가족들이 슬픔을 약점으로 느끼지 않고 한숨 돌릴 수 있었다.

2017년 3월 어느 날 아침, 미리암이 가게에서 재고를 확인하고 있는데, 보건부 시절 직장 동료인 마리아 돌로레스 구스만이 황급히 문을 열고 들어왔다.[55] 그녀는 흐느끼며 오빠가 실종되었다고 말했다. 가족이 실종 신고를 했지만, 경찰은 사바스 구스만이 실종된 지 아직 72시간도 안 되었다며 사건 접수를 거부했다고 했다.[56] 사바스가 타마울리파스주와 인접한 과나후아토주에 자동차를 판매하러 갔는데[57] 어젯밤 이후로 연락이 두절되었다고 했다.

미리암은 작업에 착수했다. 몇 시간 뒤 전화벨이 울렸다. 사바스와 인상착의가 일치하는 시신이 과나후아토주에서 발견되었다는 소식이었다. 전화 통화는 한동안 이어졌다. 미리암이 전화를 끊더니 마리아 돌로레스, 그리고 그녀와 동행한 남동생을 쳐다보았다.

"지금 당장 출발해야 해." 미리암이 시계를 보며 말했다.

오후 10시 30분이었다. 미리암의 말투가 조금 달라졌다. 뭔가를 알게 된 듯 초조해 보였지만 한동안 아무 말도 하지 않았다.

"내일 아침 8시에 문을 열 때까지 그곳에 도착해야 해." 그녀가 말했다.

미리암이 전화로 전해 들은 소식은 당국에서 그 시신을 공동묘지에 보내려 준비하고 있다는 것이었다.[58] 일반적으로는 가족이 시신을 확인할 수 있도록 유예 기간을 두는데, 어떤 이유에서인지 당국에서 그 과정을 생략한 것이다.

그날 아침 경찰서에서 마리아 돌로레스 가족은 사바스의 죽음에 대한 책임을 추궁당하는 듯한 대우를 받았다. 담당 경찰관은 가족의 질문을 무시하거나, 대답 대신 다른 질문을 했다. 납치범들이 고인을 어떻게 아는지, 고인의 직업은 무엇이었는지. 하나같이 사바스도 범죄자이며, 그런 일을 당할 만하다고 확인하는 듯한 질문이었다. 마리아 돌로레스 가족은 미리암에게 전화로 상황을 전했다.

미리암과 통화한 지 30분도 채 지나지 않아 경찰 한 명이 다가와 다른 질문을 했다. "당신들 대체 누구한테 전화한 겁니까? 지금 윗선에서 난리가 났어요. 누군지는 모르겠지만 당신들과 통화한 사람이 지휘 계통을 무시하고 있습니다."⁽⁵⁹⁾

그로부터 일주일 후 사바스의 장례식장에서 마리아 돌로레스는 미리암에게 그날 밤 가족에게 지금 당장 경찰서에 가봐야 한다고 했던 이유를 물었다.

"이튿날 아침까지 경찰서에 도착하지 못했다면, 사바스의 시신이 공동묘지로 보내졌을 거야." 미리암이 이유를 설명했다.⁽⁶⁰⁾

마리아 돌로레스는 목이 메었다. 미리암이 오빠의 시신이 신원미상으로 남는 상황을 피하게 해준 것이다. 그녀는 사라짐이라는 트라우마에서 자신의 가족을 구해준 미리암에게 어떻게 감사를 표해야 할지 모르겠다고 말했다. 미리암은 감사 인사를 마다하며 사바스에게 일어난 일을 비밀로 간직하라고 경고했다. 산페르난도는 동정심을 기대할 수 있는 곳이 아니라고 했다.

"여기에 온 사람들 대부분은 당신의 친구가 아니에요."⁽⁶¹⁾ 미리암이 조문객들을 가리키며 말했다.

마리아 돌로레스는 미리암이 그토록 냉정하게 말하는 것을 듣고 놀랐다.

"사랑하는 사람을 잃는다는 것의 의미를 아는 사람은 그 고통을 겪어본 사람들뿐이에요." 미리암이 말했다.

11장 어머니의 날

시우다드 빅토리아 교도소(2017년)

2017년 3월 22일 밤 시우다드 빅토리아 교도소에서 수감자 29명이 탈옥했다.[1] 시설은 낙후된 상태였으며 교도관은 턱없이 부족한 반면 수감자는 지나치게 많았다. 과거에도 탈옥한 수감자가 있었다. 탈옥범들은 교도소 북쪽의 허름한 막사부터[2] 담장 너머의 들판까지 40미터가량 땅굴을 팠다.[3]

시우다드 빅토리아 교도소에는 몇 년 전부터 세타스 조직원들이 수감되었다. 반면 걸프 카르텔 조직원들은 마다모로스 교도소에 수감되었다. 수십 년 전 후안 가르시아 아브레고가 걸프 카르텔을 이끌던 때와 같은 폭력 사태를 막기 위해 두 카르텔의 조직원을 분리한 것이었다. 인명 사고와 교정 당국에 대한 비판 보도를 방지하기 위한 궁여지책이었다. 하지만 그 부작용으로 수감자들이 교도소를 사실상 장악하면서, 허울뿐이던 권위마저 유지하기 어려워졌다.

시우다드 빅토리아 교도소에 수감된 세타스 조직원 중에는 카렌를 살해한 혐의로 미리암에 의해 검거된 이들도 다수가 포함되어 있었다. 미리암은 상황을 파악하고 정확히 누가 탈옥했는지 확인하기 위해 필사적으로 뉴스를 검색했다. 그러나 교정 당국은 탈옥범을 특정하는 것부터 애를 먹고 있었다.

몇 시간 뒤 언론에서 일부 탈옥범의 명단을 공개했다.[4] 공개된 머그샷 상단에 미리암이 아는 얼굴이 보였다. 카렌을 매단 밧줄을 잡아당겼던 세타스 조직원 엘 키케가 있었던 것이다.[5] 그녀는 곧장 루이스 엑토르를 만나러 시우다드 빅토리아로 향했다.

"이걸 가지고 있어." 루이스 엑토르가 문을 열어주자마자 미리암이 그의 손에 권총을 쥐여주며 말했다. "그놈들이 찾아오면 망설이지 말고 쏴버려."[6]

루이스 엑토르는 권총을 건네받았다. 엘 키케가 찾아올 거라고 어머니만큼 걱정하지 않았던 탓에 그는 어머니의 반응을 보고 조금 놀랐다.[7] 탈옥범이 감옥에서 나오자마자 복수를 꾀한다는 것은 터무니없는 이야기 같았다. 다시는 철창신세를 지지 않고 싶어 하지, 감옥으로 돌아가는 급행열차를 타고 싶어 하겠는가.

미리암은 불길한 예감이 들었다. 난생처음으로 두려움을 내비칠 정도였다. 탈옥 사건 며칠 후, 미리암은 주 정부와 연방 정부에 신변 보호를 요청했다.[8] 신변 보호는 피해자 보호법이 보장하는 권리였다. 그녀는 산페르난도 지역 경찰뿐 아니라 주 경찰, 연방 경찰, 검찰청, 군 당국에도 서한을 보내 집과 가게에 경호 인력을 파견해달라고 요청했다.

당국은 얄팍한 법 해석과 책임 소재 등 이런저런 핑계를 내세우며 신변 보호를 거절했다.[9] 우여곡절 끝에 산페르난도 지역 경찰이 미리암의 자택과 가게 주변을 순찰하기로 했다. 그러나 막상 그들에게 전화해 보면 잘 연결되지 않았다.[10]

미리암은 다른 사람들이 오래전부터 경험한 것을 느끼기 시작했다. 바로 신변의 위협이었다. 시누이는 세타스의 표적이 될까 두려워 그녀와 거리를 두고 지냈다. 오빠인 호르세는 미리암 탓에 세타스에서 찾아올 수도 있으니 자신을 지킬 총을 내놓으라고 요구했다. 남편 루이스 역시 그녀의 활동 탓에 표적이 될지 모른다며 불평했다. 하지만 미리암은 가족과 친구의 만류를 뿌리쳤고, 추적을 멈추지 않았다. 사람들은 조직범죄를 너무나 두려워한 나머지 조직범죄에 맞서는 주변 사람이 있는 것조차 탐탁지 않아 했다.

미리암은 오래전부터 사람들이 자신의 행동을 이해하고 인정하는 것은 중요하지 않다고 생각했다. 탈옥 사건 후 그녀는 기자로 일하는 친구의 집을 찾아가 심정을 털어놓았다. 길 하나만 건너면 되는 거리였다. 그녀는 카렌과 다른 많은 사람을 해친 자들을 열심히 추적한 탓에 자신이 죽게 될지도 모르겠다고 했다.[11] 친구는 미리암에게 앞으로 어떻게 할 것인지 물었다.

"난 멈출 수 없어. 그 후레자식들이 나를 찾아왔을 때 총을 쏠 기회가 있기를 바랄 뿐이야." 미리암이 대답했다.

경계해야 할 대상은 엘 키케뿐만이 아니었다. 미리암은 정보원을 통해 세타스 수뇌부가 모여 있는 교도소에서 그녀를 죽이라는 명령이 내려왔다는 소문을 들었다. 탈옥 후 도피 중인 세타스 잔당이 그 임무를 부여받았다는 것이다.[12]

미리암의 활동은 세타스에게 큰 골칫거리였다.[13] 그녀는 조직범죄에 맞서는 사람들에게 본보기가 되어 있었다. 두려움에 휩싸여 조용히 참고 견디는 사회 분위기 덕분에 그동안 세타스가 마음껏 활개 칠 수 있었는데, 상황을 어떻게 바꿀 수 있는지 미리암이 보여준 것이다. 미리암은 "두려움은 한낱 단어일 뿐"이라고 이야기해 왔지만 세타스에게 두려움은 중요한 자원이었다.

미리암은 누가 자신을 죽이고자 한다면 충분히 죽일 수 있음을 알았다. 그녀는 24시간 내내 경호를 받는 거물급 인사가 아니었다. 하루에 한 번 집 앞을 순찰하는 것이 전부인 신변 보호조차 여러 난항 끝에 얻어냈다. 미리암에게 두려움은 참아낼 수 있는 것, 억누르고 무시하는 방법을 터득한 무언가였다. 그녀에게는 죽음도 어느 정도는 마찬가지였다.

표적 8: 라 구에라 소토

2017년 3월 말, 미리암은 차를 몰고 누에보 파디야로 향했다. 그곳은 1970년대 초에 저수지를 만드는 과정에서 수몰된 구도심 파디야를 대신해 기획된 신도시였다.⁽¹⁴⁾ 한때 파디야의 번화가가 있었던 저수지 수면 위로 여전히 건물 지붕들이 보였다.

미리암은 거리를 돌며 콘크리트 담장에 가려진 집들을 훑어보았다. 정보에 따르면 라 구에라 소토의 가족이 그곳에 살고 있었다. 카렌을 납치한 일당과 함께 있었고, 엘 키케와 연인 관계로 알려진 그 젊은 여자는 여전히 검거되지 않은 상태였다. 미리암은 인근의 작은 가게들을 돌아다니며 그 가족의 행방을 아는지 수소문했다.

마침내 그 가족이 마을 남쪽 끝에 위치한 작은 주택가에 산다는 이야기를 들었다. 미리암은 투박한 콘크리트 벽돌 담장 뒤에 있는 작은 집을 찾아가 문을 두드렸다. 친척이 문을 열고 나와서 라 구에라 소토는 출근했다고 말했다. 미리암은 그녀의 지인 행세를 하며 직장이 어디에 있는지 물었고, 마침내 대답을 들었다.

"걔는 시우다드 빅토리아에서 보모로 일하고 있어요."[15]

마리아 이네스는 미리암과 일하는 것이 좋았다. 미리암의 상스러운 농담과 화끈한 성격, 그리고 그녀의 가게에서 느낄 수 있는 가족 같은 분위기가 좋았다. 마리아 이네스는 오랫동안 안정적인 일자리를 구하지 못했다. 가사도우미는 일용직이고 임금도 적었다. 손과 무릎이 아프기도 했다. 그녀는 공장에서 정규직으로 일하던 시절이 그리웠다.

미리암은 일손을 나누고자 2017년부터 마리아 이네스를 가게에 고용했다.[16] 마리아 이네스가 단체에 들어온 이후 지난 3년간 두 사람은 점점 더 가까워졌고 서로를 신뢰했다. 마리아 이네스에게 미리암은 롤모델이었다.

탈옥 사건 이후로 마리아 이네스는 미리암이 평소보다 더 스트레스를 받고 자주 불안해한다고 느꼈다.[17] 미리암에게는 항상 여러 사선이 한꺼번에 일어나며 그녀의 신경을 긁었다. 하지만 이번에는 차원이 달랐다. 미리암은 엘 키케의 탈옥을 막지 못한 정부에 느끼는 허탈함을 자주 언급했다. 그녀는 라 구에라 소토를 추적하는 데 집착했다. 그런 여자가 누군가의 아기를 돌본다는 사실을 걱정스러워했다. 그리고 라 구에라 소토가 연인 관계인 엘 키케와 공모하여 자신에게 복수하려 하지는 않을지 의심했다.

미리암은 마치 부적이라도 지니고 다니는 것처럼 자신의 안전을 걱정한 적이 없었다. 그런데 지금은 마리아 이네스가 보기에도 늘 불안한 기색이 역력했다. 미리암은 어디를 가든 불안함을 드러냈다. 그해 4월 미리암은 새로 발의된 피해자 보호법 관련 토론회에 참석했다. 주 정부 측 인사들과 타마울리파스주의 여러 피해자 단체 회원들이 모이는 자리였다.**(18)**

그런 자리는 대체로 주제에 대한 구체적인 논의보다는 정부의 전반적인 비효율성을 성토하고, 피해자 가족에게 필요한 조치나 실종자 수색을 요구하는 방향으로 흘러가는 경향이 있었다. 미리암은 신변 보호를 요구하고 싶었다. 그녀는 강당 앞으로 나가서 모두가 지켜보는 가운데 주 정부의 인권위원장 글로리아 가르사를 다그쳤다. 시우다드 빅토리아 교도소에서 탈옥한 수감자 중에서 여전히 검거되지 않은 이들이 많은데, 그중 카렌을 납치했던 조직원도 한 명 있어서 위협을 느낀다는 것이었다.

다른 피해자 단체의 운영자이자 미리암의 친구인 기예르모 리에스트라가 분위기가 심상치 않음을 느끼고 핸드폰 카메라로 동영상을 촬영하기 시작했다.

"저는 탈옥한 죄수가 다시 체포될 때까지 신변 보호를 요청했습니다. 그런데 바로 오늘까지도 제대로 된 조치는 없었습니다." 미리암이 가르사를 향해 말했다.

미리암은 신변 보호를 담당하는 경찰과 통화한 적이 없다고 말했다. 최근 들어 긴급 상황이 몇 번 있었지만 아무리 전화해도 소용없었다고.

"제가 서른 번은 전화했는데, 한 번도 받은 적이 없습니다."

미리암은 텅 빈 거리에 차를 세워둔 채 라디오를 듣고 있었다.[19] 라 구에라 소토가 보모로 일하는 집 앞에서 몇 시간째 기다리는 중이었다. 자정이 가까워지자 미리암은 화장실에 가고 싶어졌다. 아무 데서나 소변을 볼 수는 없고 그렇다고 잠복 위치를 벗어나 화장실에 다녀올 수도 없는 노릇이었다. 마리아 이네스에게 선물받은 텀블러를 쓸 수밖에 없었다.[20]

그날 오전 주 정부 당국은 법 절차 하나도 제대로 처리하지 못하며[21] 사실상 라 구에라 소토에게 체포 집행이 임박했음을 예고하다시피 했다.[22] 미리암은 당국의 일 처리에 격분했다.[23] 엘 키케가 탈옥했듯 라 구에라 소토가 마을에서 도망치는 것을 막을 방법이 마땅치 않았다. 유일한 방법은 빠르게 행동하는 것뿐이었다.

미리암은 라 구에라 소토가 저녁 내내 그 집에서 보모로 일한다는 사실을 알아냈다. 그녀를 체포하려면 늦게까지 집 밖에서 기다려야 했다. 어느새 새벽 3시가 되었다. 몇 시간째 앉아서 라디오를 듣느라 자동차 배터리가 방전되고 말았다. 꼼짝 못 하게 된 미리암은 루이스 엑토르에게 전화했다.

루이스 엑토르는 전조등을 끈 채 조용히 근처에 차를 세웠다. 그는 점프케이블을 연결하는 사이에 라 구에라 소도가 나오지 않기만을 기도하며 어머니와 그 집을 지켜보았다.

동이 틀 무렵 미리암은 경찰에 주소를 전달하며 출동을 요청했다. 마침내 라 구에라 소토가 집 밖으로 걸어 나왔고, 차에서 내린 미리암은 그녀를 쫓아가며 경찰에게 따라오라고 소리쳤다.[24] 미리암이 라 구에라 소토의 머리채를 잡고 바닥에 넘어뜨렸다. 그 과정에서 미리암은 발에 골절상을 입었다.[25]

며칠 뒤 미리암은 국경을 건너 미국 텍사스주 알라모에서 열린 '두려움에 맞선 캐러밴 행진(Caravan Against Fear)'에 참가했다.[26] 2016년 미국 대선을 앞두고 당시 공화당 후보였던 도널드 트럼프가 이민자, 특히 멕시코 출신 이민자를 헐뜯으며 지지율을 높이자 이민자들을 향한 두려움과 혐오에 맞서자는 취지로 추진된 행사였다. 참가자들은 미국의 적대적 이민 정책에 항의하며 미국과 멕시코의 국경을 따라 행진했다.

미리암은 목발을 짚고 연단에 올라 대형 천막에 모여 있는 수십 명의 군중 앞에 섰다. 한 젊은이가 옆에서 그녀의 연설을 영어로 통역했다. 연설 내용 자체는 이민 문제나 외국인 혐오, 캐러밴 행진을 통해 전하고자 하는 공동체적 메시지와 큰 관련은 없었다. 미리암은 주로 일자리 부족, 만연한 폭력과 범죄 등 국경 지역에서의 삶과 관련된 이야기를 했다.

미국 사회의 이민자 혐오, 대선 후보의 지지율을 끌어올린 이민자 배척 정책 등은 미리암의 삶과 동떨어진 주제였다. 하지만 그녀는 자신이 아는 것만을 이야기하며 미국이 겪는 문제가 모두 가난한 라틴아메리카 국가에서 비롯된 것처럼 구는 정치인들을 우회적으로 비판했다. 그녀는 마약과의 전쟁으로 인해 아버지와 형제가 실종된 멕시코의 가족들을 이야기했다. 이 전쟁을 부추긴 주된 요인은 코카인, 헤로인, 메스암페타민 등에 대한 미국인들의 수요였다. 하지만 미국 정치인들로서는 마약 범죄와 약물 중독 증가의 원인을 국경 밖에서 찾아야 했을 것이다. 그렇게 마약과의 전쟁이라는 서사가 완성되었다.

멕시코의 무능한 사법제도가 마약 거래를 폭력적으로 만든 것은 사실이었다. 많은 사람이 삶의 터전을 버리고 달아났고, 가족들은 흩어졌다. 미국에서도 이 상황을 우려했지만, 누구보다 값비싼 대가를 치르고 있는 것은 바로 멕시코인들이었다. 멕시코인들은 정부의 무능함과 미국의 투박하고 비효율적인 문제 접근 방식으로 인해 카르텔이 번성하는 것을 지켜봐야 했다.

미리암은 타마울리파스주에서 각 가정이 어떤 고통을 겪고 있는지 이야기했다. 국제 사회에서 악의 축으로 매도되거나, 부동층 유권자의 표심을 자극하려 선거운동에 악용되는 것 정도는 그 끔찍한 운명에 비할 바가 아니었다. 자식을 잃어버린 부모들이, 자식을 향한 사랑을 노린 범죄자들에게 모든 것을 빼앗긴 부모들이 있었다. 그 슬픔은 영원히 끝나지 않고, 그 고통은 영원히 희미해지지 않는다. 부모들은 이글거리는 희망을 내려놓지 못한 채 고통 속에서 살아간다.

"타마울리파스주의 실종 피해자 가족들은 사랑하는 사람의 생사를 확인하기 전까지는 평화로운 일상을 되찾을 수도 없고, 고통의 고리를 끊을 수도 없습니다. 물론 가족이 살아 있기를 바라지만, 만일 죽음을 확인할 수만 있다면 가슴 아프지만 그 사실을 받아들일 것입니다. 마침내 사라진 가족에 어디에 있는지 알게 되는 것이니까요." 미리암이 목소리를 높였다.

"이런 대화를 할 자리가 아니잖아요"

2017년 5월 9일 어머니의 날 하루 전 미리암은 한 지역 언론 기자로부터 전화를 받았다. 친구의 아들인 추이가 과나후아토에서 살해당했는데 시신을 찾고 수습할 수 있도록 도와달라는 것이었다. 미리암은 시내에 있는 피해자 단체 사무실에서 그 가족을 만났다.

사무실은 흰색 펜스에 둘러싸인 전면 유리의 작은 점포였다. 그 가족은 미리암보다 먼저 도착해 있었다. 그들은 망연자실한 채 다른 사람들이 피해자 대표 에드가 갈반에게 수색 작업과 비용, 소송 과정 등을 이야기하는 모습을 지켜보았다.[28]

미리암이 사람들을 헤치고 들어와 에드가에게 추이의 어머니와 여동생을 소개했고, 그는 피해자 가족이 받을 수 있는 보상과 관련 규정을 설명했다. 그들은 낯선 사람들로 붐비는 사무실에서 추이의 죽음을 이야기하는 것이 어색했다. 그 상황에 피해자 보상 이야기나 듣고 있자니 마치 자신들이 내기에서 이기기라도 한 것 같은 기분이 들었다.[29]

"이런 대화를 할 자리가 아니잖아요. 우리 가게로 가서 마저 이야기하죠." 그들이 불편해하는 것을 보고 미리암이 에드가를 쏘아붙였다.

추이의 어머니는 정신이 혼미했다. 어머니의 날 하루 전에 자녀를 잃은 것이 운명의 장난처럼 느껴졌다. 하지만 그녀는 운이 좋은 편이었다. 적어도 아들이 죽었다는 사실을 알았고, 미리암의 도움으로 아들의 시신을 인도받을 수 있을 테니 말이다. 그조차도 하지 못한 피해자 가족이 미리암의 피해자 명부에만 200명 이상 있었다.[30]

가게로 자리를 옮긴 뒤 추이의 여동생이 알고 있는 정보를 알려주었다. 별로 많지 않았다. 누군가가 어머니에게 전화해 추이의 죽음을 알리고, 시신을 수습해야 한다고 했다는 것이었다. 발신자는 추이가 어떻게 죽었는지도 알려주지 않았다.

하지만 미리암은 몇 분 만에 시신의 위치를 파악했고, 추이의 죽음과 관련된 사건 번호를 알아냈으며, 시신을 산페르난도까지 이송하는 절차를 밟았다. 그녀는 계속 여기저기 전화하며 그동안 알게 된 공무원들을 구슬렸다. 피해자 단체의 업무에도 일정한 패턴이 있다. 미리암은 그 패턴을 따르는 동시에 새로 개발하기도 했다.(31) 피해자 단체 운영자들은 상대를 매섭게 몰아붙이는 동시에 비위를 맞출 줄 알아야 했다. 공개적으로 망신을 주며 권력자를 압박하는 한편, 긴급한 상황에 필요한 것을 얻을 수 있을 만큼은 원만한 관계를 유지해야 했다.

추이의 시신을 찾는 과정에서 한 공무원이 그녀의 요청을 무시했다. 예전 같았으면 괴로웠겠지만, 이제 그 상황을 거의 즐길 정도였다. 미리암은 언제나 당근보다 채찍을 자주 들었다. 그녀는 그 공무원의 상사, 그리고 그 상사의 상사에게 전화했다. 얼마 지나지 않아 그 공무원에게 전화를 받았다. 물론 사과도 받았다.(32) 불과 몇 시간 후 그녀는 찰로를 보내 추이의 시신을 수습하게 했다.(33)

2017년 5월 10일

마리아 이네스는 어머니의 날이었던 2017년 5월 10일에 일찍 출근했다.(34) 일찍 출근한 만큼 일찍 퇴근해 딸과 함께 저녁 시간을 보내고 싶었다. 미리암은 평소보다 늦은 10시경에 출근했다. 발이 골절되어 목발을 짚고 다니려니 출근하는 데 시간이 오래 걸렸다.

두 사람은 가게 안에서 커피를 마시며 손님을 기다렸다. 마리아 이네스가 미리암에게 여성용 부츠 가격을 물었다. 어머니의 날인데다 그날 밤 시내에서 댄스 파티도 예정되어 있었기 때문이다. 그러나 가게의 첫 손님은 마리아 이네스의 딸이었다. 딸이 어머니에게 가져온 꽃을 건넸다. 아들이 실종된 뒤 마리아 이네스는 남은 자식들에 대한 애정이 배로 늘어났다. 상실감은 사라지지 않을 테지만, 남은 자식들에게 좀 더 자주 애정 표현을 하기로 했다. 아들을 잃으며 얻은 잔인한 교훈이었다. 큰딸 마이라는 허리에 손을 얹은 채 카운터 앞에 조용히 서 있었다.

미리암은 꽃다발을 보고 인상을 찌푸렸다. 장례식에 워낙 자주 참석하다 보니 언젠가부터 무언가를 기념하는 꽃 선물을 좋아하지 않게 되었다.

"어머니의 날에 꽃을 선물하면 안 되지. 꽃은 어머니가 돌아가셨을 때 드려. 살아 계신 동안에는 식사를 대접해." 미리암이 잔소리를 했다.

마리아 이네스의 막내딸은 미리암을 어려워했다. 존경심과 두려움이 섞여 있었다. 며칠 전 미리암은 그 소녀에게 권총 잡는 법을 가르쳐 주었다. 미리암이 그날 아침 동전 지갑을 비웠는데 동전들과 함께 총알 몇 개가 카운터로 쏟아졌다. 소녀의 눈은 총알에 고정되었다. 미리암은 더 가까이 볼 수 있도록 총알 한 알을 집어 들었다.

"두통약이야. 내 고통을 죽여주지." 미리암이 그렇게 농담했다.

그녀는 핸드백에서 권총을 꺼내 탄창을 빼고, 약실에 장전된 총알까지 확실하게 비워지도록 슬라이드를 뒤로 당겼다.[35] 그다음 마리아 이네스의 열네 살 된 막내딸에게 권총을 건넸다. 소녀는 권총에서 미리암에게 느끼는 것과 똑같은 감정, 즉 강한 흥미와 두려움이 뒤섞인 매혹을 느꼈다. 소녀는 깨지기 쉬운 보물을 다루듯 조심스레 권총을 받아 들었다. 미리암은 총을 제대로 잡는 방법을 알려주었다.

많은 사람이 두려움 속에서 살았다. 조직범죄에 대한 두려움, 정부에 대한 두려움, 인생에서 가장 소중한 것을 한순간에 빼앗길 수 있다는 두려움. 사람들은 심지어 자기 자신을 지키는 일마저 두려워했다. 두려움은 마치 시냇물처럼 산페르난도 전체에 흐르며 사람들의 어두운 상상력을 자극했다. 미리암은 불안해하며 권총을 손에 쥐는 소녀의 모습에서 두려움을 보았다. 맞서 싸운다고 두려움이 사라지지는 않는다. 두려움을 극복하려고 노력할 뿐이다. 미리암이 소녀의 손을 감싸며 말했다.

"절대 두려워하지 마. 두려워할 이유가 없어. 두려움에 휘둘려선 안 된다, 특히 여자는."

그날 오후 루이스 엑토르는 시우다드 빅토리아에 있었다. 몇 달 전 새 정부가 집권하면서 그가 일하는 공공사업부의 구조가 개편되고 있었다.[36] 그는 집에 가서 미리암과 어머니의 날을 기념하고 싶었지만 퇴근하기 어려운 분위기였다. 루이스 엑토르는 미리암에게 전화해 어머니의 날에 함께 시간을 보내지 못해서 미안하다며 즐거운 하루를 보내시라고 했다.[37] 미리암은 아잘리아와 점심을 먹고 있었다.

"걱정하지 마. 이번 주말에 볼 건데 뭘 그러니." 그녀가 말했다.

루이스 엑토르는 그 말을 듣고도 전화를 끊지 않았다.[38] 자신과 아버지의 갈등에 대해 어머니가 어떻게 생각하는지 알고 싶었다. 루이스 엑토르는 아버지에게 실망하면 어머니에게 전화해 분통을 터뜨리거나 그런 남편을 둬서 참 안됐다고 말하곤 했다. 이번에는 루이스 엑토르가 새로 시작하는 사업 때문에 언쟁이 시작되었다.

새로운 사업은 대도시인 몬테레이에서 건축 자재를 대량으로 사들여 산페르난도에서 소매로 판매하는 것이었다. 몇 달 전 사업 구상을 열심히 설명하자 아버지가 비웃었다. 아버지는 이미 루이스 엑토르가 부츠와 모자를 판매하고 있는데 새로운 사업을 더 벌일 필요가 있냐고 했다.

"되지도 않을 일에 돈 낭비 말거라. 하던 사업이나 잘해라. 그리고 네가 말한 계획은 사업도 아니다." 루이스가 빈정거렸다.

아버지의 말에 상처받았지만 루이스 엑토르는 새로운 사업을 시작했다. 그리고 채 한 달도 되지 않아 사업이 번창했다. 그러자 루이스는 마치 자신이 계속 아들의 생각을 지지했던 것 같은 태도로 돌변했다. 심지어 루이스 엑토르가 다른 사람들에게 알리지 말라고 신신당부했음에도 아들의 새 사업에 대해 떠들고 다녔다.

루이스 엑토르의 새 사업에는 진입장벽이 없었고, 당연히 경쟁에 취약했다. 미리암이 시내에서 부츠를 팔기 시작했을 때처럼 그는 그 사업을 처음으로 생각해 낸 사람일 뿐이었다. 사업 초기에는 호황을 누렸지만, 다른 사람들이 따라나서면서 수익성이 줄었다. 곧 다른 사업과 마찬가지로 겨우 현상 유지를 하는 수준이 되었다. 자신의 사업을 망쳤다며 따졌을 때, 아버지는 그에게 멍청하게 굴지 말라고 했다.

그날 오후 미리암과 통화하며 루이스 엑토르는 자신이 느끼는 좌절감을 토로했다. 미리암이 루이스를 대신해 사과했다. 남편이 사과할 리 없다는 것을 잘 알기 때문이었다.

"사업에 더 필요한 거 있니?" 미리암이 아들에게 물었다.

"트럭이요." 그가 대답했다. 트럭이 있으면 산페르난도로 운송하는 물량이 늘어나서 사업을 빠르게 성장시킬 수 있을 것이었다. 미리암이 트럭 가격을 물었다.

"3,000달러쯤 해요."

"한번 해보자. 당장은 그 돈이 없지만, 내가 구해보마."

루이스 엑토르가 몇 개월만 주면 돈을 갚겠다고 했지만 미리암은 사양했다.

"아버지 일은 걱정하지 마라. 그리고 무슨 일을 하든 아버지한테는 의견을 묻지 마."

아잘리아는 점심을 먹는 내내 미리암이 통화하는 걸 들었다. 추이의 가족, 산페르난도 시장의 가게 주인들, 루이스 엑토르의 전화였다.[39] 누구보다도 더 많은 시간을 미리암과 함께 보낸 아잘리아는 매일 어머니에게 도움을 구하는 전화가 쇄도하는 데 익숙했다. 하지만 어머니의 날 하루만큼은 다른 바쁜 일정도, 다른 사람의 부탁도 없이 편하게 점심을 즐기기를 바랐었다. 그 대신 모녀는 저녁에 다시 만나서 커피와 케이크를 먹기로 했다. 미리암은 그 전까지 가게에 가서 먼저 몇 가지 일을 마무리해야 했다.

저녁 7시, 미리암은 아잘리아에게 전화해 아직 일이 안 끝났다고 했다. 미리암은 동네 식당에서 보자며 출발할 때 다시 전화하겠다고 했다. 미리암은 그날 거의 밤 10시까지 일했다. 그녀는 손님이 별로 없는 저녁 시간에 장부를 정리했는데, 그 일이 예상보다 오래 걸렸다. 그녀는 영수증 몇 개에 대해 마리아 이네스에게 전화로 물어본 후에⁽⁴⁰⁾ 집으로 향했다.

밤 10시가 넘은 시간에 아잘리아는 친구와 함께 타코를 먹으러 나갔다. 이미 그날 저녁 대부분을 어머니를 기다리며 시간을 보냈다. 전화가 오면 그때 어머니를 만나면 된다고 생각했다.

루이스 엑토르는 야근을 마치고 이웃에 사는 상사와 함께 퇴근 중이었다. 아파트에 도착한 두 사람은 계단에 앉아 담배를 피우며 달라진 직장 환경에 대해 잡담을 나누고 있었다. 루이스 엑토르는 밤 11시경에 아잘리아의 전화를 받았다.

"엄마가 총에 맞았어."⁽⁴¹⁾ 아잘리아가 말했다.

미리암은 2017년 5월 10일 밤 10시 21분에 퇴근했다.⁽⁴²⁾ 시장 앞 주차장을 빠져나와 200주년 대로를 따라 남쪽으로 내려간 다음, 아바솔로 거리에서 우회전하여 파소 레알로 이어지는 고속도로를 탔다. 그녀가 집 앞 길가에 차를 세운 시각은 10시 30분경이었다.

약 30미터 떨어진 이웃집 마당 그늘에 주차된 흰색 닛산 트럭에서 남자들이 미리암을 지켜보고 있었다. 그녀가 목발을 짚은 채 느릿느릿 차에서 걸어 나오자, 9구경 권총을 든 남자 2명이 트럭에서 내려 조용히 그녀에게 다가갔다.⁽⁴³⁾ 그들은 미리암에게 총 13발을 발사했고, 그중 8발을 맞혔다.⁽⁴⁴⁾

루이스는 TV를 보다 총성을 듣고 침대에서 벌떡 일어났다.⁽⁴⁵⁾ 현관문의 유리 부분 너머로 길가에 주차된 미리암의 차가 보였다. 그는 미리암을 부르며 집 밖으로 뛰어나왔다. 차고와 대문을 지나 길가로 나오자 미리암이 차에서 1미터가량 떨어진 곳에 얼굴을 묻고 쓰러져 있는 것이 보였다. 그녀의 손은 권총을 넣어 다니던 핸드백에 들어가 있었다.

루이스는 미리암의 몸을 뒤집어 상처 부위를 찾았지만 찾지 못했다. 그러나 호흡도 힘겨워할 정도로 크게 다친 것은 분명했다. 그저 총상을 찾지 못했을 뿐이었다. 루이스는 사위 에르네스토에게 전화해 상황을 알렸고, 이어서 경찰에 신고 전화를 했다.

에르네스토는 곧장 아잘리아에게 전화했다. 아잘리아는 목소리를 듣고 남편이 긴장했음을 느낄 수 있었다.[46] 어딘가 불편한 듯 딱딱한 말투였다. 납치 위기를 겪고 산페르난도에서 텍사스로 도망쳤을 때와 비슷했다.

"무슨 일이야?" 아잘리아가 물었다.

"장모님이… 장모님이 다치셨어."

아잘리아가 더 자세히 말해보라고 했고, 에르네스토는 미리암이 의식을 잃었다고 대답했다. 에르네스토는 아잘리아와 열네 살 된 아들을 데리러 와서 함께 파소 레알을 향해 달렸다. 차 안에서도 에르네스토는 말을 얼버무리다가 미리암의 집 근처 거리에 접어들자 마침내 미리암이 총에 맞았다고 이야기했다.

루이스는 미리암이 몇 년 동안 지방 정부에 요구해 설치한 집 앞 가로등 불빛 아래에 서 있었고, 미리암은 그 옆에 누워 있었다. 아잘리아는 차에서 뛰어내려 어머니에게 달려갔다. 그녀는 어머니를 붙들고 대화를 시도했다. 미리암의 입에서 말이라고 할 수 없는 느리고 거친 목소리가 흘러나왔다. 아잘리아도 총상을 찾으려 했지만 아버지와 마찬가지로 잘 찾지 못했다.

구급차를 기다리며 아잘리아는 루이스 엑토르에게 전화해 에르네스토가 자신에게 그랬듯 완곡하게 상황을 전했다. 사실을 말하면서도 덜 심각하게 들리도록 어머니가 다리에 총을 맞았지만 부상이 심각하지는 않다고 했다. 루이스 엑토르가 당장 산페르난도로 가겠다고 했지만, 그녀는 상황이 나쁘지 않으니 무리해서 올 필요는 없다고 했다.

신고한 지 30분 만에 검찰청에 파견된 경찰 2명이 먼저 도착했다.[47] 한 명이 미리암의 맥박을 짚어보고는 마치 더 할 수 있는 일이 없다는 듯한 표정을 다른 경찰에게 지어 보였다. 아잘리아는 어머니를 병원에 데려가 달라고 사정했지만, 경찰들은 구급차를 기다려야 한다며 거절했다. 마치 그 상황을 자신들이 통제해야 한다는 듯이, 원칙을 고수하는 것이 혼란을 피할 유일한 방법이라는 듯이.

불안정하게 헐떡거리는 어머니의 숨소리를 듣는 그 몇 분이 아잘리아에게는 영원처럼 길게 느껴졌다. 그녀는 어머니의 손을 잡았고, 어머니가 힘겹게 숨을 내쉴 때마다 가슴이 철렁했다. 그사이에 경찰은 입장을 바꿔 미리암을 자신들의 차량에 태우게 했다. 아잘리아는 집에서 담요를 가지고 달려와 어머니에게 덮어주었다. 시간이 지체되었지만 아직 희망을 놓지 않았다. 어머니는 아직 숨을 쉬고 있었다. 게다가 총상도 핏자국도 보이지 않았다.

아잘리아는 병원 의료진의 신속한 대응에 용기를 얻었다. 모두가 분명한 목적하에 서둘러 가운과 장갑을 착용하며 수술 준비를 했다. 그토록 단호하게 움직이는 것을 보면 어머니에게 아직 활력 징후가 있음이 분명했다.

어머니가 긴급 수술에 들어간 이후 아잘리아는 대기실에서 주체할 수 없을 정도로 몸을 떨었다. 의사가 건넨 진정제를 먹자 약 기운 때문인지 모든 것이 느리게 흘러갔다. 잠시 뒤 그녀는 약 기운 때문이 아님을 깨달았다. 실제로 의료진이 더는 분주히 뛰어다니지 않았고, 간호사들의 말투가 달라졌다. 심지어 크고 작은 소음마저도 아까와 달라졌다.[48] 거칠게 문을 닫던 소리도, 삑삑 울리는 경고음도 들리지 않았다.

아잘리아와 친구이기도 한 의사가 대기실에 들어와 울고 있는 그녀를 안아주었다. 친구는 어깨를 다독이며 진정시키려 했지만, 아잘리아는 친구를 뿌리치며 왜 어머니 곁에 있지 않냐고, 왜 상황이 어떤지 보러 가지 않냐고 따졌다.

"가볼게." 친구가 아잘리아를 계속 안아주며 말했다.

루이스 엑토르는 자신의 작은 아파트에서 앞으로 어떻게 해야 할지 골똘히 생각했다.[49] 한 걸음 떨어져 있는 만큼 여러 상황을 좀 더 주의 깊게 고려했다. 어머니가 지난 3년간 맞서온 세타스, 어머니 때문에 조직원들이 죽거나 수감된 카르텔, 공포를 연결고리로 삼았던 지배구조를 어머니가 불도저 같은 추진력을 발휘하며 와해시킨 범죄 조직이 마침내 보복에 나섰다.

왜 하필 지금이었을까? 왜 그렇게 긴 시간을 가만히 있다가 어머니의 영향력이 커진 지금 움직인 것일까? 세타스가 비이성적인 집단임을 고려해도 저명한 활동가를 제거하려는 시도는 무모해 보였다. 그런 시도는 언론의 관심을 끌고, 사회적 공분을 일으키고, 정부를 압박할 가능성이 컸다. 그렇게 된다면 그들의 사업에도 결코 유리하지 않을 것이다.

한편 루이스 엑토르는 아잘리아가 상황을 전해준 덕분에 어느 정도는 안심할 수 있었다. 어머니는 총알을 다리에만 맞았고, 이미 병원으로 후송되고 있었다. 그는 산페르난도로 갈 방법을 고민했다. 세타스가 미리암에게 보복할 생각이라면 자신도 표적으로 삼을 수 있었다. 다시 말해, 밤 11시에 혼자 차를 몰고 고속도로를 달리는 것은 위험했다. 호송을 받거나 아예 경찰차를 타고 가야 했다.

알고 지내던 경찰 몇 명에게 전화했지만 받는 사람이 없었다. 그는 납치 사건 전담반이 있는 시우다드 빅토리아 지역 검찰청으로 차를 몰고 갔다. 그는 직접 사마를 뒤쫓아 그곳에 잡아넣은 바 있었고 그곳 사람들도 모두 그의 어머니를 알고 있었다. 자정에 가까운 시각이어서 아직 근무하는 사람이 있을지 걱정스럽기는 했다. 전화를 걸고 문을 두드린 끝에 마침내 직원 한 명을 문 앞까지 불러냈다. 그 직원은 잔뜩 경계심을 드러냈다.

"저는 미리암 로드리게스의 아들입니다." 루이스 엑토르가 직원에게 말했다.

직원이 문을 열어주고 루이스 엑토르를 건물 안으로 안내했다. 당직자들은 10분 만에 산페르난도까지 경찰 호송을 받을 수 있도록 준비해 주었다.

차 안에서 연방 경찰은 마치 아무 일도 없었던 것처럼 루이스 엑토르와 일상적인 대화를 나누려 했다. 제한 속도를 지켰고 총격 이야기는 노골적으로 피했다. 그 대신 루이스 엑토르의 사업은 어떤지, 장사는 잘되는지 물어봤다. 부츠 가격이 얼마나 올랐는지, 부츠는 어디에서 떼 오는지, 마진으로 먹고살 만한지, 혹시 할인해 줄 수 있는지 등등.

루이스 엑토르는 경찰들이 자신의 사업에 관심을 보이는 것이 이상했다. 그들이 그를 최대한 빨리 병원에 데려다주기 위해 질주하지 않는 것은 더 이상했다. 친절하고 예의를 지켰지만 진실을 회피하는 것처럼 보였다. 어머니가 총에 맞았으며 경찰 호송을 받아 어머니의 상태를 확인하러 가는 길이라는 진실 말이다. 무엇을 더 알고 있는지, 어머니의 상태에 대해 더 들은 것은 없는지 물을 때마다 경찰들은 추가로 전달받은 내용은 없다는 말만 되풀이했다. 다만 아무도 미리암은 괜찮을 테니 안심하라고 말하지 않았다. 한마디만 해주면 마음이 한결 편안해질 텐데 말이다. 루이스 엑토르는 괜한 걱정일 거라고, 아잘리아가 전해준 상황 그대로일 거라고, 어머니는 괜찮을 거라고 스스로를 다독였다.

  산페르난도에 도착하기까지 꼬박 2시간이 걸렸다. 시내에 들어서며 전화하자 아잘리아는 어머니의 집으로 오라고 말했다. 가족들은 병원에 있지 않았다. 경찰이 방향을 틀어 파소 레알을 지나 집 앞 골목으로 향했다. 가로수 너머로 춤추듯 일렁거리는 경광등 불빛이 보였다. 집 앞에 주차된 승합차를 보고 그는 상황을 깨달았다. 사망 사건에만 투입되는 법의학 담당 부서의 승합차였던 것이다.

  수술실 조명이 꺼졌다. 미리암은 철제 수술대 위에 시트를 덮고 누워 있었다. 표정은 평화로워 보였다. 어둡고 조용한 수술실에서 아잘리아는 어머니의 몸을 살펴보기 위해 시트를 젖혔다. 어머니의 숨소리, 어머니가 아직 살아 있고 어쩌면 소생할 수 있다는 희망을 품게 해주었던 그 낮은 숨소리가 더는 들리지 않았다. 들리는 것은 병원 사람들의 먼 인기척뿐이었다. 피부에 화약 화상이 남아 상처 부위를 금세 찾을 수 있었다. 총상은 대부분 다리에 있었지만, 하나는 미리암의 팔 안쪽의 갈비뼈 사이를 관통했다. 아잘리아는 손가락으로 상처의 가장자리를 훑었다. 검은색 테두리가 있는 깔끔한 구멍이었다.

아잘리아는 몇 분 동안 말없이 앉아 시트에 반쯤 가려진 채 눈앞에 있는 형체를 어머니와 연결 지었다. 현실이 감정이 되고, 감정이 슬픔이 되도록. 병원 직원이 그만 나가달라고 할 때까지 그녀는 어머니와 함께 있었다. 가족들은 시신을 찰로의 장례식장으로 옮기기로 하고[50] 미리암의 집으로 돌아갔다. 지금쯤 루이스 엑토르도 도착했을 것이었다. 어떤 상황인지 짐작하고 있을 것이다. 그런데 아버지는 대체 어디에 있는 걸까? 마지막으로 보았을 때 아버지는 길 잃은 아이처럼 병원 주차장을 배회하고 있었다.

루이스 엑토르는 길가에 서서 고위공직자부터 경찰을 비롯한 일선 공무원까지 하나둘 현장에 도착하는 모습을 지켜보았다. 당국자들이 사태의 심각성을 인식하고 있음을 실시간으로 확인할 수 있었다. 범죄 조직으로부터 신변의 위협을 받고 있다고 거듭해서 경고했던 유명 활동가가 자신의 집 앞에서 총을 맞고 쓰러졌다. 그들은 만사를 제쳐두고 루이스 엑토르에게 조의를 표했다. 루이스 엑토르는 그들과 악수를 나눴고 정의 구현을 약속받을 때는 고개도 끄덕였다. 어머니였다면 욕을 퍼붓거나 그들에게 망신을 줄 온갖 방법을 찾았겠지만, 그는 혹시 그들에게는 불리하고 자신은 이용할 만한 정보가 있을지 귀 기울였다.

수사 당국의 차량이 오갔고, 루이스 엑토르는 어머니의 전화기를 건네받았다. 아잘리아와 아버지를 안아주면서도 그는 범죄 현장을 머릿속으로 그려보았다. 그 겁쟁이들은 어머니가 목발을 짚고 힘겹게 자동차에서 내릴 때 조용히 다가가 등 뒤에서 총을 쏘았다. 어머니가 자신을 지킬 틈도 없이 살해되었다는 사실이 괴로웠다.

세타스 조직원들이 언젠가는 어머니를 찾아올지도 모르겠지만 가능성은 낮다고 생각했다. 세타스에게 자충수가 될 것이 뻔했기 때문이다. 어머니는 너무도 영향력이 큰 존재였고, 지금 골목을 가득 메운 차들이 입증하듯 그녀의 죽음은 커다란 사회적 파장을 일으킬 터였다.

루이스 엑토르는 가해자들이 어머니를 비겁하게 살해했다는 사실에 가장 분노했다. 그들은 미리암이 반격할까 봐 두려웠을 것이다. 핸드백 안에 들어가 있던 미리암의 손이 그 증거였다. 미리암은 마지막까지도 권총으로 손을 뻗었다.

루이스 엑토르는 어머니의 장례를 준비하고, 어머니의 부재가 산페르난도의 다른 피해자들에게 남길 상실감을 메우는 일이 자신의 몫임을 직감했다. 하지만 그는 어머니가 피해자 단체의 운영자로서 어떤 일을 해왔는지 잘 알지 못했다. 더 큰 문제는 안 그래도 범죄에 취약한 단체인데, 미리암의 죽음 이후 더욱더 공포에 떨게 될 회원들을 안심시키는 것이었다. 세타스에서 미리암을 살해한 것은 말 그대로 저항의 상징을 죽인 사건을 의미했다. 미리암마저 피살당한다면 과연 누가 안전할 수 있겠는가?

루이스 엑토르는 아잘리아와 함께 어머니의 핸드폰으로 걸려오는 전화들을 받았다. 그러다 저장되어 있지 않은 번호로 전화가 걸려 왔다. 평소라면 받지 않았을 것이다. 하지만 어머니의 죽음을 전하는 뉴스가 이미 온라인에서 퍼지는 상황이었다.

"미리암 씨." 전화기 반대편의 목소리가 말했다.

추이의 여동생이었다. 오빠의 시신이 이튿날 아침에 돌아온다고 알리려던 것이다. 자신들은 그다음 날 경야를 치를 예정인데 미리암도 함께할 수 있는지 궁금하다고 했다.

"어머니는 돌아가셨습니다." 루이스 엑토르가 말했다.

12장　뜻밖의 유산

루이스 엑토르의 방식

루이스 엑토르는 어두운 조명 아래에서 조문객들과 악수하며 위로의 말을 들었다.[1] 그는 찰로가 시신을 염습하는 동안 장례식장에서 밤새 조문을 받았다. 사건 현장보다 장례식장에 있는 것이 나았다. 그 집에는 졸속 수사라는 비판만큼은 피하려는 수사관들이 밤새 부산을 떨었고, 몇 분마다 공직자들이 새로 나타났다.

　루이스 엑토르는 어머니의 지인, 시장 상인과 피해자 단체의 동료, 고등학교 동창 등 평범한 사람들이 어머니를 애도하러 찾아온 것에서 위로를 받았다. 다른 지역에서 차를 몰고 온 사람들도 있었다. 사실 그는 조문객이 있을지 걱정했었다. 카르텔에 의해 피살된 사람의 장례식에 나타나기를 두려워하는 사람이 대부분이었다. 마치 전염병을 피하듯 말이다.

　루이스 엑토르는 장례를 치르느라 정신이 없어서 정작 자신의 슬픔은 거의 느끼지 못했다. 눈물도 거의 보이지 않았다. 아버지는 조문객들을 외면한 채 혼자 관 옆에 앉아 있었다. 일부러 그에게 다가가 조의를 표하는 사람은 얼마 되지 않았다. 아버지는 의자에 앉은 채 보는 둥 마는 둥 악수를 나눌 뿐이었다. 아버지 대신 루이스 엑토르와 아잘리아가 유족의 도리를 다했다.

조문객 대부분이 낯선 사람들이었다. 이들은 가장 힘들 때 미리암에게 도움을 받아 항상 빚진 기분을 느낀다고 했다. 반대로 미리암의 복수를 도와준 사람들도 있었다. 그러나 유족들은 그중 누구도 잘 알지 못했다. 미리암이 활동가로서 자신의 삶을 가족의 삶과 얼마나 분리했는지 알 수 있는 대목이었다.

미리암의 경야는 2017년 5월 11일 뜨거운 정오부터 시작되었다.[2] 장례식장 현관에 안치된 관은 커다란 화환들로 장식되어 있었고, 위에는 미리암의 사진이 한 장 있었다. 빛바랜 장밋빛 머리카락의 미리암이 밝은 파란색 재킷을 입은 사진이었다.[3] 조문객들은 한 줄로 서서 조의를 표했다. 친구와 친척, 피해자 단체의 회원, 지역 공무원, 수사관, 얼굴이라도 비쳐야겠다고 생각한 공직자까지 100명이 넘는 사람들이 참석했다. 미리암의 조문객만 있었던 것은 아니다. 추이의 경야도 합동으로 진행되었기 때문이다. 비록 전혀 예상치 못한 때와 장소였지만 추이의 유족은 미리암의 지난 3년간의 헌신에 경의를 표했다. 결과적으로 추이의 경야에 참석해 달라는 유족의 초대에 미리암이 응한 셈이 되었다.[4]

빈소에서 루이스 엑토르에게 어린 시절 친구가 다가왔다. 짧게 포옹한 뒤에 친구는 루이스 엑토르와 이야기하고 싶어 하는 사람이 있다고 했다. 루이스 엑토르는 누군지도 모르는 사람이 친구를 보내 대화를 청하는 것이 수상하다고 생각했다. 다른 사람들처럼 조문을 왔으면 될 것 아닌가? 혹시 어머니를 죽인 자들이 자신을 노리는 계략이 아닐까 하는 의심이 잠시 들었지만, 그는 어린 시절부터 알고 지낸 친구를 믿었다. 그는 잠시만 자리를 비우기로 하고 친구를 따라 장례식장 밖에 주차된 트럭에 다가갔다.

루이스 엑토르는 운전석에 앉아 있는 젊은 남자를 알아보았다.[5] 동네 건달이었다. 그 남자는 루이스 엑토르에게 애도를 표하고 미리암을 존경해 왔다고 말했다. 그러더니 전화번호가 적힌 쪽지를 건네며 "혹시 엘 알루체라고 압니까?" 하고 물었다.

루이스 엑토르는 이름은 들어봤다고 대답했다.

"어떻게 된 일인지 알고 싶다면 그자부터 조사해 보세요."

남자가 말했다. 근거도 설명도 없는 모호한 정보였다. 왜 이름은 말해주면서 뒷조사나 경찰 신고에 필요한 자세한 정보는 알려주지 않는 걸까? 루이스 엑토르는 괜히 자리를 비우고 나온 것 같아 살짝 짜증이 났다.

"무슨 말을 하고 싶은 겁니까? 알아듣게 좀 말해보세요." 루이스 엑토르가 말했다.

"그 이상은 말 못 해요. 원래 이 정도도 이야기하면 안 됩니다. 하지만 당신은 그 후레자식을 눈여겨볼 필요가 있어요." 남자가 대답했다.

트럭은 떠났고 루이스 엑토르는 오후의 열기 아래에서 쪽지를 손에 쥔 채 서 있었다. 그는 장례식 이후 처음으로 주변을 둘러보며 그곳에 보는 눈이 얼마나 많은지 알아차렸다. 경찰들이 햇빛을 피해 도로 가장자리의 그늘에 모여 있었고, 그 일대부터 장례식장 입구까지 정부 측 관계자들의 차가 가득했다. 마치 그렇게 세를 과시하면 전날 밤 공권력이 부재했던 상황을 보상할 수 있다는 듯이. 미리암이라면 괜한 호들갑이라고 투덜거렸을 것이다.

루이스 엑토르는 전화번호가 적힌 쪽지를 보았다. 엘 알루체에 대해 아는 것은 익명의 제보자들이 페이스북에 올린 게시물 내용뿐이었다.[6] 그는 동네 주민들을 갈취하고 범죄를 저지르는 전형적인 세타스 조직원이었다. 루이스 엑토르가 지난 수년간 들어온 여러 조직원 이름과 별반 다를 것 없는 이름이었다. 주민들에게는 고통을 주었지만, 그 역시 세타스에서 언제든 쓰다 버릴 수 있는 소모품 신세였다. 온라인에는 그에 대한 출처 불명의 소문이 난무했다. 하지만 엘 알루체에 대해 정확히 아는 데 필요한 정보는 없었다.

빈소로 돌아간 루이스 엑토르는 서늘하고 어두운 실내에 적응하는 데 잠시 시간이 걸렸다. 여전히 어머니의 관 옆에 혼자 앉아 있는 아버지가 보였다. 사회성 없고 종종 공격적이기까지 했던 아버지가 딸과 아내를 연달아 잃는 비극을 겪으면서 더 깊이 배타적인 감정에 빠져드는 것 같았다. 카렌이 실종된 이후 부모님은 다시는 평범한 결혼 생활로 돌아가지 못했지만, 어쨌든 다시 함께 살기로 했었다. 부모님의 새로운 관계는 자식을 잃은 트라우마를 중심으로 범인들을 추적하며 형성된 것이었다. 온전했던 하나가 깨어지며 생긴 두 조각처럼 두 사람은 그 어떤 면도 맞지 않았다.

살아생전 마지막 몇 주 동안 미리암과 루이스는 더 자주 싸웠다. 루이스는 미리암에게 투쟁을 당장 멈춰야 한다고 그만 포기하라고 종용했다. 곧 나쁜 일이 생길 것 같다고 경고했다. 그러나 그 말이 옳았다는 사실은 조금도 위안이 되지 않았다. 루이스는 3년 남짓한 시간 동안 두 번째로 겪는 가족의 죽음을 깊이 슬퍼하고 있었다.

루이스 엑토르는 아버지 옆에 앉아 주차장에서 젊은 남자에게 들은 이야기를 전했다.

"네 엄마가 엘 알루체를 조사하고 있었다." 아버지가 놀랍지도 않다는 듯 말했다.

"왜요?" 루이스 엑토르가 물었다.

"네 엄마는 엘 알루체가 청부 살인을 맡아 자기를 죽이려 한다는 정보를 입수했어. 그래서 그놈을 뒷조사하고 있었지."

루이스 엑토르는 자리에서 일어났다. 아버지로부터 더 얻어 낼 정보가 없다고 생각했다. 새로 알게 된 정보는 놀라웠지만, 동시에 별로 놀랍지 않기도 했다. 미리암이 그토록 불안해했던 이유, 그처럼 거세게 정부를 몰아붙였던 이유를 이제야 알게 되었다. 어머니는 카렌을 죽인 범인들을 추적하기로 결심한 순간부터 위험에 처했지만, 최근 처음으로 두려움을 느끼는 듯했다. 신변 보호까지 요청한 것은[7] 무언가를 알고 있었기 때문이다.

그건 이제 루이스 엑토르도 마찬가지였다. 그는 소박하게 차린 빈소에 모인 조문객들을 훑어보았다. 그 사람들과 전날 있었던 일을 자세히 이야기하고 싶지는 않았다. 그는 여전히 인생에서 가장 소중했던 사람을 잃은 충격에 빠져 있었다. 그러나 장례식장에 온 제복과 정장을 갖춰 입은 사람들은 저마다 유용하지만 단편적인 정보들을 갖고 있었다. 그들 중 상당수가 어머니의 조력자였다. 이제 루이스 엑토르가 할 일은 정보들을 모아서 이어 붙이는 것이었다.

루이스 엑토르는 빈소를 가로질러 어머니의 측근인 연방 경찰에게 다가가 엘 알루체에 대해 들은 이야기를 전달했다. 그 경찰은 감시를 돕겠다고 했다. 시청에서 일하고 있는 고등학교 시절 친구도 경찰이 이미 전날 밤의 CCTV 영상을 검토 중이라고 그에게 귀띔해 주었다. 경찰은 수사 당국이 CCTV를 이용해 미리암이 가게를 떠나 동네로 접어든 순간까지 동선을 추적했다고 말했다. 당국에서는 미리암을 미행했던 닛산 트럭의 존재를 이미 확인한 상태였다.[8]

며칠 뒤 루이스 엑토르는 산페르난도 지역의 수사 책임자를 만나러 갔다. 고등학교 시절 친구가 접수처에서 근무하고 있었다. 친구가 조의를 표하며 위로를 건넸고, 루이스 엑토르는 곧장 수사의 구체적인 내용으로 화제를 돌렸다. 그는 CCTV 영상에 대해 캐물었다. 그는 자신이 입수한 대외비를 은근히 드러내며 상대에게 자신이 모든 것을 알고 있다고 생각하게 만들었다. 예전에 어머니가 그렇게 하는 것을 본 적이 있었다.

미리암은 지난 몇 년간 여기저기서 힘들게 정보를 긁어모았고, 루이스 엑토르는 그 모습을 거의 옆에서 지켜보기만 했다. 이제 어머니가 어떻게 그 일을 해냈는지 조금 알 것 같았다. 어머니는 직접 정보를 수집하고, 친구의 도움으로 정보를 확인하고, 새로운 단서를 위해 인맥을 넓히며 그저 한 걸음씩 앞으로 나아갔던 것이다.

친구는 경찰에서 닛산 트럭의 존재를 확인했음을 재차 확인해 주었다. 짐칸에 따로 공구함이 있고, 레이싱 차량처럼 줄무늬가 그려진 독특한 외관의 트럭이었다. 그 이야기를 듣는 동안 루이스 엑토르에게 전화가 한 통 왔다. 발신자는 미리암의 친구였던 지역 언론 기자였다.[9] 그는 미리암이 죽게 될지도 모르겠다고 불길한 예감을 털어놓았던 바로 그 친구였다. 기자는 미리암이 죽던 날 가게에서 집으로 운전하며 자신과 통화했었다고 말했다.

"경찰이 누군가를 체포했어요." 기자가 말했다.

루이스 엑토르는 산페르난도 경찰서에 가서 경찰서장을 기다렸다. 늘 그렇듯 반겨주는 느낌은 없었다. 조명은 흐릿하고 건물 주변에 잡초가 무성해서 폐가에 온 듯한 느낌이었다. 30분쯤 후에 도착한 경찰서장은 루이스 엑토르가 기다리고 있는 것을 보고 당황한 기색이 역력했다. 그는 누군가를 구금하고 있다는 사실을 부인하며 수사 중이라는 말만 되풀이했다. 루이스 엑토르가 계속해서 압박하자 지난 이틀간 체포한 사람이 있다는 점은 인정했지만 미리암과는 무관하다고 했다. 루이스 엑토르는 기자에게 다시 전화했다.

"그들이 체포한 사람은 그 트럭의 주인이에요." 기자는 경찰서장이 거짓말을 하고 있다며 그를 안심시켰다.

루이스 엑토르는 다시 경찰서장을 찾아가서 접수처에서 일하는 친구에게 써먹었던 방법을 사용했다. 중요한 정보를 이미 다 알고 있는 척하며 서장이 자기도 모르게 사실 확인을 해주도록 유도했다. 그는 닛산 트럭의 존재, 운전자의 체포 사실, 그리고 엘 알루체까지 언급했다. 그는 어머니가 있었다면 서장으로부터 이미 원하는 정보를 다 캐냈을 것이라고 생각했다.

어떤 면에서 미리암은 그 자리에 있는 것이나 다름없었다. 그녀가 몇 년에 걸쳐 구축한 인맥이 자연스럽게 루이스 엑토르의 인맥이 되어가고 있었다. 그녀를 아꼈던 사람들, 그녀에게 신세를 졌다는 사실만으로 연결된 주민들과 공무원들과 기자들, 심지어 범죄자들의 명단까지. 모두 가장 필요한 순간 루이스 엑토르에게 주어진 뜻밖의 유산이었다.

루이스 엑토르 역시 어머니와 똑 닮은 모습으로 자신이 가진 정보를 교묘하게 이용했다. 서장이 계속해서 말을 돌렸지만 그는 집요하게 서장을 몰아붙였다. 엘 알루체를 체포하지 않는 이유가 있냐고, 그가 자신이 용의선상에 오른 줄 아직 모를 때 체포해야 하지 않냐고 따져 물었다. 머뭇거릴수록 놓칠 가능성이 커진다고.

서장은 고개를 저었다. 체포 영장이 없는 데다 그를 혐의 사실과 연결할 방법이 마땅치 않다고 했다. 루이스 엑토르는 이번에 놓치면 그를 영영 찾을 수 없을지도 모르니 일단 그를 긴급체포한 뒤에 혐의점이 분명해질 때까지 기다리면 어떻겠냐고 제안했다. 하지만 서장은 그런 식으로 처리할 일이 아니라는 입장을 고수했다.

공직자들이 형식과 절차를 핑계로 무능함을 숨기고, 법규를 따라야 한다는 뻔한 말로 질문을 회피한다는 것쯤은 루이스 엑토르도 익히 알았다. 그러나 그는 무능함뿐 아니라 서장에게 다른 이유가 있는 것 같다고 의심했다. 아직 심증일 뿐이지만 수사 자체를 거부하는 태도가 의심스러웠다. 왜 이미 세 사람이나 확인해 준 사실을 한사코 인정하지 않는 걸까? 왜 해결책을 마련할 생각은 하지 않고 핑계만 대는 걸까?

루이스 엑토르는 냉정을 잃지 않았다. 그는 욱하는 성격이 아니었고 다른 사람의 한계를 인정하는 편이었다. 부모가 자주 다투는 모습을 보며 성장한 탓에 갈등을 싫어하고 문제를 조용히 해결하는 성향이 되었다. 그는 서장을 논리적으로 설득하려 했다. 이미 체포된 사람 외에도 목격자를 더 찾을 수 있을 거라고, 그들이 분명 엘 알루체의 연루 사실을 확인해 줄 거라고. 그는 엘 알루체를 감시하고 자신이 건네받은 전화번호를 추적해 달라고 제안했다.

서장은 그럴 수 없다고 했다. 루이스 엑토르가 말하는 모든 것을 거절하거나 부인하거나 무시하려는 듯했다. 루이스 엑토르는 어머니의 거친 언행을 이해하게 됐다. 다른 방법으로 접근해야 할지 고민스러웠다. 그때 그에게 전화가 왔다. 발신자는 타마울리파스주 주지사였다.

주지사는 범인에 대한 조속한 처벌을 약속했다. 루이스 엑토르는 감사를 표했다. 주지사로서는 그렇게 하지 않을 이유가 없었다. 미리암의 죽음은 적절히 처리하지 않으면 주 정부의 위기로 이어질 수도 있는 사건이었다. 그 순간 루이스 엑토르에게 묘안이 떠올랐다.

부패한 공직자들도 자리를 보전하고 싶은 마음은 굴뚝같다. 다루기 힘든 공직자에게 압력을 가하는 가장 좋은 방법은 그들의 자리를 위협하는 것이다. 공직자들이 자신들에게 도움을 청하는 사람을 무시하거나 부당하게 대우할 수는 있겠지만, 윗선의 지시를 무시할 수는 없는 이유다. 게다가 공직사회의 위계질서는 정치 제도 전체에 깊이 뿌리 내리고 있다.

루이스 엑토르는 주지사의 말을 끊고, 경찰에서 누군가를 체포했다는 사실을 자신이 알고 있으며, 엘 알루체라는 남자가 어머니 사건의 주요 용의자라는 정보도 입수했다고 말했다. 주지사는 닛산 트럭 운전자의 체포 사실은 알고 있었던 듯했다. 하지만 엘 알루체 이야기를 경청하며 이렇게 빨리 단서를 얻었다는 사실에 흥분을 감추지 못했다. 루이스 엑토르는 믿을 만한 정보지만 한 가지 문제가 있다며 이렇게 말했다.

"경찰서장이 그자를 체포하려 하지 않습니다."[10]

주지사가 잠시 뜸을 들이더니 말했다. "경찰서장에게 전화 잘 받으라고 전하세요. 곧 지검장이 전화할 겁니다."[11]

반복되는 역사

새로 출범한 주 정부는 언론의 집중포화를 받았다.[12] 신문과 방송국 기자들이 카르텔조차 막을 수 없을 만큼 끈질기고 상세하게 미리암 피살 사건을 다뤘다. 미리암의 죽음은 전국적인 뉴스가 되었다. 주 정부로서는 무슨 조치라도 취해야 한다는 압박이 커졌다. 슬픔에 빠진 어머니가 딸의 실종을 직접 파헤치다 살해되었다. 형언할 수 없이 참혹하고 황당한 상황이었다. 주지사는 상투적인 말로 정의를 들먹이며 미리암을 죽인 비겁한 범행을 비판했다.

"미리암 로드리게스의 죽음이 그저 또 하나의 통계로 남지 않도록 하겠습니다." 주지사가 말했다.[13]

주지사는 관련 통계가 얼마나 처참한지 잘 알았다.[14] 15년째 진행 중인 카르텔과의 전쟁은 실패했다. 더 많은 마약이 멕시코에서 미국으로 유입되었고, 미국에서 약물 과다복용으로 인한 사망률이 역대 최고치를 기록했다. 멕시코에서는 20여 년 전 집계가 시작된 이래 그 어느 때보다 마약 관련 폭력 범죄로 인한 사망자 수가 많았다.

타마울리파스주 정부가 행동에 나섰지만 접근법은 과거에서 한 발자국도 나아가지 못했다. 미리암의 죽음은 후안 N. 게라와 그의 조카 후안 가르시아 아브레고 이후 70년간 이어진 정부의 대응 실패를 상징하는 또 하나의 중요한 사건이 되었다. 이 사건은 전국적인 공분을 일으켰고, 정치인들은 반드시 정의를 바로 세우겠다며 목소리를 높였다. 정부 각료들은 기자회견을 열어 분노를 표출하고 결과를 약속했지만, 논란을 잠재우기 위해 연출된 퍼포먼스에 가까웠다. 쇼가 시작된 것이다.

비판을 피하려는 뻔한 노력들이 있었다. 주 정부 당국자들은 엘 키케가 교도소에서 탈옥한 적이 없다는 점을 분명히 밝혔다. 주 정부로서는 미리암이 감옥에 집어넣은 세타스 조직원 중 한 명이 탈옥하여 그녀를 살해한 것은 아님을 알리는 것이 중요했다. 두 사건이 연결되며 정부의 실패를 상징하는 것만은 피하려는 듯했다. 적어도 살인범은 미리암이 특정한 인물은 아니라는 것이었다.

하지만 조사가 진행되면서 미리암 살해에 가담한 4명 중 2명이 실제로 탈옥범이었으며, 미리암이 교도소에 집어넣은 세타스 조직원들과 함께 수감되어 있는 동안 살해 명령을 받았을 가능성이 크다는 사실이 드러났다. 그 후 급하게 열린 기자회견에서 당국자들은 미리암이 정부의 보호를 받았으며 경찰은 하루에 세 번 그녀의 집 앞을 순찰했다고 주장했다. 피해자 보호법을 준수해 필요한 조치를 했으며, 미리암의 죽음에 직접적인 책임은 없다는 것이었다.

이후 관련 사실에 대한 논란이 일었다. 인권위원장 글로리아 가르사는 미리암이 정부를 신뢰할 수 없다며 신변 보호를 거절했다고 주장했다.[16] 하지만 같은 날, 피해자 단체의 운영자이자 미리암의 친구였던 기예르모 리에스트라가 가르사 위원장이 피해자 단체를 만나는 모습이 담긴 영상을 공개했다.[17] 영상 속에서 미리암은 신변 보호를 요청했지만 담당 경찰관과 전화 연결이 되지 않는다고 분통을 터뜨렸다.

논란이 커지면서 인권위원회의 진상조사가 시작됐다. 관련 법률에 따라 미리암은 보호를 받았어야 했다. 실제로 총격전이 벌어졌을 때 신변 보호가 얼마나 유용할지는 불확실하지만, 경찰의 존재 자체만으로 충분히 억제 효과가 있었을 것이다. 뒤에서 다가와 총으로 살해하는 상황만큼은 피할 수 있었다. 조사 결과, 순찰을 맡은 타마울리파스주 관할 경찰의 근무 태만이 드러났다. 순찰이 지나치게 허술하고 불규칙했다. 순찰 사실을 입증할 근무 기록표 제출을 요구받자 관할 경찰은 처음에는 제출을 거부했다가 이후에는 조작된 기록을 제출했다.[18]

하지만 신변 보호를 둘러싼 진위 논란이 커지면서 정작 더 중요한 문제가 상대적으로 주목받지 못했다. 미리암은 조직범죄라는 재앙에 맞섰고, 그 노력의 결과로 어머니의 날 자신의 집 앞에서 살해당했다. 이는 세타스가 펼친 극악무도하고 어떤 면에서는 기발한 공포 마케팅이었다. 그들은 적을 제거하는 동시에 다른 사람들에게 너무 나서지 말라는 경고 메시지를 전달했다. 시민을 보호하겠다는 정부의 약속이 정치인들의 말만큼이나 공허하다는 것을 증명했다. 범죄 조직이 마음 놓고 활개 칠 수 있는 무법천지가 아닌지 의심스러울 정도였다.

반복되는 역사를 바로잡기 위해 정부가 해야 했던 일은, 그리 많지도 않았다. 정부에서는 법률에 따라 보호해야만 했던 미리암을 보호하는 데 실패했다. 그렇다면 경호 책임자를 처벌해야 했고, 카렌의 죽음에 가담한 마지막 용의자인 라 마초라를 검거해야 했다. 그렇게 미리암의 사후에라도 복수를 완수할 수 있도록 신속한 조치를 취해야 했다.

의문의 체포를 둘러싼 정황은 미리암의 친구 기자가 말한 것과 일치했다. 2017년 5월 14일, 경찰은 미리암을 미행했던 흰색 닛산 트럭의 운전자이자 차주를 체포했다.[19] 그는 산페르난도에서 일어난 다른 납치 사건의 용의자로 이미 수배 중이었던 인물로 밝혀졌다. 그러나 경찰 조사는 주로 닛산 트럭을 근거로 그가 미리암의 죽음에 연루되었는지 추궁했다.

체포된 닛산 트럭의 운전자, 즉 스물네 살의 알프레도 미사엘은 자신이 어느 활동가를 제거하기 위해 산페르난도에 온 시카리오 3명을 따라다녔을 뿐이라고 진술했다.[20] 그에게 그들을 따라다니라고 지시한 사람은 '더 쇼퍼(The Chauffeur)'라는 별명으로 불리는 암흑가의 거물이었다. 더 쇼퍼는 지난 3월에 시우다드 빅토리아 교도소에서 탈옥한 그들이 산페르난도 일대를 활보하는 것을 탐탁지 않게 여겼다는 것이다.

미사엘은 세 남자의 인상착의와 타고 다니던 자동차와 작은 오토바이, 더 나아가 그들의 별명까지 진술했다. 가장 핵심 인물은 일당의 리더인 엘 알루체였다. 미사엘은 자신은 결코 직접 방아쇠를 당기지 않았다고 주장했지만, 그러면서도 살인 혐의를 인정하고 협조한 대가로 징역 15년으로 감형받았다. 정부는 이를 대단한 진전이라는 듯 발표했지만, 미리암 가족들은 미사엘이 받은 형량이 터무니없다고 생각했다.[21] 어떻게 자신의 혐의를 인정하지도 않는 살인범이 고작 징역 15년을 선고받을 수 있냐는 것이었다.

미사엘이 체포되던 날, 또 다른 핵심 증거가 수사 당국에 제 발로 굴러들어 왔다.[22] 미리암의 죽음에 연루된 자들의 이름과 기타 정보가 기재된 익명의 투서가 산페르난도 지역 검찰청 출입문에 붙은 것이다. 해당 투서는 5월 14일 아침 8시 30분에 직원이 발견했다. 당국으로서는 손 안 대고 코 푸는 상황이었다. 마치 범죄자를 흉내내는 형사가 쓴 듯한 내용이었다. 거친 욕설과 위악적인 표현이 섞여 있었지만, 체포 영장을 발부받는 데 필요한 구체적인 정보가 다 담겨 있었다. 엄청난 압력을 받고 있던 수사 당국 입장에서 해당 투서는 중구난방으로 흩어진 정황을 연결하는 실마리가 되어주었다.

투서 작성자는 미리암 피살 사건의 실질적 설계자로 엘 알루체를 지목하며 그의 실명과 전화번호를 남겼다. 장례식 이후 루이스가 경찰에 제출한 전화번호와 일치했다. 투서에는 엘 알루체가 산페르난도를 재앙으로 몰아넣은 세타스의 중간 보스이며 강도와 갈취와 살인을 일삼았다고 비난하는 내용도 담겨 있었다. 투서의 첫 부분은 다음과 같았다.

잘 들어봐. 내가 정보를 줄 테니까 멍청이처럼 사방을 뛰어다니지만 말고 우리가 사는 산페르난도의 엿 같은 꼬라지를 보고 뭐라도 좀 해봐라. 로드리게스 아줌마를 죽인 엘 알루체라는 개자식의 실명은 후안 마누엘 알바라도란다.

표적 1: 엘 알루체, 표적 9: 라 마초라

그 투서는 긴 분량을 할애해 경찰을 비판하고 산페르난도의 치안 상황을 한탄했다. 특히 "날마다 소처럼 일하고 또 일하면서도 끊임없이 엘 알루체가 이끄는 개자식들의 먹잇감이 되는" 평범한 주민들에 대한 안타까움이 담겨 있었다. 표현은 거칠었지만 검은색 줄무늬가 있는 흰색 닛산 트럭에 대한 언급도 있었다. 작성자는 닛산 트럭의 차주는 이미 구속되어 있으며, 그는 엘 알루체가 이끄는 범죄 일당의 조직원이나 다름없다고 주장했다.

피고 측 변호사 대부분, 그리고 루이스 엑토르조차도 내용의 진위를 의심했다.[23] 산페르난도의 역사를 통틀어 정부 기관 출입문에 범죄자들에 대해 폭로하는 투서가 붙은 적은 처음이었다. 하지만 미사엘의 증언과 해당 투서는 수사 당국이 엘 알루체를 추적하고 체포 영장을 발부받는 데 주요 근거가 되었다. 하지만 루이스 엑토르는 수사 당국에서 엘 알루체를 체포하는 데 성공한다는 보장은 없다고 생각했다. 그는 어머니의 인맥뿐 아니라 성격까지 물려받았다.

루이스 엑토르는 인맥을 통해 엘 알루체가 자주 출몰하는 장소들을 수집했다. 그와 나눴다는 대화 내용도 일부 입수했다. 엘 알루체는 한 모임에서 자신의 범죄를 무용담처럼 늘어놓았다. 그가 대단한 범죄 사실을 떠벌린 것은 아니었지만, 그가 이야기하는 꼴을 보면서 루이스 엑토르는 어머니를 살해한 범인을 반드시 추적하겠다는 결의를 다졌다.

루이스 엑토르는 엘 알루체에 대해 더 많은 사실을 알게 되었다. 조금이라도 쓸모가 있다면 아주 사소한 정보도 모두 수집했다. 엘 알루체는 교도소에서 탈옥한 것이 아니라, 형기를 마치고 얼마 전 출소한 상태였다. 하지만 미리암이 집어넣은 세타스 조직원들과 수감 기간이 겹치는 것은 사실이었다.

고아였던 엘 알루체는 산페르난도에서 이모 부부의 손에 자랐다. 루이스 엑토르는 수소문 끝에 그 노부부의 집을 찾아냈고, 처음에는 그 집 앞을 직접 순찰하며 엘 알루체가 나타나기를 기다렸다. 하지만 곧 그는 산페르난도 경찰서장이 순찰 인력을 보내주기를 기대하며 그 집 주소를 공유했다. 아직까지도 경찰과 정부 당국에 일말의 희망을 품는 실수를 범한 것이다. 그 집을 급습한 경찰은 빈손으로 나왔다. 엘 알루체를 검거하지 못한 것은 물론이고, 그에게 경찰에서 수사 중이라는 사실만 알린 꼴이었다.

시간이 지날수록 루이스 엑토르는 어머니를 죽인 범인을 뒤쫓는 것 이상의 일을 했다. 어머니의 빈자리가 생긴 산페르난도 지역 실종 피해자 가족 단체 운영에 점점 더 깊이 개입하게 되었다. 한번은 어머니의 조력자였던 사람과 말다툼을 벌였다. 그녀는 SNS를 통해 자신이 미리암의 업적을 기리는 단체를 설립할 것이라고 발표했다. 하지만 그녀는 미리암의 생전에 이미 사이가 멀어진 사람이었다. 미리암은 딸을 죽인 범인을 추적한다는 입장을 고수했지만, 그녀는 딸의 유해를 찾는 것만을 원했던 것이다.

루이스 엑토르는 그 여성이 주제넘게 행동하며 분열을 일으킨다고 생각했다. 그녀는 단체에 미리암의 이름을 붙이겠다고 하면서도, 미리암이 정부의 지원금을 피해자 가족을 위해서가 아니라 개인적 용도로 사용했다고 주장했다.[24] 그런 내용을 본 루이스 엑토르는 그녀에게 전화해 당장 게시물을 내리라고 요구했다. 자신이 어머니를 대신해 단체 운영을 맡을 것이며, 그녀가 어머니의 이름을 이용해 영향력을 행사하는 것을 용납하지 않겠다고 했다.

단체를 이끌겠다고 선언한 이후에 비로소 루이스 엑토르는 자신이 그 일을 잘 모른다는 사실을 깨달았다. 어머니에게 배운 것들을 어머니와는 다른 자신만의 리더십과 결합해야 했다. 어머니를 죽인 범인을 뒤쫓는 것과는 다른 성격의 일이었다. 어머니가 사용했던 방식들을 자신의 기질과 성향에 맞게 조정해야 했다.

그해 5월 31일 루이스 엑토르는 어머니가 세운 단체의 새로운 대표로서 첫 행사를 열었다. 정확히 말하자면 어머니가 생전에 계획한 행사를 인계받은 것이었다. 산페르난도 남동쪽 끝자락에 자리 잡은 멋진 살롱에서 열린 행사는 사실상 미리암을 기리는 추도식으로

진행되었다.[25]

피해자 지원 집행부 위원장, 유엔 인권위원회 대표단, 주 인권 위원장 글로리아 가르사, 타마울리파스 주지사 비서실장 등 주 안팎의 여러 고위공직자가 행사에 참여하기 위해 산페르난도에 모였다. 한 명씩 돌아가며 미리암과의 추억을 공유했다. 미리암은 강인하고 호전적이며 다루기 힘든 상대였다. 그러나 동시에 공직자들에게 소속 기관의 안일함을 성찰하게 했다. 제도와 절차를 가장 열렬히 옹호하는 사람들에게도 그런 자극은 종종 필요했다.

글로리아 가르사의 차례가 되자 군중들은 야유를 보냈다. 많은 사람이 미리암의 죽음이 그녀의 탓이라고, 적어도 그녀의 소속 기관이 미리암을 보호하지 못한 탓이라고 생각했다. 글로리아 가르사가 당황한 기색이 역력한 채로 더듬더듬 말을 이어가자 루이스 엑토르가 나섰다. 그는 회원들에게 정중하게 그녀의 말을 경청해 달라고 부탁했다. 그 자리에 미리암이 있었다면 상상도 못 했을 일이었다.

수사 당국은 카렌 사건 수사를 종결하기 위해 박차를 가했다. 이미 놓친 엘 알루체를 제외하면 미리암의 표적 명단에서 남아 있는 마지막 인물은 아마도 미리암이 생전에 다른 가해자 누구보다 더 증오했던 라 마초라였다.[26]

생전에 미리암이 수집한 라 마초라 관련 자료는 서류철 하나를 다 채울 만큼 방대했다. 사진, 페이스북 게시물, 인적 정보 등이 빼곡했다.[27] 라 마초라가 항구 도시 베라크루스에 거주하며 택시 기사로 일하고 있다는 내용도 있었다. 미리암은 라 마초라의 어린 아들에 대한 정보도 수집했다. 그녀는 라 마초라의 아들이 어느 학교에 다니는지도 알았는데, 가족의 친구인 척하며 학교의 행정 직원에게 확인한 것이었다.

미리암이 주 정부의 관할 구역을 넘는 작전을 펼치도록 공무원들을 설득했던 몇 개월간 그 정보들은 방치되어 있었다. 그런데 그녀가 세상을 떠나자 경찰은 그로부터 채 한 달도 지나지 않은 때에 베라크루스에서 라 마초라를 체포했다.[28]

체포된 라 마초라는 결백을 주장하며 자신은 카렌이 누군지 모르고, 살인이 일어난 2014년 1월에는 이미 산페르난도를 떠났었다고 주장했다. 그녀는 다른 사람들처럼 자신도 세타스에 납치당했었다고 주장했다.[29] 버스를 타고 산페르난도를 지나던 중에 무장한 남자들에 의해 납치되었고, 이틀 동안 감금된 뒤 풀려났다는 것이었다. 세타스 일당과 함께 찍힌 사진을 제시하자 사진 속 인물은 자신이 아니라고 했다. 사진이 촬영된 시점에 자신은 사진 속 인물보다 살이 덜 쪘었고, 긴 파마머리였지 짧은 머리가 아니었다고 했다.

그녀는 사진 속 인물이 '다른 마초라'라고 주장했다.

몇 주 후 타마울리파스주 수사 당국은 미리암 피살 사건의 또 다른 용의자를 찾아냈다. 그 용의자는 군용 무기를 소지한 혐의로 시우다드 빅토리아 교도소에서 4년간 복역하다가 3월에 탈옥한 상태였는데, 타마울리파스와 접한 누에보 레온주에서 여러 무기류와 메스암페타민 몇 병, 1,500달러가량의 현금을 가지고 있다가 차량 검문에 걸린 것으로 확인되었다.[30]

엘 알루체와 마찬가지로 그 용의자 역시 다른 여러 범죄로 시우다드 빅토리아 교도소에 수감되어 있었던 사마, 엘 키케, 엘 체포 등의 세타스 조직원들과 생활했다. 이러한 정황을 바탕으로 타마울리파스주 지검장 이르빙 바리오스는 2017년 6월 29일 기자회견에서 다음과 같이 발표했다.

"수사 당국은 이 용의자들이 미리암의 딸 납치 사건에 연루된 다른 수감자들과 우연히 같은 기간에 시우다드 빅토리아 교도소에 수감되었던 것으로 추정합니다."[31]

2017년 10월 15일 밤, 루이스 엑토르는 엘 알루체가 있을 가능성을 고려해 군인들과 어느 집 앞에 잠복하고 있었다. 조금 전 그의 차가 어딘가에 다녀오는 것을 보았지만, 실제로 차 안에 엘 알루체가 있었는지 목격한 사람이 없었다. 출입구가 콘크리트 외벽으로 가려져 있는 데다 이웃집 베란다에서 새어 나온 푸르스름한 빛에 집 앞 공터가 간신히 보일 정도로 어두웠다.

엘 알루체는 종종 뚱뚱이 이네스라고 불리는 그의 여자친구 집에서 숨어 지내는데, 그날 저녁에도 그 집에 갈 가능성이 있다는 제보가 있었다.[32] 그 집을 급습하는 것은 루이스 엑토르의 판단에 달려 있었다. 그리고 그 판단은 엘 알루체가 집 안에 있는지, 없는지에 달려 있었다. 루이스 엑토르는 분대 지휘관에게 잠시 생각할 시간을 달라고 했다.

미리암의 장례식을 치르고 얼마 후 루이스 엑토르는 도움을 요청하러 수도 멕시코시티에 다녀왔다. 그는 중대 범죄 수사팀 소속의 연방 수사관들을 찾아가 미리암 피살 사건을 맡아달라고 부탁했다. 굵직한 사건들을 처리하는 그들에게는 감청권을 포함한 여러 권한과 수사 자원이 있었다. 그런데 수사팀은 이미 엘 알루체의 통화뿐 아니라, 그의 인맥에 포함된 다른 사람들의 대화 내용도 감청하고 있었다.[33]

루이스 엑토르는 어머니의 죽음 이후 조문객이 몰리던 시기에 이미 산페르난도에서 연방 경찰 몇 명을 만났었다. 별반 다를 것 없는 날들이 이어지며 그 무렵 찾아왔던 사람 대부분을 잊었지만, 연방 경찰들은 마음에 들었다. 그들은 일을 찾아서 할 줄 알았다. 자신을 파이사라고 소개했던 경찰은 루이스 엑토르에게 전화번호를 건네며 계속 연락하자고 말했다.

그 후 파이사와 주기적으로 메시지를 주고받으며 친구 같은 관계가 되었지만⁽³⁴⁾ 루이스 엑토르는 그의 실명도 몰랐다. 이름을 물어보자 그냥 파이사라고 부르라는 답이 돌아왔다. 촌사람이라는 뜻의 '파이사노(paisano)'에서 가져온 이름이었다. 파이사는 시우다드 빅토리아를 중심으로 광범위한 수사 반경에서 너무 많은 일을 맡은 탓에 뚱뚱이 이네스의 집을 급습하는 데 참여하지 못했다.

지나치게 넓은 수사 반경과 지나치게 많은 담당 사건은 모든 연방 경찰이 겪는 문제였다. 그 탓에 긴급 작전에 연방 경찰이 투입되는 것은 사실상 불가능했다. 하지만 루이스 엑토르는, 너무 무능한 탓에 혹은 모종의 사정 탓에 수사에 소극적인 경찰서장의 간섭을 피해야 했다.

루이스 엑토르는 타마울리파스주 지검장의 힘을 빌리려 했다. 이르빙 바리오스 지검장은 과거에도 루이스 엑토르에게 도움을 준 적이 있었다. 사안의 긴급성을 빠르게 간파한 지검장은 루이스 엑토르에게 특별수사팀을 소개해 주었다. 엘 콘도르라는 남자가 이끄는 그 팀에서 까다롭고 민감한 작전을 전담한다고 했다.

"무슨 작전이든 바로 실행하지 말고 반드시 엘 콘도르를 기다리세요. 그리고 산페르난도에 있는 누구에게도 이야기하지 마세요."

지검장이 엘 콘도르의 전화번호를 전달하며 경고했다.

루이스 엑토르가 전화하자 엘 콘도르는 자신의 친구가 산페르난도 외곽 제8대대에 있는 육군 장교로 있으니 연락해 보라고, 그가 도와줄 거라고 했다. 육군은 지도 위에 상세하게 작전을 계획하며 신속하게 움직였다. 차단선을 쳐서 집 주변 도로를 봉쇄했다. 엘 콘도르가 도착하면 급습할 참이었다. 그러나 엘 콘도르가 예상보다 늦으면서 시간이 하염없이 흘러갔다.

엘 알루체의 차가 나갔다 돌아온 것까지 봤는데 계속 기다릴 생각이냐고 육군 중위가 루이스 엑토르에게 물었다. 급습했는데 집 안에 엘 알루체가 없다면 체포 기회를 날릴 것이었다. 그는 다시는 그 집으로 돌아오지 않을 것이다. 그러나 집을 급습하지 않는다면 또 다른 단서를 기다리며 몇 달을 더 기다려야 할지 모를 일이었다.

루이스 엑토르는 급습하기로 결정했다. 군부대가 집 주위를 둘러싸고 길 양쪽을 틀어막았다. 루이스 엑토르는 전술 팀과 함께 앞으로 움직였다.[35] 대문에 접근하고 있을 때 루이스 엑토르의 전화벨이 울렸다. 엘 콘도르의 전화였다.

"도착했습니다." 엘 콘도르가 말했다.

군인들은 자난선 뒤로 물러났고, 엘 콘도르와 그가 데려온 남자, 그리고 루이스 엑토르까지 3명이 체포 작전을 맡았다. 5~6명이 1층 방 하나에 모여 있는 것이 보였다.[36] 윙윙거리는 에어컨 소리가 밤공기를 메웠다. 앞문을 열어보려 했지만 잠겨 있었다. 세 사람은 뒷문 쪽으로 돌아갔다. 제보자에 따르면 그 문은 보통 열어둔다고 했다. 두 사람이 어두운 복도를 통과해 침실 문 밑으로 새어 나오는 희미한 불빛을 향해 신속하게 움직였고, 루이스 엑토르는 그 뒤를 따라갔다. 한 남자가 화장실 변기 옆에 무릎을 꿇고 있었다.[37] 두 사람은 그 남자를 복도 끝까지 끌고 갔다.

1층 방에는 엘 콘도르와 다른 경찰관이 먼저 들어갔다. 엘 알루체는 방 가장자리 침대에 뚱뚱이 이네스와 나란히 누워 있었고, 다른 남자 한 명이 침대 옆 의자에 앉아 TV를 보고 있었다. 뚱뚱이 이네스가 재빨리 일어나더니 몸을 벽에 바싹 붙였다. 방에 있던 모든 사람이 항복의 의미로 손을 들었다. 침실용 스탠드에 권총 한 자루가 놓여 있었다.

탈옥 사건 이후 어머니가 건넨 권총을 움켜쥔 루이스 엑토르가 마지막으로 방에 들어갔다. 엘 알루체의 잘 다듬은 수염, 목에 있는 문신을 본 순간 그는 현기증이 났다.

"영원히 숨어 지낼 수 있을 줄 알았어?" 그가 외쳤다.

엘 알루체의 얼굴에 혼란스러운 표정이 번졌다. 눈이 커지더니 침실용 스탠드를 향해 고개를 돌리고 권총으로 손을 뻗었다. 엘 알루체가 총 한 발을 쐈지만 빗나갔고, 곧장 엘 콘도르가 대응 사격을 시작했다.[38] 작은 방에서 총성이 더 울리기도 전에 엘 알루체의 고개가 뒤로 넘어갔다. 그는 풀썩 쓰러지더니 벽에 얼굴을 기댄 채 피를 흘렸다. 루이스 엑토르는 그의 눈동자가 뒤집히는 모습을 보았다. 그의 목숨이 끊어지는 모습을 지켜보았다.

아수라장 속에서 의자에 앉아 있던 남자도 가슴에 총을 맞았다. 경찰은 그의 비명 소리를 무시한 채 집 안을 수색했다. 뚱뚱이 이네스는 화장실에 앉아 있던 남자와 함께 체포되었다.[39] 이후 그 남자는 화장실을 고치러 온 배관공으로 밝혀졌다.

이튿날 정부는 엘 알루체를 사살하고 3명의 납치 용의자를 체포했다고 발표했다.⁽⁴⁰⁾ 성명서에는 다음과 같이 적혀 있었다.

"이번 작전을 통해 타마울리파스주 내에 법과 질서, 평화를 구축하려는 우리의 의지를 재확인했습니다. 이는 우리 주의 최우선 과제 중 하나입니다."

배관공은 납치 용의자라는 누명을 벗을 때까지 1년 이상을 교도소에서 지내야 했다.

13장　종결

표적 2: 파타 데 케소

연방 경찰들이 카날레스 거리에 있는 집을 수색하는 동안 남자는 가슴의 총상을 고통스러워하며 바닥에 쓰러져 온몸을 뒤틀었다. 경찰들은 권총 두 자루, 소총과 엽총 각 한 자루, 그리고 대마초 몇 봉지를 발견했다. 곧 체포 작전 소식을 들은 현지 경찰들이 나타났다.

　엘 알루체의 은신처 위치를 어떻게 알고 왔는지는 알 수 없지만, 현지 경찰들은 지원 병력과 함께 구급차를 대동했다. 엘 콘도르는 화가 나서 씩씩거렸다. 지역 경찰들을 신뢰하지 않기도 했지만, 특히 그를 화나게 한 것은 구급차였다. 엘 콘도르는 로코, 즉 바닥에 쓰러져 있는 남자의 목숨을 구해줄 마음이 추호도 없었다.

　"난 영구차가 더 좋은데." 엘 콘도르가 창밖을 바라보며 말했다.

　구급차는 곧 치료를 의미했다. 엘 콘도르와 루이스 엑토르는 로코가 치료를 받기 전까지 서둘러 몇 가지 질문을 해야 했다. 경찰이 체포한 사람들을 연행하는 동안 로코는 들것에 실려 구급차로 옮겨졌다. 엘 콘도르와 루이스 엑토르는 구급차에 올라탔다. 엘 콘도르가 구급차 기사에게 아직 출발하지 말라고 경고한 다음, 루이스 엑토르를 돌아보았다.

"이자에게서 알고 싶은 게 뭡니까?" 그가 물었다.

"왜 우리 엄마를 죽였지?" 루이스 엑토르가 로코에게 물었다.

로코는 처음에는 대답하기를 거부하며 병원에 데려다 달라고 애원했다. 자신은 죽어가고 있으며 치료받을 권리가 있다고 숨을 헐떡이며 말했다. 출혈이 계속되는데도 1분 넘게 구급차가 움직이지 않자 그는 자신이 버티다가는 그대로 죽게 되겠구나 싶었는지 마침내 속사포처럼 말하기 시작했다.

"이유는 몰라요. 파타 데 케소가 명령을 내렸고, 엘 우고가 엘 알루체에게 돈을 지불했다고 알고 있을 뿐이에요."[1]

"액수가 얼마였어?" 엘 콘도르가 물었다.

"5,000페소요." 로코가 대답했다.[2] 약 2,700달러였다.

몇 주 뒤 루이스 엑토르는 비행기를 타고 멕시코시티로 이동해 연방 검찰청 조직범죄 담당 부서 직원들을 만났다.[3] 어머니의 피살 사건에 대한 최신 정보를 얻기 위해서였다.

루이스 엑토르의 정보원들 덕분에 수사 당국은 엘 알루체의 핸드폰을 수개월에 걸쳐 감청하며 산페르난도 안팎에서 세타스 조직원과 공모자 간의 관계도를 그려볼 수 있었다.[4] 그중에는 지역 두목인 파타 데 케소도 있었다.[5] 그는 당시 56세로 카르텔 간부치고도 나이가 무척 많은 편이었는데, 다른 세타스 조직원 수천 명처럼 적대 세력이나 한때의 공모자 그리고 군에 의해 살해되는 운명을 피했을

뿐더러, 미리암 제거를 명령한 장본인으로 지목될 때까지 20년 가까운 세월 동안 감옥에 갇힌 적도 없었다. 과거부터 멕시코 카르텔 조직원에게는 이상한 별명이 붙는 경우가 많지만, '치즈발'로 번역할 수 있는 '파타 데 케소(Pata de Queso)'는 특히 더 이상한 별명이었다. 그가 샤워 중인 시카리아를 훔쳐보다가 그녀가 욕실에서 뛰쳐나와 쏜 총알에 발을 맞았기 때문에 붙은 별명이라는 소문이 있었다.[6]

파타 데 케소에 대해 알려진 정보는 많지 않았다. 긴 활동 기간을 고려하면 그는 세타스에서 높은 서열에 오르지 못한 편이었다. 주 활동 구역은 원래 산페르난도 남쪽에 있는 라스 노리아스 지역이었지만, 미리암의 활약으로 인해 산페르난도 지역 두목이 검거되면서 입지를 넓혔다. 미리암 제거를 명령한 혐의로 조사를 받을 무렵에는 산페르난도도 그의 관할 영역이었다.

파타 데 케소는 직접 통화하는 법이 거의 없이 모든 명령을 부하를 통해 전달했다. 그런데 그의 부하들은 전화를 사용했다. 루이스 엑토르는 멕시코시티의 연방 검찰청 수사관들과 녹음된 통화 내용을 들었다. 일상적인 내용도, 오싹한 내용도 있었다. 산속 은신처에서 생활하는 두목을 위해 식료품 배달을 시키는 내용부터, 자동차 운전자를 납치해서 몸값을 받지 못하면 죽이라는 명령, 파타 데 케소가 겪는 증세를 통해 막연히 짐작되는 건강 문제 등이 담겨 있었다.

감청을 시작하기까지 예상보다 긴 시간이 필요했다. 2017년 멕시코를 휩쓴 해킹 스캔들 때문이었다. 멕시코 정부는 불법적으로 스파이웨어를 이용하여 영장 없이 언론인과 인권 변호사, 사회운동가를 사찰했다는 의혹으로 비판받았다.[7] 《뉴욕타임스》에 관련 기사들이 실리면서 불법 사찰에 대한 진상조사가 진행되었다. 그 결과 수사 당국에서 감청을 하려면 영장을 발부받아야 했다. 오랫동안 무시했던 법적인 요건을 지키며 감청하려면 과거보다 훨씬 많은 인력이 필요했다. 간신히 짧은 기간 감청할 수 있었지만, 경찰은 파타 데 케소의 목소리를 거의 듣지 못했다. 그는 사람들이 모이는 번화가에는 거의 나타나지 않았다.

11월 초 경찰이 시우다드 빅토리아의 종합병원에서 파타 데 케소를 체포했다.[8] 그는 신부전이 악화되어 투석을 받고 있었다. 경찰은 곧 여러 죄목으로 조사를 받을 악명 높은 범죄자를 멕시코시티로 압송하기 전에 사진을 촬영했다. 한때는 무시무시한 존재였던 파타 데 케소가 휠체어에 앉은 채 늙고 병약한 남자가 되어 있었다. 낡디낡은 담요를 어깨에 감싸고 있어 마치 양로원에서 도망쳐 나온 사람처럼 보였다.

루이스 엑토르는 전날 밤 그를 체포한 파이사의 전화를 받았다. 루이스 엑토르는 늘 그랬듯 같은 질문을 하고 싶었다. 어머니를 왜 죽였냐고. 이유를 충분히 짐작할 수 있었지만, 살해를 지시한 장본인에게 직접 듣고 싶었다. 파이사는 꼭 물어봐 주겠다고 약속했다. 그런데 3일 뒤 파타 데 케소가 죽고 말았다.[9] 세타스에서는 그의 오른팔이었고, 미리암의 청부 살인 비용을 지불했던 인물인 엘 우고가 후계자가 되었다.

미리암의 공백

루이스 엑토르는 피해자 단체의 중요성을 잘 알고 있었다. 그는 피해자 가족 모임을 열었고, 연방 정부 및 주 정부와 교류했다.[10] 또 정부를 도와 아르헨티나에서 전문가들이 방문하는 일정을 조율했다.[11] 2011년 집단 암매장지에 묻힌 유해들의 신원을 파악하기 위해 멕시코 정부와 계약한 국제적으로 저명한 법의학자 전문가들이었다. 그들은 실종자, 혹은 실종 피해자 가족의 DNA 샘플이 필요했다. 피해자 가족 명단에는 마리아 이네스도 포함되었다.

마리아 이네스는 미리암의 죽음 이후 몹시 힘들어했다. 아들 에두아르도를 잃은 뒤 늘 외롭고 감정과 충동을 억누를 수 없던 그녀에게 미리암은 큰 힘이 되어주었다. 미리암은 그녀의 고통에 목적을 부여해 주었다. 그런데 미리암이 떠나자 잠시 사라졌던 공허함이 더욱 심해졌다. 미리암의 가게가 문을 닫으면서 또다시 일자리를 잃기도 했다.

미리암의 죽음 이후 비슷한 단체들이 우후죽순 생겨났지만, 마리아 이네스는 루이스 엑토르의 곁을 지켰다. 그녀는 루이스 엑토르에게 어머니만큼의 추진력이 없다는 것을 알았지만, 의리를 지켰다. 미리암은 결코 바닥나지 않는 무한한 연료 탱크를 가지고 있는 듯했다. 오직 자식을 잃은 부모에게서만 나올 수 있을 에너지였다.

물론 루이스 엑토르도 30대 중반에 어머니와 여동생을 모두 폭력 범죄로 잃었다. 매일같이 일어나서 옷을 챙겨입고 생계를 유지하는 것 자체가 기적이었다. 갑자기 무너진 삶 속에서도 그는 여전히 열심히 살고 있었다. 그 때문에 미리암을 사랑했던 이들은 루이스 엑토르도 사랑했다. 그러나 그는 미리암이 아니었고, 설령 미리암의 역할을 대신한다 해도 미리암의 공백을 메울 수는 없었다. 가슴 아프지만 어쩔 수 없는 현실이었다.

2017년 중반이 되면서 마리아 이네스의 피해자 단체 활동은 마무리 단계에 접어들었다. 마리아 이네스와 가족은 여러 차례 DNA 샘플 제공을 요청받았고, 결국 멕시코시티에 다녀왔다.⁽¹²⁾ 전에도 두 차례 DNA 샘플을 제공한 적이 있었다. 전문가들은 이번에는 다를 거라며 그녀를 안심시켰다. 마리아 이네스는 법의학 전문가 한 명과 친해졌다. 그녀는 타마울리파스주 공무원들과 달리 마리아 이네스를 존중하며 친절하게 대했다. 마리아 이네스의 질문에 참을성 있게 답해주었고, 두려워하는 그녀를 늘 안심시켰다.

　　법의학자들 덕분에 마리아 이네스는 마침내 아들의 행방을 알게 되었다. 헤수스 에두아르도 세르다 베라는 2011년 3월 4일 밤 산 페르난도 중앙 광장의 편의점 주차장에서 사냥감을 찾아 돌아다니는 세타스 일당에게 납치된 후 실종되었다. 한 달 뒤 세타스가 수십 명을 집단 매장 한 엘 아레날 지역을 수색하던 당국이 에두아르도의 유해를 발견했다.⁽¹³⁾

　　그 자체로 끔찍한 범죄인 시신 훼손이 그 무렵에는 더 이상 놀랍지도 않은 일상이 되었다. 마약과의 전쟁 과정에서 탄생한 거대한 살인 기계가 남긴 부산물이었다. 그러나 그로 인한 고통은 일상이 될 수 없었다. 마리아 이네스는 지난 5년간 끝나지 않는 슬픔 속에서 살았다. 그러다 이제야 비로소 정부에서는 이미 알고 있었으며 과학적 근거까지 있었던 사실을 알게 되었다.

　　죽음과 시신 훼손이 일상이 된 곳에서는 당국의 무능함과 냉담함과 무관심도 일상이 된다. 너무 지친 피해자 가족들은 더 이상 당국에 아무것도 기대하지 않았고, 그 사실이 폭력으로 엉망이 된 상황을 수습할 책임이 있는 자들을 더욱 둔감하게 만들었다. 죽음의 악순환이었다.

지난 몇 년간 당국은 여러 차례 마리아 이네스와 남편의 DNA 샘플을 채취했다. 이론적으로는 DNA가 일치하는 유해가 금세 나타났어야 했다. 그러나 알 수 없는 이유로 그런 일은 일어나지 않았다. 2013년부터 에두아르도의 유해는 카렌의 유해가 그랬던 것처럼 시우다드 빅토리아의 공동묘지에 매장되어 있었다.

마리아 이네스는 미리암이 죽은 지 한 달이 채 되지 않았던 2017년 6월에 그 모든 과정에 대한 설명을 들었다. 그녀는 아들의 실종 이후 겹겹이 쌓인 슬픔을 견뎌내는 데 익숙해졌다. 에두아르도를 되찾았다는 안도감이 쓰라린 감정보다 컸지만, 겨우 눈곱만큼의 차이일 뿐이었다. 겹겹이 쌓인 슬픔은 여전히 그녀와 가족을 질식시키는 마개처럼 남아 있었다.

하지만 아들을 찾아 헤매는 일은 마침내 멈출 수 있었다.

마리아 이네스는 아들의 유해를 찾은 뒤에도 한동안 단체 모임에 계속 참석했다. 하지만 모임은 더 이상 정기적으로 열리지 않았고, 미리암의 죽음으로 생긴 공백 탓에 100여 가족에 이르던 회원 중 일부는 다른 단체로 넘어갔다.[14]

떠난 이들을 탓하기는 힘들었다. 루이스 엑토르는 시우다드 빅토리아에 살았다. 단체 운영을 위해 직장은 그만두었지만 다른 단체 운영자들처럼 상주하기는 힘들었다. 다른 운영자들은 인맥이 더 넓었고, 법을 더 잘 알았으며, 권력과 영향력을 지렛대 삼아 요청을 거절하기 일쑤인 공무원들을 압박하는 데 더 능했다. 무엇보다 루이스 엑토르는 그들의 헌신을 따라갈 수 없었다. 자신이 결성한 단체를 이끄는 여성들은 그보다 나이가 훨씬 많았고, 대부분 사랑하는 가족을 되찾는 것이 인생의 전부인 사람들이었다. 루이스 엑토르는 당시 고작 서른세 살의 미혼 남성이었다. 그도 다른 누구 못지않게, 어쩌면 누구보다 큰 고통에 짓눌려 있었지만, 그 고통에 파묻혀 사는 것은 미래를 포기하는 것을 의미했다. 그는 상실 너머의 삶을 원했다.

미리암의 죽음 이후 1년이 넘게 지났다. 그 무렵 루이스 엑토르는 일이 돌아가는 방식과 그 과정에서 자신이 맡을 역할에 점점 더 회의감을 느꼈다. 공무원들을 상대하는 데 염증이 났다. 공무원들이 거짓말을 할 수도, 목적에 맡게 증거를 조작할 수도 있음을 경험으로 알게 되었다. 공무원들은 미리암이 설립한 단체의 영향력을 약화하기 위해 다른 단체를 지원하기도, 여러 단체의 운영자들을 이간질하기도 했다. 정부는 폭력을 통제하는 데 실패했고, 이를 적은 예산으로 때울 생각만 했다. 절박한 피해자들은 부스러기라도 받고자 그 앞에 줄을 섰다. 루이스 엑토르는 가장 유능한 활동가는 정의 구현을 이끄는 사람이 아니라, 피해자 가족들이 지원을 받을 수 있도록 돕는 사람임을 깨달았다.

루이스 엑토르는 비판에도 직면했다. 미리암의 죽음을 막지 못한 주 정부가 서둘러 후속 조치를 내놓는 과정에서 미리암 가족은 경찰의 경호를 받았다. 비용이 많이 드는 일이었고, 어쩌면 불필요한 조치였을지도 모른다. 미리암의 죽음이 일으킨 엄청난 후폭풍을 보고도 그 가족을 노릴 만큼 어리석은 카르텔은 없을 테니까. 미리암 가족이 경찰 2명을 대동하고 식당이나 술집이나 시장에 나타나면 산페르난도 주민들은 어이없다는 듯 눈살을 찌푸렸다. 이런 조치는 그들이 받은 고통을 지나치게 공개적이고 비극적인 방식으로 보상하는 것처럼 보였다.[15]

루이스 엑토르는 결국 좋은 패를 쥔 사람이 게임에서 이기리라 믿었다. 어머니와 같은 영향력이나 정당성은 없었지만 그에게는 유명세가 있었다. 유명세는 게임에서 유용한 패가 되어주었다. 하지만 2019년 초에 타마울리파스의 실종자수색위원회 위원 자격을 놓치면서 처음으로 그 믿음이 흔들렸다. 수색위원회는 실종자 수색이 언제, 어떻게 실시되는지 감독하고 정부와 피해자 단체 사이의 중개자 역할을 하는 주 정부 소속 기구였다.

  담당 공무원들은 종종 마치 쇼를 하듯 아무런 계획이나 목적 없이 경찰과 군인을 보내 수색을 벌였다. 절망에 빠진 부모들의 불만을 누그러뜨릴 목적일 뿐, 실제로 집단 암매장지를 발견하는 경우는 거의 없었다. 그 무렵 주 정부는 타마울리파스주 내에서 실종된 사람의 수를 본격적으로 집계하기 시작했는데, 실종자 수가 1만 명을 넘어서며 전국 최상위에 올랐다.[16] 일부 주에서는 비공식 채널을 통해 집단 암매장지를 더는 수색하고 있지 않으며, 이미 발굴된 유해를 관리할 예산도 부족하다고 밝혔다.

  누가 위원이 되는지에 따라, 그리고 위원들에게 실제로 여러 권한이 주어지는지에 따라 위원회의 역할이 매우 중요해질 수도 있었다. 물론 그럴 가능성은 희박해 보였지만 말이다. 시우다드 빅토리아에서 활동하는 다른 피해자 단체의 운영자이자, 미리암의 친구였던 기예르모 리에스트라는 위원 선출을 앞둔 2018년에 루이스 엑토르가 위원 선거에 출마하도록 설득했다. 주에서 가장 유명한 활동가의 아들이라는 점이 유리하게 작용할 가능성이 컸다. 피해자 단체들은 정부의 보여주기식 행태에 신물이 났고, 신뢰할 수 있고 논리적이며 자신들의 아픔을 이해할 수 있는 사람이 실종자 수색 문제의 감독을 맡길 원했다.

"누가 됐든 최선의 방법을 찾길 바랍니다. 그리고 제가 늘 강조했듯, 실종자수색위원회는 피해자 가족들을 저버리지 않을 것입니다." 루이스 엑토르는 한 인터뷰에서 출마 의사를 밝히며 이렇게 말했다. "그리고 피해자 가족 단체에서 위원이 한 명도 선출되지 않는다면, 지금까지 그래왔던 것처럼 우리는 외부에서 계속해서 압박을 가할 것입니다."[17]

위원 선출권은 주 의회에 있었다. 실종자 수색을 감독할 인물로 피해자 단체 회원이 선정되리라 내다본 사람은 거의 없었다. 물론 대놓고 이들을 제외하기보다는 루이스 엑토르를 비롯한 후보자들의 자잘한 결격 사유를 내세울 것이었다. 2019년 1월 미제출 서류를 이유로 루이스 엑토르의 입후보 신청이 다른 활동가 2명의 신청과 함께 반려되었다.

그다음 달에 최근까지 타마울리파스주 실종 사건 수사를 맡았던 전직 주 정부 수사관이 실종자수색위원회 위원으로 선출되었다. 피해자 단체들은 위원회가 생긴 이유 자체가 실종자 수색에서 수사당국이 지지부진했기 때문이라며 이 결정을 비판했다.

리에스트라는 "실종자 수색 자체를 시늉으로 전락시킬" 위험이 있는 사람이 위원으로 선출되었다고 말했다. 한마디로 모두 쇼라는 것이었다. 그는 이어서 피해자 단체들은 정확히 같은 이유로 억압적인 관료주의에 맞설 수 있는 사람을 제도권에 편입시키기 위해 루이스 엑토르를 추천했었다고 밝혔다. 그러면서 타마울리파스주 수사당국에서 평생을 월급쟁이로 산 사람이 "실종자의 고통을 아는 사람"과 똑같은 열성을 보일 리 없음은 자명하다고 강조했다. "짐작건

대 주 의회의 생각은 저와 달랐겠지요." 리에스트라는 그렇게 발언을 마쳤다.[18]

불완전한 종결

파타 데 케소의 오른팔이었던 엘 우고는 여전히 자유롭게 거리를 활보했다. 두목이 사망한 뒤 그는 산페르난도 지역을 장악했는데, 전임자보다 영민한 두목이라는 평판이 자자했다. 루이스 엑토르는 엘 우고가 몸값을 요구하고, 메스칼 양조장 등 국도 인근 사업장을 갈취하는 통화 내용을 도청했다.[19] 엘 우고는 루이스 엑토르에게 남은 마지막 표적이었다.

　루이스 엑토르는 위원 선출 과정을 겪으며 허탈해졌다. 상황이 나아지거나 자신이 변화를 가져올 수도 있다는 헛된 희망에서 깨어났다. 주 의회는 실종 피해자 가족의 요구를 관료화하는 데 능숙했고 주 정부에 대한 충직함이 보장된 인물, 즉 전직 수사관을 선택했다.[20] 루이스 엑토르는 피해자 단체 활동 전반에 대해서도 회의를 느끼기 시작했다.

　루이스 엑토르는 피해자 단체와 정부 측 사이에 벌어진 게임에 말려든 기분이었다. 양측은 상대의 허를 찌르기 위해, 더 많은 지원을 얻어내거나 막아내기 위해, 새로운 법을 입안하거나 저지하기 위해, 의사결정 과정의 투명성을 요구하거나 반대로 모호함을 유지하기 위해 여러 수단을 동원했다. 그 게임에서는 계속 싸워야 했고, 그러려면 싸움을 지속할 만한 에너지가 있어야 했다. 그는 자신이 그 일에 적합한지 확신할 수 없었다.

루이스 엑토르는 계속 시우다드 빅토리아에서 살았고, 주 공무원은 그만두었지만 외장용 자재와 지붕 재료를 판매하는 사업은 계속했다. 아버지가 만류했던 사업이 주 수입원이 된 것이다. 근무시간에서 비교적 자유로운 사업가로 변신한 덕분에 피해자 단체를 운영하고 멕시코시티에 주기적으로 방문하며 미리암 피살 사건의 수사 상황을 확인할 수 있었다.

경찰이 어떻게 파타 데 케소를 검거할 수 있었는지는 여전히 베일에 가려져 있었다. 루이스 엑토르는 경찰에서 추적하고 있었다는 것은 알았지만 그렇게 본격적인 줄은 몰랐다. 당국은 세부 정보를 알려주지 않았고, 이제 파타 데 케소가 사망했으니 더 말할 이유가 없어졌다. 루이스 엑토르는 파타 데 케소에게 왜 어머니를 제거하라는 지시를 내렸는지 묻지 못한 것이 애석했다. 파이사는 루이스 엑토르가 전화할 때마다 통화를 피하려 했다. 정부의 도·감청이 얼마나 광범위하게 이뤄지는지 알게 되면서 내부 정보를 발설하기 불안해졌을 것이다.

실종자수색위원회 선출 과정의 아픔이 아직 가시지 않았던 2019년 초 어느 날, 시우다드 빅토리아의 세차장에서 루이스 엑토르는 트럭을 세차하고 있었다.[21] 그는 자신을 쳐다보고 있는 어떤 남자를 발견하고 깜짝 놀라서 몸을 피하려 했다. 그런데 그 남자가 친근하게 손을 흔들며 얼굴에 미소를 띤 채 다가왔다.

지난 2년간 파이사와 연락하며 지냈지만, 루이스 엑토르는 그의 외모가 잘 기억나지 않았다. 파타 데 케소의 주변 인물들에 대한 정보를 공유하고, 루이스 엑토르가 멕시코시티에서 누구를 만나야 할지 논의했지만, 대부분 전화 통화를 하거나 메시지를 주고받았다. 직접 만난 것은 딱 한 번뿐이었다. 핸드폰 연락처에 그의 번호는 여전히 '파이사'로 저장되어 있었다.

그 남자가 손을 내밀어 악수를 청하자 루이스 엑토르는 그가 파이사라는 것을 알아차렸다. 오랜 친구를 우연히 만난 것처럼 조금 어색하면서도 동시에 따뜻하고 친근한 느낌이 들었다.[22] 두 사람은 서로에게 해야 할 이야기가 많았다. 세차장에서 1시간 이상 이야기를 나눈 이후에 마침내 파이사가 파타 데 케소를 체포한 날 어떤 일들이 있었는지 말해주었다. 1년 반 동안 궁금해했던 미스터리가 풀리는 순간이었다.

파이사는 엘 알루체를 사살한 지 얼마 되지 않았던 2017년 11월 초, 연방 경찰에게 뜻밖의 기회가 생겼다고 말했다. 파타 데 케소의 부하 중 한 명이 두목이 아프니 구급차를 보내달라고 말하는 것을 감청한 것이다. 병세가 워낙 위중했던 탓에 그들은 곧장 시우다드 빅토리아의 병원으로 향하고 있었다. 경찰로서는 몇 개월 만에 제대로 된 단서를 얻은 것이었다. 파타 데 케소가 쇠약한 상태인 것도 희소식이었다. 파이사와 다른 경찰관 한 명만 당직을 서고 있었기 때문이다. 다른 임무를 수행 중인 동료들은 제때 돌아오기 힘든 상황이었다.

파이사와 동료 경찰은 급히 출동하여 시우다드 빅토리아 시내로 들어오는 구급차를 중간에 막아서기로 했다. 그런데 이 계획에는 문제가 있었다. 그 구급차를 알아볼 방법이 없었고, 파타 데 케소가 어느 병원으로 향할지도 알 수 없었다. 두 사람은 무작정 차를 몰고 나갔다. 먼저 시내의 북동쪽에 있는 전문병원으로 향했다. 구급차

두어 대를 멈춰 세웠지만 허탕이었다.

중심가로 돌아오는 길에 그들은 또 다른 구급차를 지나쳤다. 다른 방법이 없어서 일단 구급차를 멈춰 세웠다. 구급차에는 운전기사뿐이었지만 두 사람은 집요하게 질문을 이어갔다. 혹시 지난 1시간 동안 파타 데 케소와 인상착의가 일치하는 사람을 병원에 이송한 적이 있는지 질문했다. 놀랍게도 기사는 고개를 끄덕였다. 신부전으로 고통스러워하는 남자를 종합병원에 데려다준 지 채 30분도 안 되었다는 것이었다. 환자 옆에 다른 남자 한 명이 동행하고 있었으며, 그들을 응급실에 내려주었다고 했다.

파이사는 서둘러 도심에 있는 종합병원에 갔다. 체포 작전을 펼치기 좋은 장소는 아니었다. 혹시 총격전이라도 벌어진다면 무고한 사람들이 피해를 입을 수도 있었다. 접수처에서 파이사가 경찰 배지를 슬쩍 보여주자 깐깐해 보이는 직원이 파타 데 케소가 입원한 병실을 알려주었다. 파이사는 혹시 세타스 조직원들이 병문안을 오는지 지켜보라며 파트너를 밖에 남겨둔 채 혼자 병실로 향했다. 복도를 훑어보자 어떤 남자가 병실 문을 지키고 있었다. 타마울리파스주 세타스 조직원들의 사건 파일에서 본 적 있는 얼굴이었다.

산페르난도 주민들을 공포에 떨게 한 지난 20년 동안 파타 데 케소가 이렇게 취약했던 적은 없었을 것이다. 병약한 몸으로 단 한 명의 경호를 받고 있었으니 말이다. 그러나 파이사는 혹시라도 다른 세타스 조직원이 지원에 나서는 상황을 경계했다. 이미 지원 인력을 요청했지만, 가장 빠르게 현장에 투입되어야 할 고속도로 순찰대가 늑장을 부리고 있었다.

루이스 엑토르는 파이사의 이야기를 집중해서 들었다. 이야기의 진위는 조금도 의심하지 않았다. 우선 파이사가 들려준 이야기 일부와 감청 내용은 루이스 엑토르도 멕시코시티의 조직범죄 담당 부서에서 직접 들었던 것이었다. 게다가 일부러 꾸며낸 이야기라기엔 작전 과정이 지나치게 즉흥적이고 허술해 보였다.

파이사는 복도 끝에서 마치 아는 사람을 부르듯 그 경호원의 이름을 불렀다.

"두목은 안에 계십니까?" 파이사가 세타스 조직원인 척하며 태연하게 말했다.

경호원은 잠시 혼란스러워하다가 안심한 듯 고개를 끄덕이며 파이사를 병실로 들여보냈다.

파타 데 케소가 야윈 얼굴로 병원 침대에 축 늘어져 있었다. 그는 머리가 하얗게 세어 있었다. 파이사가 들어가자 그는 눈을 들어 쳐다보았다.

"이봐, 혹시 나를 알아보겠나?" 파이사가 묻자 파타 데 케소는 고개를 저었다.

"못 알아보는 거 확실해? 나는 댁을 잘 아는데."

파타 데 케소는 문 쪽을 힐끔거렸다.

"나는 연방 경찰관이야. 우리가 병원 전체를 포위했어."

루이스 엑토르는 파이사와 트럭에 앉아 길게 늘어선 차들을 바라보았다. 그곳은 시우다드 빅토리아에서 가장 인기 있는 세차장이었고, 루이스 엑토르도 가장 좋아하는 곳이었다. 파이사는 파타 데 케소에게 미리암을 죽인 이유를 물어봤다고 말했다. 시우다드 빅토리아발 멕시코시티행 비행기 안에서였다. 그때 이미 생사를 오가고 있었던 그의 대답이 진실인지 섬망 상태에서 지껄인 헛소리인지는 알 수 없었다. 하지만 어쨌든 그의 대답은 짐작한 그대로였다.

"당신 어머니가 세타스 입장에서 말썽을 너무 많이 일으켰다는 거예요. 어머니 때문에 법적 처벌을 피할 수 없게 됐다고."

새로운 정보가 없는, 불완전한 사건 종결이었다. 루이스 엑토르는 그에게 직접 이야기를 듣고 싶었다. 파타 데 케소보다 더 윗선에서 그 일을 승인했는지, 혹시 정부 내부에 그 사실을 아는 사람이 있었는지 캐묻고 싶었다.[23] 끊임없이 의심하다 지쳐버린 사람이 품을 만한 음모론적 질문들을 더 하고 싶었다. 그런데 이제 부질없는 일이 되었다. 그가 질문할 수 있는 사람은 이제 딱 한 명이 남았다. 파타 데 케소의 오른팔 엘 우고.

"엘 우고에 대해 새로 알게 된 내용은 없나요?"

루이스 엑토르는 열심히 추적한 끝에 '거위'와 '짧은 목'이라는 뜻의 별명으로 통하는 엘 우고(El Hugo)가 시우다드 빅토리아에 살고 있다는 사실을 알아냈다. 하지만 정확한 주소는 몰랐다.

"같이 그놈 집 앞에 가볼까요?" 파이사가 그에게 물었다.

두 사람은 파이사의 트럭을 타고 시내 북동쪽에서 새로 개발되고 있는 지역인 바리오 데 파자리토스로 향했다. 그 지역에 엘 우고의 집이 있었다. 집 앞은 사방에서 감시 카메라가 돌아갔고, 창문에는 쇠창살이 있었다.

"집 안에 분명 돈과 무기가 가득할 겁니다." 파이사가 집 앞을 빠르게 지나치며 말했다.

엘 우고는 산페르난도 지역에서 지난 수년간 납치 조직을 운영하며 길거리와 도로에서 사람들을 납치해 수만 달러에 이르는 몸값을 요구했다. 일부 수사관은 엘 우고가 두목인 파타 데 케소보다 수완이 좋다고 평가했다. 엘 우고를 단지 두목의 측근이 아니라 산페르난도 내 세타스 조직의 실세로 보는 사람이 많았다.[24]

루이스 엑토르는 거주지를 알면서 왜 아직 그를 체포하지 않았는지 물었다. 파이사는 자신도 그러고 싶었지만, 담당 검사가 신중을 기하고 있다고 했다. 담당 검사는 미리암 암살에 대한 소문과 비공식 증언만으로는 아직 증거가 부족하다고 생각했다. 그러나 파이사는 담당 검사를 설득할 수 있다고 말했다.

"당신이 검사에게 엘 우고를 급습하자고 말하면 아마 그렇게 할 겁니다."

루이스 엑토르는 늘 체포와 채증 사이에서 균형을 잡아야 했다. 검사들이 스스로는 충분한 증거를 확보하지 못하는 듯했고, 이는 기소를 준비하며 몇 년이 지나갈 수 있음을 의미했다. 그사이에 용의자가 잠적해 버릴 수도 있었다. 반박할 수 없는 증거를 찾으려다 오히려 용의자를 붙잡을 기회를 놓치는 꼴이었다. 그 반대의 경우에도 문제가 있었다. 증거를 확보하기 전에 검거한 용의자는 법적 처벌 없이 풀려날 수 있었다.

멕시코의 불확실한 법 집행 체계를 고려해 루이스 엑토르는 대체로 기회가 있을 때 체포하는 쪽을 선택했다. 일단 체포하면 최소한 용의자에게서 무기나 마약을 찾아내 기소할 수 있었다. 정의가 전혀 구현되지 않는 것보다는 불완전하더라도 구현되는 편이 나았다.

마지막 표적: 엘 우고

루이스 엑토르는 카렌이 사라진 지 오래되지 않았던 몇 년 전 주말, 어느 휴양지에서 엘 우고를 마주친 적이 있었다. 수정처럼 맑은 계곡물이 흐르고 푸른 숲이 우거져 있어서 지역 주민들이 가족이나 친구와 함께 즐겨 찾는 시우다드 빅토리아 인근 생태 공원이었다. 루이스 엑토르는 친구들과 아이스박스에서 맥주를 꺼내 마시고 있었다. 살짝 취기가 돌았다. 엘 우고를 알아보지 못한 채, 조직범죄에 가담한 "인간쓰레기들"을 욕하고 있는데, 친구 한 명이 팔꿈치로 그를 쿡 찌르며 조용히 하라고 했다.

"저기 저 사람 산페르난도의 엘 우고야." 친구가 속삭였다.

알아보지는 못했지만 엘 우고의 악명은 잘 알고 있었다. 엘 우고가 친구이자 자금책인 엘 디아블로와 새 픽업트럭을 타고 나타났을 때, 그저 잘나가는 사람이겠거니 생각했을 뿐이었다.[25] 루이스 엑토르는 입을 다물었고 이후 몇 시간 동안 그 두 사람과 맥주를 마셨다. 엘 우고는 과묵했지만 농담에 능하고 붙임성이 있었다. 루이스 엑토르는 분노를 감춘 채 두 사람이 누구인지 모르는 척했다.

그 후에도 한두 번 더 엘 우고를 마주친 적이 있지만 그때도 잘 알아보지 못했다. 엘 우고가 눈에 띄지 않게 행동하는 데 능했기 때문이었다. 그는 성긴 콧수염과 턱수염을 길렀고, 키는 크지도 작지도 않았으며, 체형은 뚱뚱하지도 마르지도 않았다. 옷차림도 평범했다. 엘 우고를 차에 태우고 다니는 사람들이 그보다 잘 차려입은 경우가 많았다. 그날도 엘 디아블로가 엘 우고보다 더 말끔해 보였다. 상황을 몰랐다면 루이스 엑토르는 엘 디아블로가 두목이라고 생각했을 것이다. 엘 디아블로는 멋진 픽업트럭을 몰았고, 새 청바지와 잘 다림질한 셔츠를 입고 있었다. 반면 엘 우고는 구깃구깃한 셔츠가 바지 위로 빠져나와 있었다. 엘 디아블로는 키도 몸집도 크고 이중 턱이었다. 루이스 엑토르도 엘 디아블로의 모습은 잘 기억났다.

경찰에서 엘 우고를 그렇게 바짝 추적하고 있었다는 것을 루이스 엑토르는 몰랐다. 감청 내용이나 수사 상황을 확인하러 멕시코시티에 갈 때마다 검사들에게 여러 이야기를 듣긴 했다. 하지만 그는 수사 당국에게 중요한 것은 실행 여부가 아니라 그럴듯하게 보이는 것이라는 사실을 어머니에게 배웠다. 세차장에서 우연히 파이사를 마주치지 않았다면, 루이스 엑토르는 엘 우고에 대한 이야기들을 믿지 않았을 것이다.

수십 년 전부터 수사 당국의 감시망 안에 있었던 파타 데 케소가 미리암 암살의 주모자로 지목되면서 비로소 체포되었듯, 이제 엘 우고도 연방 경찰의 감시를 받고 있었다.[26] 경찰은 엘 우고의 집을 급습하라는 명령이 떨어지기만을 기다렸다. 불과 얼마 전까지 루이스 엑토르는 엘 우고에 대한 추적을 거의 포기할 뻔했었다.

사건 해결에 대한 정부의 의지가 없다면 검찰은 충분한 증거가 없다며 엘 우고에 대한 기소를 영원히 미룰 수도 있었다. 새로운 스캔들이 터지며 사건의 우선순위가 달라지기도 했다. 멕시코에서 수사 대상을 정하는 것은 정치권이었고, 법 집행은 변덕스럽게 이뤄졌다. 루이스 엑토르는 시간이 지날수록 어머니의 죽음에 대한 대중의 관심이 시들해지는 것을 느꼈다.

주변 상황도 달라지고 있었다. 안드레스 마누엘 로페스 오브라도르가 포퓰리즘 정책으로 제도혁명당 후보에게 압승을 거두며 새 대통령으로 당선되었다.[27] 그는 이전 정부와의 차별화를 위해 '총알 대신 포옹(abrazos, no balazos)'이라는 접근법을 내걸었다. 연방 경찰을 해체한 뒤 이를 대체할 연방 공권력인 '국가방위군(National Guard)'을 창설했다.

루이스 엑토르는 연방 정부 내의 연줄을 잃을 수 있는 상황에 내몰렸다. 새 대통령이 취임 직후 새로운 정책 방향에 걸맞은 인적 쇄신을 단행하려 했기 때문이다. 그는 조직범죄 담당 부서가 아직 미리암 사건을 담당하고 있을 때, 사건 해결에 대한 정치적 압력이 아직 남아 있을 때, 자신과 알고 지내는 수사관들이 부서에 남아 있을 때 서둘러 행동을 취하고 싶었다.

루이스 엑토르와 파이사는 세차장으로 돌아갔다. 파이사의 트럭에서 내리며 루이스 엑토르는 검사에게 급습을 요청하겠다고 약속했다. 그 대신 한 가지 원하는 게 있다고 했다. 경찰이 엘 우고의 집을 급습할 때 자신도 동행하고 싶다는 거였다.

그다음 달 루이스 엑토르는 약속을 지키기 위해 멕시코시티행 비행기를 탔다. 쾌청한 여름날 오후, 그는 조직범죄 담당 검사, 그리고 수사관들과 같은 자리에 마주 앉았다. 그가 지난 2년간 주기적으로 만나온 사람들이었다. 그동안에는 주로 듣는 입장이었다. 사건 진행 상황과 세타스 조직원들 간의 통화 내용 등을 들었다. 그런데 이번에는 요청할 일이 있었다. 루이스 엑토르는 주머니에서 엘 우고의 주소가 적힌 쪽지를 꺼내 담당 검사에게 건네며 말했다.

"시우다드 빅토리아에서 놈이 살고 있는 곳 주소입니다. 당장이라도 그 집으로 쳐들어가서 놈을 체포해야 합니다."[28]

검사는 쪽지를 들여다보았다. 쪽지에 적힌 주소는 사건 파일에 있는 것과 일치했다. 루이스 엑토르가 스스로 확보한 정보인 듯했다. 사건 파일의 정보가 교차 검증된 셈이므로 검사는 내심 기뻐하는 것 같았다. 루이스 엑토르는 그 정보를 수사팀 내부의 누군가로부터 입수했다는 사실을 굳이 밝히지 않았다.

하지만 검사는 엘 우고를 기소할 만큼 충분한 증거가 없다고 했다. 루이스 엑토르가 지난 5년간 끝도 없이 듣고 견뎌온 이야기였다. 하지만 그는 1년 넘게 감청된 통화 내용을 듣는 동안 엘 우고의 불법 행위가 몇 차례 언급되었던 것이 기억났다. 그는 검사에게 언급된 불법 행위만으로도 그를 체포할 수 있지 않냐고 물었다.

수사관들은 그런 식으로 접근할 일이 아니라고 했다. 범죄 활동에 대한 세타스 조직원들의 통화 내용만으로는 불충분하다는 것이었다. 기소를 위해서는 목격자나 피해자의 증언이 필요했다. 또 살인 사건이라면 시신이 나와야 한다. 미리암 피살 사건의 경우, 수사관들은 죽은 세타스 두목으로부터 엘 우고가 살인청부 비용을 지불한 사람이라는 진술을 받아냈다.[29] 하지만 법정 외 진술이었기에 사실이라 하더라도 영장 발부를 장담할 수는 없었다.

루이스 엑토르는 이 지루한 줄다리기에 이골이 났다. 검찰은 자신들의 복지부동을 정당화하기 위해 언제나 증거 불충분을 내세웠다. 하지만 증거가 부족한 것은 그들이 무능하기 때문이었다. 루이스 엑토르는 검찰 수사관들이 주 정부 공무원들과 다를지도 모른다고 기대했었다. 하지만 그들이 뒤늦게나마 파타 데 케소를 체포하는 데 성공한 것은 순전히 파이사의 재치와 배짱 덕분이었다. 그리고 그는 지금 엘 우고의 집을 급습해야 한다고 말하고 있었다.

루이스 엑토르는 담당 검사에게 지금 당장 엘 우고의 집을 급습하자고 다시 한번 말했다. 그 집에서 무기나 마약 등이 나올 텐데, 이를 근거로 우선 긴급체포한 다음에 기소를 준비할 수 있지 않냐는 것이었다. 산페르난도 경찰서장에게 엘 알루체를 급습하자고 설득하던 때가 생각났다. 쳇바퀴를 돌듯 시야가 좁은 사람들에게 제발 어떤 일을 해달라고 늘 애원하는 기분이었다. 다만 이번만큼은 담당 검사가 루이스 엑토르의 제안을 받아들였다.

시우다드 빅토리아로 돌아간 루이스 엑토르는 체포 작전에 동행하기 위해 파이사의 연락을 기다렸지만, 끝내 전화는 오지 않았다. 연방 경찰은 2019년 7월 7일 일요일 오전 감시 카메라가 설치된 것 외에는 별다를 것 없어 보이는 엘 우고의 집을 급습했다.[30] 아잘리아가 관련 뉴스를 보고 루이스 엑토르에게 전해주었다.

경찰에서 인근 거리에 차단선을 치고 통행을 막았지만 사실 그럴 필요도 없었다. 엘 우고의 집 근처에 있는 거대한 캘리포니아 후추나무 한 그루가 가지를 늘어뜨리며 현장을 가려주고 있었다. 소식을 듣고 현장에 나타난 기자는 한 명뿐이었다. 엘 우고는 평범한 집에 살고 있었다. 그야말로 등잔 밑이 어두웠다. 굳이 그를 잡으려는 시도가 없었기에 그도 굳이 몸을 숨기려 하지 않았다. 마약 밀수 중간 관리자들에게는 흔히 있는 일이다. 범죄를 재판에 넘기려면 시간과 노력을 들여 감시해야 했고, 증거나 목격자가 필요했다. 하지만 범죄자들은 후환이 생길 가능성을 차단하는 데 능숙했다.

엘 우고가 마침내 구속된 것은 전적으로 루이스 엑토르의 공이었다. 그가 끈기 있게 추적한 덕분에 엘 우고는 중형을 피하기 어려웠다. 루이스 엑토르는 마침내 사무치는 고통을 사명감으로 승화하는 삶에서 벗어나 새 출발을 할 수 있게 되었다. 경찰은 현장에서 권총 한 자루와 대마초 300봉지를 찾았다. 긴급체포 명분으로 충분한 증거였다. 차단선을 지키던 경찰들이 눈을 찌르는 7월의 햇빛을 견디는 동안 엘 우고는 손목에 수갑을 찬 채 연행되었다.

루이스 엑토르는 경찰들이 자신에게 체포 작전을 미리 알려주지 않은 것이 야속했다. 분명 그를 동행시키지 않은 이유가 있었을 것이다. 파이사가 집 앞을 빠르게 지나치며 집 안에 돈이 가득할 거라고 했던 말이 기억났다. 그는 어쩌면 경찰들이 집 안에서 다량의 현금이 발견되는 상황을 예상하고 자신을 부르지 않았을지도 모른다고 생각했다. 자신이 동행하면 현금이 발견되었다고 보고하거나, 돈을 나눠줘야 한다는 압박이 있었을 것이다. 하지만 만약 엘 우고를 연행하기 전에 그에게 몇 가지 질문을 할 수 있게만 해주었다면, 루이스 엑토르는 경찰이 돈을 챙기는 것쯤은 얼마든지 눈감아 주었을 것이다. 혹은 모두 그의 지나친 의심일 뿐, 경찰은 그저 법과 원칙에 맞게 작전을 펼친 것일지도 모른다. 하지만 마음이 쓰리고 화가 났다. 그는 이제 완전히 지친 상태였고, 이것으로 자신의 활동이 마무리되기를 원했다.

동시에 루이스 엑토르는 엘 우고가 체포되었다는 사실에 안도했다. 세타스는 여러 해에 걸쳐 산페르난도와 주변 지역에서 뇌물을 뿌렸고, 아슬아슬하게 경찰의 추적을 피했다. 파타 데 케소가 체포된 후 산페르난도 지역 두목이 된 엘 우고는 갈취와 납치를 일삼았고, 심지어 정부의 송유관에서 기름을 훔치기까지 했다. 2017년에는 아슬아슬하게 체포를 피했고, 2018년에는 고작 48시간 동안 체포되었다가 풀려났다. 그러다 마침내 덜미를 잡힌 것이다.

적어도 몇 시간 동안은 그랬다.

엘 우고의 체포 직후 연방 판사는 즉각적인 석방을 명령했다.[31] 몇 가지 가벼운 혐의만으로는 엘 우고를 계속 구금할 수 없었고, 재판 전 구금을 정당화할 구속 영장도 없었다. 법적 절차가 그러했다. 엘 우고는 총기와 대마초 소지 혐의로 재판을 기다리는 동안 도주하지 않고 정기적으로 당국에 출석하겠다는 내용의 각서에 서명했고, 그날 저녁 8시경 보석으로 풀려났다.

엘 우고가 석방되었다는 뉴스를 접한 루이스 엑토르는 절망감을 느꼈다. 미리암이 죽었을 때, 혹은 심지어 카렌이 납치된 직후와 비슷한 감정이었다. 그는 어떻게 그런 일이 벌어질 수 있는지 알고 있었다. 엉성한 일처리, 부패한 공권력, 불운…. 이유가 무엇인지는 중요하지 않았다. 중요한 것은 자신이 경찰의 수사망 안에 있음을 엘 우고가 확실히 알게 되었다는 사실이었다. 그 전까지는 막연히 짐작하는 것이 고작이었을 것이다. 취재에 능한 일부 기자는 긴급체포의 배경에 미리암의 죽음이 있다는 기사를 썼다. 당시에는 일반에 거의 알려지지 않은 정보였다.

그동안 루이스 엑토르가 품고 있던 모든 두려움이 일제히 몰려오는 것 같았다. 엘 우고는 그저 그런 불량배가 아니라 산페르난도 지역 세타스의 두목이었다. 납치 범죄만으로도 막대한 돈을 벌어온 그에게 미리암 가족에게 보복하는 데 드는 비용을 마련하는 것은 쉬운 일이었다. 타마울리파스주에서 도주하는 것도 어렵지 않을 것이다. 그런데 영장도 없이 집을 급습했다가 그가 풀려나는 것을 뜬눈으로 지켜보게 됐다. 경찰에서는 용의자를 궁지에 몰기 위해 무리하게 법을 적용하는 경우가 많았다. 그런데 어째서 이번에는 증거를 만들어서라도 엘 우고가 석방되는 것을 막으려 하지 않은 것일까?

　루이스 엑토르는 아잘리아에게 전화해 속내를 털어놓았다. 루이스 엑토르가 어떤 심정일지 겨우 헤아릴 뿐이었지만 아잘리아는 묵묵히 그의 말을 들어주었다. 아잘리아에게는 돌봐야 할 가족이 있었다. 그래서 트라우마로부터 거리를 둔 채 살아갈 수 있었다. 반면 루이스 엑토르는 어머니의 죽음 이후 피해자 가족 단체에서 활동하며 어머니의 역할을 물려받은 것에 대해 양가적인 감정을 느꼈다. 엘 우고가 석방된 것은 그의 잘못이 아니었지만, 그는 자신이 어머니처럼 제도 자체를 좌우할 수는 없다는 사실에 절망감을 느꼈다. 힘겹게 당국을 설득해 엘 우고를 체포했지만, 그날 바로 풀어주는 꼴을 보고 말았다. 아잘리아는 동생의 좌절감과 실망감에 깊이 공감했지만 도와줄 수 있는 일이 없었다.

　루이스 엑토르는 멕시코시티행 비행기를 타고, 또다시 똑같은 장면을 마주했다. 삭막한 사무실에서 연방 검찰 수사관들과 마주 앉았다. 그는 엘 우고의 집을 급습하고도 구속 영장을 발부받을 만한 증거를 찾지도, 하다못해 만들지도 못한 것을 질타했다. 수사관들은 불필요한 논쟁을 피하려는 듯 조용히 고개를 끄덕였다. 그들은 상황을 바로잡고 엘 우고를 기소하겠다고 약속했다. 지난 수년간 엘 우고를 기소하지 않고 있었던 것은 이제 검찰 스스로도 이해할 수 없는 미스터리가 되었다. 왜 처음부터 일 처리를 제대로 하지 않은 것일까? 왜 처음부터 허점이 남아 있는 채로 행동에 나선 것일까? 엘 우고는 루이스 엑토르의 마지막 표적이었다. 그런데 수사 당국은 그에게 자유를 주었을 뿐 아니라, 수사 당국의 추적을 받고 있다는 경고까지 해주었다.

모든 피해자가 루이스 엑토르처럼 직접 나서지도, 검찰에 찾아와 답변을 요구하지도 않는다는 사실을 공무원들은 다행스럽게 여겼다. 들어줄 사람보다 아우성칠 사람이 많고, 대응할 수 있는 인력보다 더 많은 요구가 있을 터였다. 피해자 대부분은 자신들의 사건에 대한 기대를 접었다. 정의가 바닥에 떨어지는 것을 받아들이고, 심지어 이를 당연하게 여겼다. 그런 상황에 너무나 익숙해진 나머지 다른 가능성은 없다고 느꼈다.

근본적으로 망가진 제도하에서 올바른 당위와 대의명분은 아무런 힘이 없었다. 반면 그의 어머니 미리암은 불의에 맞섰고, 정부가 자신의 뜻대로 움직이게 유도했고, 패러다임을 바꾸기 위해 온몸을 바쳤다. 그리고 그 때문에 살해당했다. 미리암의 죽음 이후 벌어진 모든 상황을 겪으며 루이스 엑토르는 자신에게 투쟁을 계속할 열정이나 어떤 대가라도 치를 각오가 있는지 의심스러웠다. 목숨이 달린 싸움이었다. 폭력으로 여동생과 어머니를 잃은 그는 내내 그 싸움의 한가운데에 있었지만, 어머니처럼 죽음을 기다리듯 살아갈 수는 없었다. 그러나 일단은 그 일을 끝까지 해낼 작정이었다.

에필로그

2020년 12월 어느 황량한 겨울날, 나는 루이스 엑토르와 함께 카렌이 살해된 목장을 찾아갔다. 나는 그곳을, 미리암 가족을 비극 속에 가둬둔 그 이름 없는 목장을 내 눈으로 직접 볼 필요가 있다고 느꼈다. 그리고 그곳에 한 번도 가본 적이 없었던 루이스 엑토르가 나와 동행해 줄 것을 고집했다.

흐린 하늘에서 구름이 잿빛으로 부풀고 있었다. 우리는 국도를 벗어나 미로처럼 키 큰 관목이 빽빽하게 늘어선 비포장도로로 접어들었다. 지도 한 장 없이 수사 당국에 엘 바수레로까지 가는 길을 설명했던 젊은 세타스 조직원 크리스티아노의 증언에 의존했다.

루이스 엑토르의 트럭은 돌을 타고 넘으며 빗물에 팬 고랑을 건너며 덜컹거렸다. 길을 잃고 몇 번이나 같은 곳으로 돌아가기도 했다. 그는 목장을 알아보기 힘들 수도 있다고 말했다. 미리암은 죽기 전까지 몇 년간 그곳 일대를 폐쇄하고 국유화하도록 정부를 압박했다. 개인적 이유뿐 아니라, 그 땅 아래에 더 많은 비밀이 묻혀 있을 가능성 때문이었다.

루이스 엑토르는 엘 우고와 관련된 사항을 빠짐없이 모니터했다. 2019년 7월경 연방 경찰이 체포 영장을 발부받았고, 몇 개월 뒤 마침내 엘 우고가 구속되었다.[1] 루이스 엑토르의 걱정과 달리 엘 우고는 도주를 시도하지 않았다. 비인가 총기 소지라는 가벼운 혐의에 대해 판사가 보석 처분을 내리자 안심하고 있었던 것이다.[2]

2020년 10월 27일, 엘 우고가 갱신된 보석 허가서에 서명하기 위해 출석하자 연방 경찰은 그를 다시 구금하고 살인죄로 기소했다. 미리암에 대한 살인교사 혐의 때문이 아니었다. 그 사건은 기소에 필요한 증거가 부족했다. 그 대신 경찰은 또 다른 살인 혐의를 파헤쳤다.[3] 그를 40년은 꼼짝없이 가둬둘 수 있을 만큼 증인과 증거가 충분한 사건이었다. 피해자 시신도 확보되어 있었다.

살인 혐의가 인정될지, 도청한 통화 내용이 증거로 채택될지, 증인이 법정에서 증언할지 루이스 엑토르는 알지 못했다. 이제 그는 그 사건과 거리를 두려 했다. 새 정부가 들어서며 검찰과 경찰에서도 인적 쇄신이 있었고, 이제 루이스 엑토르가 아는 사람은 거의 없었다. 그가 주로 소통하던 온화한 성품의 피해자 지원 담당자도 인적 쇄신 과정에서 전보되었다.[4]

루이스 엑토르가 단지 행정부의 변화 때문에 엘 우고 사건과 거리를 두는 것은 아니었다. 더는 골치 아픈 일을 겪고 싶지 않았다. 그의 가족도 마찬가지였다. 어머니는 멈출 줄을 몰랐다. 표적을 쫓을 수만 있다면 어떤 대가를 치르든 개의치 않았다. 하지만 그는 삶에서 이루고 싶은 것들이 있었다. 무엇보다 가족들을 안전하게 지키고 싶었다. 그는 지쳤고 복수에 대해서도 회의가 들었다. 아버지가 종종 말했듯 어떻게 해도 카렌과 어머니가 돌아올 수는 없었다.

미리암이 거둔 쾌거들도 빛을 잃어갔다. 카를로스의 일관성 없는 증언과 무능한 변호사 탓에 엘 마리오는 석방되었다.[5] 라 차파라는 미성년자가 받을 수 있는 최고형인 징역 5년을 복역하고 8개월 후면 출소할 예정이었다. 역시 미성년자였던 플로리스트도 그의 어머니가 출생 증명서를 찾아왔다면 훨씬 일찍 출소했을 것이다.

루이스 엑토르는 미리암의 희생이 잊히고, 먼지 덮인 비석처럼 덧없는 것이 될까 봐 두려웠다. 비록 어머니의 유지를 받들어 투쟁을 이어갈 생각은 없었지만, 그는 어머니가 한 일을 영원히 잊지 않겠다고 맹세했다. 마음이 아플 줄 알면서도 나와 함께 그 목장에 가 보기로 결심한 것도 그 때문이었다.

우리는 목장에 가면서 웃자란 풀과 가시나무로 무성한 들판을, 과거의 흔적이 여기저기 흩어져 있는 빛바랜 타임캡슐을 예상했다. 그런데 우리가 그곳에서 목격한 것은 부드러운 갈색 흙을 잘 갈아놓은 밭, 새로 설치한 울타리, 희미하게 빛나는 길쭉한 나무 말뚝 등이었다. 루이스 엑토르는 어리둥절한 표정으로 미간을 찌푸렸다. 밧줄로 막아둔 문을 열고 들어가자 길게 굽이진 진입로가 밭을 따라 자그마한 흰색 헛간들로 이어졌다. 길 끝에 물레방아가 있었고, 그 너머에는 삽목 숲이 우거져 있었다. 납치범들이 증언한 특징들이 여전히 상당 부분 남아 있었다. 빨간색 트랙터가 있던 자리는 움푹 팬 땅이 되었고, 세타스 일당이 카렌을 매달았던 커다란 나무와 허름한 닭장은 그대로 남아 있었다.

하지만 달라진 것들이 더 눈에 띄었다. 얼마 전에 제초 작업을 했는지 습한 공기 사이로 풀 냄새가 진동했다. 파종기나 절단기 같은 농기구들이 줄지어 놓여 있었다. 잘 갈아놓은 흙밭이 완벽한 직선을 이루며 눈앞에 펼쳐졌다.

그 땅을 개간한 것이 루이스 엑토르에게는 역사에 대한 배신이나 죄악처럼 느껴졌다. 그곳은 발전이라는 명목으로 과거가 은폐된 채 산페르난도의 여느 농장과 다르지 않아 보였다. 끔찍했던 과거가 없었던 것처럼 평범한 모습으로 돌아간 산페르난도 곳곳의 풍경처럼 말이다. 그는 이제 안전하다는 거짓된 희망에 매달려 도시를 재건하기보다는 차라리 그대로 두는 편이 낫다고 생각했다. 그런데 대체 누가 폐쇄되었던 이 땅을 사들인 것일까? 대체 누가 암매장지에서 이윤을 취하려는 것일까?

트럭 한 대가 진입로를 따라 나무 말뚝을 싣고 달려오는 것이 보였다. 약 2분 후 운전자가 우리가 서 있던 곳 근처에 트럭을 세우더니 웃는 얼굴로 다가와 루이스 엑토르를 끌어안았다. 그 남자는 키가 크고 체격이 좋았다. 작업복 차림에 야구 모자를 쓰고 있었다. 두 사람 모두 서로 어떻게 아는 사이인지 내게 말해주지 않았고, 나도 굳이 묻지 않았다.

루이스 엑토르가 나와 목장에서 무엇을 하고 있었는지, 그곳에서 카렌이 어떤 일을 겪었는지 설명했다. 남자는 얼굴을 찌푸렸고 이따금 고개를 저었다. 그는 몇 달 전 괜찮은 가격에 이 땅을 샀는데, 그 과정에서 아무도 이곳에서 어떤 일이 있었는지 말해주지 않았다고 했다. 지금은 수수 재배를 준비하고 있다고 했다. 투자를 많이 한 티가 났다. 새 농기구들 옆으로 건축 자재가 쌓여 있었다.

30분쯤 지나자 이야깃거리가 바닥나며 분위기가 어색해졌다. 마침내 루이스 엑토르가 먼저 작별인사를 건넸다. 두 사람이 악수를 나눈 후 우리는 트럭에 올라탔다. 들어갈 때보다 빠르게 굽이진 진입로를 따라 나왔다. 그는 말이 없었고 얼굴은 줄곧 아무런 표정 없이 굳어 있었다. 시선은 목장과 그곳의 새 주인이 멀어져 가는 백미러에 고정되어 있었다.

"목장을 산 사람이 당신 친구라니 정말 별일이 다 있네요." 내가 말했다.

그는 여전히 아무 말도 하지 않았다.

"어떻게 아는 사이인가요?" 내가 다시 대화를 시도했다. 입구를 빠져나올 때까지 줄곧 운전만 하던 그가 나를 돌아보며 말했다.

"빌어먹을, 저자는 제 친구가 아닙니다."

그는 핸드폰을 꺼내 흔들며 신호를 잡으려 했다.

"엘 우고 밑에서 일하는 놈이에요." 그가 말했다.

머릿속에서 여러 정황이 정리되기까지 잠시 시간이 걸렸다. 나는 엘 우고가 누구인지도, 그가 무슨 짓을 했는지도, 미리암의 죽음에 어떻게 연루되어 있는지도 알았다. 하지만 그가 목장과 관련되어 있으리라고는 상상도 못 했다. 바로 전까지는 아무런 연관성이 없었기 때문이다. 그런데 미리암의 모든 활동이 비롯된 곳, 그녀의 딸이 살해된 그 목장을, 미리암의 청부 살인 비용을 지불한 장본인인 엘 우고가 얼마 전에 사들인 것이다.

"제가 예전에 말했던 놈 기억나세요? 엘 우고 밑에서 일하는 엘 디아블로라는 놈 말입니다." 루이스 엑토르가 마치 틱 증상처럼 눈을 가늘게 뜨며 말했다.

기억이 났다. 엘 우고와 함께 시우다드 빅토리아 인근의 생태공원에 왔었다는 건장한 남자.[6]

"저놈이 그놈입니다. 엘 우고의 자금책." 그가 목장 쪽을 가리키며 말했다.

엘 디아블로는 엘 우고의 자금책에 불과했기 때문에 루이스 엑토르는 실제로 목장 부지를 매입한 사람은 엘 우고일 것이라고 확신했다.⁽⁷⁾ 엘 디아블로를 목장에서 마주친 것 자체가 그에게는 이미 충분한 증거였다. 루이스 엑토르가 속도를 높이자 트럭이 마치 파도에 흔들리는 배처럼 울퉁불퉁한 길을 덜컹거리며 지나갔다. 나는 손잡이를 붙잡았다.

그는 신호가 잡히자마자 누군가에게 전화했지만, 상대가 전화를 받지 않았다.

"하지만 그자와 포옹했잖아요?" 내가 질문하듯 말했다.

"그놈이 내가 자기 정체를 아는 걸 모르니까요. 아니면 엘 우고가 우리 어머니의 청부 살인 비용을 댔다는 사실을 내가 모른다고 생각하거나."

국도에 접어들자 루이스 엑토르는 전속력으로 시내로 향했다. 차창 밖 모든 풍경이 그에게는 사건의 흔적처럼 보였을 것이다. 라차파라가 망을 보던 바비큐 식당의 간이 테이블, 세타스 조직원들이 머물던 호텔, 소탕 작전에서 탈출한 세타스 조직원들이 건넜던 산페르난도강 유역….

주요 상권을 지날 때 텅 빈 가게들이 이가 빠진 자리처럼 눈에 띄었다. 최악이었던 때보다는 어느 정도 활기가 돌았지만, 좋았던 시절의 흔적들은 여전히 과거를 그리워하고 있었다. 불 꺼진 호텔의 낡아버린 외관, 앙상한 지붕들 사이로 나뭇가지들이 뻗어 나오며 정글처럼 변해버린 동네 모습….

놈들이 저지른 그토록 정성스럽고 악랄한 모욕은 실로 충격적이었다. 루이스 엑토르의 어머니 미리암은 어머니의 날에 살해되었다. 그리고 그 어머니의 노력 끝에 국유화되었던 학살 현장은 그녀를 살해한 바로 그놈들에 의해 다시 개발되고 있었다. 모든 행동이 폭력을 과시하고 있었고, 모든 비극이 그다음 비극을 예고하고 있었다.

하지만 미리암의 분노는 그들의 악함보다 강한 해독제였다. 그들의 폭력은 불량 국가의 뒷골목에서 작동했지만, 미리암의 분노는 의로운 것이었다. 루이스 엑토르가 어떻게 어머니의 투쟁을 내팽개칠 수 있겠는가?

시내 중심가에서 전화벨이 울렸다. 파이사의 전화였다.

"그 목장을 산 사람이 누군지 말해줘도 아마 못 믿을 거예요." 루이스 엑토르가 전화를 받으며 말했다. "엘 우고였어요."

감사의 말

미리암 로드리게스 가족의 도움이 없었다면 이 책은 세상에 나올 수 없었다. 루이스 엑토르와 아잘리아는 여러 해에 걸친 방문과 인터뷰, 끊임없이 이어지는 후속 질문과 사실 확인 요청에 응해주었다. 인생에서 겪은 최악의 순간을 계속해서 떠올려야 했지만 두 사람은 한결같은 인내심과 친절함을 보여주었다.

이 책은 미리암 가족을 위한 책, 멕시코 사회의 끔찍한 폭력 속에서 실종된 10만 명이 넘는 피해자들의 가족을 위한 책이다. 인터뷰를 통해 가족이 겪을 일을 상세히 설명해 준 산페르난도의 주민들께 감사드린다. 출간을 앞둔 지금, 산페르난도에서는 또다시 상상 못 할 일들이 벌어지고 있었다. 또 다른 카르텔이 지역을 장악하기 위해 무장한 차량들을 집결시킨 것이다. 폭력의 회전목마가 영영 끝나지 않을 것만 같은 상황이다.

책이 나오기 훨씬 전부터 내 편이 되어주었던 에이전트 빙키 어번에게 감사를 전한다. 편집자 케이트 메디나에게도 감사하다. 그녀는 출판계의 전설이 될 자격이 충분하다. 책의 바탕이 된 취재를 지원하고 출간을 지지해 준 뉴욕타임스의 구성원, 특히 딘 바케이, 마이클 슬랙먼, 그레그 윈터, 샘 돌닉에게 감사드린다. 랜덤하우스 편집부의 앤디 워드, 레이철 로키츠키, 모니카 브라운, 그레그 쿠비, 마이클 호크, 에이다 마두카에게도 감사를 전한다.

소중한 지원군이 되어준 친구들과 사랑하는 이들에게도 감사드린다. 폴리나 비에가스와 루크 모겔슨, 케빈 시프, 마르코스 멘도

사, 더들리 알타우스, 이크발 아흐메드, 엘다 칸투, 프라틱 샤르마에게 특별한 감사를 전한다. 이들의 세심한 피드백은 나와 이 책에 엄청난 도움이 되었다. 멕시코시티와 다른 여러 도시에서 만난 내 친구들에게 감사하다. 제이슨 모트라흐, 다니엘 베레훌락, 나탈리 키트로에프, 마리아 아비하비브, 아나 소사, 마리아나 코트니, 브렛 건들락, 메건 투헤이, 프란시스코 골드먼, 마우리시오 카츠, 알베르트 쿠아혼테, 존 잭은 이 책을 넘어 내 삶에도 사랑과 지지를 보내주었다.

엄청난 노력을 기울이며 취재를 수월하게 해준 리서치 어시스턴트 에밀리아노 칸세코에게도 감사하다. 산페르난도의 위험한 지역들을 찾아다닐 수 있도록 도와준 하비에르 마닐라에게 감사를 전한다. 안전상의 이유로 이름을 언급할 수는 없지만 따스하고 너그럽게 나를 맞아주고 집필에 필요한 정보를 제공해 준 산페르난도 주민들께도 깊은 감사를 전한다. 시우다드 빅토리아에서 따뜻한 환대와 친절을 보여준 알프레도 페냐에게 감사드린다.

카를로스 플로레스 페레즈, 세르히오 아과요를 비롯해 취재에 도움을 준 멕시코 현지 기자들과 연구자들에게도 감사드린다. 이들이 앞서 취재하고 연구한 결과가 없었다면 멕시코에서 어떤 일이 벌어졌는지 전혀 알지 못했을 것이다.

이 프로젝트에 지원을 아끼지 않은 뉴아메리카 재단과 에머슨 컬렉티브, 최고의 동료 기자이자 나의 오랜 친구인 피터 래트먼에게 특별한 감사를 전한다.

여러 해 동안 나와 세계 곳곳을 돌아다니며 낯선 해외 생활을 감내해 준 가족들에게 감사하다. 가족들은 일촉즉발의 상황과 갑작스러운 사고를 핑계로 가족 행사에 빠지곤 했던 나를 이해해 주고,

나의 부족했던 모습마저 포용해 주었다.

이 책이 나오기까지 누구보다 애써준 아내 세라 진 커닝엄에게 감사를 전한다. 나를 향한 지지, 우리가 함께 이룬 가정, 부족한 나를 참고 이해하는 당신의 사랑에 진심으로 감사합니다. 사랑해요. 당신에게 감사한 마음 영원히 잊지 않을게요.

마지막으로 나에게 깊은 깨달음을 주는 우리 아이들에게도 감사를 전한다.

주

이 책의 토대가 된 내용을 4년간 취재하며 나는 100회 이상의 인터뷰를 수백 시간에 걸쳐 진행했다. 미리암의 가족들과 가까운 친구들은 수차례에 걸쳐 장시간의 인터뷰에 응해주었다. 두려움에 떨면서도 익명으로 인터뷰에 응한 사람도 많았다. 산페르난도는 최악의 시기에서 벗어난 듯 보이기도 하지만, 2010년 이후 이어진 잔혹한 범죄들과 그 여파를 겪은 사람들의 마음속에는 여전히 두려움이 남아 있다. 내가 비록 소수나마 일부 취재원에게 익명성을 부여한 것은, 그들이 직접 경험했거나 보고 들은 일들을 이야기할 수 있도록 하기 위해서였다. 하지만 나는 그들의 이야기를 다른 사람의 진술이나 관련 자료 등과 교차 검증했다. 그리고 검증할 수 없는 내용은 참고 자료에 포함하지 않았다.

취재 과정에서 나는 카렌을 납치하고 살해한 혐의를 받는 피의자 각각의 사건 파일을 입수했다. 전부 합하면 2만 페이지가 넘는 분량의 자료였는데, 타마울리파스주 수사 당국이 기밀로 봉인한 기록이었다. 이 사건 파일은 미리암의 추적 과정과 2014년과 2017년 사이에 발생한 다른 여러 사건 내용을 취재하는 데 가장 핵심적인 자료가 되었다. 미리암의 가족과 친구, 주 정부와 연방 정부의 수사 당국자 등 다양한 취재원이 기억하는 내용을 확인하고 정정하고 보충하는 데 사건 파일을 활용했다. 또 미리암의 죽음과 관련된 별도의 재판 기록도 입수하여, 그 내용을 바탕으로 미리암 피살 사건 당시의 정황을 구성했다.

책에서 참고한 자료들은 여전히 기밀이지만 언젠가 공개될 가능성도 있다. 미리암의 추적기를 이야기로 재구성하는 과정에서 참고한 내용을 밝히고, 책 내용이 사실임을 입증하기 위해 자료를 인용한 것은 그 때문이다. 다른 재판 기록들도 참고했다. 그중 일부는 기밀 자료이고, 일부는 다른 매체나 시민 단체를 통해 입수한 것들이다. '참고 자료'에 출처를 정리해 두었다. 이 책은 2020년《뉴욕타임스》에 게재된「그녀는 멕시코 전역에서 딸의 살해범을 하나씩 추적했다(She Stalked Her Daughter's Killers Across Mexico, One by One)」라는 제목의 기사에서 시작되었다. 책과 기사 내용이 일부 다른 것은 해당 보도 이후 몇 년간 취재를 이어가며 새로운 자료와 정보를 입수했기 때문이다.

타마울리파스주 조직범죄의 역사와 카르텔 두목의 계보를 서술한 내용은 학술 자료와 당시의 언론 기사뿐 아니라 다양한 1차 자료와 사건 기록을 참고했다. 그중 특별히 언급하고 싶은 자료가 있다. 카를로스 안토니오 플로레스 페레스(Carlos Antonio Flores Pérez)의 저서『가루약과 피의 역사: 타마울리파스주 마약 밀수의 형성과 발달(Historias de Polvo y Sangre. Génesis y evolución del tráfico de drogas en el estado de Tamaulipas)』은 타마울리파스주에서 범죄와 정치가 어떤 관계를 맺고 있는지에 대한 가장 깊이 있는 연구 내용을 담고 있다. 내게 여러 조언과 의견과 영감을 전해준 이들이 있다. 그들은 내게 2010년과 2011년 사이에 있었던 산페르난도 학살의 세부 내용, 마약과의 전쟁과 관련된 풍성한 자료를 전해주었다. 특히 이오안 그리요, 과달루페 코레아카브레라, 마르셀라 투라티, 세르히오 아과요, 게리 무어, 로레나 델가디요, 리카르도 라

벨로, 그리고 디에고 오소르노에게 많은 도움을 받았다.

　책에서 누군가의 발언이 인용되었다면, 그 사람을 인터뷰했거나, 인용된 발언 내용을 직접 들은 사람의 이야기를 옮겼거나, 해당 내용이 포함되어 있는 재판 기록에서 가져온 것이다. 사건 직후 미리암이 자녀들이나 가까운 친구에게 말한 내용도 일부 포함되어 있다. 이 책에 언급된 대부분의 인물은 나의 취재에 동의했지만, 일부 예외는 있었다. 카렌과 미리암을 살해한 혐의를 받는 피의자들이 그 경우에 해당한다. 그들은 전화 통화, 제3자를 통한 메시지 전달, 교도소 면회를 비롯한 수많은 시도에도 불구하고 인터뷰에 응하지 않았다. 그들의 발언은 검사들과의 인터뷰를 바탕으로 인용했다. 책에 등장하는 이름이 모두 실명인 것은 아니다. 익명을 요구한 이들이 있었고, 피의자 중에서도 아직 혐의 사실에 대한 유죄 판결을 받지 않은 자들이 있었기 때문이다.

　공적으로 기록할 만한 내용이 아니거나 큰 의미가 없는 내용의 인터뷰는 참고 자료에 열거하지 않았다. 카렌이 사라지기 전까지의 미리암 로드리게스의 삶은 상당 부분 그녀의 가족과 친구, 이웃, 지인과의 인터뷰를 바탕으로 재구성했다. 루이스 엑토르와 아잘리아의 삶의 세세한 부분을 다룬 내용은 대체로 그들이 직접 이야기한 내용을 바탕으로 했지만, 경찰과 공무원을 포함한 다른 사람들의 기억과 재판 기록으로 교차 검증했다.

　사건 현장과 인근 식당, 거리, 주변 지형들은 내가 약 3년간 산페르난도를 오가며 직접 관찰한 대로 묘사했다. 이미 파괴된 시설을 묘사할 때는 가급적 사진과 동영상을 참고했지만, 종종 목격자들의 기억과 증언에 의존했다.

프롤로그

(1) 루이스 엑토르(Luis Héctor)와 아잘리아(Azalea), 익명의 취재원, 마리아노 데 라 푸엔테(Mariano de la Fuente), 카렌 살리나스 로드리게스(Karen Salinas Rodríguez)의 가장 친한 친구였던 파니 산체스(Fany Sánchez)의 언니 야스민 산체스(Yazmín Sánchez)의 인터뷰.

(2) National Drug Intelligence Center, "National Drug Threat Assessment 2008," October 2007, https://www.justice.gov/archive/ndic/pubs25/25921/border.htm.

(3) Arthur Brice, "Human Trafficking Second Only to Drugs in Mexico," CNN, August 27, 2010, http://edition.cnn.com/2010/WORLD/americas/08/26/mexico.human.trafficking/index.html.

(4) 이 사진은 아잠 아흐메드가 입수한 미리암의 사건 파일에 포함되어 있었다.

(5) 트리니(Trini)의 진술(트리니는 플로리스트의 세타스 내 별명이었다), 2016년 3월 29일. PGJT(타마울리파스주 검찰청), Kike, case file 0049/2016, vol. 3, 2864‑2875.

(6) 미국 당국이 범죄 집단을 식별하고 겨냥하기 위해 만든 "카르텔"이라는 용어에는 사실 허구적 요소가 있다. 벤저민 T. 스미스의 설명을 참고할 만하다. "미국인은 범죄 집단을 지리적 구역으로 분류하고 지도자를 특정하며 카르텔이라는 이름을 붙였다. 이렇게 분류하고 명단을 공개해 망신을 주는 전략이 콜롬비아에서 통했으니 멕시코에서 통하지 않을 이유가 없다고 판단한 것이다. 1990년대 초 전직 DFS, 즉 멕시코 연방보안국 요원 출신 라파엘 아길라르 과하르도드(Rafael Aguilar Guajardod)와 이후 카릴로 푸엔테스(Amado Carrillo Fuentes)가 이끈 것으로 추정되는 후아레스(Juárez) 카르텔, 페드로 아빌레스(Pedro Avilés)의 조카 예수스 라브라 아빌레스(Jesús Labra Avilés)와 아렐라노 펠릭스(Arellano Felix) 일가가 이끈 티후아나(Tijuana) 카르텔, 그리고 후안 가르시아 아브레고(Juan García Ábrego)가 이끈 걸프 카르텔 등이 있었다. 카르텔은 간단하고 편리한 허구적 개념이었다. 그 개념은 유동적이고 형태가 없으며 (대놓고 말하지는 않지만) 척결할 수 없는 지하경제에 이름을 부여했다." Benjamin T. Smith, *The Dope: The Real History of the Mexican Drug Trade* (New York: W. W. Norton & Company, 2021), 368; Luis Astorga, *El Siglo de las Drogas* (Espasa-Calpe Mexicana, 1996), 160‑161.

(7) Claudia Herrera, "El gobierno se declara en guerra contra el hampa; inicia acciones en Michoacán," *La Jornada*, December 12, 2006, https://www.jornada.com.mx/2006/12/12/index.php?article=014n1pol & section=politica.

(8) Data México, "Matamoros, Municipality of Tamaulipas," https://datamexico.org/en/profile/geo/matamoros-28022.

(9) "걸프 카르텔"은 1990년대부터 신문 기사와 공직자의 발언 등에서 등장하기 시작했으나, 1930년대에 후안 네포무세노 게라(Juan Nepomuceno Guerra)가 창설한 뒤 멕시코 북동부에서 활동했던 범죄 조직을 가리키는 용어로 뒤늦게 자리 잡았다. 이후 게라가 조카인 후안 가르시아 아브레고에게 조직을 통제할 권한을 넘겨주면서, 아브레고가 걸프 카르텔

의 두목 자리를 물려받았다. 오시엘 카르데나스(Osiel Cárdenas)는 게라와 아브레고의 범죄 조직과 직접적인 관련은 없었지만, 걸프 카르텔의 두목으로 불렸다.

(10) Ignacio Alvarado Álvarez, "Una historia de narco-política," *El Universal*, June 17, 2012, https://archivo.eluniversal.com.mx/notas/853903.html.

(11) George W. Grayson and Samuel Logan, *Executioner's Men: Los Zetas, Rogue Soldiers, Criminal Entrepreneurs, and the Shadow State They Created* (New Brunswick, N.J.: Transaction Publishers, 2012), 28 [PDF].

(12) Justice in México, "Cartel-Related Violence," Trans-Border Institute, News Report, September 2010, https://justiceinmexico.org/wp-content/ uploads/2010/10/2010- 09-september_news_report.pdf; Gustavo Castillo, "Autoridades, alertan por riesgo de ataques en el municipio fronterizo," *La Jornada*, February 26, 2010, 7, https:// www.jornada.com.mx/2010/02/26/politica/007n2pol.

(13) Ioan Grillo, "Special Report: Mexico's Zetas Rewrite Drug War in Blood," Reuters, May 23, 2012, https://www.reuters.com/article/us-mexico-drugs-zetas -idUSBRE84M0LT20120523.

(14) Dane Schiller, "Mexican Crook: Gangsters Arrange Fights to Death for Entertainment," *Houston Chronicle*, June 11, 2011, https://www.chron.com/news/ nation-world/article/Mexican-crook-Gangsters-arrange-fights-to-death -1692716.php; Guadalupe Correa-Cabrera, *Los Zetas Inc.: Criminal Corporations, Energy, and Civil War in Mexico* (Austin: University of Texas Press, 2017), 64.

(15) *El Economista*, "Fue 2011año histórico en homicidios: INEGI," August 20, 2012, https://www.eleconomista.com.mx/politica/Fue-2011-ano-historico - en- homicidios-INEGI-20120820-0136.html.

(16) Astorga, *El Siglo de las Drogas*, 161, 163, 164, 166.

(17) 트러니의 진술, 2016년 3월 29일. PGJT, Kike, case file 0049/2016, vol. 3, 2864 – 2875.

(18) Michael Lohmuller, "Witness Reveals Zetas Recruitment, Structures in Guatemala," Insight Crime, January 24, 2014, https://insightcrime.org/news/brief/witness reveals-zetas-recruitment-structures-in-guatemala/.

(19) 트러니의 진술, 2016년 3월 19일. PGJT, Kike, case file 0049/2016, vol. 3, 2864 – 2875.

(20) 미리암은 법정에 출석해 익명의 증인에게 진술을 받아야 한다고 주장했다. PGJT, Güera Soto, case file 008/2017, vol. 3, 3749; statement of witness PGJT, Sama, case file 0029/2014, vol. 1, 613 – 617.

(21) Martín Sánchez and Gustavo Castillo, "Comando asesina a Torre Cantú y 4 acompañantes," *La Jornada*, June 29, 2010, https://www.jornada.com.mx/2010/06/29/ politica/002n1pol; BBC News, "México: asesinan a alcalde en Tamaulipas," August 30, 2010, https://www.bbc.com/mundo/america_latina/2010/08/100830_0426_

mexico_asesinato_alcalde_hidalgo_tamaulipas_jg; El Economista, "Matan a cuatro policías en Tamaulipas," April 16, 2010, https://www.eleconomista.com.mx/noticia/Matan-a-cuatro-policias-en-Tamaulipas-20100416-0039.html; Lalo Eduardo, "Asesinan a MP que investigaba masacre en Tamaulipas," Animal Político, August 27, 2010, https://www.animalpolitico.com/2010/08/asesinan-a-funcionarios-que-investigaban-masacre-en-tamaulipas; La Jornada, "Emboscan y asesinan al titular de seguridad pública en Nuevo Laredo," February 4, 2011, https://www.jornada.com.mx/2011/02/04/politica/009n2pol.

(22) 트리니의 진술, 2016년 3월 29일. PGJT, Kike, case file 0049/2016, vol. 3, 2864 – 2875.

(23) Octavio Herrera, Breve historia de San Fernando (Ayuntamiento de San Fernando, 2001), 97.

(24) 같은 자료, 104.

(25) Todo San Fernando Blogspot, "Balacera en San Fernando Tamaulipas 31/mar/2010," March 31, 2010, http://todosanfernando.blogspot.com/2010/03/.

(26) Herrera, "El gobierno se declara en guerra contra el hampa."

(27) Gary Moore, "Unravelling Mysteries of Mexico's San Fernando Massacre," Insight Crime, September 19, 2011, https://insightcrime.org/investigations/unravelling-mysteries-of-mexicos-san-fernando-massacre/.

(28) Mexicanos al grito, " ¿Zona caliente? Sí, Tamaulipas, de nuevo. 31 de marzo," March 31, 2010, https://mexicanosalgrito.wordpress.com/2010/03/31/ ¿zona-aliente-31-de-marzo/; YouTube, "balacera en "sanfernando el mas visto" [sic], https://www.youtube.com/watch?v=U2NnGzBLs8Y&t=2s; Vigilantes del Mante, "Fotos de la balacera de sanfernando tamaulipas"[sic], March 31, 2010, http://vigilantesmante.blogspot.com/2010/03/fotos-de-la-alacera-de-sanfernando.html.

(29) Oscar M. Hernández-Hernández, "Antropología de las masacres en San Fernando, Tamaulipas," Nexos, August 24, 2020, https://seguridad.nexos.com.mx/antropologia-de-las-masacres-en-san-fernando-tamaulipas/; Victor Manuel Sánchez Valdés and Manuel Pérez Aguirre, El Origen de los Zetas y su Expansión en el Norte de Coahuila, El Colegio de México, 16 – 20.

(30) 익명 경찰, 앙헬(Angel)의 인터뷰.

(31) 앙헬의 인터뷰.

(32) 익명 경찰의 인터뷰.

(33) 앙헬의 인터뷰.

(34) 토마스 글로리아(Tomás Gloria)의 인터뷰.

(35) 루이스 엑토르의 인터뷰.

(36) Sánchez Valdés and Pérez Aguirre, "El Origen de los Zetas," 16.

(37) *Proceso*, "Balacera Entre Zetas y el Cártel del Golfo Cerca de Matamoros," February 24, 2010, https://www.proceso.com.mx/nacional/2010/2/24/balacera-entre-zetas-el-cartel-del-golfocerca-de-matamoros-10824.html; *Expansión*, "Agencia consular de EU en Reynosa cierra por tiroteos," February 25, 2010, https://expansion.mx/nacional/2010/02/25/agencia-consular-de-eu-en-reynsa-cierra-por-tiroteos.

(38) Sánchez Valdés and Pérez Aguirre, "El Origen de los Zetas," 16–20.

(39) Dana Priest, "Censor or Die: The Death of Mexican News in the Age of Drug Cartels," *Washington Post*, December 11, 2015, https://www.washingtonpost.com/investigations/censor-or-die-the-death-of-mexican-news-in-the-age-of-drug-cartels/2015/12/09/23acf3ae-8a26-11e5-9a07-453018f9a0ec_story.html.

(40) Carlos Antonio Flores Pérez, *Historias de Polvo y Sangre. Génesis y Evolución del Tráfico de Drogas en el Estado de Tamaulipas* (México: Centro de Investigaciones y Estudios Superiores en Antropologia Social, 2013), 139–153, 235–240.

(41) 루이스 엑토르의 인터뷰.

(42) 익명 경찰, 앙헬의 인터뷰.

1장 사라진 딸

(1) 아잘리아의 인터뷰.

(2) 루이스 살리나스(Louis Salinas)의 인터뷰.

(3) 같은 자료.

(4) 아잘리아의 인터뷰.

(5) "Denuncia y/o querella por comparecencia del ciudadano Luis Héctor Salinas Castillo," Ciudad Victoria, Tamaulipas, March 26, 2014. PGJT, Sama, case file 0029/2014, vol. 1, 6–13.

(6) 같은 자료.

(7) 같은 자료.

(8) 루이스 엑토르의 인터뷰.

(9) "Denuncia y/o querella por comparecencia del ciudadano Miriam Elizabeth Rodríguez Martínez," Ciudad Victoria, Tamaulipas, March 26, 2014. PGJT, Sama, case file 0029/2014, vol. 1, 6–13.

(10) 아잘리아의 인터뷰.

(11) "Denuncia y/o querella por comparecencia del ciudadano Miriam Elizabeth Rodríguez Martínez," Ciudad Victoria, Tamaulipas, March 26, 2014. PGJT, Sama, case file 0029/2014, vol. 1, 6 – 13. 그리고 아잘리아의 인터뷰.

(12) "Denuncia y/o querella por comparecencia del ciudadano Luis Héctor Salinas Castillo," Ciudad Victoria, Tamaulipas, March 26, 2014. PGJT, Sama, case file 0029/2014, vol. 1, 6 – 13.

(13) 같은 자료.

(14) 같은 자료.

(15) 루이스 엑토르의 인터뷰.

(16) 아잘리아의 인터뷰.

(17) 같은 자료.

(18) "Denuncia y/o querella por comparecencia del ciudadano Miriam Elizabeth Rodríguez Martínez," Ciudad Victoria, Tamaulipas, March 26, 2014. PGJT, Sama, case file 0029/2014, vol. 1, 6 – 13.

(19) 같은 자료. 그리고 아잘리아의 인터뷰.

(20) "Declaración ministerial de Juan Carlos López García," PGR, México, February 9, 2015. Güera Soto, case file 008/2017, vol. 1, 988 – 1002.

(21) "Denuncia y/o querella por comparecencia del ciudadano Luis Héctor Salinas Castillo," Ciudad Victoria, Tamaulipas, March 26, 2014. PGJT, Sama, case file 0029/2014, vol. 1, 6 – 13.

(22) "Declaración informativa de la ciudadana Miriam Elizabeth Rodríguez Martínez," Ciudad Victoria, Tamaulipas, September 15, 2014. PGJT, Sama, case file 0029/2014, vol. 1, 167 – 168.

(23) 2005년 무렵 세타스의 초창기 간부 80여 명 중 30~40명 정도가 사라졌다. 그 공백을 메우는 과정에서 세타스는 기준을 낮춰서 비숙련 군인과 경찰, 잡범 등을 영입할 수밖에 없었다. 신입 조직원들의 역량을 키우기 위해 세타스는 훈련소를 세워 사격과 회피 전술, 정보 활동, 폭발물 등을 가르쳤다. 한편 세타스는 고도로 훈련된 외국 군인까지 조직원 영입 범위를 넓혔다. 과테말라 특수부대 카이빌(Kaibiles)은 전투력뿐 아니라 잔혹한 인권유린으로도 악명이 높았다. 25만 명의 목숨을 앗아 간 수십 년간의 내전 동안, 카이빌은 반군으로 의심되는 사람들과 그 가족을 포함해 수만 명을 학살했다. 1996년 내전이 끝나면서 수천 명의 부대원이 일자리를 잃자, 그중 일부가 돈벌이를 찾아 멕시코 카르텔에 합류했다. Fredy Martín Pérez, "Desempleo orilla a soldados a involucrarse en el narco: coronel," *El Universal*, October 3, 2006.

(24) Guadalupe Correa-Cabrera, *Los Zetas Inc.: Criminal Corporations, Energy, and Civil War in Mexico* (Austin: University of Texas Press, 2017), 80.

(25) Héctor González, "Llegan 650 militares a nuevo cuartel en San Fernando, Tamaulipas," *Excelsior*, January 19, 2012, https://www.excelsior.com.mx/2012/01/19/nacional/802854.

(26) "Denuncia y/o querella por comparecencia del ciudadano Luis Héctor Salinas Castillo," Ciudad Victoria, Tamaulipas, March 26, 2014. PGJT, Sama, case file 0029/2014, vol. 1, 6–13.

(27) 같은 자료.

(28) "Declaración informativa de la ciudadana Miriam Elizabeth Rodríguez Martínez," Ciudad Victoria, Tamaulipas, PGJT, September 15, 2014, Sama, case file 0029/2014, vol. 1, 167–168.

(29) 루이스 살리나스의 인터뷰.

(30) 아잘리아의 인터뷰.

(31) 아잘리아, 미리암 가족의 익명 지인 인터뷰.

2장 두 가지 역사

(1) 아잘리아의 인터뷰.

(2) 루이스 엑토르의 인터뷰.

(3) 아잘리아의 인터뷰.

(4) Rocio Garcia-Diaz, "Effective Access to Health Care in Mexico," *BMC Health Services Research*, August 12, 2022, https://bmchealthservres.biomedcentral.com/articles/10.1186/s12913-022-08417-0.

(5) Nathaniel Parish, "Is Mexico Prepared to Confront Coronavirus?," *Americas Quarterly*, March 17, 2020, https://www.americasquarterly.org/article/is-mexico-prepared-to-confront-coronavirus/.

(6) Shriners Children's, "Financial Assistance. Shriners Children's Provides Care for Families Regardless of Financial Circumstances," https://www.shrinerschildrens.org/en/patient-information/billing-insurance-and-financial-assistance/financial-assistance; Shriners Children's, "Shriners Hospitals for Children Recognized Six Times by U.S. News & World Report," June 18, 2021, https://www.shrinerschildrens.org/en/news-and-media/news/2021/06/us-news-and-world-report-21-22.

(7) 프랑스와 영국이 영토에 침범하는 것을 우려했던 스페인 왕실에 산페르난도는 멕시코만의 전략적 교두보가 되어주었다. 오늘날의 타마울리파스주를 세운 호세 데 에스칸돈(José de Escandón)은 1747년 정찰 임무를 수행하던 중 산페르난도가 (당시 스페인령이

던) 텍사스와 멕시코만을 잇는 경로에서 "안전 보장에 필수적인 거점"이라는 사실을 깨달았다. 19세기 초에는 아구스틴 데 이투르비데(Agustín de Iturbide) 황제가 당시에도 기승을 부리던 밀수를 금지하고 세관을 설립하기 위해 산페르난도에 군대를 파견했다. 그렇게 1800년대 초에 밀수업자들이 엘 레푸히오(El Refugio)라고 이름 붙였던 현재의 마타모로스 지역에 최초의 세관이 설립되었다. Octavio Herrera, *Historia breve de Tamaulipas* (Fondo de Cultura Económica, México, 2011), 118, 203, 280.

(8) 같은 자료, 203.

(9) History, Art & Archives, "The Volstead Act," United States House of Representatives, https://history.house.gov/Historical-Highlights/1901-1950/The-Volstead-Act/#:~:text=Known%20as%20the%20Volstead%20Act,as%20their%20production%20and%20distribution.

(10) Octavio Herrera, *Breve historia de San Fernando* (Ayuntamiento de San Fernando, 2001), 39.

(11) 같은 자료, 103-104.

(12) 같은 자료, 104.

(13) 미리암 로드리게스가 열다섯 살이었던 1975년에 엔리케 카르데나스(Enrique Cárdenas)가 타마울리파스주의 주지사가 되었다. 그는 농업 진흥을 위해 녹색혁명(The Green Revolution)을 시작하며 산페르난도의 황무지에 국경으로 이어지는 비포장도로망을 구축했다. 하지만 그 길은 이후 이상적인 밀수 경로가 되었다. 옥타비오 에레라(Octavio Herrera)의 인터뷰, Alejandro Cuevas, "Revolución verde," *El Mañana*, March 2, 2018, https://www.elmanana.com/opinion/columnas/revolucion-verde-4336830.html:Gobierno de Tamaulipas, press release, "Reconocen diputados a Don Enrique Cárdenas González ex gobernador de Tamaulipas," March 7, 2018, https://www.congresotamaulipas.gob.mx/SalaPrensa/Boletines/Boletin.asp?IdBoletin=2759.

(14) Herrera, *Breve historia de San Fernando*, 104.

(15) 미리암의 언니 소코로(Socorro)는 소노라주 과이마스라는 도시에 살았다.

(16) Salvucci, Richard, "The Economic History of Mexico," EH.net,https://eh.net/encyclopedia/the-economic-history-of-mexico/.

(17) 300명의 직원이 1만 제곱킬로미터에 달하는 농경지를 관장하는 주 농무부에서 일하는 동안, 미리암은 주무관으로서 남쪽의 라스 노리아스, 동쪽의 라구나 마드레, 북쪽의 마타모로스 외곽에 이르는 넓은 지역을 담당했다. 카를로스 베르두고(Carlos Verdugo)의 인터뷰.

(18) 당시에는 아직 차가 없었던 탓에, 미리암은 매일 아침과 오후에 사무실과 아잘리아의 학교를 도보로 오갔다. 저녁에는 성인 교육 센터인 아레아가 예비학교(Prep Arreaga)에서 수업을 들었다. 아잘리아의 인터뷰.

(19) Ignacio Alvarado, "Una historia de narcopolítica," *El Universal*, June 17, 2012,

https://archivo.eluniversal.com.mx/notas/853903.html.
(20) History, Art & Archives.
(21) PGJ, File "Juan N. Guerra Cárdenas Agente de Cuarta de la Policía Judicial del D.F.," México, Procuraduría General de Justicia.
(22) Carlos Antonio Flores Pérez, *Historias de Polvo y Sangre. Génesis y Evolución del Tráfico de Drogas en el Estado de Tamaulipas* (México: Centro de Investigaciones y Estudios Superiores en Antropologia Social, 2013), 140.
(23) U.S. District Court, United States of America v. Juan García Ábrego, CR. NO. H-93-167-SS, Docket's document 443, 4-6.
(24) *Noticiero*, "Comerciante de H. Matamoros que asesina a su joven esposa. Horrible tragedia que se incubó con los humos del licor y un complejo absurdo," July 24, 1947, Ciudad Victoria, Tamaulipas.
(25) *The Brownsville Herald*, "Matamoros Wife Is Shot to Death," July 24, 1947, Brownsville, Tex., 1., Flores Pérez, Historias de Polvo y Sangre, 139; *El Mundo*, "Una tragedia impresionante registrada en H. Matamoros. La Sra. Gloria Landeros fue muerta a balazos por su marido. Porque la visitaron sus padres [sic]. Delante de sus hijos y de sus suegros, la dejó moribunda," July 24, 1947, Tampico, Tamaulipas, 1.
(26) *Noticiero*, "No quedará impune el salvaje asesinato de la señora G. Landeros," July 25, 1947, Ciudad Victoria, 1.
(27) Ignacio Alvarado, "Una historia de narcopolítica," *El Universal*, June 17, 2012, https://archivo.eluniversal.com.mx/notas/853903.html;Eduardo Guerrero, "El dominio del miedo," *Nexos*, July 1, 2014, https://www.nexos.com.mx/?p=21671; Guillermo Valdés Castellanos, *Historia del Narcotráfico en México* (Aguilar, 2013), 155.
(28) Flores Pérez, *Historias de Polvo y Sangre*, 130-131.
(29) 같은 책, 130-131.
(30) 같은 책, 196-198.
(31) 같은 책, 130-131.
(32) Ingrid Bleynat, "The Business of Governing: Corruption and Informal Politics in Mexico City's Markets, 1946-1958," *Journal of Latin American Studies* 50:2 (May 2018): 355-381, https://www.cambridge.org/core/journals/journal-of-latin-american-studies/article/business-of-governing-corruption-and-informal-politics-in-mexico-citys-markets-19461958/5B09CFA8B021FCB75C153E3AF5D70A42.
(33) "A los 77 años y en silla de ruedas. 'New York Times' censuró la impunidad en México y en seguida la judicial capturó a Juan N. Guerra," October 26, 1991,

https://la-via-lactea.livejournal.com/62890.html.

(34) *Noticiero*, "No quedará impune el salvaje asesinato de la señora G. Landeros," July 25, 1947, Ciudad Victoria, 1.

(35) *Noticiero*, "Entrevista Noticiero con el torvo asesino de Gloria. 'Debías haber matado a los dos viejos también, pues de la cárcel te saco con dinero', dijo su padre al criminal. Los hermanos Guerra desde hace mucho tienen a toda la ciudad bajo sus pistolas," August 2, 1947, Ciudad Victoria, 4.

(36) 오랜 세월이 흐른 1991년, 그가 (탈세 혐의로) 체포된 뒤, 한 기자는 그를 이런 식으로 묘사했다. "내 생각에 후안 N. 게라는 한 시대와 카우보이 콤플렉스라는 정신적 태도, 그리고 오랫동안 타마울리파스에서 국경 지역을 지배하며 전설적인 카우보이에게 특성을 부여하고 힘을 실어주었던 서부 잔재의 마지막 대표자를 상징하는 인물로 보인다." *El Sol de Tampico*, "Cosas del determinismo," November 17, 1991, 1, 10, third section, four photos.

(37) *Noticiero*, "La rápida intervención del Sr. gobernador evitó que quedara en libertad el uxoricida Juan N. Guerra. Cese del agente del M. Público en Matamoros, por venal negligencia. Patética carta del padre de la asesinada en la que exhibe la corruptela del personal judicial de allá. Salió para Matamoros el nuevo agente del Ministerio Público para evitar que se tuerza la acción de la justicia con dinero y las amenazas del criminal," July 31, 1947, Ciudad Victoria, 1; *Noticiero*, "No quedará impune el salvaje asesinato de la señora G. Landeros," July 25, 1947, Ciudad Victoria, 1; *Noticiero*, "El C. procurador de justicia salió ayer para Matamoros. El gobierno decidido a restaurar el imperio de la ley en aquella ciudad de la frontera. Quedó sin efecto el cambio de agentes del M. Público, pues De la Garza Kelly era el defensor de Juan N. Guerra. Por órdenes expresas del señor gobernador, toda la población ha sido despistolizada por fuerzas militares de la guarnición local," August 1, 1947, Ciudad Victoria, 1; Flores Pérez, *Historias de Polvo y Sangre*, 152.

(38) 유명 배우이자 코미디언인 카를로스 란데로스(Carlos Landeros)는 딸의 죽음에 대해 침묵하지 않았다. 살인 사건이 발생했던 당시 란데로스 부부는 마타모로스에 있었다. 그들은 딸의 차가운 시신뿐 아니라, 자신들을 향한 당국의 즉각적인 적대감도 마주해야 했다. Flores Pérez, *Historias de Polvo y Sangre*, 141‒152.

(39) *Noticiero*, "Pide justicia el padre de Gloria Landeros, acusando a todas las autoridades de Matamoros de estar vendidas o atemorizadas ante el sádico asesino Juan N. Guerra. Ningún abogado matamorense se atreve a patrocinar la parte civil, porque temen a la familia Guerra. Toda clase de consideraciones se están dispensando al criminal, las actas se levantan a su antojo y se le está preparando ya la libertad bajo caución," July 31, 1947, Ciudad Victoria, 4. 누구도 란데로스 가족을 변호하려 하지 않았다. 마타모로스 지역의 변호사들은 그 가족을 변호하기에는 게라 일가

를 지나치게 두려워했고, 심지어 게라 일가와 연결되어 있었다.
- (40) 같은 자료.
- (41) *Noticiero*, "Querían hacer aparecer como muerte accidental el cobarde asesinato de Gloria Landeros. El agente del M.P., Ciro A. Espinosa y el juez Pompeyo Gómez, parciales al asesino. El procurador, Lic. Z. Fajardo, se concretó a amonestarlos y ordenó reponer el expediente," August 2, 1947, Ciudad Victoria, 1.
- (42) 카를로스 란데로스가 점점 더 절망적으로 느껴지던 자신의 투쟁 과정을 시간순으로 기록한 공개 서한을《엘 노티시에로》에 보내지 않았더라면, 사건이 완전히 묻혀버렸을지도 모른다.《엘 노티시에로》는 그의 문제 제기를 지지하며, 정부의 위법 행위를 지적한 기고문을 지면에 게재한 유일한 언론이었다. 공개 서한에서 란데로스는 가족을 도운 사람은 누구든 따돌림을 당하거나 위협받거나 시달렸으며, 심지어 가까스로 고용했던 변호사마저 사건 수임을 포기했다고 주장했다. 또 다른 서한에서는 시우다드 빅토리아에 기반을 둔《엘 노티시에로》가 마타모로스에서 사실상 판매가 금지되어 가판대에서 찾아볼 수 없게 되었다고 독자들에게 전했다. 란데로스는 전국배우연합에서 주지사에게 정의를 요구할 것을 촉구했다. 그가 여론을 움직인 덕분에 타마울리파스주 대법원에서 수사 과정에서 위법 행위가 있었는지 검토했다. 그러나 주 대법원도 게라를 자신들의 일원으로 여기는 정치적 집단에 의해 좌우되고 있었다.

  게라의 네 살배기 아들이 검사에게 아버지가 어머니를 죽였다고 진술했지만, 증거로 인정되지 않았다. 판사는 게라 일가의 가사도우미였던 또 다른 증인의 증언도 기각했다. 그녀는 총격 직전에 "죽일 테면 죽여봐, 이 겁쟁이야"라고 소리치는 란데로스의 목소리를 들었다고 진술했다. 하지만 결국 대법원은 위법 행위를 찾지 못했다며 판결을 확정했다. 다른 모든 공직자와 법의학 보고서와 감독을 맡은 연방 기관도 마찬가지였다. Flores Pérez, *Historias de Polvo y Sangre*, 149 – 150.
- (43) *El Regional de Matamoros* (anuncio), "Grandiosa inauguración del Salón Piedras Negras," June 6, 1952, Matamoros, 6.
- (44) 루이스의 부모는 산페르난도 시장에서 일했지만, 미리암은 그곳으로 가게를 이전할 만한 여유가 없었다. 그래서 처음 몇 년간 루이스는 임대료가 저렴한 인근의 상권에서 일했다.
- (45) 설상가상으로 그해에 악천후로 타마울리파스의 수수 생산이 큰 타격을 입었다. 산페르난도로 유입되는 돈이 없었으니, 미리암 가족으로서도 사업을 시작하기에 이상적인 시기는 아니었다. Herrera, *Breve historia de San Fernando*, 218.
- (46) Federal Reserve History, "Latin American Debt Crisis of the 1980s," https://www.federalreservehistory.org/essays/latin-american-debt-crisis#:~:text=The%20spark%20for%20the%20crisis,at%20that%20point%20totaled%20%2480.
- (47) Felipe Meza, *The Case of Mexico. The Monetary and Fiscal History of Mexico, 1960–2017*, Macro Finance Research Program, 2019, https://bfi.uchicago.edu/wp-content/uploads/The-Case-of-Mexico.pdf.

(48) Herrera, *Breve historia de San Fernando*, 104.
(49) 에밀리아노 사파타 광장(Plaza Emiliano Zapata)이었다.
(50) 루이스 엑토르의 인터뷰.
(51) 카를로스 베르두고(Carlos Verdugo), 아잘리아의 인터뷰.

3장 카르텔의 시대

(1) Gobierno de México "Miguel Alemán Valdés (1903-1983). Presidente de la República de 1946 a 1952 fue primer Presidente civil del México Moderno," Presidencia de la República, May 14, 2013; UPI, "Miguel Aleman, the first civilian president of Mexico after ...," May 14, 2013.

(2) Joseph B. Treaster, "Miguel Aleman of Mexico Is Dead; Was President from 1946 to 1952," *New York Times*, May 15, 1983, https://www.nytimes.com/1983/05/15/obituaries/miguel-aleman-of-mexico-is-dead-was-president-from-1946-to-1952.html.

(3) Carlos Antonio Flores Pérez, *Historias de Polvo y Sangre. Génesis y Evolución del Tráfico de Drogas en el Estado de Tamaulipas* (México: Centro de Investigaciones y Estudios Superiores en Antropologia Social, 2013), 98–103.

(4) 같은 책, 141, 151–152.

(5) Ingrid Bleynat, "The Business of Governing: Corruption and Informal Politics in Mexico City's Markets, 1946–1958," May 2018, https://www.cambridge.org/core/journals/journal-of-latin-american-studies/article/business-of-governing-corruption-and-informal-politics-in-mexico-citys-markets-19461958/5B09CFA8B021FCB75C153E3AF5D70A42.

(6) 전 FBI 국장 에드거 후버(J. Edgar Hoover)는 알레만에 대해 이렇게 말했다. "그는 상황에 따라 자신에게 가장 이로운 정치 세력과 손잡았다. 때로는 좌파와 협력했고, 때로는 우파와 협력했다." Stephen R. Niblo, *Mexico in the 1940s: Modernity, Politics, and Corruption* (Scholarly Resources Inc., 1999).

(7) Paul Gillingham, "Corruption in the Formation of the Modern Mexican State: Notes Towards a History," AHRC Conference La Construcción del Cargo Público, CIDE, Mexico City, 2017, 2, https://warwick.ac.uk/fac/arts/history/research/centres/ehrc/research/current_research/constructionspublicoffice/mexico/scenarios/corruption__consent_in_the_formation_of_the_pri_gillingham.pdf

(8) Gillingham, "Corruption in the Formation of the Modern Mexican State," 7.

(9) Flores Pérez, *Historias de Polvo y Sangre*, 136.

(10) 알레만은 고위공직자들에게 도로 및 대중교통 관리권이나 석유 유통권 같은 특권을 주었다. 또 고위공직자들은 정부의 금융 서비스를 독점적으로 이용할 수 있었고, 세관을 통제하기도 했다. Flores Pérez, *Historias de Polvo y Sangre*, 111, 115.

(11) Noticiero Diario de la Tarde, "Consignación del 'caso Piedras Negras,' " April 16, 1960, 1 – 2.

(12) Flores Pérez, *Historias de Polvo y Sangre*, 158.

(13) Noticiero Diario de la Tarde, April 16, 1960, 1 – 2.

(14) 관세청을 관리·감독하는 재무부 조사관과 연방 검사가 투입되었다. 하지만 공교롭게도 마타모로스에서 두 기관은 같은 사람의 관리·감독을 받았다. 수십 년간 부정부패를 뒷받침한 정치적 구조에 연루된 인물이었다. Flores Pérez, *Historias de Polvo y Sangre*, 158 – 159.

(15) *El Regional de Matamoros*, "El juez federal le negó el amparo a Juan N. Guerra," June 11, 1960, police page.

(16) 게라는 변호사의 도움을 받아 자신에 대한 체포 영장에 이의를 제기했다. 멕시코의 암파로(amparo)라는 독특한 법 제도를 이용한 것이었다. 얼마 후 그의 조직이 주로 활동하던 지역과 가까운 누에보 레온주에서 연방 법원이 후안 게라의 이의 제기를 받아들였다. Flores Pérez, *Historias de Polvo y Sangre*, 156.

(17) Noticiero Diario de la Tarde, "Enérgica batida al contrabando dispone el Gobierno Federal," Matamoros, April 26, 1960, 1, 3.

(18) 문제투성이의 조사 결과와 모순적 증언에 맞서 비야 코스(Villa Coss)의 형제들은 이례적인 조치를 취했다. 자신들이 직접 수사에 참여하겠다고 요구한 것이다. 그러나 그들이 비야 코스가 피살된 이유를 파헤치며 그 지역에서 밀수가 어떻게 이뤄지는지 파악하려 하자, 정부는 갑자스레 그들의 수사 참여를 중단시켰다. 공무원들은 비야 형제들이 그로 인해 살해당할까 봐 걱정된다고 말했다. Noticiero Diario de la Tarde, "Los Villa se enfrentan a los contrabandistas. Dos hermanos más colaboran con Trinidad, jefe de Vigilancia. Amplias facultades les dio el presidente, al que prometieron no ejercer venganza," Matamoros, May 14, 1960, 1, 3; Noticiero Diario de la Tarde, "Nuevos jefes aduanales para sustituir a los Villa Coss," Matamoros, May 24, 1960, 1 – 2.

(19) Noticiero Diario de la Tarde, "Juan N. Guerra expresa sus deseos de respetar la ley. Acudió hoy ante los militares de la Presidencia," Matamoros, September 20, 1960, 1, 3.

(20) *El Regional de Matamoros*, "Que 'La Máquina' no mató al militar. Sorpresivas revelaciones hacen la esposa y madre de Carlos García," April 20, 1960, police page.

(21) 지역 신문들은 여전히 게라 일가의 사람들을 유명인처럼 취급하며 결혼식을 비롯한 가족 행사 소식에 지면을 할애했다. Noticiero Diario de la Tarde, Columna "Pizcando," Matamoros, April 28, 1956, 3; *The Brownsville Herald*, "Matamoros Queen Participates," March 4, 1962, 12A (photo); The Brownsville Herald, "Alemán Receives

Warm Reception as 1st Mr. Amigo," October 12, 1964, https://newspaperarchive.com/brownsville-herald-oct-12-1964-p-1/; Noticiero Diario de la Tarde, "Elegante enlace del señor Edemir Hernández y la señorita Leonor Guerra," April 9, 1956, 5.

(22) 게라 일가의 범죄 활동을 정부도 물론 알고 있었다. 정부가 기밀문서에서 직접 인정한 사실이다. 1960년 멕시코 국내의 위협을 조사하던 연방보안국장은 게라와 그의 형제 로베르토(Roberto)가 벌인 살인 등의 범죄 행위에 대해 놀라울 정도로 솔직한 보고서를 발표했다. 보고서에서 두 형제는 멕시코 북동부에서 무기와 상품, 마약을 밀수하는 주요 세력으로 지목되었다. DFS, "Versión pública del expediente de Octavio Villa Coss," México, Dirección Federal de Seguridad, October 11, 1960; Flores Pérez, *Historias de Polvo y Sangre*, 171–172.

(23) 같은 자료에 따르면, 당시 로베르토는 "자신이 통제할 수 있는 사람이 새로운 시장으로 당선되기를 바라며" 마타모로스 시장 선거에서 대여섯 차례에 걸쳐 선거운동 자금을 지원했다. DFS, October 11, 1960.

(24) Flores Pérez, *Historias de Polvo y Sangre*, 172–174.

(25) Luis Gerardo González, "Matamoros de ayer y hoy," *Frontera de Tamaulipas*, December 2012.

(26) 그때까지 후안 게라의 조직은 본격적인 마약 카르텔이 아니었다. 게라는 미국으로부터 지나친 관심을 받는 것을 두려워하며 마약 거래에 큰 관심을 보이지 않았다. 하지만 이후 그는 조카이자 후계자인 후안 가르시아 아브레고가 마약 밀수에 나서는 것을 용인했다. 사업을 확장할 적기로 보였다. 후안 게라는 노쇠했고, 사업을 계속 확장하려면 세대교체가 필요했다. 가능하다면 가족 내에서 후계자를 찾는 것이 중요했다. Guillermo Valdés, *Historia del Narcotráfico en México* (Aguilar, 2013), 156, 157 [PDF]; Eduardo Guerrero, "El dominio del miedo," *Nexos*, July 1, 2014, https://www.nexos.com.mx/?p=21671.

(27) *Proceso*, "En Matamoros todos conocen a los asesinos, pero se esfumaron," August 4, 1986, quoted in Flores Pérez, Historias de Polvo y Sangre, 238.

(28) Guerrero, "El dominio del miedo."

(29) Benjamin T. Smith, *The Dope: The Real History of the Mexican Drug Trade* (New York: W. W. Norton & Company, 2021), 364.

(30) Arturo Zárate Ruiz (coord.), *Matamoros Violento: La Ilegalidad en Su Cultura y la Debilidad en Sus Instituciones. Tomo II* (Tijuana: El Colegio de la Frontera Norte, 2014), 57–58.

(31) Ricardo Ravelo, *Osiel, Vida y Tragedia de un Capo* (Grijalbo, 2013), 56–57.

(32) Guerrero, "El dominio del miedo."

(33) Ioan Grillo, *El Narco: Inside Mexico's Criminal Insurgency* (New York: Bloomsbury

Publishing Inc., 2011), 82; Smith, The Dope, 365.

(34) Guerrero, "El dominio del miedo."

(35) Grillo, El Narco, 83; Smith, The Dope, 365.

(36) George W. Grayson and Samuel Logan, *Executioner's Men: Los Zetas, Rogue Soldiers, Criminal Entrepreneurs, and the Shadow State They Created* (New Brunswick, N.J.: Transaction Publishers, 2012), 25.

(37) David F. Marley, *Mexican Cartels: An Encyclopedia of Mexico's Crime and Drug Wars* (Santa Barbara, Calif.: ABC-CLIO, 2019).

(38) *Noticiero*, "Juan N. Guerra tiene sed de sangre. Amenazó de muerte a un cabo celador. La peligrosidad del uxoricida llega a límites de locura," September 10, 1947, Ciudad Victoria, 1. 게라의 폭력적 기질에 대해 말하자면, 그는 아내를 살해한 혐의로 잠시 수감되어 있던 중에도 게라는 교도관에게 살해 위협을 했다.

(39) 엘 카초(El Cacho)는 교활하고 위험하고 노련한 관리자였다. 그는 조직원들에게 후한 보수를 약속하며 자신에게 충성심을 보이게 했다. AGN, "Versión pública de los informes de la Dirección Federal de Seguridad (D.F.S.) sobre la muerte de Casimiro Espinosa Campos y la matanza en la clínica La Raya 1984," México, Archivo General de la Nación, April 16, 1984, in Flores Pérez, *Historias de Polvo y Sangre*, 229; Juan Montoya, "Steve Manos, B'ville Reporter Heralded Cartels," *El rrun rrun*, August 11, 2013, https://rrunrrun.blogspot.com/2013/08/steve-manos-bville-reporter-heraldd.html?m=1.

(40) Chivis, "1989's Gulf Cartel bosses 'El Cacho' and 'El Profe,' " *Borderland Beat*, January 6, 2020, http://www.borderlandbeat.com/2020/01/1980s-gulf-cartel-bosses-el-cacho-and.html.

(41) 같은 자료.

(42) Marley, *Mexican Cartels*.

(43) 엘 카초는 공격을 받은 뒤, 집 건너편에 있던 개인 병원 클리니카 라야(Clinica Raya)에서 기흉과 세 군데의 총상으로 치료를 받고 있었다. AGN, versión pública del expediente de Casimiro Espinosa Campos, dfs, legajo único.

(44) 병원 습격으로 경찰 한 명과 엘 카초의 여동생을 포함해 총 5명이 사망했다. 총격이 시작되었을 때 침대 밑에 숨어 있던 엘 카초는 이번에도 목숨을 부지했다. Mack Sisk, "A Reputed Crime Lord Embroiled in a Gangland War...," UPI, May 19, 1984, https://www.upi.com/Archives/1984/05/19/A-reputed-crime-lord-embroiled-in-a-gangland-war/2878453787200/;Montoya,"Steve Manos."

(45) U.S. District Court, United States of America v. Juan García Ábrego, CR. NO. H-93-167-SS, Docket's document 443, 2.

(46) 1986년 7월 17일 아침, 에르네스토 플로레스 토리호스(Ernesto Flores Torrijos)와 노마 모레노 피게로아(Norma Moreno Figueroa)는 마타모로스의 사무실 앞에 도착하자마자 돌격 소총을 든 괴한의 총격을 받고 차 안에서 사망했다. 당시 언론은 대부분 매수되었거나 보복을 두려워한 나머지 이 사실을 제대로 보도하지 못했지만, 언론의 사명에 충실한 소수의 언론사가 있었다. 그리고 그중 한 곳이 끔찍한 대가를 치렀다. 병원 습격 사건 2년 뒤, 《엘 포풀라르》의 발행인 플로레스(Flores)와 24세였던 인기 칼럼니스트 모레노(Moreno)가 총격을 받고 사망했다. 두 사람은 위협과 폭력을 그 전부터 숱하게 경험했다. 플로레스와 모레노는 고위공직자들의 손찌검을 고발했는데, 특히 모레노의 고발 대상은 가르시아 아브레고의 사촌인 마타모로스의 시장 로베르토 게라 벨라스코(Roberto Guerra Velasco)였다.

두 사람이 피살된 뒤 정부의 의례적인 조치가 이어졌다. 연방 정부에서 수사팀을 파견했고, 타마울리파스 주지사는 지검장을 마타모로스로 보냈다. 로베르토 게라 벨라스코 시장은 범인을 찾아내겠다고 공언했지만, 수사는 진척되지 않았다. 경찰은 증인도 단서도 발견되지 않았다고 밝혔다. 그러나 10년 뒤 마침내 진실이 밝혀졌다. 후안 가르시아 아브레고에 대한 연방 법원의 재판 과정에서 중요 증인이 아브레고가 자신을 마약 밀수업자라고 불렀다는 것을 이유로 두 언론인에 대한 살인을 교사했다고 증언한 것이다.

모레노와 플로레스 피살 사건은 이후 수십 년간 언론인 수십 명의 목숨을 앗아 간 폭력의 시발점이었지만, 동시에 표현의 자유에 대한 공격에 면죄부를 부여했던 역사를 끝내기 위한 투쟁을 촉발했다.

Flores Pérez, *Historias de Polvo y Sangre*, 235; Prensa de Reynosa (1986), "Asesinaron a dos valientes periodistas de Matamoros. Ernesto Flores Torrijos y Norma Moreno, acribillados," July 18, 1986, Reynosa, 5D; YouTube, "Don Juan N. Guerra: Amo y señor," https://www.youtub.com/watch?v=dR1C9rHK1cM,minute31:00; William Stockton, "Journalism in Mexico Can Turn into a Risky Craft," *New York Times*, July 23, 1986, https://www.nytimes.com/1986/07/23/world/journalism-in-mexico-can-turn-into-a-risky-craft.html.

(47) 정부와 범죄 조직 간의 유착은 멕시코 언론의 버뮤다 삼각지대였다. 길을 찾기도 어렵고, 증명하려면 위험을 감수해야 하며, 용감한 모험가에게는 종종 치명적인 결과를 가져왔다. 언론 대부분이 유착관계를 외면하거나 최대한 평범한 방식으로 다루는 쪽을 선호했다. 그러나 유착관계는 언론이 피할 수 없는 중요한 주제로 여겨지기도 한다. 통치의 핵심에 만연한 부패를 파헤치는 것은 언론의 공적 역할이기 때문이다. Azam Ahmed, "In Mexico, 'It's Easy to Kill a Journalist,' " *New York Times*, April 29, 2017, https://www.nytimes.com/2017/04/29/world/americas/veracruz-mexico-reporters-killed.html; Artículo 19, "La impunidad y negación ante la violencia extrema contra la prensa persiste," 2022, https://articulo19.org/primer-semestre-2022/.

(48) 병원 습격 사건 6년 뒤인 1991년 마타모로스 교도소에서 아브레고에 충성하는 무리와 '코카인 황제'라는 별명으로 불리는 또 다른 밀수업자에게 충성하는 무리 사이에 폭력 사태가 벌어졌다. 아브레고의 부하 중 한 명이 교도소에 총기를 밀반입해서 코카인 황제에게

세 발을 쐈다. 코카인 황제가 죽었다고 착각한 무리가 총격범과 그 공범들을 무자비한 폭행으로 살해하며 교도소를 접거했다. 이 폭동으로 인해 18명이 사망했고, 코카인 황제와 그 부하들이 교도소를 포위하면서 몇 달 동안 대치 상황이 이어졌다. 동기를 이해하기 어려웠지만, 교도소를 접거한 이유는 단순했다. 생존을 위해서였다. 코카인 황제의 부하들은 정부 기관인 교도소에 갇혀 있었고, 그들이 생각할 때 정부는 가르시아 아브레고의 편이었다. 그들은 조만간 범죄자든 아니면 뇌물을 받은 교도관이든 누군가가 자신들을 죽일 거라고 추론했다. 그래서 코카인 황제의 부하들이 바리케이드를 만들고 교도소를 접거한 채 자신들을 타마울리파스 바깥의 교도소로 이감해 달라고 요구한 것이다. 이 엽기적인 사건은 멕시코에서도 유례가 없는 일이었다.《뉴욕타임스》에 보낸 일련의 편지에서 서른 살의 코카인 황제는 자신을 살해하려던 계획의 배후에 정부 당국이 있다고 주장했다. Mark A. Uhlig, "Standoff at Matamoros," New York Times, October 6, 1991, https://www.nytimes.com/1991/10/06/magazine/standoff-at-matamoros.html.

(49) Helen Thorpe, "Anatomy of a Drug Cartel," Texas Monthly, January 1998, https://www.texasmonthly.com/articles/anatomy-of-a-drug-cartel/.

(50) Guerrero, "El dominio del miedo."

(51) Juan M. Muñoz, "México detiene y entrega a Estados Unidos a su principal narcotraficante," El País, January 15, 1996, https://elpais.com/diario/1996/01/16/internacional/821746813_850215.html; Guerrero, "El dominio del miedo."

(52) Thorpe, "Anatomy of a Drug Cartel."; Mark Fineman and Lianne Hart, "Drug Lord Sentenced to 11 Life Terms, Fined 128 Million," Los Angeles Times, February 1, 1997.

(53) Smith, The Dope, 371-374.

(54) 정치적 변화가 나라를 휩쓸었고, 유력한 대통령 후보였던 루이스 도날도 콜로시오(Luis Donaldo Colosio)로 인해 잠시나마 희망도 움텄다. 진정한 개혁가로 보였던 콜로시오는 기성 정치인들에게 지친 수백만 명의 멕시코인들을 고무시켰다. 그런데 1993년 그가 피살되었다. 콜로시오가 왜 죽었는지, 암살 배후에 누구가 있었는지 정확히 밝혀지지는 않았지만, 그의 피살 이후 통제 불능의 망령이 되살아났다. Smith, The Dope, 370-371; Guerrero, "El dominio del miedo."

(55) 새로 출범한 제도개혁당 정부는 콜로시오 피살로 인해 들끓는 대중의 분노에 놀라 개혁을 상징하는 인물 2명을 표적으로 삼았다. 바로 NAFTA에 서명한 쾌활한 성격의 전직 대통령 카를로스 살리나스 데 고르타리(Carlos Salinas de Gortari)와 걸프 카르텔의 후안 가르시아 아브레고였다. 교도소에 수감되지는 않았지만, 살리나스 대통령은 불명예를 뒤집어쓴 채 여생을 살았다. 아브레고는 미국 교도소에서 수백 년의 형기를 복역하는 동안 서서히 대중에게 잊히며 과거를 상징하는 이름으로 남았다. 그의 조직은 분열하며 멕시코가 민주화되는 과정에서 엄청난 폭력의 씨앗을 뿌렸다. Smith, The Dope, 366-367.

(56) 사파티스타 대원의 수는 약 3,000명에 달했다. 그들은 무장봉기를 일으켜 남부 치아파스주의 시청과 정부 청사를 습격했다. 이 봉기는 전략적 이점보다는 대중 선전·선동으로서의 의미가 훨씬 더 컸다. 정부에서는 반란 세력을 추적하기 위해 진압 훈련을 받은 특수부

대를 치아파스 정글로 파견했다. 군은 34명의 사파티스타 대원을 살해했고, 반군 지도자는 이를 비합법적인 즉결 처형이라고 비판했다. 진압에 투입되었던 멕시코 특수부대는 이후 걸프 카르텔 내 준군사 조직인 세타스에 합류했다. Pablo González Casanova, *Los Zapatistas del Siglo XXI* (Siglo del Hombre Editores, CLACSO, 2009), 239; Hermann Bellinghausen, "Zapatistas, una transformación de 25 años," *Revista de la Universidad de México*, April 2019, https://www.revistadelauniversidad.mx/articles/86c78d97-8a18-4088-bdde-0f20069ec0ef/zapatistas-una-transformacion-de-25-anos; Proceso, "Identifica el EZLN a militares que asesinaron a zapatistas en el 94," February 14, 2004, https://www.proceso.com.mx/nacional/2004/2/14/identifica-el-ezln-militares-que-asesinaron-zapatistas-en-el-94-56495.html.

카리스마 넘치는 지휘관 마르코스(Marcos)가 이끈 사파티스타는 유럽 사람들의 마음까지 사로잡았지만, 별다른 성과를 거두지는 못했다. Alberto Nájar, "Las 3 vidas del subcomandante Marcos, el personaje más emblemático del movimiento zapatista, que cumple en México 25 años," BBC News, December 31, 2018, https://www.bbc.com/mundo/noticias-america-latina-46657842.

(57) George W. Grayson and Samuel Logan, *Executioner's Men* (New Brunswick, N.J.: Transaction Publishers, 2012), 67–68; NSArchive, "Los Zetas Threat Assessment. Operation Noble Hero," National Security Archive, September 5, 2021.

(58) 정치적 변화는 이후 암흑가에도 엄청난 변화를 일으켰다. Guerrero, "El dominio del miedo."

(59) Smith, *The Dope*, 371; Louise Shelley, "Corruption and Organized Crime in Mexico in the Post-PRI Transition," Journal of Contemporary Criminal Justice, August 2001, https://citeseerx.ist.psu.edu/viewdoc/download?doi=10.1.1.461.3057&rep=rep1&type=pdf.

(60) Smith, *The Dope*, 371, 374.

(61) 아잘리아, 루이스 엑토르, 미리암의 익명 친구의 인터뷰.

(62) 아잘리아의 인터뷰.

(63) World Bank "Mexico-Technical Assistance for Public . . . Sector Social Security Reform (ISSSTE)," July 18, 2022, https://documents1.worldbank.org/curated/en/236881468774584398/pdf/multi0page.pdf; INEGI, "Clasificación de Instituciones de Salud—Histórica," Clasificación de Instituciones de Salud (inegi.org.mx); Enrique Dávila and Maite Guijarro, "Evolución y reforma del sistema de salud en México," *Serie Financiamiento del Desarrollo*, CEPAL, Chile, 2000, https://www.cepal.org/sites/default/files/publication/files/5300/S00133_es.pdf.

(64) Comparative Health Policy Library, "Mexico Summary," https://www.publichealth.columbia.edu/research/comparative-health-policy-library/mexico-summary; CONEVAL, "Sistema de Protección Social en Salud: Seguro Popular

y Seguro Médico Siglo XXI," https://www.coneval.org.mx/Evaluacion/IEPSM/Documents/Seguro_Popular_Seguro_Medico_Siglo_XXI.pdf.

(65) 멕시코 사람들은 그런 병원은 죽으러 가는 것이라고 농담하곤 한다. 때때로 그것은 진실에 가까워 보인다.

(66) FORLAC "Informal Employment in Mexico: Current Situations, Policies and Challenges," https://www.ilo.org/wcmsp5/groups/public/—-americas/—-ro-lima/documents/publication/wcms_245889.pdf.

(67) Manatt Jones Global Strategies, "Mexican Healthcare System Challenges and Opportunities," January 2015, https://www.manatt.com/uploadedFiles/Content/5_Insights/White_Papers/Mexican%20Healthcare%20System%20Challenges%20and%20Opportunities.pdf.

(68) 루이스 엑토르, 아잘리아의 인터뷰.

(69) 2007년 무렵 미리암은 체중은 175킬로그램이었다. 아잘리아, 루이스 엑토르, 찰로의 누이 베비스(Bebis)의 인터뷰.

(70) 루이스 엑토르의 인터뷰.

(71) 아잘리아, 루이스 엑토르, 베비스의 인터뷰.

(72) Tamaulipas al cien, "San Fernando tiene su propia identidad gastronómica," October 2, 2020, https://tamaulipasalcien.com/blog/2020/10/02/san-fernando-tiene-su-propia-identidad-gastronomica/;Tamaulipas al cien, "Se registra abundante captura de camarón en aguas de la laguna madre," May 7, 2021, https://tamaulipasalcien.com/blog/2021/05/07/se-registra-abundante-captura-de-camaron-en-aguas-de-la-laguna-madre/.

(73) 루이스 엑토르, 아잘리아의 인터뷰와 가족이 보여준 수술 후 미리암의 사진.

(74) Expreso.press, "San Fernando: de la bonanza a la pesadilla," August 13, 2017, https://expreso.press/2017/08/13/san-fernando-la-bonanza-la-pesadilla/.

4장 권력이 된 폭력

(1) Ricardo Ravelo, *Osiel, vida y tragedia de un capo* (Grijalbo, 2013), 53.

(2) 1997년부터 카르데나스가 시카리오 집단을 운영하던 중간급 관리자 살바도르 고메스(Salvador Gomez)라는 남자와 동업하며 산페르난도 장악을 시작했다. 카르데나스는 밀수에 소질이 있었고, 고메스는 무시무시한 살인청부업자였다. 둘이 짝을 이루어 서로의 능력을 보완했고, 각자의 주특기를 발휘해 밀수 경로를 구축하고 경쟁자를 제거함으로써 권력을 강화했다. 두 남자는 무질서 속에서 돈이 되는 동맹 관계를 구축했다.

1998년 두 사람은 함께 걸프 카르텔을 총괄하는 최고의 자리에 올랐으나, 이듬해 카르데나스가 고메즈를 제거하기로 결심했다. 카르데나스는 살인에 거리낌이 없었다. 자기편도 예외는 아니었다. 고메즈를 제거한 뒤 카르데나스는 '친구 살인자(killer of friends)'라는 별명을 얻었다. 잠재적인 경쟁자는 물론, 자기편도 한발 앞서 제거하려는 성향은 카르데나스만의 것이 아니었다. 그가 남들에게 그렇게 한다면, 남들도 그에게 그럴 가능성이 있었다. 그는 권력이 얼마나 위태로울 수 있는지 알고 있었고, 권력의 화폐가 된 폭력을 최대한 쌓아두려 했다. 한편 언론인 리카르도 라벨로(Ricardo Ravelo)에 따르면 카르데나스의 신장은 약 167센티미터다. Ravelo, *Osiel*, 25.

(3) Guadalupe Correa-Cabrera, *Los Zetas Inc.: Criminal Corporations, Energy, and Civil War in Mexico* (Austin: University of Texas Press, 2017), 47.

(4) 카르데나스는 구스만 데세나(Guzmán Decena)를 경호원으로 고용하면서 권력을 독점하기로 결심했다. 그는 고메즈를 죽이고 걸프 카르텔의 유일한 지도자가 될 계획을 세웠다. 이오안 그리요(Ioan Grillo)에 따르면, 카르데나스는 구스만에게 멕시코에서 가장 뛰어난 전투원을 어디에서 찾을 수 있는지 물었고, 구스만은 군대라고 대답했다. 물론 공무원이 조직범죄에 연루되는 것이 새삼스러운 일은 아니었다. 그러나 고도로 훈련된 군인이 범죄 카르텔에서 일하는 경우는 거의 없었다. 군 고위직이 뇌물을 받고 범죄를 못 본 척 눈감아준 사례는 과거에도 있었지만, 예측할 수 없는 폭력과 범죄의 세계에 군이 직접 뛰어들었다는 이야기는 세타스 이전에는 없었다. Ioan Grillo, *El Narco: Inside Mexico's Criminal Insurgency* (New York: Bloomsbury Publishing Inc., 2011), 98.

(5) 당초 세타스는 점점 더 피해망상에 빠져들던 카르네다스의 경호원으로 고용된 것이었다. 하지만 경호원으로서의 역할은 금세 끝났다. 그들이 임무를 지나치게 성공적으로 해냈기 때문이다. 전투와 계획, 전략에 있어서 세타스의 능력은 카르데나스의 상상 이상이었다. 경호원으로 고용했지만, 총체적으로 탁월한 용병 부대를 얻게 된 셈이었다. 카르데나스를 보호하는 것은 여전히 세타스의 주요 업무였지만, 경호원으로만 활동하기에 세타스는 너무나 잘 훈련된 집단이었다. 그러나 그들의 탁월함은 곧 오만함으로 이어졌다. Grayson and Samuel Logan, *Executioner's Men: Los Zetas, Rogue Soldiers, Criminal Entrepreneurs, and the Shadow State They Created* (Transaction Publishers, 2012), 30; Victor Manuel Sánchez Valdés and Manuel Pérez Aguirre, New Brunswick, N.J.: "El Origen de los Zetas y Su Expansión en el Norte de Coahuila," El Colegio de México, 9.

(6) Correa-Cabrera, *Los Zetas Inc.*, 55–59.

(7) Correa-Cabrera, *Los Zetas Inc.*, 47–48; Ravelo, Osiel, 178–179; Dane Schiller, "Mexican Crook: Gangsters Arrange Fights to Death for Entertainment," *Houston Chronicle*, June 11, 2011, https://www.chron.com/news/nation-world/article/Mexican-crook-Gangsters-arrange-fights-to-death-1692716.php; Pablo de Llano, "Así masacraron Los Zetas: 'Cuando se terminó, dormimos normalmente,'" *El País*, October 10, 2016, https://elpais.com/internacional/2016/10/09/mexico/1476044097_559947.html; Randy Kreider and Mark Schone, "New Zetas Cartel Leader Violent 'To the Point of Sadism,'" ABC News, October 12, 2012, https://

abcnews.go.com/Blotter/ruthless-drug-lord-takes-control-deadly-cartel/story?id=17455674.

(8) 1999년 5월에 사건이 발생했다. 밀수에 실패한 카르데나스는 분노에 사로잡혀 텍사스주 마약단속국 수사관 경찰들에게 살해 위협을 가했다. 미국은 그런 위협에 민감했다. 14년 전 미국 마약단속국 특수요원 엔리케 카마레나(Enrique Camarena)가 부패한 정치권과 유착된 마약 밀수업자들에게 납치·살해된 일이 있었다. 그의 죽음은 미국 공권력 전체의 공분을 샀고, 그의 시신과 범인에 대한 전례 없는 수준의 수색이 벌어졌다. 지방 경찰이든 연방 경찰이든, 미국 경찰을 위협하는 것은 완전히 선을 넘는 일이었다. 같은 해에 카르데나스는 2명의 연방 요원이 마타모로스에 있는 자신의 자택을 감시하는 중이라는 사실을 알아차렸다. 그는 부하들을 보내서 연방 요원의 차를 에워싸고, 죽이겠다고 위협했다. 요원 한 명이 카르데나스에게 경고하려고 배지를 보여줬다. 카마레나 사건 이후 멕시코에서 미국 요원의 안전을 위협하는 것이 얼마나 민감한 사안인지 경고한 것이었다. 카르데나스는 그들이 어디 소속이건 전혀 상관없다고 말했다. 그는 살해 위협을 이어간 끝에 요원들을 풀어주었다. 그 즉시, 카르데나스는 미국 당국의 최우선 표적이 되었다. FBI, "Osiel Cárdenas-Guillen, Former Head of the Gulf Cartel, Sentenced to 25 Years' Imprisonment," Federal Bureau of Investigation, February 24, 2010, https://archives.fbi.gov/archives/houston/press-releases/2010/ho022410b.htm; Dane Schiller, "DEA Agent Breaks Silence on Standoff with Cartel," *Houston Chronicle*, March 15, 2010, https://www.chron.com/news/houston-texas/article/DEA-agent-breaks-silence-on-standoff-with-cartel-1713234.php.

(9) DEA, "Federal Agents Dismantle International Drug Trafficking Organization," Drug Enforcement Administration, December 14, 2000, https://web.archive.org/web/20070203212334/https://www.dea.gov/pubs/pressrel/pr121400.htm.

(10) Francisco Gómez, "Cae Osiel Cárdenas," *El Universal*, March 15, 2003, https://archivo.eluniversal.com.mx/nacion/94595.html.

(11) Guillermo Valdés, *Historia del Narcotráfico en México* (Aguilar, 2013), 164.

(12) Valdés, *Historia del Narcotráfico en México*, 165; Sánchez Valdés and Pérez Aguirre, "El Origen de los Zetas," 19.

(13) Valdés, *Historia del Narcotráfico en México*, 163–164.

(14) 세타스는 에스타카스라고 불리는 소규모 팀으로 활동했다. 그들은 경찰과 군대와 경쟁 카르텔과 지역 주민의 왕래를 감시할 망꾼들을 고용했고, 두려움을 동력으로 운영하는 범죄 사업의 핵심 인력인 총잡이들도 고용했다. 심지어 재정 관리를 위해 회계사와 경영 전문가까지 영입했다. Valdés, *Historia del Narcotráfico en México*, 163–165; Correa-Cabrera, Los Zetas Inc., 51.

(15) 세타스가 사업을 확장하는 동안, 그들이 정부에 굴욕을 주는 방식도 다양해졌다. 단순히 변방 도시를 장악한 것에 만족하지 못한 세타스는 정부에 직접 도전하기 시작했다. 세타스는 교도소에 침입해 수감된 간부들을 탈옥시켰다. 2001년 6월에는 24명의 세타스 조직

원이 한 사람을 빼내기 위해 고성능 무기를 들고 타마울리파스주 경찰서를 습격했다. 새로운 조직원을 모집하기가 어려워지자 감옥으로 쳐들어가 하급 조직원들도 빼내기도 했다. Valdés, *Historia del Narcotráfico en México*, 164.

(16) Valdés, *Historia del Narcotráfico en México*, 164, 198.

(17) Valdés, *Historia del Narcotráfico en México*, 163 165; Correa-Cabrera, Los Zetas Inc., 51; Sánchez Valdés and Pérez Aguirre, "El Origen de los Zetas," 12 - 13.

(18) 타마울리파스주에는 걸프 카르텔의 경쟁 조직이 없었다. 전국적 조직을 원했던 카르데나스는 범죄 왕국을 확장하는 임무를 세타스에 맡겼다. 그는 밀수 경로를 확장하고자 태평양 해안의 미초아칸주에 눈독을 들였다. 2001년 카르데나스는 세타스를 보내 미초아칸주를 장악하게 한다. 전국적 통제력을 차지하기 위한 이 첫 번째 시도는 커다란 성공으로 끝났다. 정복 전쟁은 피비린내가 났다. 카르데나스의 준군사 조직과 미초아칸에 확고하게 자리 잡은 범죄 집단들 사이에 폭력 사태가 터지면서 18개월 만에 100명이 넘게 사망했다. 결과적으로 세타스는 광장과 멕시코 최대 규모의 항구인 라자로 카르데나스항을 비롯한 요충지를 차지했다. Eduardo Guerrero, "El dominio del miedo," *Nexos*, July 1, 2014; Sánchez Valdés and Pérez Aguirre, "El Origen de los Zetas," 13.

(19) 구스만을 대체한 인물은 에리베르토 라스카노(Heriberto Lazcano) 또는 세타-3(Z-3)이라고 불리는 인물로, 구스만이 영입한 군 시절 동료 중 한 명이었다. 암살자로 불린 라스카노는 세타스의 사업 모델을 더 정교하게 만들며 전쟁에 필요한 자금을 마련했다. Grillo, *El Narco*, 102.

(20) Sánchez Valdés and Pérez Aguirre, "El Origen de los Zetas," 10.

(21) 오시엘 카르데나스는 2003년 3월 15일 아침에 체포되었다. 멕시코군이 마타모로스의 조용한 주택가의 평범한 집을 습격했다. 아침 9시를 막 넘긴 시각이었다. 작전을 이끈 것은 세타스가 한때 소속되었던 특수부대 GAFES였다. 특수부대가 집을 에워싸자마자 카르데나스를 경호하던 세타스 조직원이 총격을 시작했다. 격렬한 총격전 끝에 카르데나스는 멕시코시티로 압송되었다. Francisco Gómez, March 15, 2003; Justia U.S. Law, United States v. Cárdenas-Guillen, No. 10-40221 (5th Cir. 2011), May 17, 2011, https://law.justia.com/cases/federal/appellate-courts/ca5/10-40221/10-40221 -cv0.wpd-2011-05-18.html; FBI, "Osiel Cárdenas-Guillen, Former Head of the Gulf Cartel, Sentenced to 25 Years' Imprisonment," Federal Bureau of Investigation, February 24, 2010, https://archives.fbi.gov/archives/houston/press-releases/2010/ho022410b.htm; Gustavo Castillo, Armando Torres, and Martín Sánchez, "Bajo fuego, la captura del capo Osiel Cárdenas," *La Jornada*, March 15, 2003, https://www.jornada.com.mx/2003/03/15/048n1con.php?printver=0.

(22) 돈뭉치를 건네 교도관들을 매수한 카르데나스는 교도소 내에서도 자유롭게 활동할 수 있었다. 핸드폰을 반입해 부하들과 연락을 유지하며 시날로아(Sinaloa) 카르텔과의 전쟁을 이어갔다. 세타스 내의 특수조직을 동원해 탈옥 계획을 세웠다. 특수조직원 교도소 설계도를 확보하고, 미초아칸에서 합숙 훈련을 하고 있었다. Ravelo, *Osiel*, 224, 230, 232.

(23) Valdés, *Historia del Narcotráfico en México*, 161, 164, 199.

(24) 당시 주민들은 경찰을 제복 입은 세타스 정도로 생각했다. 경찰을 신뢰할 수 없었던 정부는 누에보 라레도로 군대를 파견하기로 했다. 조직범죄 척결을 위해 군이 동원된 보기 드문 사례였다. 비센테 폭스(Vicente Fox) 대통령의 명령으로 이루어졌다. 폭스 대통령 집권 당시 멕시코 국민들은 오랫동안 이어진 공직사회의 부패한 구조가 해체되기를 기대했다. 그러나 누에보 라레도에서 벌인 군사적 대응이 전국적인 카르텔 폭력에 대한 해법으로 부상하면서 오히려 멕시코의 사회 구조 자체가 해체되기 시작했다. Correa-Cabrera, *Los Zetas Inc.*, 49; Grillo, *El Narco*, 102.

(25) *El País*, "Despliegue del Ejército de México contra el narcotráfico en ocho ciudades," June 14, 2005, https://elpais.com/internacional/2005/06/14/actualidad/1118700011_850215.html.

(26) 2005년 발표된 한 평가 자료에서 미국 마약단속국은 세타스를 "조직 내의 군대식 규율과 효율성에 있어서, 말하자면 전설적"이라고 묘사했다. 세타스는 멕시코 내의 폭력 범죄에 지울 수 없는 영향을 남겼다. 다른 카르텔들이 세타스의 방식을 모방하고 있다며 해당 자료는 다음과 같이 경고했다. "그 결과 멕시코에 새로운 유형의 마약 밀수 조직이 등장하고, 카르텔 전반의 군사화가 이어질 수 있다." NSArchive, "Los Zetas Threat Assessment. Operation Noble Hero," National Security Archive, September 5, 2021, 2, 22.

(27) 폭스의 후임자인 펠리페 칼데론(Felipe Calderón) 대통령은 세타스의 장악력이 빠르게 약화되고 있던 미초아칸주로 4,000명 규모의 군부대를 보냈고, 미초아칸주에서 한동안은 평화가 유지되었다. 그러나 세타스의 영향은 계속해서 남아 있었다. 경쟁에서 승리한 카르텔이 세타스와 같은 방식으로 폭력을 이용했기 때문이다. 군사적 개입은 카르텔 간의 전쟁을 종식시키는 데에는 효과가 있었다. 그러나 세타스와 미초아칸주의 다른 카르텔 사이에 쌓인 원한은 몇 년 뒤 산페르난도에서 재앙을 초래했다. Claudia Herrera, "El gobierno se declara en guerra contra el hampa; inicia acciones en Michoacán," *La Jornada*, December 12, 2006, https://www.jornada.com.mx/2006/12/12/index.php?article=014n1pol&section=politica.

(28) Sánchez Valdés and Pérez Aguirre, "El Origen de los Zetas," 14; Gustavo Castillo, "En nombre de 'la paz social,' extradita México a 15 presos a EU; 10 son narcos," *La Jornada*, January 20, 2007, https://www.jornada.com.mx/2007/01/20index.php?section=politica&article=005n1pol.

(29) Alfredo Corchado and Kevin Krause, "Deadly Deal. A Drug Kingpin's Plea with the U.S. Triggered Years of Bloodshed Reaching All the Way to Southlake," *Dallas Morning News*, April 14, 2016, http://interactives.dallasnews.com/2016/cartels/.

(30) 세타스는 이미 이전부터 상당히 독립적으로 활동하고 있었고, 카르데나스가 일선에서 물러나자 그들은 새 두목에게 지시받는 것을 거부했다. 그러나 당시까지는 세타스가 카르데나스에게 충성하며 걸프 카르텔의 구조 내에 남아 있었다. Grayson and Logan, *Executioner's Men*, 42-43; Correa-Cabrera, *Los Zetas Inc.*, 60.

5장 사라진 사람들

(1) Manuel Pérez Aguirre, "Anexo 2: La masacre de 72 migrantes en San Fernando," Tamaulipas, en Sergio Aguayo (coord.), El Desamparo, El Colegio de México, 2016, 34, https://eneldesamparo.colmex.mx/images/documentos/anexo-2.pdf.

(2) Pérez Aguirre, "Anexo 2," 7-9.

(3) Open Society, "Naming the disappeared of Mexico's dirty war," https://www.justiceinitiative.org/litigation/naming-disappeared-mexicos-dirty-war.

(4) Pérez, "Anexo 2," 5, 34.

(5) 델리아 산체스 델 앙헬(Delia Sánchez del Ángel)은 세타스의 행동을 "시민들을 공포에 떨게 하고(납치, 갈취, 고문, 대규모 살인, 공공장소에 시신 매달기) 활동을 통제하는(자릿세 징수) 다양한 행동에서 분명히 나타나는 영역 장악 정책"으로 묘사한다. Delia Sánchez del Ángel, "Anexo 8: La masacre de San Fernando, Tamaulipas, y la desaparición forzada de personas en Allende, Coahuila: un análisis desde el derecho penal internacional," in Aguayo, Sergio (coord.), En el Desamparo. Los Zetas, el Estado, la Sociedad y las Víctimas de San Fernando, Tamaulipas (2010), y Allende, Coahuila (2011), El Colegio de México, 2016, https://eneldesamparo.colmex.mx/images/documentos/anexo-8.pdf.

(6) Expansión, "Criminales y militares se enfrentan en Tamaulipas; hay ocho muertos," March 11, 2011, https://expansion.mx/nacional/2011/03/11/criminales-y-militares-se-enfrentan-en-tamaulipas-hay-ocho-muertos; La Jornada, "La lucha contra el narco deja saldo de 32 muertos; hubo 10 sólo en Tamaulipas," March 11, 2011, https://www.jornada.com.mx/2011/03/12/politica/013n1pol.

(7) Proceso, "Mata ejército a ocho sicarios en Tamaulipas," March 11, 2011, https://www.proceso.com.mx/nacional/2011/3/11/mata-ejercito-ocho-sicarios-en-tamaulipas-84772.html; La Jornada, "La lucha contra,"13.

(8) 하비에르 마닐라(Javier Manilla)의 인터뷰.

(9) Eduardo Guerrero, "La guerra por Tamaulipas," Nexos, August 1, 2010.

(10) Másde72, "Masacre de 72," Capítulo 1: La Masacre, https://adondevanlosdesaparecidos.org/masde72-1-presentacion/.

(11) 같은 자료.

(12) Gustavo Castillo, "Confirman asesinato del MP que indagaba matanza en Tamaulipas," La Jornada, August 28, 2010, 5, https://www.jornada.com.mx/2010/08/28/politica/005n1pol;Concepción Peralta, "Masacre de San Fernando: Fredy Lala sigue huyendo de la muerte," Pie de Página, September 17, 2015, https://enelcamino.piedepagina.mx/ruta/masacre-de-san-fernando-fredy-lala-sigue-huyendo-de-la-muerte/.

(13) Másde72, "Masacre de 72"; YouTube, "Declara 'El Wache' sobre caso San Fernando," June 22, 2011, https://www.youtube.com/watch?v=UycQ0P9jCts&t=306s.

(14) "Personal de la armada de México descubre rancho de presuntos delincuentes en San Fernando, Tamaulipas" (press release), México, Secretaría de Marina, August 24, 2010, https://2006-2012.semar.gob.mx/sala-prensa/comunicados-2010/1436-comunicado-de-prensa-216-2010.html.

(15) Másde72, "Masacre de 72"; NSArchive, "Zetas Massacre 72 Migrants in Tamaulipas," U.S. Consulate Matamoros, cable, unclassified, 3, p. 2, National Security Archive, August 2010, https://nsarchive2.gwu.edu/NSAEBB/NSAEBB499/DOCUMENT22-20100826.pdf.

(16) Másde72, "Masacre de 72."

(17) NSArchive, "Zetas massacre 72 migrants in Tamaulipas," August 2010.

(18) Másde72, "Masacre de 72."

(19) Másde72, "Masacre de 72"; Pérez Aguirre, "Anexo 2," 35.

(20) Marcela Turati, "A la luz, los secretos de las matanzas de Tamaulipas," Proceso, November 3, 2013, https://www.proceso.com.mx/reportajes/2013/11/2/la-luz-los-secretos-de-las-matanzas-de-tamaulipas-125419.html; Pérez Aguirre, "Anexo 2," 36.

(21) Másde72, "Masacre de 72."

(22) Concepción Peralta, "Masacre de San Fernando: Fredy Lala sigue huyendo de la muerte," *Pie de Página*, September 17, 2015, https://enelcamino.piedepagina.mx/ruta/masacre-de-san-fernando-fredy-lala-sigue-huyendo-de-la-muerte/.

(23) Turati, "A la luz, los secretos."

(24) NSArchive, "Zetas massacre 72 migrants in Tamaulipas," August 2010.

(25) NSArchive, "Zetas massacre 72 migrants in Tamaulipas," August 2010; Castillo, "Confirman asesinato del MP que indagaba matanza en Tamaulipas," 5.

(26) Castillo, "Confirman asesinato del MP que indagaba matanza en Tamaulipas," 5; Marcela Turati, "La matanza de San Fernando: inconsistencias y falsedades," Proceso, May 23, 2015, https://www.proceso.com.mx/reportajes/2015/5/26/la-matanza-de-san-fernando-inconsistencias-falsedades-147530.html.

(27) Másde72, "Masacre de 72"; Pérez Aguirre, "Anexo 2," 21.

(28) Másde72, "Masacre de 72"; Pérez Aguirre, "Anexo 2," 22.

(29) NSArchive, "Zetas massacre 72 migrants in Tamaulipas," August 2010; SEMAR, August 24, 2010.

(30) Oscar M. Hernández-Hernández, "Antropología de las masacres en San Fernando, Tamaulipas," *Nexos*, August 24, 2020, https://seguridad.nexos.com.mx/antropologia-de-las-masacres-en-san-fernando-tamaulipas/#_ftn3.

(31) Delia Sánchez del Ángel, "Anexo 3: San Fernando. El Estado Mexicano," in Aguayo, Sergio (coord.), *En el Desamparo. Los Zetas, el Estado, la Sociedad y las Víctimas de San Fernando, Tamaulipas* (2010), *y Allende, Coahuila* (2011), El Colegio de México, 2016, https://eneldesamparo.colmex.mx/images/documentos/anexo-3.pdf; FJEDD, "Ficha técnica: Masacre de 72 migrantes," México, Fundación para la Justicia y el Estado Democrático de Derecho.

(32) *Animal Político*, "PGR entrega datos sobre participación de policías de San Fernando en masacre de migrantes," December 22, 2014, https://www.animalpolitico.com/2014/12/policias-de-san-fernando-participaon-en-masacre-de-migrantes-pgr-entrega-datos-del-caso; Hernández-Hernández, "Antropología de las masacres en San Fernando, Tamaulipas."

(33) 밀입국자 72명이 산페르난도 외곽에서 학살된 사건 역시 사건 직후에는 너무나 많은 살인 사건과 사회적 혼란으로 인해 사건을 둘러싼 일부 진실은 영영 은폐될 것만 같았다. 이 사건을 조사하던 검사와 시 경찰청장은 피해자 시신들이 발견되고 불과 며칠 뒤 산페르난도 외곽에서 참수된 채 발견되었다. 세타스 일당이 사건 현장에 트럭을 몰고 들이닥쳐 시신을 불태우며 법의학 수사를 방해하기도 했다.

(34) 애나 로레나 델가디요(Ana Lorena Delgadillo), 마르셀라 투라티(Marcela Turati), 게리 무어(Gary Moore), 마이클 에반스(Michael Evans)를 비롯한 조지워싱턴 대학교 국가안보문서보관소(National Security Archive) 소속 연구자들과 세르지오 아과요(Sergio Aguayo)가 이끄는 멕시코 대학교(Colegio de Mexico) 연구팀 등 수많은 연구자와 언론인 등이 이 문제를 끊임없이 파고들었다. Turati, "La matanza de San Fernando"; Animal Político, "PGR entrega datos sobre participación"; Hernández-Hernández, "Antropología de las masacres en San Fernando, Tamaulipas"; Sánchez del Ángel, "Anexo 3."

(35) Másde72, "Masacre de 72"; Pérez Aguirre, "Anexo 2," 23.

(36) Hernández-Hernández, "Antropología de las masacres en San Fernando, Tamaulipas."

(37) Guadalupe Correa-Cabrera, *Los Zetas Inc.: Criminal Corporations, Energy, and Civil War in Mexico* (Austin: University of Texas Press, 2017), 64, 65.

(38) 루이스 엑토르, 아잘리아, 파니 산체스, 프리다 트레비뇨(Frida Treviño)의 인터뷰.

(39) 파니 산체스의 인터뷰.

(40) 파니 산체스, 프리다 트레비뇨의 인터뷰.

(41) NSArchive, "More Mass Graves Found in Tamaulipas: Body Total Now 81," U.S.

Consulate Matamoros, National Security Archive, April 2011, https://nsarchive2.gwu.edu/NSAEBB/NSAEBB499/DOCUMENT32-20110408.pdf; CNDH, "Sobre la investigación de violaciones graves a los derechos humanos por la falta de acceso a la justicia, en su modalidad de procuración de justicia y a la verdad, con motivo del hallazgo en el año 2011 de fosas clandestinas en San Fernando, Tamaulipas, así como con la investigación sobre la desaparición de 57 personas," September 30, 2019, https://www.cndh.org.mx/sites/default/files/documentos/2019-10/REC_2019_23VG.pdf.

(42) PGR, "Tarjeta informativa," June 9, 2017.

(43) Víctor Manuel Sánchez Valdés and Manuel Pérez Aguirre, "El Origen de los Zetas y Su Expansión en el Norte de Coahuila," El Colegio de México, 14.

(44) *La Jornada*, "Sacan hasta 61 cuerpos de dos narcofosas localizadas en San Fernando, Tamaulipas," April 7, 2011, https://www.jornada.com.mx/2011/04/07/politica/012n1pol; PGR, "Quinto informe de gobierno," 2011, 84–85, http://cnpj.gob.mx/informesinstitucionale/INFORME%20DE%20LABORES/2011.pdf.

(45) Guillermo Valdés, *Historia del Narcotráfico en México* (Aguilar, 2013), 198.

(46) CNDH, "Sobre la investigación de violaciones graves."

(47) Pérez Aguirre, "Anexo 2," 36.

(48) NSArchive, "Holy Week Vacations Marred by Violence."

(49) PGR, "Tarjeta informativa," June 9, 2017, 4–5.

(50) Sánchez Valdés and Pérez Aguirre, "El Origen de los Zetas," 13–14.

(51) PGR, "Tarjeta informativa," 4.

(52) CNDH, "Sobre la investigación de violaciones graves"; NSArchive, "Holy Week Vacations Marred by Violence; San Fernando Body Count Reaches 196," U.S. Consulate Matamoros, cable, sensitive, April 29, 2011, https://nsarchive2.gwu.edu/NSAEBB/NSAEBB499/DOCUMENT34-20110429.PDF; FJEDD, "Ficha técnica: 48 fosas clandestinas de San Fernando."

(53) NSArchive, "Holy Week Vacations Marred by Violence"; CNDH, "Sobre la investigación de violaciones graves"; PGR, "Tarjeta informativa," June 9, 2017.

(54) CNDH, "Sobre la investigación de violaciones graves."

(55) FJEDD, "Ficha técnica: 48 fosas clandestinas de San Fernando."

(56) CNDH, "Sobre la investigación de violaciones graves."

(57) PGR, "Tarjeta informativa"; CNDH, "Sobre la investigación de violaciones graves."

(58) NSArchive, "Holy Week Vacations Marred by Violence."

6장 저주받은 가족

(1) 아잘리아의 인터뷰.
(2) 마리아노 데 라 푸엔테, 익명 연방 법집행관의 인터뷰.
(3) 아잘리아의 인터뷰.
(4) 하비에르 마닐라, 마리아노 데 라 푸엔테의 인터뷰.
(5) Héctor González, "Llegan 650 militares a nuevo cuartel en San Fernando, Tamaulipas," *Excelsior*, January 19, 2012, https://www.excelsior.com.mx/2012/01/19/nacional/802854.
(6) NSArchive, "Los Zetas Threat Assessment. Operation Noble Hero," September 5, 2021, 3.
(7) Víctor Manuel Sánchez Valdés and Manuel Pérez Aguirre, "El Origen de los Zetas y Su Expansión en el Norte de Coahuila," El Colegio de México, 13–14.
(8) 프리다 트레비뇨(Frida Treviño)의 인터뷰.
(9) 아잘리아, 루이스 엑토르의 인터뷰.
(10) 프리다 트레비뇨의 인터뷰.
(11) 파니 산체스, 프리다 트레비뇨의 인터뷰.
(12) 파니 산체스의 인터뷰.
(13) 야스민 산체스의 인터뷰.
(14) 루시아 곤살레스(Lucía Gonzáles)의 인터뷰.
(15) 야스민 산체스의 인터뷰.
(16) 아잘리아, 루이스 엑토르, 야스민 산체스의 인터뷰.
(17) 야스민 산체스, 아잘리아의 인터뷰.
(18) 야스민 산체스, 익명 취재원의 인터뷰.
(19) 바바라 비야프랑카(Barbara Villafranca)를 개인적으로 아는 익명 취재원의 인터뷰.
(20) 그의 이름은 고요 비야프랑카(Goyo Villafranca)였다. 익명 취재원의 인터뷰, Chivis, "Zetas: San Fernando Plaza Chief Captured with el Tiburon and el Choforo," *Borderland Beat*, July 19, 2013, http://www.borderlandbeat.com/2013/07/zetas-san-fernando-plaza-chief-captured.html.
(21) 파니 산체스의 인터뷰.
(22) 파니 산체스의 인터뷰.
(23) 아잘리아, 파니 산체스, 프리다 트레비뇨의 인터뷰.
(24) 파니 산체스의 인터뷰.

(25) 익명 취재원의 인터뷰.

(26) 아잘리아, 야스민 산체스의 인터뷰.

(27) 경찰은 후안 마누엘(Juan Manuel), 즉 카렌의 유부남 남자친구를 찾으려 했지만 실패했다. 사법 경찰은 후안 마누엘의 예전 직장을 찾아갔을 때, 회사에서는 그가 두 달 전부터 출근하지 않고 있다고 했다. 회사에서 제공한 이력서를 통해 경찰은 그의 국적이 베네수엘라라는 사실을 확인했다. "Parte informativo," June 26, 2016. PGJT, Machorra, case file 0011/2017, vol. 3, 3202 – 3208.

(28) "Declaración informativa del ciudadano Juan Carlos Morales Cantú alias 'El Pelón' y/o 'El Trini,'" March 29, 2016. PGJT, Kike, case file 0049/2016, vol. 3, 2864 – 2875.

(29) 아잘리아, 루이스 엑토르의 인터뷰.

(30) 아잘리아의 인터뷰.

(31) 루이스 엑토르, 아잘리아의 인터뷰.

(32) 루이스 엑토르, 아잘리아의 인터뷰.

(33) 루이스 엑토르, 아잘리아의 인터뷰.

(34) 아잘리아의 인터뷰, 납치범의 아버지 후안 렌테리아(Juan Renteria)가 제공한 사진.

(35) 익명 취재원, 언론인 하비에르 마닐라, 루이스 엑토르, 아잘리아의 인터뷰.

(36) 아잘리아, 루이스 엑토르, 후안 렌테레아의 인터뷰.

(37) 아잘리아, 루이스 엑토르의 인터뷰.

(38) 루이스 엑토르의 인터뷰.

(39) *El Universal*, "Enfrentamiento deja 6 muertos en San Fernando," March 10, 2014, https://archivo.eluniversal.com.mx/estados/2014/enfrentamiento-san-fernando-tamaulipas-994002.html.

(40) *Ríodoce*, "Deja seis muertos enfrentamiento en San Fernando, Tamaulipas," March 10, 2014, https://riodoce.mx/2014/03/10/deja-seis-muertos-enfrentamiento-en-san-fernando-tamaulipas/.

7장 표적 명단

(1) 찰로의 인터뷰.

(2) "Diligencia de inspección." 미리암이 동행한 엘 바수레로 현장 조사, September 9, 2015. PGJT, Güera Soto, case file 008/2017, vol. 2, 1400, 1401; "Diligencia de inspección ministerial." 미리암이 동행한 엘 바수레로 현장 조사, October 8, 2015. Güera Soto, case file 008/2017, vol. 2, 1631; "Diligencia de inspección ministerial." 미리암이 동행한 엘 바수레로 현장 조사, March 30, 2016. Machorra, case file

0011/2017, vol. 3, 2882.

(3) "Autopsia" 타마울리파스주 산페르난도의 엘 바수레로에서 해병대의 소탕 작전 이후 2014년 3월 9일에 인도된 사체 부검 결과, March 10, 2014. PGJT, Güera Soto, case file 008/2017, vol. 2, 2389 – 2402.

(4) *El Economista*, "Caen 4 'zetas' ligados a matanza de familia de marino," December 23, 2009, https://www.eleconomista.com.mx/noticia/Caen-4-zetas-ligados-a-matanza-de-familia-de-marino-20091223-0083.html.

(5) Azam Ahmed, "Mexican Military Runs Up Body Count in Drug War," *New York Times*, May 27, 2016, https://www.nytimes.com/2016/05/27/world/americas/mexican-militarys-high-kill-rate-raises-human-rights-fears.html.

(6) 전 멕시코 주재 미국 대사관 고위급 직원의 인터뷰.

(7) 후안 렌테리아의 인터뷰.

(8) 찰로, 후안 렌테리아의 인터뷰.

(9) 군이 저지른 불법 사살이나 인권침해를 고소하는 일은 거의 없었다. 심지어 피해자 가족이라 해도 어떤 이유로든 군을 상대로 소송을 벌이는 것은 어리석은 일이었다. 멕시코인 대부분은 군이 누군가를 사살했다면 그럴 만한 이유가 있으리라 생각했다. Claire Moon and Javier Treviño-Rangel, " 'Involved in Something (Involucrado en Algo)': Denial and Stigmatization in Mexico's 'War on Drugs,'" *BJS: The British Journal of Sociology* 71, no. 4 (2020): 722 – 740, https://onlinelibrary.wiley.com/doi/10.1111/1468-4446.12761; OHCHR, "Extrajudicial Killings and Impunity Persist in Mexico" — UN rights expert's follow-up report, United Nations Human Rights Office of the High Commissioner, June 20, 2016, https://www.ohchr.org/en/press-releases/2016/06/extrajudicial-killings-and-impunity-persist-mexico-un-rights-experts-follow.

(10) '알렉스(Alex)'는 해병대 중위의 코드명이다. 그는 비밀스러웠지만(미리암은 그의 실명도 몰랐다) 함께 일하기 수월한 사람이었다. 알렉스는 정보가 필요했고, 미리암은 놀라운 속도로 정보를 수집했다. 반대로 미리암은 행동을 취할 누군가가 필요했고, 알렉스는 (특히 폭력적인) 행동을 취하는 데 능했다. 다른 군과 수사 당국은 대부분 미리암을 무시했고, 그녀가 정보를 건네도 아무런 행동을 취하지 않았다. 루이스 살리나스의 인터뷰.

(11) *Ríodoce*, "Deja eis muertos enfrentamiento en San Fernando, Tamaulipas," March 10, 2014, https://riodoce.mx/2014/03/10/ deja-seis-muertos-enfrentamiento-en-san-fernando-tamaulipas/; *El Universal*, "Enfrentamiento deja 6 muertos en San Fernando," March 10, 2014, https://archivo.eluniversal.com.mx/estados/2014/enfrentamiento-san-fernando-tamaulipas-994002.html.

(12) "Declaración informativa del ciudadano [The Florist] alias 'El Pelón' y/o 'El Trini,' " PGJT, March 29, 2016, Kike, case file 0049/2016, vol. 3, 2864 – 2875; "Declaración del probable responsable [Cristiano]," Ciudad Victoria, Tamaulipas, September

18, 2014. PGJT, Kike, case file 0049/2016, vol. 3, 2864 – 2875; Cristiano's statement. PGJT, Chepo, case file 0034/2014, vol. 1, 291 – 295.

(13) "Autopsia" 타마울리파스주 산페르난도의 엘 바슈레로에서 해병대와의 대치 후 2014년 3월 9일에 인도된 사체 부검 결과, PGJT, March 10, 2014. PGJT, Güera Soto, case file 008/2017, vol. 2, 2389 – 2402.

(14) Miriam Berger, "Justice for Victims of Violent Crime in Mexico Is Rare. Can the Deaths of Nine Mormons Change That?" *Washington Post*, November 12, 2019, https://www.washingtonpost.com/world/2019/11/08/justice-victims-violent-crime-mexico-is-rare-can-deaths-nine-mormons-change-that/.

(15) "Denuncia y/o querella por comparecencia del ciudadano Luis Héctor Salinas Castillo y Miriam Elizabeth Rodríguez Martínez," Ciudad Victoria, Tamaulipas, March 26, 2014. PGJT, Sama, case file 0029/2014, vol. 1, 6 – 13.

(16) 그해 3월 엘 바수레로 소탕 작전을 비롯한 일련의 총격전에서 사마(Sama)의 일당 중 상당수가 사망했다. 이때 사마는 아마도 조직을 재건하기 위해 산페르난도에 돌아왔었던 듯하다. 소탕 작전의 배후에 미리암이 있다고 의심하며 그녀를 감시 중이었을 수도 있다. "Parte informativo," Unidad Especializada en la Investigación y Persecución del Secuestro, April 17, 2014. PGJT, Sama, case file 0029/2014, vol. 1, 66.

(17) "Declaración informativa a cargo de la ciudadana Miriam Elizabeth Rodríguez Martínez.-En Victoria, Tamaulipas, a los Quince días del mes de Septiembre del año dos mil Catorce," Miriam's informative statement against Sama. PGJT, Sama, case file 0029/2014, vol. 1, 167 – 168.

(18) 아잘리아, 루이스 엑토르의 인터뷰.

(19) "Constancia," Ciudad Victoria, Tamaulipas, April 28, 2014. PGJT, Sama, case file 0029/2014, vol. 1, 73.

(20) "Parte Informativo," Ciudad Victoria, Tamaulipas, May 2, 2014. PGJT, Chepo, case file 0034/2014, vol. 1, 77.

(21) "Parte informativo," Ciudad Victoria, Tamaulipas, July 31 2014. PGJT, Sama, case file 0029/2014, vol. 1, 136.

(22) Se solicita investigación," Ciudad Victoria, Tamaulipas, August 11, 2014. PGJT, Güera Soto, case file 008/2017, vol. 1, 136.

(23) 같은 자료.

(24) 루이스 엑토르의 인터뷰.

(25) 익명 연방 경찰관의 인터뷰.

(26) 익명 연방 경찰관의 인터뷰.

(27) 미리암 가족에게 이 파일과 사진을 확인할 수 있도록 허락받음.

(28) 루이스 엑토르의 인터뷰.
(29) 익명 경찰관의 인터뷰.
(30) "Puesta a disposición," Ciudad Victoria, Tamaulipas, September 15, 2014. PGJT, Sama, case file 0029/2014, vol. 1, 148 – 150.
(31) 아잘리아, 루이스 엑토르의 인터뷰(2021년 3월).
(32) 아잘리아, 루이스 엑토르의 인터뷰(2021년 3월).
(33) "Declaración del probable responsable [El Sama]," Ciudad Victoria, Tamaulipas, September 16, 2014. PGJT, Sama, case file 0029/2014, vol. 1, 229 – 233.
(34) "Declaración informativa a cargo de la ciudadana Miriam Elizabeth Rodríguez Martínez," Ciudad Victoria, Tamaulipas, September 15, 2014. PGJT, Sama, case file 0029/2014, vol. 1, 167 – 168.
(35) "Declaración del probable responsable [El Sama]," Ciudad Victoria, Tamaulipas, September 16, 2014. PGJT, Sama, case file 0029/2014, vol. 1, 229 – 233.
(36) "Dictamen en materia de dactiloscopia y fotografía," Ciudad Victoria, Tamaulipas, September 16, 2014. PGJT, Sama, case file 0029/2014, vol. 1, 179 – 182.
(37) "Declaración del probable responsable [El Sama]," Ciudad Victoria, Tamaulipas, September 16, 2014. PGJT, Sama, case file 0029/2014, vol. 1, 229 – 233.
(38) 익명 연방 경찰의 인터뷰.
(39) "Puesta a disposición [El Cristiano]," Ciudad Victoria, Tamaulipas, September 17, 2014. PGJT, Chepo, case file 0034/2014, vol. 1, 257 – 260.
(40) 피고 측 익명 변호사 인터뷰.
(41) "Anexar el acta de nacimiento del su\-scrito," September 2, 2019 (Flaco file, vol. 3, 2533 – 2534), https://drive.google.com/file/d/1mWDH6jfa_k1yDqVP_Dpl9S8aaP7LjEiR/view ?usp=sharing.
(42) "Parte informativo," Ciudad Victoria, Tamaulipas, September 18, 2014. PGJT, Chepo, case file 0034/2014, vol. 1, 319 – 333.
(43) 이달리아 데 바에스(Idalia de Baez)의 인터뷰.
(44) "Declaración del probable responsable [Cristiano]. En Ciudad Victoria, Tamaulipas a los dieciocho días del mes de septiembre del año Dos Mil Catorce," PGJT, Chepo, case file 0034/2014, vol. 1, 291 – 295.
(45) "Declaración de [Cristiano]," September 18, 2014. PGJT, Chepo, case file 0034/2014, vol. 1, 291 – 295; "Declaración ministerial de Carlitos," February 9, 2015. PGJT, Güera Soto, case file 008/2017, vol. 1, 988 – 1002.
(46) "Transcripción literal de diligencia de inspección," San Fernando, Tamaulipas,

September 18, 2014. PGJT, Chepo, case file 0034/2014, vol. 1, 299 – 300.

(47) "Queja de Miriam en la Comisión de Derechos Humanos del Estado de Tamaulipas," March 23, 2015. PGJT, Güera Soto, case file 008/2017, vol. 1, 1016 – 1019.

(48) "Declaración del probable respon\-sable [Cristiano]," Ciudad Victoria, Tamaulipas, September 18, 2014. PGJT, Chepo, case file 0034/2014, vol. 1, 291 – 295.

(49) 엘 체포(El Chepo)는 제시카(Jessica)의 사진과 함께 "나의 믿음직한 쌍년!!!(my faithful bitch!!!)"이라는 말을 올리며 애도를 표했다. 엘 체포의 페이스북(2014년 3월 16일).

(50) "Declaración del sospechoso [El Chepo]," Ciudad Victoria, Tamaulipas, September 22, 2014. PGJT, Chepo, case file 0034/2014, vol. 1, 393 – 396.

(51) "Constancia," Ciudad Victoria, Tamau\-lipas, November 28, 2014. PGJT, Güera Soto, case file 008/2017, vol. 1, 565.

(52) "Declaración informativa del menor [Ulises] quien es acompañado de su madre la ciudadana," Ciudad Victoria, Tamaulipas, November 28, 2014. PGJT, Güera Soto, case file 008/2017, vol. 1, 567 – 584.

(53) "Declaración testimonial de [Ulises's mom]," Ciudad Victoria, Tamaulipas, November 28, 2014. PGJT, Güera Soto, case file 008/2017, vol. 1, 585 – 587.

(54) 같은 자료.

(55) 아잘리아, 루이스 엑토르의 인터뷰.

(56) "Transcripción literal de denuncia y/o querella por comparecencia de la ciudadana Miriam Elizabeth Rodríguez Martínez," San Fernando, Tamaulipas, November 27, 2014. Güera Soto, case file 008/2017, vol. 1, 562.

(57) 호르헤 로드리게스(Jorge Rodríguez)의 인터뷰.

(58) 루이스 엑토르의 인터뷰.

(59) Facebook profiles: Chepo, Tita (Yazmín), Cristiano, and Kike.

(60) "Comparecencia voluntaria de la ciudadana Miriam Elizabeth Rodríguez Martínez," Ciudad Victoria, Tamaulipas, February 13, 2015. Güera Soto, case file 008/2017, vol. 1, 791 – 796.

(61) "Declaración ministerial de [Carlos]," México, Distrito Federal, February 9, 2015. Güera Soto, case file 008/2017, vol. 1, 988 – 1002.

(62) "Comparecencia voluntaria de la ciudadana Miriam Elizabeth Rodríguez Martínez," Ciudad Victoria, Tamaulipas, December 5, 2014. Güera Soto, case file 008/2017, vol. 1, 631 – 632.

(63) 루이스 엑토르의 인터뷰.

(64) "Declaración ministerial de [Carlos]," PGR, México, February 9, 2015. Güera Soto,

case file 008/2017, vol. 1, 988 – 1002.

(65) 같은 자료.

(66) "Declaración ministerial de [Carlos]," PGR, México, February 9, 2015. Güera Soto, case file 008/2017, vol. 1, 988 – 1002; "Declaración informativa del menor [Ulises] quien es acompañado de su madre la ciudadana," Ciudad Victoria, Tamaulipas, November 28, 2014. PGJT, Güera Soto, case file 008/2017, vol. 1, 567 – 584.

(67) "Declaración ministerial de [Carlos]," PGR, México, February 9, 2015. Güera Soto, case file 008/2017, vol. 1, 988 – 1002.

(68) "Declaración testimonial de [Ulises's mom]," Ciudad Victoria, Tamaulipas, November 28, 2014. PGJT, Güera Soto, case file 008/2017, vol. 1, 585 – 587.

(69) "Declaración del probable responsable [Crisitiano]," Ciudad Victoria, Tamaulipas, September 18, 2014. PGJT, Chepo, case file 0034/2014, vol. 1, 291 – 295.

(70) "Declaración ministerial de [Carlos]," PGR, México, February 9, 2015. Güera Soto, case file 008/2017, vol. 1, 988 – 1002.

8장 연대하다

(1) 마리아 돌로레스 구스만(Maria Dolores Guzmán)의 인터뷰.

(2) 루이스 엑토르, 아잘리아, 야스민 산체스, 보건소 동료였던 알레한드로 로그리게스 소사(Alejandro Rodríguez Sosa)의 인터뷰.

(3) 루이스 엑토르, 아잘리아의 인터뷰.

(4) 율리사 구스만(Yulissa Guzmán), 마리아 이네스 플로레스 가르시아(María Inez Flores García)의 인터뷰.

(5) 페르난도 레이나(Fernando Reyna)의 인터뷰.

(6) 기예르모 리에스트라(Guillermo Riestra)의 인터뷰.

(7) 미리암이 이끌던 실종 피해자 가족 단체 회원들의 연락처가 담긴 검은색 공책.

(8) 기예르모 리에스트라의 인터뷰.

(9) 마리아 이네스 베라 에르난데스(María Inés Vera Hernández)의 인터뷰.

(10) 마리아 이네스 베라 에르난데스 관련 법률 문서.

(11) 마리아 이네스 에르난데스의 인터뷰.

(12) CNDH, "Recomendación No. 23VG/2019. Sobre la investigación de violaciones graves a los derechos humanos por la falta de acceso a la justicia, en su modalidad de procuración de justicia y a la verdad, con motivo del hallazgo en el año 2011 de fosas clandestinas en San Fernando, Tamaulipas, así como con la investigación sobre la desaparición de 57 personas," México, September 30, 2019, 32, https://www.cndh.org.mx/sites/default/files/documentos/2019-10/REC_2019_23VG.pdf.

(13) 마리아 이네스 에르난데스, 찰로의 인터뷰.

(14) Carlos Castillo López (comp.), "Mensaje con motivo de los sucesos de San Fernando, Tamaulipas (May 4, 2011)," *Discursos presidenciales: Felipe Calderón Hinojosa* (México: Fundación Rafael Preciado Hernández, A.C., 2013), 279.

(15) NSArchive, "Holy Week Vacations Marred by Violence; San Fernando Body Count Reaches 196," U.S. Consulate Matamoros, cable, sensitive, April 29, 2011, https://nsarchive2.gwu.edu/NSAEBB/NSAEBB499/DOCUMENT34-20110429.PDF.

(16) Marcela Turati, "San Fernando: El terror que jamás se ha ido," *Proceso*, August 31, 2016, https://www.proceso.com.mx/reportajes/2016/8/31/san-fernando-el-terror-que-jamas-se-ha-ido-169847.htm.

(17) NSArchive, "Tamaulipas' Mass Graves: Body Count Reaches 145," Unclassified, April 2011, https://nsarchive2.gwu.edu/NSAEBB/NSAEBB499/DOCUMENT33-20110415.pdf.

(18) 전직 멕시코 국가안보 관계자의 인터뷰.

(19) 마리아 이네스 베라 에르난데스의 인터뷰.

(20) PGR, "Tarjeta informativa," June 9, 2017.

(21) 마리아노 데 라 푸엔테, 아드리안 로페스 소사(Adrián López Sosa)의 인터뷰.

(22) 마리아노 데 라 푸엔테, 토마스 글로리아의 인터뷰.

(23) 이 내용은 표적들의 이름과 전화번호, 주소 등이 담긴 미리암의 수사 파일에서 그대로 가져온 것이다. 미리암 가족이 아잠 아흐메드에게 자료를 공유해 주었다.

(24) 루이스 엑토르의 인터뷰.

(25) 마르가리타 렌테리아 관련 내용은 미리암의 피해자 등록부에서 그대로 가져온 것이다. 미리암 가족이 이잠 아흐메드에게 자료를 공유해 주었다.

(26) 피해자 가족 대표 에드가 갈반(Edgar Galván)의 인터뷰.

(27) 미리암이 이끌던 실종 피해자 가족 단체 회원들의 연락처가 담긴 검은색 공책.

(28) 후안 렌테리아의 인터뷰.

(29) 에드가 갈반, 익명 기자의 인터뷰.

(30) 마리아 이네스 베라 에르난데스의 인터뷰.

(31) 산페르난도 주민 대다수가 폭력 범죄 피해자나 세타스와 마찰을 빚은 사람들과 가깝게 지내는 것이 두렵다고 이야기했다. 미리암도 예외는 아니었다. 미리암은 생전 시누이 엠마 살리나스(Emma Salinas)와의 관계가 소원해졌다.

(32) 타마울리파스주 검찰청 지검장 이르빙 바리오스(Irving Barrios)의 인터뷰.
(33) 에드가 갈반, 타마울리파스주 시우다드 빅토리아에서 활동하는 '실종자 가족과 친구를 위한 단체(the Collective for Families and Friends of the Disappeared in Tamaulipas)'의 대표 기예르모 리에스트라의 인터뷰.
(34) 마리아 이네스 베라 에르난데스의 인터뷰.
(35) "Diligencia de inspección." 미리암이 동행한 엘 바수레로 현장 조사, 2015년 9월 9일. PGJT, Güera Soto, case file 008/2017, vol. 2, 1400, 1401; "Diligencia de inspección ministerial." 미리암이 동행한 엘 비수레로 현장 조사, 2015년 10월 8일. Güera Soto, case file 008/2017, vol. 2, 1631; "Diligencia de inspección." 미리암이 동행한 빅토리아-마타모로스 국도의 154킬로미터 지점 현장 조사, 2015년 11월 4일. Güera Soto, case file 008/2017, vol. 2, 1881; "Diligencia de inspección ministerial." 미리암이 동행한 엘 바수레로 현장 조사, 2016년 3월 30일. Machorra, case file 0011/2017, vol. 3, 2882; "Inspección ministerial." 미리암이 동행한 산페르난도 지역 주소 조사 활동, 2016년 4월 13일. PGJT, Machorra, case file 0011/2017, vol. 3, 2925.
(36) 전 타마울리파스주 인권위원장 글로리아 가르사(Gloria Garza), 마리아 이네스 베라 에르난데스의 인터뷰.
(37) Movimiento Ciudadano, "En lo que va del 2015 desaparecen 11 personas cada día," June 14, 2015, https://movimientociudadano.mx/replica-de-medios/en-2015-once-personas-desaparecidas-cada-24-horas.

9장 남겨진 것

(1) 루이스 엑토르와 아잘리아는 어머니가 걱정되었지만 추적을 그만두라고 말하지는 않았다. 두 사람은 미리암이 카렌을 비롯한 수많은 사람의 실종에 연루된 자들을 추적하는 일에서 수사 당국 직원들보다 큰 성취를 거뒀다고 생각했다. 미리암은 카렌의 죽음과 관련하여 누가, 무엇을, 어디서, 어떻게 했는지 알아냈다. 대부분 당국에서는 전혀 답하지 못했던 것들이다. 그리고 두 사람은 미리암이 무엇보다 카렌의 유해를 찾고 싶어 한다는 것을 알았다.
(2) Guillermo Valdés, *Historia del Narcotráfico en México* (Aguilar, 2013), 268–270; Guadalupe Correa-Cabrera, *Los Zetas Inc.: Criminal Corporations, Energy, and Civil War in Mexico* (Austin: University of Texas Press, 2017), 78.
(3) Miriam Berger, "Justice for Victims of Violent Crime in Mexico Is Rare. Can the Deaths of Nine Mormons Change That?" Washington Post, November 12, 2019, https://www.washingtonpost.com/world/2019/11/08/justice-victims-violent-crime-mexico-is-rare-can-deaths-nine-mormons-change-that/.
(4) Azam Ahmed, "In Mexico, Not Dead. Not Alive. Just Gone," *New York Times*,

November 20, 2017, https://www.nytimes.com/2017/11/20/world/americas/mexico-drug-war-dead.html.

(5) *Buenos Aires Times*, "Families Look to Argentine Forensic Team to ID Their Missing Loved Ones," June 9, 2018, https://www.batimes.com.ar/news/latin-america/families-look-to-argentine-forensic-team-to-id-their-missing-loved-ones.phtml.

(6) OHCHR, "Mexico: Dark Landmark of 100,000 Disappearances Reflects Pattern of Impunity, UN Experts Warn," May 17, 2022, https://www.ohchr.org/en/statements/2022/05/mexico-dark-landmark-100000-disappearances-reflects-pattern-impunity-un-experts; Pablo Ferri and Constanza Lambertucci, "El país de los 100.000 desaparecidos," *El País*, May 17, 2022, https://elpais.com/mexico/2022-05-18/el-pais-de-los-100000-desaparecidos.html.

(7) *Mexico News Daily*, "With 52,000 Unidentified Bodies, Government Ad\-mits Forensic Crisis," December 24, 2021, https://mexiconewsdaily.com/news/52000-unidentified-bodies-forensic-crisis/.

(8) CODHET, "Queja presentada por la C. Miriam Elizabeth Rodríguez Martínez en la que denunció que incumplimiento de la función pública en la procuración de justicia por parte del Agente del Ministerio Público Especializado en el Combate al Delito de Secuestro," March 17, 2015.

(9) 루이스 엑토르, 아잘리아의 인터뷰.

(10) CODHET, "Queja presentada por la C. Miriam Elizabeth Rodríguez Martínez," March 17, 2015.

(11) 미리암이 법의학 전문가 배정을 요청한 것은 유골을 수습한 날인 2014년 7월 17일이었다. 9월 27일 법의학 전문가가 배정되었고, 2015년 1월 7일이 되어서야 해당 유골이 카렌의 것임이 확인되었다. "Se designa perito," July 17, 2014. PGJT, Kike, case file 0049/2016, vol. 1, 726; "Nombramiento," September 27, 2014. PGJT, Kike, case file 0049/2016, vol. 1, 747; "Se remite dictamen de ADN," December 1, 2014. PGJT, Güera Soto, case file 008/2017, vol. 1, 758 - 763.

(12) 미리암과 루이스의 DNA 분석 결과, 2014년 7월 17일에 엘 바수레로에서 발견된 갈비뼈의 DNA 정보가 두 사람과의 것과 일치했다. PGJT, Güera Soto, case file 008/2017, vol. 1, 675 - 678.

(13) "Solicitud de muestras hemáticas," 혈액 샘플과 엘 바수레로에서 발견된 유골을 보드 연구실(Bode Technology Laboratory)로 보내달라는 미리암의 요청(2015년 1월 22일). PGJT, Güera Soto, case file 008/2017, vol. 1, 701.

(14) "Acuerdo de incompetencia por razones de especialidad del delito," January 27, 2015. Machorra, case file 0011/2017, vol. 1, 774 - 776; CODHET, "Queja presentada por la C. Miriam Elizabeth Rodríguez Martínez en la que denunció que

incumplimiento de la función pública en la procuración de justicia por parte del Agente del Ministerio Público Especializado en el Combate al Delito de Secuestro," March 23, 2015. Güera Soto, case file 008/2017, vol. 1, 1016 – 1019. 미리암은 2015년 내내 카렌의 유골을 수색했고, 2016년 3월과 5월에 유골에 대한 검사를 요청했다. Güera Soto, case file 008/2017, vol. 2, 2568. 루이스 엑토르의 인터뷰.

(15) CODIIET, "Queja presentada por la C. Miriam Elizabeth Rodríguez Martínez," March 23, 2015.

(16) "Solicitud de dictamen pericial a los restos óseos." 미리암은 2014년 3월과 5월, 2015년 9월, 2016년 2월 9일에 산페르난도에서 발견된 유골에 대한 전문가 의견을 요구했다. PGJT, Güera Soto, case file 008/2017, vol. 2, 2568.

(17) "Comparecencia voluntaria por Miriam Rodríguez." 미리암의 자진 출석(2015년 1월 17일). 미리암은 자신이 직접 SNS 댓글 등을 조사하여 엘 플라코 데 라 리베레냐(El Flaco de la Ribereña)라는 별명으로 불리는 자의 실명을 알아냈다고 밝혔다. PGJT, Güera Soto, case file 008/2017, vol. 1, 689.

(18) "Declaración preparatoria del inculpado [El Flaco]." 엘 플라코 데 라 리베레냐의 예비 진술, 2015년 3월 25일, Flaco, case file 0023/2015, vol. 3, 2032 – 2034.

(19) "Comparecencia voluntaria por Miriam Rodríguez." 미리암의 자진 출석(2015년 12월 10일). 그녀는 자신의 자체 조사 내용을 공유했고, 진술 과정에서 판초의 어머니를 소개했다. PGJT, Güera Soto, case file 008/2017, vol. 2, 2060 – 2061.

(20) "Declaración informativa de [Pancho's mother]." 2015년 12월 10일. PGJT, Sama, case file 0029/2014, vol. 1, 554 – 557.

(21) "Información sobre Flaco de la Ribereña." 엘 플라코의 주소는 "효과적인 방법", 즉 비합법적 방법으로 입수했다고 표현되어 있다. 미리암은 또한 엘 플라코의 출생증명서와 전기요금 청구서, 유권자 등록 카드 등도 입수했다. PGJT, Kike, case file 0049/2016, vol. 1, 616 – 620.

(22) "Comparecencia voluntaria por Miriam Rodríguez." 미리암은 자체적인 조사와 SNS 댓글을 통해 엘 플라코의 실명을 알게 되었다고 말한다. 2015년 1월 17일. PGJT, Güera Soto, case file 008/2017, vol. 1, 689.

(23) "Orden de aprehensión contra Flaco de la Ribereña," February 20, 2015. PGJT, Flaco, case file 0023/2015, vol. 2, 843 – 864.

(24) "Información de arresto a Flaco de la Ribereña en Ciudad Victoria." PGJT, Flaco, case file 0023/2015, vol. 2, 941.

(25) 에드가 갈반의 인터뷰.

(26) 보드 연구실에서의 DNA 분석을 위해 바노르테(Banorte) 은행에서 3만 5,800달러를 지불. 2015년 4월 24일. PGJT, Machorra, case file 0011/2017, vol. 1, 1142.

(27) 사무엘(Samuel)의 인터뷰.
(28) 글로리아 가르사, 페르난도 레이나를 비롯한 공직자들의 인터뷰.
(29) 사무엘의 인터뷰.
(30) "Diligencia de entrega de restos óseos de Karen analizados por laboratorio BODE a Miriam," February 10, 2016. PGJT, Güera Soto, case file 008/2017, vol. 2, 2496 – 2497.
(31) "Comparecencia de la ciudadana Miriam Elizabeth Rodríguez Martínez," February 9, 2016. PGJT, Güera Soto, case file 008/2017, vol. 2, 2476 – 2478; "Solicitud de información." 미리암은 2014년 3월, 5월과 2015년 9월에 산페르난도에서 발견된 유골에 대한 전문가 의견을 요청했다. PGJT, Güera Soto, case file 008/2017, vol. 2, 2568.
(32) "Entrega de investigaciones hechas a restos encontrados el 14 de mayo de 2014." PGJT, Güera Soto, case file 008/2017, vol. 2, 2579, 2581, 2647.
(33) "Constancia de recepción de peritaje," May 20, 2014. PGJT, Güera Soto, case file 008/2017, vol. 2, 2579, 2581, 2647.
(34) "Dictamen de ADN," June 18, 2014. PGJT, Chepo, case file 0034/2014, vol. 1, 310 – 313.
(35) "Solicitud de [Chalo] de autorización para enterrar el cuerpo," September 23, 2014, 54; "Solicitud de fosa al Ayuntamiento," October 10, 2014, 58; "Donación del Ayuntamiento de fosa," October 10, 2014, 60. PGJT, Güera Soto, case file 008/2017, vol. 2, 2579, 2581, 2647.
(36) "Diligencia de entrega de restos óseos de Karen," February 10, 2016. PGJT, Güera Soto, case file 008/2017, vol. 2, 2496 – 2497.
(37) "Informe fotográfico," PGJT, October 22, 2014.
(38) "Confrontación de los perfiles genéticos obtenidos de los CC. Miriam Elizabeth Rodríguez Martínez y Luis Héctor Salinas," April 26, 2016. PGJT, Machorra, case file 0011/2017, vol. 3, 2960 – 2962.
(39) "Permiso sanitario de exhumación," Secretaria de Salud del Estado de Tamaulipas, March 8, 2016.

10장 총과 뼈

(1) 아잘리아, 익명 취재원의 인터뷰.
(2) 야스민 산체스, 아잘리아의 인터뷰.
(3) 마리아노 데 라 푸엔테, 아드리안 로페스 소사의 인터뷰.
(4) 마리아노 데 라 푸엔테, 아드리안 로페스 소사의 인터뷰.

(5) 루이스 살리나스의 인터뷰.

(6) "Parte informativo," October 30, 2015. PGJT, Güera Soto, case file 008/2017, vol. 2, 1865-1866.

(7) 미리암은 납치 피해자들이 억류되어 있을 것으로 추정되는 자주색 집에 대한 수사를 요청했다. 집 내부에는 카렌을 납치하고 살해한 세타스 조직원들의 이름 등의 낙서가 가득했다. 그중 하나의 내용은 "베라와 키케. 내 인생의 사랑(Wera and Kike I love you my life)"이었다. "Diligencia ministerial de inspección," May 21, 2016. PGJT, Machorra, case file 0011/2017, vol. 3, 3082.

(8) "Parte informativo," December 23, 2016. PGJT, Machorra, case file 0011/2017, vol. 4, 3769-3774.

(9) 야스민 산체스, 아잘리아의 인터뷰.

(10) 야스민 산체스, 마리아 돌로레스 구스만의 인터뷰.

(11) 야스민 산체스, 아잘리아의 인터뷰.

(12) 야스민 산체스, 아잘리아의 인터뷰.

(13) "Declaración informativa del ciudadano [The Florist] alias El Trini," March 29, 2016. PGJT, Kike, case file 0049/2016, vol. 3, 2864-2875.

(14) "Declaración informativa del ciudadano [The Florist] alias El Trini," March 29, 2016. PGJT, Kike, case file 0049/2016, vol. 3, 2864-2875.

(15) 야스민 산체스, 아잘리아의 인터뷰.

(16) "Confrontación de los perfiles genéticos obtenidos de los CC. Miriam Elizabeth Rodríguez Martínez y Luis Héctor Salinas," April 26, 2016. PGJT, Machorra, case file 0011/2017, vol. 3, 2960-2962.

(17) "Acuerdo." 카렌의 다른 유골들을 미리암과 루이스에게 전달(2016년 5월 5일). PGJT, Machorra, case file 0011/2017, vol. 3, 2996.

(18) "Comparecencia de la Ciudadana Miriam Elizabeth Rodríguez Martínez" Ciudad Victoria, May 5, 2016. PGJT, Güera Soto, case file 008/2017, vol. 3, 3008-3009.

(19) "Transcripción de diligencia de entrega de restos óseos" (of Karen), PGJT, May 5, 2016, Machorra, case file 0011/2017, vol. 3, 3013-3014.

(20) 아잘리아의 인터뷰.

(21) "Informe fotográfico." 미리암과 루이스에게 전달한 카렌의 유골의 사진과 관련 설명 (2016년 2월 10일). PGJT, May 5, 2016.

(22) 마리아노 데 라 푸엔테, 아드리안 로페스 소가의 인터뷰.

(23) *Proceso*, "Cae líder de una banda de plagiarios que operaba en San Fernando," April 14, 2016. 마리아노 데 라 푸엔테, 루이스 엑토르의 인터뷰.

(24) 엘 마리오(El Mario)의 변호사는 미리암의 자체 조사 결과에 의문을 제기했다.

(25) 피고 측 익명 변호사의 인터뷰.

(26) 미리암은 3년에 걸쳐 공식적·비공식적인 수색 작업을 통해 피고들의 범죄 사실을 입증할 증거를 찾았다.

(27) "Constancia de notificación," April 17, 2015. PGJT, Güera Soto, case file 008/2017, vol. 1, 1110; "Parte Informativo," June 23, 2016. PGJT, Machorra, case file 0011/2017, vol. 3, 3202 – 3208.

(28) "Comparecencia voluntaria de la ciudadana Miriam Elizabeth Rodríguez Martínez," December 5, 2014. PGJT, Güera Soto, case file 008/2017, vol. 1, 631 – 632; "Declaración ministerial de [Carlos]," February 9, 2015. PGJT, Güera Soto, case file 008/2017, vol. 1, 988 – 1002; "Comparecencia voluntaria en parte de la ciudadana Miriam Elizabeth Rodríguez Martínez," February 13, 2015. PGJT, Güera Soto, case file 008/2017, vol. 1, 791 – 796; "Entrevista del c. [Carlos]," September 28, 2015. PGJT, Sama, case file 0029/2014, vol. 1, 566 – 570.

(29) 피고 측 익명 변호사의 인터뷰.

(30) "Comparecencia voluntaria de la ciudadana Miriam Elizabeth Rodríguez Martínez," May 19, 2016. PGJT, Machorra, case file 0011/2017, vol. 3, 3061; "Diligencia ministerial de inspección," May 21, 2016. PGJT, Machorra, case file 0011/2017, vol. 3, 3082.

(31) "Parte informativo," May 23, 2016. PGJT, Machorra, case file 0011/2017, vol. 3, 3084 – 3099.

(32) 같은 자료.

(33) "Comparecencia de la ciudadana Miriam Elizabeth Rodríguez Martínez," April 16, 2015. PGJT, Güera Soto, case file 008/2017, vol. 1, 1073.

(34) 아잘리아, 루이스 엑토르, 마리아노 데 라 푸엔테의 인터뷰.

(35) "Detención de [La Chaparra] en Ciudad Victoria, menciona que tiene orden de aprehensión del 14 de abril de 2016," August 4, 2016. PGJT, Machorra, case file 0011/2017, vol. 3, 3221 – 3222; Milenio, "Detienen a presunta asesina de jóvenes de San Fernando," August 5, 2016, https://www.milenio.com/estados/detienen-presunta-asesina-jovenes-san-fernando.

(36) "Declaración informativa de [La Chaparra]," August 15, 2016. PGJT, Sama, case file 0029/2014, vol. 1, 599 – 602.

(37) "Declaración informativa [La Chaparra]," August 15, 2016. PGJT, Sama, case file 0029/2014, vol. 1, 599 – 602.

(38) "Parte informativo," December 23, 2016. PGJT, Ma\-chorra, case file 0011/2017, vol.

4, 3769 - 3774.

(39) "Detención de El Kike," November 12, 2016. PGJT, Kike, case file 0049/2016, vol. 3, 3762.

(40) 루이스 엑토르의 인터뷰.

(41) 마리아 이네스 베라 에르난데스의 인터뷰.

(42) 마리아 이네스 베라 에르난데스의 인터뷰.

(43) 공무원들은 자신들에게 거친 말투로 비난을 퍼부으며 자신들을 기롭히는 미리암을 경멸했다. 미리암은 부하 직원을 다루듯 공무원들에게 소리를 쳤고, 공무원들은 그녀를 피해 다른 사무실로 도망치고는 했다. 어느 검사는 "처음 보자마자 내 소개를 할 틈도 없이 내가 부패했다고 하더군요."라고 미리암을 기억했다. 하지만 다들 미리암이 도움이 되었다는 사실만큼은 동의했다. 전 타마울리파스주 지검장은 이렇게 말했다. "그녀가 말하는 방식이나 직원들을 대하는 방식은 결코 마음에 들지 않았다. 하지만 그녀가 우리를 모욕하고 불평만 늘어놓은 것은 아니었다. 그녀는 언제나 우리에게 검증된 정보를 제공했다."

(44) 2016년 12월 15일, 정부에서는 미리암에게 지원금 사용처에 대한 해명을 요구했다. 정부에서 추산한 지원금 총액은 거의 100만 페소에 달했다. 일주일 뒤인 12월 21일 미리암은 그런 지원을 받은 사실이 없다고 주장했다. Instituto de Atención a Víctimas del Delito, "Atención a oficio de requerimiento de información," December 22, 2016, Oficio No. SGG/SDH/0272/2016.

(45) 누구도 미리암의 부적절한 행동에 대한 증거를 제시하지 못했다. 가족들과 친구들은 미리암에 대한 세간의 시기 탓에 여러 여러 의혹이 제기되었다고 생각했다. 피해자 단체 대표 로사 시스네로스 에스피노사(Rosa Cisneros Espinosa), 에드가 갈반, 루이스 엑토르, 아잘리아의 인터뷰.

(46) "Queja de Miriam en la Comisión de Derechos Humanos del Estado de Tamaulipas," March 17, 2015. PGJT, Güera Soto, case file 008/2017, vol. 1, 1016 - 1019.

(47) Instituto de Atención a Víctimas del Delito, December 22, 2016.

(48) 미리암이 남긴 파일에서 정부가 나열한 일부 비용에 선을 그어 지운 표시 등을 확인할 수 있다. 그녀는 자신이 받은 지원금 내역을 정리해 두었다. Instituto de Atención a Víctimas del Delito, December 22, 2016.

(49) "Reporte de orden de pago internacional," Banorte. 보드 연구실에서 DNA 분석(4월 25일)을 받는 데 사용된 비용은 3만 5,800달러였다. PGJT, Machorra, case file 0011/2017, vol. 1, 1142.

(50) 학교 등록금 명목의 1만 4,000페소. Instituto de Atención a Víctimas del Delito, December 22, 2016.

(51) 타마울리파스주 정부에 미리암이 보낸 서한 내용(2017년 3월 16일).

(52) 같은 자료.
(53) 마리아 이네스 베라 에르난데스의 인터뷰.
(54) 에드가 갈반의 인터뷰.
(55) 사바스 구스만(Sabas Guzmán)의 누이 마리아 돌로레스 구스만의 인터뷰.
(56) 사바스의 딸 율리사 구스만의 인터뷰.
(57) 사바스가 실종된 지역은 산 펠리페 토레스 모카스(San Felipe Torres Mochas)였다.
(58) 마리아 돌로레스 구스만의 인터뷰.
(59) 사바스의 아내 마리아 이네스 플로레스 가르시아의 인터뷰.
(60) 사바스의 여동생 마리아 돌로레스 구스만의 인터뷰.
(61) 마리아 도로레스 구스만의 인터뷰.

11장 어머니의 날

(1) *Animal Político*, "Reportan motín en el penal de Tamaulipas donde se fugaron 29 reos," March 23, 2017, https://www.animalpolitico.com/2017/03/ victoria-fuga-carcel; *La Jornada*, "Escapan por un túnel 29 reos del penal de Ciudad Victoria," March 24, 2017, https://www.jornada.com.mx/2017/03/24/estados/037n1est; YouTube, "Fuga de 29 reos de penal de Tamaulipas," https://www.youtube.com/watch?v=86gwgitsVNM.

(2) 원래 800명이 수용 정원인 시우다드 빅토리아 교도소에 당시 약 1,000명이 수감되어 있었다. *Proceso*, "Se fugan 29 reos por un túnel cavado en penal de Ciudad Victoria; recapturan a 10," March 23, 2017, https://www.proceso.com.mx/nacional/estados/2017/3/23/se-fugan-29-reos-por-un-tunel-cavado-en-penal-de-ciudad-victoria-recapturan-10-181027.html.

(3) *Animal Político*, "Reportan motín en el penal de Tamaulipas."

(4) *La Jornada*, "Escapan por un túnel 29 reos del penal."

(5) *La Jornada*, "Escapan por un túnel 29 reos del penal"; Proceso, "Se fugan 29 reos por un túnel cavado en penal."

(6) 루이스 엑토르의 인터뷰.

(7) "Acuerdo." 미리암과 루이스에 대한 신변 보호 대책(2017년 3월 23일). Machorra, case file 0011/2017, vol. 4, 3860.

(8) "Acuerdo." 미리암과 루이스에 대한 신변 보호 대책(2017년 3월 23일). PGJT, Machorra, case file 0011/2017, vol. 4, 3860; 미리암에 대한 신변 보호 요청(2017년 3월 23일). PGJT, Güera Soto, case file 008/2017, vol. 4, 3862-3868.

(9) 신변 보호 요청 거절(2017년 3월 24일), Secretaría de Seguridad Pública Tamaulipas. PGJT, Güera Soto, case file 008/2017, vol. 4, 3873; 신변 보호 요청 거절(2017년 3월 24일), Dirección de Seguridad, Tránsito y Vialidad. PGJT, Güera Soto, case file 008/2017, vol. 4, 3875; 7개 당국의 신변 보호 요청 거절(2017년 5월 19일), Procuraduría General de Justicia del Estado de Tamaulipas.

(10) YouTube, "Pido protección; el asesino anda suelto," 2017년 5월 12일, 2017. https://www.youtube.com/watch?v=rzZGvSxddlE.

(11) 아리스테오 마닐라(Aristeo Manilla)의 인터뷰.

(12) 루이스 엑토르, 루이스 살리나스의 인터뷰.

(13) 루이스 엑토르, 루이스 살리나스의 인터뷰.

(14) Gobierno del Estado de Tamaulipas, "Padilla," https://www.tamaulipas.gob.mx/estado/municipios/padilla/.

(15) 루이스 엑토르의 인터뷰.

(16) 마리아 이네스 베라 에르난데스의 인터뷰.

(17) 마리아 이네스 베라 에르난데스의 인터뷰.

(18) YouTube, "Pido protección; el asesino anda suelto," May 12, 2017.

(19) 루이스 엑토르의 인터뷰.

(20) 마리아 이네스 베라 에르난데스의 인터뷰.

(21) "Citatorio para comparecer" [Güera Soto], April 17, 2017. PGJT, Machorra, case file 0011/2017, vol. 4, 3968–3969; "Amparo trial," April 20, 2017. PGJT, Machorra, case file 0011/2017, vol. 4, 3989–3992.

(22) 그날 아침 라 구에라 소토(La Güera Soto)는 카렌 살리나스 로드리게스의 실종 및 사망 사건 관련 재판에 증인으로 소환되었다. 라 구에라 소토의 범죄 연루 사실을 밝히기 위해 미리암이 몇 개월간 공들인 작업에서 가장 중요한 과정이었다. 경찰이 소환장을 전달하러 갔을 때, 라 구에라 소토는 침실에 숨어 아버지에게 대신 소환장을 받게 했다. 며칠 후 그녀는 증언을 거부했다. 체포 영장이 없었던 수사 당국은 그녀를 그냥 풀어줘야 했다. "Citatorio para comparecer" [Güera Soto], April 17, 2017. PGJT, Machorra, case file 0011/2017, vol. 4, 3968–3969; "Parte informativo," April 21, 2017. PGJT, Güera Soto, case file 008/2017, vol. 4, 3997–3998.

(23) 지인들과 함께 아침 식사를 하던 미리암은 당국의 전화를 받고 핸드백에서 권총을 꺼내 식탁 위에 거칠게 내려놓았다. "그 여자를 풀어줬다는 게 무슨 빌어먹을 소리예요?" 그녀가 핸드폰에 대고 고함을 지르는 바람에 주변 사람들이 화들짝 놀랐다. "그 여자는 당신들이 곧 자기를 체포하러 온다는 걸 알게 되었어요. 그 여자에게 선수 칠 기회를 준 거라고요." 알레한드로 로그리게스 소가, 마리아노 데라 푸엔테의 인터뷰.

(24) 피고 측 익명 변호사의 인터뷰.

(25) 검찰청 소속 아드리안 로페스(Adrián López)의 인터뷰.
(26) Rompeviento Televisión, "'Estamos en pie de lucha,' mensaje de Miriam Rodríguez en la Caravana contra el Miedo," May 11, 2017.
(27) 지역 기자 하비에르 마닐라(Javier Manilla)의 인터뷰.
(28) 에드가 갈반의 인터뷰.
(29) 알레한드라 과달루페 마르티네스 페레스(Alejandra Guadalupe Martínez Pérez)의 인터뷰.
(30) 미리암의 실종 피해자 등록부를 아잠 아흐메드가 검토한 내용.
(31) 기예르모 리에스트라의 인터뷰.
(32) 알레한드라 과달루페 마르티네스 페레스의 인터뷰.
(33) 찰로의 인터뷰.
(34) 마리아 이네스 베라 에르난데스의 인터뷰.
(35) 마리아 이네스 베라 에르난데스의 인터뷰.
(36) Luis Pablo Beauregard, "Tamaulipas dice no al PRI," El País, June 6, 2016, https://elpais.com/internacional/2016/06/06/actualidad/1465203426_204482.html; David Vela, "Para Cabeza de Vaca, más del 50% de los votos en Tamaulipas," El Financiero, June 7, 2016, https://www.elfinanciero.com.mx/nacional/para-cabeza-de-vaca-mas-del-50-de-los-votos-en-tamaulipas/.
(37) 아잘리아의 인터뷰.
(38) 루이스 엑토르의 인터뷰.
(39) 아잘리아의 인터뷰.
(40) 마리아 이네스 베라 에르난데스의 인터뷰.
(41) 미리암은 5월 10일에 살해되었다. 5월 10일은 멕시코에서 어머니의 날이다. BBC News, "La trágica muerte de Miriam Rodríguez, la mexicana que encontró a los asesinos de su hija y terminó abatida a balazos," May 12, 2017, https://www.bbc.com/mundo/noticias-america-latina-39892613; Dallas News, "Miriam Rodríguez: Activista mexicana asesinada en Tamaulipas se sentía insegura," May 12, 2017, https://www.dallasnews.com/espanol/al-dia/mexico/2017/05/12/miriam-Rodríguez-activista-mexicana-asesinada-en-tamaulipas-se-sentia-insegura/.
(42) STJE, "Carpeta procesal," Supremo Tribunal de Justicia del Estado, San Fernando, April 6, 2018.
(43) 같은 자료.
(44) "Comunicado de prensa," Procuraduría General de Justicia, Comunicación Social. 미리암 피살 사건과 그녀를 위해 당국에서 실시한 신변 보호에 대한 정부 측 보도자료.

PGJT, Machorra, case file 0011/2017, vol. 4, 4253.
(45) PGJT, Machorra, case file 0011/2017, vol. 4, 4253.
(46) 아잘리아의 인터뷰(2021년).
(47) STJE, "Carpeta procesal: CP/0032/2017," Supremo Tribunal de Justicia del Estado, San Fernando, April 6, 2018.
(48) 아잘리아의 인터뷰.
(49) 루이스 엑토르의 인터뷰.
(50) "Parte informativo," 당국의 보호하에 미리암의 시신을 장례식장으로 옮겼다(2017년 5월 18일). PGJT, Machorra, case file 0011/2017, vol. 4, 4315 – 4322.
(51) 루이스 엑토르와 추이의 여동생 알렉한드라 과달루페 마르티네스의 인터뷰.

12장 뜻밖의 유산

(1) 루이스 엑토르, 아잘리아, 찰로의 인터뷰.
(2) 5월 11일에서 14일까지 경찰이 제공한 보호에 대한 정보. PGJT, Machorra, case file 0011/2017, vol. 4, 4315 – 4321.
(3) Carlos M. Juárez, "Tres años sin justicia en el asesinato de Miriam, la madre activista," A dónde van los desaparecidos, May 11, 2020, https://adondevanlosdesaparecidos.org/2020/05/11/tres-anos-sin-justicia-en-el-asesinato-de-miriam-la-madre-activista/.
(4) 알레한드라 과달루페 마르티네스의 인터뷰.
(5) 루이스 엑토르의 인터뷰.
(6) 같은 자료.
(7) YouTube, "Pido protección; el asesino anda suelto," May 12, 2017, https://www.youtube.com/watch?v=rzZGvSxddlE.
(8) "Audiencia de procedimiento abreviado," Miriam's case. Gobierno de Tamaulipas, Poder Judicial, April 6, 2018, Carpeta Procesal CPI/0032/2017.
(9) 루이스 엑토르, 익명 취재원의 인터뷰.
(10) 루이스 엑토르의 인터뷰.
(11) 루이스 엑토르, 이르빙 바리오스의 인터뷰.
(12) El País, "Asesinada una madre activista que buscaba a desaparecidos en México," May 11, 2017, https://elpais.com/internacional/2017/05/11/mexico/1494518780_900906.html; BBC News, "La trágica muerte de Miriam Rodríguez,

la mexicana que encontró a los asesinos de su hija y terminó abatida a balazos," May 12, 2017, https://www.bbc.com/mundo/noticias-america-latina-39892613; *Dallas News*, "Miriam Rodríguez: Activista mexicana asesinada en Tamaulipas se sentía insegura," May 12, 2017, https://www.dallasnews.com/espanol/al-dia/mexico/2017/05/12/miriam-Rodríguez-activista-mexicana-asesinada-en-tamaulipas-se-sentia-insegura/.

(13) 타마울리파스 주지사 프란시스코 카베사 데 바카(Tamaulipas Francisco Cabeza de Vaca)의 트위터(2017년 5월 10일), https://twitter.com/fgcabezadevaca/status/862668083269390337?ref_src=twsrc%5Etfw&lang=fr.

(14) Arturo Ángel, "Enero 2015: Guerrero y Tamaulipas siguen a la cabeza en homicidios y secuestros," *Animal Político*, February 25, 2015, https://www.animalpolitico.com/2015/02/enero-2015-guerrero-y-tamaulipas-siguen-la-cabeza-en-homicidios-y-secuestros; Juan Omar Fierro, "Tamaulipas: 6 años de violencia continua, más de 4,500 muer\-tos," *Aristegui Noticias*, July 11, 2016, https://aristeguinoticias.com/1107/mexico/tamaulipas-6-anos-de-violencia-continua-mas-de-4500-muertos/.

(15) 미리암 피살 사건 용의자를 체포했다고 알린 이르빙 바리오스의 기자회견. YouTube, "Detienen a presuntos asesinos de activista Miriam Rodríguez Martínez," June 30, 2017, https://www.youtube.com/watch?v=xhEah5ePk24&t=1s.

(16) 글로리아 가르사의 인터뷰.

(17) YouTube, "Pido protección; el asesino anda suelto," May 12, 2017, https://www.youtube.com/watch?v=rzZGvSxddlE.

(18) CNDH, "Recomendación No. 50 /2018. Sobre el caso de violación al derecho a la vida de la defensora de derechos humanos v1 y a la seguridad jurídica, en agravio de v1, v2, v3 y v4, en el estado de Tamaulipas. October 31, 2018.

(19) STJE, "Carpeta procesal," April 6, 2018.

(20) "Audiencia de procedimiento abreviado," Gobierno de Tamaulipas, Poder Judicial, April 6, 2018.

(21) 루이스 엑토르, 피고 측 익명 변호사의 인터뷰.

(22) Gobierno de Tamaulipas, "Audiencia de proced\-imiento abreviado," Poder Judicial, April 6, 2018, 4.

(23) 루이스 엑토르, 피고 측 익명 변호사의 인터뷰.

(24) 로사 시스네로스 에스피노사(Rosa Cisneros Espinoza)의 인터뷰.

(25) 루이스 엑토르, 글로리아 가르사, 마리아 이네스 베라 에르난데스, 기예르모 리에스트라의 인터뷰; Expreso.press, "Hijo de Miriam seguirá búsqueda," May 31, 2017,

https://expreso.press/2017/05/31/hijo-miriam-seguira-busqueda/.
(26) 루이스 엑토르의 인터뷰.
(27) "Parte informativo." 2017년 4월 29일 라 마초라의 집 방문과 2017년 5월 11일 페이스북 프로필 검색 보고서. PGJT, Machorra, case file 0011/2017, vol. 4, 4265 – 4267.
(28) "Orden de aprehensión de La Machorra." PGJT, Machorra, case file 0011/2017, vol. 4, 4561 – 4749. 라 마초라의 체포 영장에는 미리암과 루이스의 고소장과 진술서 내용이 포함되어 있다. PGJT, Machorra, case file 0011/2017, vol. 5, 4687 – 4699; "Arresto de La Machorra." 베라크루스 항구에서 라 마초라를 체포했다고(6월 6일) 기록한 관련 문서들. 라 마초라가 베라크루스에서 산페르난도로 압송되어 "유치장에 구금되어 있다"라는 내용. 체포 영장 준수 사실과 용의자 인계 증명서. PGJT, Machorra, case file 0011/2017, vol. 5, 4751 – 4752.
(29) "Declaración preparatoria de la inculpada [La Machorra]," June 8, 2017. PGJT, Machorra, case file 0011/2017, vol. 5, 4774 – 4782.
(30) 타마울리파스주 수사 당국은 범죄인 인도에 시간이 필요하다는 말을 들었다. 그가 우선 누에보 레온주에서 복역을 마쳐야 한다는 것이었다.
(31) 미리암 피살 사건 용의자를 체포했다고 알린 이르빙 바리오스의 기자회견. YouTube, "Detienen a presuntos asesinos de activista Miriam Rodríguez Martínez," June 30, 2017, https://www.youtube.com/watch?v=xhEah5ePk24&t=1s.
(32) 익명 취재원의 인터뷰.
(33) 루이스 엑토르, 익명 피해자 지원 담당관의 인터뷰.
(34) 루이스 엑토르의 인터뷰
(35) 루이스 엑토르, 이르빙 바리오스의 인터뷰.
(36) 익명 취재원(2명)의 인터뷰.
(37) 익명 취재원(2명)의 인터뷰.
(38) Reporte Índigo, "Así abatieron a 'El Alushe,' el presunto asesino de la activista Miriam Rodríguez," October 15, 2017, https://www.reporteindigo.com/reporte/asi-abatieron-a-alushe-presunto-asesino-la-activista-miriam-Rodríguez/; YouTube, "Abaten a 'El Alushe,' autor material del asesinato de Miriam Rodríguez," https://www.youtube.com/watch?v=BF33OwKHrUA; Cartel Chronicles, "Mexican Army Kills Los Zetas Cartel Leader Tied to Activist's Murder," *Breitbart*, October 18, 2017, https://www.breitbart.com/border/2017/10/18/mexican-army-kills-los-zetas-cartel-leader-tied-activists-murder/.
(39) 익명 취재원(2명)의 인터뷰; La Tarde, "Da pelea y lo matan," October 16, 2017, https://www.latarde.com.mx/miregion/da-pelea-y-lo-matan/447428.
(40) *La Tarde*, "Da pelea y lo matan"; Nestor Negrete, "Muere en enfrentamiento

el 'Alushe,' presunto asesino de la activista Miriam Rodríguez," *Aristegui Noticias*, October 16, 2017, https://aristeguinoticias.com/1610/kiosko/muere-en-enfrentamiento-el-alushe-presunto-asesino-de-la-activista-miriam-Rodríguez-video/; Reporte Índigo, "A Miriam Rodríguez la mataron por su trabajo de activista: PGJE," June 30, 2017, https://www.reporteindigo.com/reporte/mata-a-activista-por-buscar-a-su-hija/.

13장 종결

(1) 루이스 엑토르의 인터뷰.

(2) 루이스 엑토르, 익명 법 집행관의 인터뷰.

(3) 익명 멕시코 인권 담당관, 루이스 엑토르의 인터뷰.

(4) 익명 멕시코 인권 담당관, 루이스 엑토르의 인터뷰.

(5) Dennis García, "Perfil. 'El Pata de Queso,' zeta de la vieja escuela," *El Universal*, November 17, 2017, https://www.eluniversal.com.mx/nacion/seguridad/perfil-una-mujer-le-disparo-en-el-pie-entonces-lo-apodaron-el-pata-de-queso.

(6) García, "Perfil. 'El Pata de Queso.'"

(7) Azam Ahmed and Nicole Perlroth, "'Somos los nuevos enemigos del Estado': el espionaje a activistas y periodistas en México," *New York Times*, June 18, 2017, https://www.nytimes.com/es/2017/06/19/espanol/america-latina/mexico-pegasus-nso-group-espionaje.html.

(8) Idelfonso Ortiz and Brandon Darby, "Exclusive—Mexican Border State Government Ignored Intel on Fu\-gitive Cartel Leader's Locations for Years," *Breitbart*, November 16, 2017, https://www.breitbart.com/border/2017/11/16/exclusive-mexican-border-state-government-ignored-intel-fugitive-cartel-leaders-location-years/; Aristegui Noticias "Cae 'El Pata de Queso,' cabecilla de los Zetas, por masacre en San Fernando (Video)," November 15, 2017, https://aristeguinoticias.com/1511/kiosko/cae-el-pata-de-queso-cabecilla-de-los-zetas-por-masacre-en-san-fernando-video/.

(9) *El Imparcial*, "Muere 'El Pata de Queso,' líder de 'Los Zetas,'" November 17, 2017, https://www.elimparcial.com/sonora/mexico/Muere-El-Pata-de-Queso-lider-de-Los-Zetas-20171117-0104.html; García, "Perfil. 'El Pata de Queso.'"

(10) Expreso.press, "Hijo de Miriam seguirá búsqueda," May 31, 2017, https://expreso.press/2017/05/31/hijo-miriam-seguira-busqueda/.

(11) 아르헨티나의 법의학 전문가들은 2011년 산페르난도에서 발견된 유골의 신원을 밝혀

달라는 요청을 받았다. SEGOB, "Convenio de Colaboración para la identificación de restos localiza\-dos [. . .]," DOF, September, 4, 2013, https://www.dof.gob.mx/nota_detalle.php?codigo=5312887&fecha=04/09/2013#gsc.tab=0. 더 자세한 정보는 다음 자료를 참조: Mary Beth Sheridan, "A Lawyer Fought for Justice After a Mexican Massacre. Then the Government Made Her a Suspect," Washington Post, November 23, 2021, https://www.washingtonpost.com/world/2021/11/23/mexico-disappeared-organized-crime/.

(12) 마리아 이네스 베라 에르난데스의 인터뷰.

(13) 마리아 이네스 베라 에르난데스의 인터뷰.

(14) 루이스 엑토르와 마리아 이네스 베라 에르난데스의 인터뷰.

(15) "Acuerdo." 미리암 친척들에 대한 신변 보호를 결정한 합의. PGJT, Machorra, case file 0011/2017, vol. 4, 4261–4263.

(16) Alejandro Páez, "10 entidades del país concentran más de la mitad de desa\-parecidos y no localizados en México," Crónica, July 17, 2022, https://www.cronica.com.mx/nacional/10-entidades-pais-concentran-mitad-desaparecidos-localizados-mexico.html.

(17) 루이스 엑토르는 타마울리파스주 전역에서 피해자 단체들의 지지를 받으며 출마를 선언하고자 지역 및 중앙 언론의 인터뷰에 응했다. 그는 자신에게 불리한 상황임을 알지만, 굴하지 않겠다고 약속했다. Enrique Jonguitud, "Hijo de activista asesinada busca ser comisionado estatal de desaparecidos," Últimas Noticias en Red, December 5, 2018, https://ultimasnoticiasenred.com.mx/local/hijo-de-activista-asesinada-busca-ser-comisionado-estatal-de-desaparecidos/.

(18) Cristina Adame, "Hijo de activista Miriam pretende comisión estatal de búsqueda," El Cinco, January 21, 2019, https://www.elcinco.mx/cd-victoria/hijo-activista-miriam-pretende-comision-estatal-busqueda; Alberto Serna, "Reitera hijo de Miriam Rodríguez ir por Comisión de Búsqueda en Tamailipas," Hoy Tamaulipas, December 10, 2018, https://www.hoytamaulipas.net/notas/365494/Reitera-hijo-de-Miriam-Rodriguez-ir-por-Comision-de-Busqueda-en-Tamaulipas.html; Lupita Domínguez, "Colectivo exige trabajo a comisión estatal de búsqueda en Tamaulipas," Vox Populi, July 16, 2019, https://voxpopulinoticias.com.mx/2019/07/colectivo-exige-trabajo-a-comision-estatal-de-busqueda-en-tamaulipas/.

(19) 수사 당국 소속 익명 취재원의 인터뷰.

(20) A. Hernández, "Pasan 4 de 8 aspirantes a Comisión de Desaparecidos," Milenio, February 8, 2019, https:// www .pressreader .com/ mexico/ milenio -tamaulipas/ 20190208/ 281500752502937; Carlos M. Juárez, "Eligen a J. Ernesto Macías en Comisión de Búsqueda," El Mañana, February 14, 2019, https://www.elmanana.com/eligen-a-j-ernesto-macias-en-comision-de-busqueda/4752251.

(21) Juárez, "Eligen a J. Ernesto Macías."
(22) 루이스 엑토르의 인터뷰.
(23) 루이스 엑토르, 익명 멕시코 인권 담당관의 인터뷰.
(24) 수사 당국 소속 익명 취재원의 인터뷰.
(25) 루이스 엑토르의 인터뷰.
(26) SEGOB, "[El Hugo], líder delictivo en el Barrancón, Cruillas," México, Secretaría de Gobernación, Comisionado Nacional de Seguridad, Policía Federal.
(27) Alberto Nájar, "López Obrador gana en México: ¿por qué es histórico el triunfo de AMLO en la elección presidencial mexicana?," BBC News Mundo, July 2, 2018, https://www.bbc.com/mundo/noticias-america-latina-44678613; Azam Ahmed and Paulina Villegas, "López Obrador gana la presidencia de México con una victoria aplastante," *New York Times*, July 1, 2018, https://www.nytimes.com/es/2018/07/02/espanol/america-latina/eleccion-218-amlo-lopez-obrador.html.
(28) 루이스 엑토르의 인터뷰.
(29) 루이스 엑토르, 이르빙 바리오스의 인터뷰.
(30) *El Mañana*, "Capturan a líder Zeta en Cd. Victoria," July 7, 2019, https://www.elmanana.com/capturan-a-lider-zeta-en-cd-victoria/4863779; *Breitbart*, "Autoridades mexicanas detienen a líder zeta ligado a homicidio de activista," July 8, 2019, https://www.breitbart.com/border/2019/07/08/autoridades-mexicanas-detienen-a-lider-zeta-ligado-a-homicidio-de-activista/.
(31) Llamas comunicación, "Juez federal liberal a líder de los zetas," July 10, 2019, https://www.llamascomunicacion.com/tamaulipas/juez-federal-libera-a-lider-de-los-zetas/.

에필로그

(1) SEGOB, "[El Hugo], líder delictivo en el Barrancón, Cruillas," México, Secretaría de Gobernación, Comisionado Nacional de Seguridad, Policía Federal; *El Universal*, "Procesan a 'El Ganso,' segundo implicado en la masacre de los 72 migrantes en San Fernando," November 4, 2020, https://www.eluniversal.com.mx/estados/procesan-el-ganso-segundo-implicado-en-la-masacre-de-los-72-migrantes-en-san-fernando.
(2) Llamas comunicación, "Juez federal liberal a líder de los zetas," July 10, 2019, https://www.llamascomunicacion.com/tamaulipas/juez-federal-libera-a-lider-de-los-zetas/.

(3) UGI: Hidalgo, "Imputados: Cesar Morfin Morfin 'Primito' y [El Hugo] 'Ganzo,'" 2018.
(4) 피해자 지원 담당관 출신 익명 취재원, 루이스 엑토르의 인터뷰.
(5) 피고 측 익명 변호사의 인터뷰.
(6) 루이스 엑토르의 인터뷰.
(7) 루이스 엑토르의 인터뷰.

참고 자료

단행본, 정기간행물, 웹페이지

Adame, Cristina, "Hijo de activista Miriam pretende comisión estatal de búsqueda," *El Cinco*, January 21, 2019, https://www.elcinco.mx/cd-victoria/hijo-activista-miriam-pretende-comision-estatal-busqueda.

Agencia Reforma, "Miriam Rodríguez: Activista mexicana asesinada en Tamaulipas se sentía insegura," *Dallas News*, May 12, 2017, https://www.dallasnews.com/espanol/al-dia/mexico/2017/05/12/miriam-Rodríguez-activista-mexicana-asesinada-en-tamaulipas-se-sentia-insegura/.

Aguilar, Héctor, "La captura criminal del Estado," *Nexos*, January 1, 2015, https://www.nexos.com.mx/?p=23798.

Ahmed, Azam, "Mexican Military Runs Up Body Count in Drug War," *New York Times*, May 27, 2016, https://www.nytimes.com/2016/05/27/world/americas/mexican-militarys-high-kill-rate-raises-human-rights-fears.html.

_____, "In Mexico, 'It's Easy to Kill a Journalist,'" *New York Times*, April 29, 2017, https://www.nytimes.com/2017/04/29/world/americas/veracruz-mexico-reporters-killed.html.

_____, "In Mexico, Not Dead. Not Alive. Just Gone," *New York Times*, November 20, 2017, https://www.nytimes.com/2017/11/20/world/americas/mexico-drug-war-dead.html.

Ahmed, Azam, and Nicole Perlroth, "'Somos los nuevos enemigos del Estado': el espionaje a activistas y periodistas en México," *New York Times*, June 18, 2017, https://www.nytimes.com/es/2017/06/19/espanol/america-latina/mexico-pegasus-nso-group-espionaje.html.

Ahmed, Azam, and Paulina Villegas, "López Obrador gana la presidencia de México con una victoria aplastante," *New York Times*, July 1, 2018, https://www.nytimes.com/es/2018/07/02/espanol/america-latina/eleccion-2018-amlo-lopez-obrador.html.

Alejandro, Florencia, et al., "Competitiveness of sorghum production in northern Tamaulipas, Mexico," *Revista Mexicana de Ciencias Agrícolas*, vol. 11, no. 1, March 2, 2021, https://www.scielo.org.mx/scielo.php?pid=S2007-09342020000100139&script=sci_arttext&tlng=en.

Alexander, Ryan M., *Fortunate Sons of the Mexican Revolution: Miguel Aleman and His Generation, 1920–1952*, The University of Arizona, 2011.

Alvarado, Ignacio, "Una historia de narcopolítica," *El Universal*, June 17, 2012, https://archivo.eluniversal.com.mx/notas/853903.html.

Ángel, Arturo, "Enero 2015: Guerrero y Tamaulipas siguen a la cabeza en homicidios y secuestros," *Animal Político*, February 25, 2015, https://www.animalpolitico.com/2015/02/enero-2015-guerrero-y-tamaulipas-siguen-la-cabeza-en-homicidios-y-secuestros.

Animal Político, "PGR entrega datos sobre participación de policías de San Fernando en masacre de migrantes," December 22, 2014, https://www.animalpolitico.com/2014/12/policias-de-san-fernando-participaron-en-masacre-de-migrantes-pgr-entrega-datos-del-caso.

―――――, "Reportan motín en el penal de Tamaulipas donde se fugaron 29 reos," March 23, 2017, https://www.animalpolitico.com/2017/03/victoria-fuga-carcel.

Aristegui Noticias, "Cae 'El Pata de Queso,' cabecilla de los Zetas, por masacre en San Fernando (video)," November 15, 2017, https://aristeguinoticias.com/1511/kiosko/cae-el-pata-de-queso-cabecilla-de-los-zetas-por-masacre-en-san-fernando-video/.

Artículo 19, "La impunidad y negación ante la violencia extrema contra la prensa persiste," 2022, https://articulo19.org/primer-semestre-2022/.

Ashby, Paul, "Enabling Failure: U.S. Military Training, Mexico's Security Crisis and the Paradoxes of Military Aid," *Academia*, 2010.

Astorga, Luis, *El Siglo de las Drogas, Espasa-Calpe Mexicana*, 1996.

BBC News, "La trágica muerte de Miriam Rodríguez, la mexicana que encontró a los asesinos de su hija y terminó abatida a balazos," May 12, 2017, https://www.bbc.com/mundo/noticias-america-latina-39892613.

―――――, "México: asesinan a alcalde en Tamaulipas," August 30, 2010, https://www.bbc.com/mundo/america_latina/2010/08/100830_0426_mexico_asesinato_alcalde_hidalgo_tamaulipas_jg.

Bellinghausen, Hermann, "Zapatistas, una transformación de 25 años," *Revista de la Universidad de México*, April 2019, https://www.revistadelauniversidad.mx/articles/86c78d97-8a18-4088-bdde-0f20069ec0ef/zapatistas-una-transformacion-de-25-anos.

Berger, Miriam, "Justice for Victims of Violent Crime in Mexico Is Rare. Can Deaths of Nine Mormons Change That?" *Washington Post*, November 12, 2019, https://www.washingtonpost.com/world/2019/11/08/justice-victims-violent-crime-mexico-is-rare-can-deaths-nine-mormons-change-that/.

Bleynat, Ingrid, "The Business of Governing: Corruption and Informal Politics in Mexico City's Markets, 1946–1958," *Journal of Latin American Studies* 50:2 (May 2018): 355–381, https://www.cambridge.org/core/journals/journal-of-latin-american-studies/article/business-of-governing-corruption-and-informal-politics-in-mexico-citys-markets-19461958/5B09CFA8B021FCB75C153E3AF5D70A42.

Breitbart, "Autoridades mexicanas detienen a líder zeta ligado a homicidio de activista," July 8, 2019, https://www.breitbart.com/border/2019/07/08/autoridades-mexicanas-detienen-a-lider-zeta-ligado-a-homicidio-de-activista/.7e

The Brownsville Herald, "Alemán Receives Warm Reception as 1st Mr. Amigo," October 12,

1964, p. 1, https://newspaperarchive.com/brownsville-herald-oct-12-1964-p-1/.

_____, "Matamoros Queen participates," March 4, 1962, p. 12A (photo), https://newspaperarchive.com/brownsville-herald-mar-04-1962-p-12/.

Buenos Aires Times, "Families Look to Argentine Forensic Team to ID Their Missing Loved Ones," June 9, 2018, https://www.batimes.com.ar/news/latin-america/families-look-to-argentine-forensic-team-to-id-their-missing-loved-ones.phtml.

Campbell, Lisa, "Los Zetas: Operational Assessment," *Small Wars & Insurgencies* 21:1 (March 12, 2010): 55–80, https://www.tandfonline.com/doi/abs/10.1080/09592310903561429?journalCode=fswi20.

Cartel Chronicles, "Mexican Army Kills Los Zetas Cartel Leader Tied to Activist's Murder," *Breitbart*, October 18, 2017, https://www.breitbart.com/border/2017/10/18/mexican-army-kills-los-zetas-cartel-leader-tied-activists-murder/.

Castillo, Carlos (comp.), "Mensaje con motivo de los sucesos de San Fernando, Tamaulipas (May 4, 2011)," Discursos presidenciales. Felipe Calderón Hinojosa, 2013, p. 279, http://frph.org.mx/libros/Discursos_Presidenciales/D_Presidenciales_FCH.pdf.

Castillo, Gustavo, "Autoridades, alertan por riesgo de ataques en el municipio fronterizo," *La Jornada*, February 26, 2010, https://www.jornada.com.mx/2010/02/26/politica/007n2pol.

_____, "Confirman asesinato del MP que indagaba matanza en Tamaulipas," *La Jornada*, August 28, 2010, https://www.jornada.com.mx/2010/08/28/politica/005n1pol.

_____, "En nombre de 'la paz social,' extradita México a 15 presos a EU; 10 son narcos," *La Jornada*, January 20, 2007, https://www.jornada.com.mx/2007/01/20/index.php?section=politica&article=005n1pol.

Castillo, Gustavo, Armando Torres, and Martín Sánchez, "Bajo fuego, la captura del capo Osiel Cárdenas," *La Jornada*, March 15, 2003, https://www.jornada.com.mx/2003/03/15/048n1con.php?printver=0.

Cedillo, Juan Alberto, *Las guerras ocultas del narco*, Grijalbo, 2018.

Chivis, "1989's Gulf Cartel Bosses 'El Cacho' and 'El Profe,'" *Borderland Beat*, January 6, 2020, http://www.borderlandbeat.com/2020/01/1980s-gulf-cartel-bosses-el-cacho-and.html.

Chivis, "Zetas: San Fernando Plaza Chief Captured with el Tiburon and el Choforo," *Borderland Beat*, July 19, 2013, http://www.borderlandbeat.com/2013/07/zetas-san-fernando-plaza-chief-captured.html.

Corchado, Alfredo, and Kevin Krause, "Deadly Deal. A Drug Kingpin's Plea with the U.S. Triggered Years of Bloodshed Reaching All the Way to Southlake," *Dallas Morning News*, April 14, 2016, http://interactives.dallasnews.com/2016/cartels/.

Correa-Cabrera, Guadalupe, *Los Zetas Inc.*, Austin: University of Texas Press, 2018. Cuevas, Alejandro, "Revolución verde," *El Mañana*, March 2, 2018, https://www.elmanana.com/opinion/columnas/revolucion-verde-4336830.html.

Dávila, Enrique, and Maite Guijarro, "Evolución y reforma del sistema de salud en México," *Serie Financiamiento del Desarrollo*, CEPAL, Chile, 2000, https://www.cepal.org/sites/default/files/publication/files/5300/S00133_es.pdf.

De Llano, Pablo, "Así masacraron Los Zetas: 'Cuando se terminó, dormimos normalmente,'" *El País*, October 10, 2016, https://elpais.com/internacional/2016/10/09/mexico/1476044097_559947.html.

Dillon, Sam, "Matamoros Journal: Canaries Sing in Mexico, but Uncle Juan Will Not," *New York Times*, February 9, 1996, https://www.nytimes.com/1996/02/09/world/matamoros-journal-canaries-sing-in-mexico-but-uncle-juan-will-not.html.

Domínguez, Lupita, "Colectivo exige trabajo a comisión estatal de búsqueda en Tamaulipas," *Vox Populi*, July 16, 2019, https://voxpopulinoticias.com.mx/2019/07/colectivo-exige-trabajo-a-comision-estatal-de-busqueda-en-tamaulipas/.

Eduardo, Lalo, "Asesinan a MP que investigaba masacre en Tamaulipas," *Animal Político*, August 27, 2010, https://www.animalpolitico.com/2010/08/asesinan-a-funcionarios-que-investigaban-masacre-en-tamaulipas.

El Economista, "Caen 4 'zetas' ligados a matanza de familia de marino," December 23, 2009, https://www.eleconomista.com.mx/noticia/Caen-4-zetas-ligados-a-matanza-de-familia-de-marino-20091223-0083.html.

———, "Fue 2011 año histórico en homicidios: INEGI," August 20, 2012, https://www.eleconomista.com.mx/politica/Fue-2011-ano-historico-en-homicidios-INEGI-20120820-0136.html.

———, "Matan a cuatro policías en Tamaulipas," April 16, 2010, https://www.eleconomista.com.mx/noticia/Matan-a-cuatro-policias-en-Tamaulipas-20100416-0039.html.

El Imparcial, "Muere 'El Pata de Queso,' líder de 'Los Zetas,'" November 17, 2017, https://www.elimparcial.com/sonora/mexico/Muere-El-Pata-de-Queso-lider-de-Los-Zetas-20171117-0104.html.

El Mañana, "Capturan a líder Zeta en Cd. Victoria," July 7, 2019, https://www.elmanana.com/capturan-a-lider-zeta-en-cd-victoria/4863779.

El Mundo, "Una tragedia impresionante registrada en H. Matamoros. La Sra. Gloria Landeros fue muerta a balazos por su marido. Porque la visitaron sus padres [sic]. Delante de sus hijos y de sus suegros, la dejó moribunda," July 24, 1947, Tampico, Tamaulipas, 1.

El País, "Asesinada una madre activista que buscaba a desaparecidos en México," May 11, 2017, https://elpais.com/internacional/2017/05/11/mexico/1494518780_900906.html.

———, "Despliegue del Ejército de México contra el narcotráfico en ocho ciudades," June 14, 2005, https://elpais.com/internacional/2005/06/14/actualidad/1118700011_850215.html.

El Regional de Matamoros, "El juez federal le negó el amparo a Juan N. Guerra," June 11, 1960, police page.

———, "Grandiosa inauguración del Salón Piedras Negras," June 6, 1952, Matamoros, 6.

———, "'¿Por qué te declaras culpable de un crimen que no cometiste? ¿Qué acaso no te importan tus pobres hijos desamparados?'" Dura interpelación de la esposa y la madre de 'La Máquina,'" April 21, 1960, 1 and police page.

_____, "Que 'La Máquina' no mató al militar. Sorpresivas revelaciones hacen la esposa y madre de Carlos García," April 20, 1960, police page.

El Sol de Tampico, "Cosas del determinismo," November 17, 1991, pp. 1 and 10, third section.

El Universal, "Enfrentamiento deja 6 muertos en San Fernando," March 10, 2014, https://archivo.eluniversal.com.mx/estados/2014/enfrentamiento-san-fernando-tamaulipas-994002.html.

_____, "Procesan a 'El Ganso,' segundo implicado en la masacre de los 72 migrantes en San Fernando," November 4, 2020, https://www.eluniversal.com.mx/estados/procesan-el-ganso-segundo-implicado-en-la-masacre-de-los-72-migrantes-en-san-fernando.

Expansión, "Agencia consular de EU en Reynosa cierra por tiroteos," February 25, 2010, https://expansion.mx/nacional/2010/02/25/agencia-consular-de-eu-en-reynosa-cierra-por-tiroteos.

Expansión, "Criminales y militares se enfrentan en Tamaulipas: hay ocho muertos," March 11, 2011, https://expansion.mx/nacional/2011/03/11/criminales-y-militares-se-enfrentan-en-tamaulipas-hay-ocho-muertos.

Expreso.press, "Hijo de Miriam seguirá búsqueda," May 31, 2017, https://expreso.press/2017/05/31/hijo-miriam-seguira-busqueda/.

_____, "San Fernando: de la bonanza a la pesadilla," August 13, 2017, https://expreso.press/2017/08/13/san-fernando-la-bonanza-la-pesadilla/.

Fernández, Jorge, *El Otro Poder. Las Redes del Narcotráfico, la Política y la Violencia en México*, Aguilar, 2001.

_____, *Narcotráfico y Poder*, Rayuela Editores, 1999.

Ferri, Pablo, and Constanza Lambertucci, "El país de los 100.000 desaparecidos," *El País*, May 17, 2022, https://elpais.com/mexico/2022-05-18/el-pais-de-los-100000-desaparecidos.html

Fierro, Juan O., "Tamaulipas: 6 años de violencia continua, más de 4,500 muertos," *Aristegui Noticias*, July 11, 2016, https://aristeguinoticias.com/1107/mexico/tamaulipas-6-anos-de-violencia-continua-mas-de-4500-muertos/.

Figueroa, Carlos, and Martín Sánchez, "Matan en Tamaulipas a 5 presuntos gatilleros del cártel de Sinaloa," *La Jornada*, October 10, 2004, https://www.jornada.com.mx/2004/10/10/034n1est.php?printver=1&fly=.

Fineman, Mark, and Lianne Hart, "Drug Lord Sentenced to 11 Life Terms, Fined 128 Million," *Los Angeles Times*, February 1, 1997.

Flores, Carlos, *Negocios de Sombras. Red de Poder Hegemónica, Contrabando, Tráfico de Drogas y*

Lavado de Dinero en Nuevo León, Casa Chata, AÑO.

Flores Pérez, Carlos Antonio, *Historias de Polvo y Sangre. Génesis y Evolución del Tráfico de Drogas en el Estado de Tamaulipas*, México, 2013.

_____, "Political Protection and the Origins of the Gulf Cartel," *Crime, Law and Social Change*, 517–539, 2013.

García, Dennis, "Perfil. 'El Pata de Queso,' zeta de la vieja escuela," *El Universal*, November 17, 2017, https://www.eluniversal.com.mx/nacion/seguridad/perfil-una-mujer-le-disparo-en-el-pie-entonces-lo-apodaron-el-pata-de-queso.

Garcia-Diaz, Rocio, "Effective Access to Health Care in Mexico," *BMC Health Services Research*, August 12, 2022, https://bmchealthservres.biomedcentral.com/articles/10.1186/s12913-022-08417-0.

Garza, Luis A., and Carlos Puig, "A los 77 años y en silla de ruedas. 'New York Times' censuró la impunidad en México y en seguida la Judicial capturó a Juan N. Guerra," *Proceso*, October 26, 1991, https://la-via-lactea.livejournal.com/62890.html.

Gillingham, Paul, "Corruption in the Formation of the Modern Mexican State: Notes Towards a History," AHRC Conference La Construcción del Cargo Público, CIDE, Mexico City, 2017, https://warwick.ac.uk/fac/arts/history/research/ centres/ehrc/research/current_research/constructionspublicoffice/mexico/ scenarios/corruption consent_in_the_formation_of_the_pri_gillingham.pdf.

Gómez, Francisco, "Cae Osiel Cárdenas," *El Universal*, March 15, 2003, https:// archivo.eluniversal.com.mx/nacion/94595.html.

_____, "Los Zetas por dentro," *El Universal*, December 31, 2008, https://archivo.eluniversal.com.mx/nacion/164819.html.

González, Héctor, "Llegan 650 militares a nuevo cuartel en San Fernando, Tamaulipas," *Excelsior*, January 19, 2012, https://www.excelsior.com.mx/2012/01/19/ nacional/802854.

González, Luis Gerardo, "Matamoros de ayer y hoy," *Frontera de Tamaulipas*, December 2012, https://www.periodicofronteradetamaulipas.com/2012/12/un-reencuentro-historico.html.

González Casanova, Pablo, *Los Zapatistas del Siglo XXI*, Siglo del Hombre Editores, CLACSO, 2009, http://biblioteca.clacso.edu.ar/clacso/coediciones/20150112060638/ 12.pdf.

Grayson, George W., and Samuel Logan, *Executioner's Men: Los Zetas, Rogue Soldiers, Criminal Entrepreneurs, and the Shadow State they Created*, New Brunswick, N.J.: Transaction Publishers, 2012.

Grillo, Ioan, *El Narco: Inside Mexico's Criminal Insurgency*, New York: Bloomsbury Publishing Inc., 2011.

_____, "Special Report: Mexico's Zetas Rewrite Drug War in Blood," Reuters, May 23, 2012, https://www.reuters.com/article/us-mexico-drugs-zetas-idUSB RE84M-

0LT20120523.

Guerrero, Eduardo, "El dominio del miedo," *Nexos*, July 1, 2014, https://www.nexos.com.mx/?p=21671.

Hernández, A., "Pasan 4 de 8 aspirantes a Comisión de Desaparecidos," *Milenio*, February 8, 2019, https://www.pressreader.com/mexico/milenio-tamaulipas/20190208/281500752502937.

Hernández-Hernández, Oscar M., "Antropología de las masacres en San Fernando, Tamaulipas," *Nexos*, August 24, 2020, https://seguridad.nexos.com.mx/antropologia-de-las-masacres-en-san-fernando-tamaulipas/#_ftn3.

Herrera, Claudia, "El gobierno se declara en guerra contra el hampa; inicia acciones en Michoacán," *La Jornada*, December 12, 2006, https://www.jornada.com.mx/2006/12/12/index.php?article=014n1pol&section=politica.

Herrera, Octavio, *Breve historia de San Fernando*, Ayuntamiento de San Fernando, 2001.

_____, *Historia breve de Tamaulipas*, Fondo de Cultura Económica, México, 2011. Jonguitud, Enrique, "Hijo de activista asesinada busca ser comisionado estatal de desaparecidos, Últimas Noticias en Red, December 5, 2018, https://ultimasnoticiasenred.com.mx/local/hijo-de-activista-asesinada-busca-ser-comisionado-estatal-de-desaparecidos/.

Juárez, Carlos M., "Eligen a J. Ernesto Macías en Comisión de Búsqueda," *El Mañana*, February 14, 2019, https://www.elmanana.com/eligen-a-j-ernesto-macias-en-comision-de-busqueda/4752251.

_____, "Tres años sin justicia en el asesinato de Miriam, la madre activista," *A dónde van los desaparecidos*, May 11, 2020, https://adondevanlosdesaparecidos.org/2020/05/11/tres-anos-sin-justicia-en-el-asesinato-de-miriam-la-madre-activista/.

Kreider, Randy, and Mark Schone, "New Zetas Cartel Leader Violent 'To the Point of Sadism,'" ABC News, October 12, 2012, https://abcnews.go.com/Blotter/ruthless-drug-lord-takes-control-deadly-cartel/story?id=17455674.

La Jornada, "Arrojan 5 cabezas humanas en centro nocturno de Uruapan," September 7, 2006, https://www.jornada.com.mx/2006/09/07/index.php?section=estados&article=037n1est.

_____, "Emboscan y asesinan al titular de seguridad pública en Nuevo Laredo," February 4, 2011, https://www.jornada.com.mx/2011/02/04/politica/009n2pol.

_____, "Escapan por un túnel 29 reos del penal de Ciudad Victoria," March 24, 2017, https://www.jornada.com.mx/2017/03/24/estados/037n1est.

_____, "La lucha contra el narco deja saldo de 32 muertos; hubo 10 sólo en Tamaulipas," March 12, 2011, https://www.jornada.com.mx/2011/03/12/politica/013n1pol.

_____, "Sacan hasta 61 cuerpos de dos narcofosas localizadas en San Fernando, Tamaulipas," April 7, 2011, https://www.jornada.com.mx/2011/04/07/politica/012n1pol.

La Tarde, "Da pelea y lo matan," October 16, 2017, https://www.latarde.com.mx/miregion/

da-pelea-y-lo-matan/447428.

Lemus, J. Jesús, *Los Malditos*, Debolsillo, 2019.

Llamas Comunicación, "Juez federal liberal a líder de los zetas," July 10, 2019, https://www.llamascomunicacion.com/tamaulipas/juez-federal-libera-a-lider-de-los-zetas/.

Lohmuller, Michael, "Witness Reveals Zetas Recruitment, Structures in Guatemala," *Insight Crime*, January 24, 2014, https://insightcrime.org/news/brief/witness-reveals-zetas-recruitment-structures-in-guatemala/.

López, Carlos Castillo (comp.), "Mensaje con motivo de los sucesos de San Fernando, Tamaulipas (May 4, 2011)," *Discursos presidenciales: Felipe Calderón Hino josa*, México: Fundación Rafael Preciado Hernández, A.C., 2013, 279, http://frph.org.mx/libros/Discursos_Presidenciales/D_Presidenciales_FCH.pdf.

Manatt Jones Global Strategies, "Mexican Healthcare System Challenges and Opportunities," January 2015, https://www.manatt.com/uploadedFiles/Content/5_Insights/White_Papers/Mexican%20Healthcare%20System%20Challenges%20 and%20Opportunities.pdf.

Marley, David F., *Mexican Cartels: An Encyclopedia of Mexico's Crime and Drug Wars*, Santa Barbara, Calif.: ABC-CLIO, 2019.

Márquez, Graciela, and Lorenzo Meyer, "Del autoritarismo agotado a la democracia frágil, 1985–2010," *El Colegio de México*, 449–511.

Martín Pérez, Fredy, "Desempleo orilla a soldados a involucrarse en el narco: coronel," *El Universal*, October 3, 2006, https://archivo.eluniversal.com.mx/estados/62639.html.

Mexicanos al grito, " ¿Zona caliente? Sí, Tamaulipas, de nuevo. 31 de marzo," March 31, 2010, https://mexicanosalgrito.wordpress.com/2010/03/31/.

Mexico News Daily, "With 52,000 Unidentified Bodies, Government Admits Forensic Crisis," December 24, 2021, https://mexiconewsdaily.com/news/52000-unidentified-bodies-forensic-crisis/.

Meza, Felipe, *The Case of Mexico. The Monetary and Fiscal History of Mexico,1960–2017*, Macro Finance Research Program, 2019, https://bfi.uchicago.edu/wp-content/uploads/The-Case-of-Mexico.pdf.

Milenio, "Detienen a presunta asesina de jóvenes de San Fernando," August 5, 2016, https://www.milenio.com/estados/detienen-presunta-asesina-jovenes-san-fernando.

Montoya, Juan, "Steve Manos, B'ville Reporter Heralded Cartels," *El Rrun Rrun*, August 11, 2013, https://rrunrrun.blogspot.com/2013/08/steve-manos-bville-reporter-heralded.html?m=1.

Moon, Claire, and Javier Treviño-Rangel, " 'Involved in Something (Involucrado en Algo)': Denial and Stigmatization in Mexico's 'War on Drugs,'" *BJS: The British Journal of Sociology* 71:4 (2020): 722–740, https://onlinelibrary.wiley.com/doi/10.1111/1468-

4446.12761.

Moore, Gary, "Unravelling Mysteries of Mexico's San Fernando Massacre," *Insight Crime*, September 19, 2011, https://insightcrime.org/investigations/unravelling-mysteries-of-mexicos-san-fernando-massacre/.

Muñoz, Juan M., "México detiene y entrega a Estados Unidos a su principal narcotraficante," *El País*, January 15, 1996, https://elpais.com/diario/1996/01/16/internacional/821746813_850215.html.

Nájar, Alberto,"Las 3 vidas del subcomandante Marcos, el personaje más emblemático del movimiento zapatista, que cumple en México 25 años," BBC News, December 31, 2018, https://www.bbc.com/mundo/noticias-america-latina-46657842.

_____, "López Obrador gana en México: ¿por qué es histórico el triunfo de AMLO en la elección presidencial mexicana?," BBC News Mundo, July 2, 2018, https://www.bbc.com/mundo/noticias-america-latina-44678613.

National Drug Intelligence Center, "National Drug Threat Assessment 2008," October 2007, https://www.justice.gov/archive/ndic/pubs25/25921/border.htm.

Negrete, Nestor, "Muere en enfrentamiento el 'Alushe,' presunto asesino de la activista Miriam Rodríguez,"*Aristegui Noticias*, October 16, 2017, https://aristeguinoticias.com/1610/kiosko/muere-en-enfrentamiento-el-alushe-presunto-asesino-de-la-activista-miriam-Rodríguez-video/.

The New York Times, "U.S. Jury Convicts Mexican on Drug Charges," October 17, 1996.

Niblo, Stephen R., *Mexico in the 1940s: Modernity, Politics, and Corruption*, Scholarly Resources Inc., 1999.

Noticiero, "Comerciante de H. Matamoros que asesina a su joven esposa. Horrible tragedia que se incubó con los humos del licor y un complejo absurdo," July 24, 1947, Ciudad Victoria, Tamaulipas.

_____, "El C. procurador de justicia salió ayer para Matamoros. El gobierno decidido a restaurar el imperio de la ley en aquella ciudad de la frontera. Quedó sin efecto el cambio de agentes del M. Público, pues De la Garza Kelly era el defensor de Juan N. Guerra. Por órdenes expresas del señor gobernador, toda la población ha sido despistolizada por fuerzas militares de la guarnición local," August 1, 1947, Ciudad Victoria, 1.

_____, "Entrevista Noticiero con el torvo asesino de Gloria. 'Debías haber matado a los dos viejos también, pues de la cárcel te saco con dinero,' dijo su padre al criminal. Los hermanos Guerra desde hace mucho tienen a toda la ciudad bajo sus pistolas," August 2, 1947, Ciudad Victoria, 4.

_____, "Fue procesado en Jojutla el uxoricida Juan N. Guerra. Por haber herido a un menor de edad y haber despojado de dos mil pesos a otro delincuente," September 16, 1947, Ciudad Victoria, 4.

_____, "Juan N. Guerra tiene sed de sangre. Amenazó de muerte a un cabo celador. La peligrosidad del uxoricida llega a límites de locura," September 10, 1947, Ciudad Victoria, 1.

———, "No quedará impune el salvaje asesinato de la señora G. Landeros," July 25, 1947, Ciudad Victoria.

———, "Pide justicia el padre de Gloria Landeros, acusando a todas las autoridades de Matamoros de estar vendidas o atemorizadas ante el sádico asesino Juan N. Guerra. Ningún abogado matamorense se atreve a patrocinar la parte civil, porque temen a la familia Guerra. Toda clase de consideraciones se están dispensando al criminal, las actas se levantan a su antojo y se le está preparando ya la libertad bajo caución," July 31, 1947, Ciudad Victoria, 4.

———, "Querían hacer aparecer como muerte accidental el cobarde asesinato de Gloria Landeros. El agente del M.P., Ciro A. Espinosa y el juez Pompeyo Gómez, parciales al asesino. El procurador, Lic. Z. Fajardo, se concretó a amonestarlos y ordenó reponer el expediente," August 2, 1947, Ciudad Victoria, 1.

———, "La rápida intervención del Sr. gobernador evitó que quedara en libertad el uxoricida Juan N. Guerra. Cese del agente del M. Público en Matamoros, por venal negligencia. Patética carta del padre de la asesinada en la que exhibe la corruptela del personal judicial de allá. Salió para Matamoros el nuevo agente del Ministerio Público para evitar que se tuerza la acción de la justicia con dinero y las amenazas del criminal," July 31, 1947, Ciudad Victoria, 1.

Noticiero Diario de la Tarde, "Consignación del 'caso Piedras Negras,'" Matamoros, April 16, 1960.

———, "Dramático careo entre 'La Máquina, su madre y su esposa," Matamoros, April 21, 1960.

———, "Elegante enlace del señor Edemir Hernández y la señorita Leonor Guerra," Matamoros, April 9, 1956.

———, "Enérgica batida al contrabando dispone el Gobierno Federal," Matamoros, April 26, 1960.

———, "Juan N. Guerra expresa sus deseos de respetar la ley. Acudió hoy ante los militares de la Presidencia," Matamoros, September 20, 1960.

———, "Los Villa se enfrentan a los contrabandistas. Dos hermanos más colaboran con Trinidad, jefe de Vigilancia. Amplias facultades les dio el presidente, al que prometieron no ejercer venganza," Matamoros, May 14, 1960.

———, "Nuevos jefes aduanales para sustituir a los Villa Coss," Matamoros, May 24, 1960.

———, Columna "Pizcando," Matamoros, April 28, 1956.

Ortiz, Idelfonso, and Brandon Darby, "Exclusive — Mexican Border State Government Ignored Intel on Fugitive Cartel Leader's Locations for Years," Breitbart, November 16, 2017, https://www.breitbart.com/border/2017/11/16/exclusive-mexican-border-state-government-ignored-intel-fugitive-cartel-leaders-location-years/.

Osorno, Diego, *La Guerra de Los Zetas. Viaje por la Frontera de la Necropolítica*, Debate, 2017.

Padgett, Humberto, *Tamaulipas. La Casta de los Narcogobernadores: Un Eastern Mexicano*, Indicios, 2016.

Páez, Alejandro, "10 entidades del país concentran más de la mitad de desaparecidos y no localizados en México," *Crónica*, July 17, 2022, https://www.cronica.com.mx/nacional/10-entidades-pais-concentran-mitad-desaparecidos-localizados-mexico.html.

Parish, Nathaniel, "Is Mexico Prepared to Confront Coronavirus?," *Americas Quarterly*, March 17, 2020, https://www.americasquarterly.org/article/is-mexico-prepared-to-confront-coronavirus/.

Peralta, Concepción, "Masacre de San Fernando: Fredy Lala sigue huyendo de la muerte," *Pie de Página*, September 17, 2015, https://enelcamino.piedepagina.mx/ruta/masacre-de-san-fernando-fredy-lala-sigue-huyendo-de-la-muerte/.

Pérez Aguirre, Manuel, "Anexo 2: La masacre de 72 migrantes en San Fernando," Tamaulipas, in Aguayo, Sergio (coord.), *El Desamparo*, El Colegio de México, 2016, https://eneldesamparo.colmex.mx/images/documentos/anexo-2.pdf.

Prensa de Reynosa, "Asesinaron a dos valientes periodistas de Matamoros. Ernesto Flores Torrijos y Norma Moreno, acribillados," July 18, 1986, Reynosa, 5D.

_____, " ¡ Masacre en el penal! Saldo sangriento en Matamoros: 17 muertos y 3 heridos," May 18, 1991, Reynosa, p. 1A.

Priest, Dana, "Censurar o morir: la noticia en la era de los cárteles," *El Economista*, December 19, 2015, https://www.eleconomista.com.mx/internacionales/Censurar-o-morir-la-noticia-en-la-era-de-los-carteles-20151217-0143.html.

Proceso, "Balacera entre zetas y el cártel del Golfo cerca de Matamoros," February 24, 2010, https://www.proceso.com.mx/nacional/2010/2/24/balacera-entre-zetas-el-cartel-del-golfo-cerca-de-matamoros-10824.html.

_____, "Identifica el EZLN a militares que asesinaron a zapatistas en el 94," February 14, 2004, https://www.proceso.com.mx/nacional/2004/2/14/identifica-el-ezln-militares-que-asesinaron-zapatistas-en-el-94-56495.html.

_____, "Mata ejercito a ocho sicarios en Tamaulipas," March 11, 2011, https://www.proceso.com.mx/nacional/2011/3/11/mata-ejercito-ocho-sicarios-en-tamaulipas-84772.html.

_____, "Se fugan 29 reos por un túnel cavado en penal de Ciudad Victoria; recapturan a 10," March 23, 2017, https://www.proceso.com.mx/nacional/estados/2017/3/23/se-fugan-29-reos-por-un-tunel-cavado-en-penal-de-ciudad-victoria-recapturan-10-181027.html.

Raphael, Ricardo, *Hijo de la Guerra*, Seix Barral, 2019.

Ravelo, Ricardo, *En Manos del Narco. El Nuevo Rostro del Crimen y Su Relación con el Poder*,

Penguin Random House, 2016.

_____, *Osiel, Vida y Tragedia de un Capo*, Grijalbo, 2013.

Reporte Índigo, "A Miriam Rodríguez la mataron por su trabajo de activista: PGJE," June 30, 2017, https://www.reporteindigo.com/reporte/mata-a-activista-por-buscar-a-su-hija/.

_____, "Así abatieron a 'El Alushe,' el presunto asesino de la activista Miriam Rodríguez," October 15, 2017, https://www.reporteindigo.com/reporte/asi-abatieron-a-alushe-presunto-asesino-la-activista-miriam-Rodríguez/.

Ríodoce, "Deja seis muertos enfrentamiento en San Fernando, Tamaulipas," March 10, 2014, https://riodoce.mx/2014/03/10/deja-seis-muertos-enfrentamiento-en-san-fernando-tamaulipas/.

Rodríguez, Ariel, and Renato González, "El fracaso del éxito, 1970 – 1985," El Colegio de México.

Rompeviento Televisión, " 'Estamos en pie de lucha,' mensaje de Miriam Rodríguez en la Caravana contra el Miedo," May 11, 2017.

Salvucci, Richard, "The Economic History of Mexico," EH.net, https://eh.net/ encyclopedia/the-economic-history-of-mexico/.

Sánchez del Ángel, Delia, "Anexo 8: La masacre de San Fernando, Tamaulipas, y la desaparición forzada de personas en Allende, Coahuila: un análisis desde el derecho penal internacional," in Aguayo, Sergio (coord.), *En el Desamparo. Los Zetas, el Estado, la Sociedad y las Víctimas de San Fernando, Tamaulipas* (2010), *y Allende, Coahuila* (2011), El Colegio de México, 2016, https://eneldesamparo.colmex.mx/images/documentos/anexo-8.pdf.

_____, "Anexo 3: San Fernando. El Estado Mexicano," in Aguayo, Sergio (coord.), *En el Desamparo. Los Zetas, el Estado, la Sociedad y las Víctimas de San Fernando, Tamaulipas* (2010), *y Allende, Coahuila* (2011), El Colegio de México, 2016, https:// eneldesamparo.colmex.mx/images/documentos/anexo-3.pdf.

Sánchez, Martín, and Gustavo Castillo, "Comando asesina a Torre Cantú y 4 acompañantes," *La Jornada*, June 29, 2010, https://www.jornada.com.mx/2010/06/29/politica/002n1po.

Sánchez Valdés, Victor Manuel, and Manuel Pérez Aguirre, *El Origen de los Zetas y Su Expansión en el Norte de Coahuila*, El Colegio de México.

Schiller, Dane, "DEA Agent Breaks Silence on Standoff with Cartel," *Houston Chronicle*, March 15, 2010, https://www.chron.com/news/houston-texas/article/ DEA-agent-breaks-silence-on-standoff-with-cartel-1713234.php.

Schiller, Dane, "Mexican Crook: Gangsters Arrange Fights to Death for Entertainment," *Houston Chronicle*, June 11, 2011, https://www.chron.com/news/nation-world/article/Mexican-crook-Gangsters-arrange-fights-to-death-1692716.php.

Serna, Alberto, "Reitera hijo de Miriam Rodríguez ir por Comisión de Búsqueda en Tamaulipas," *Hoy Tamaulipas*, December 10, 2018, https://www.hoytamaulipas.net/

notas/365494/Reitera-hijo-de-Miriam-Rodríguez-ir-por-Comision-de-Busqueda-en-Tamaulipas.html.

Shelley, Louise, "Corruption and Organized Crime in Mexico in the Post-PRI Transition," *Journal of Contemporary Criminal Justice*, August 2001, https://citeseerx.ist.psu.edu/viewdoc/download?doi=10.1.1.461.3057&rep=rep1&type=pdf.

Sheridan, Mary Beth, "A Lawyer Fought for Justice After a Mexican Massacre. Then the Government Made Her a Suspect," *Washington Post*, November 23, 2021.

Sisk, Mack, "A Reputed Crime Lord Embroiled in a Gangland War," UPI, May 19, 1984, https://www.upi.com/Archives/1984/05/19/A-reputed-crime-lord-embroiled-in-a-gangland-war/2878453787200/.

Smith, Benjamin T., *The Dope: The Real History of the Mexican Drug Trade*, New York: W. W. Norton & Company, 2021.

Stockton, William, "Journalism in Mexico Can Turn into a Risky Craft," *New York Times*, July 23, 1986, https://www.nytimes.com/1986/07/23/world/journalism-in-mexico-can-turn-into-a-risky-craft.html.

Tabor, Damon, "Radio Tecnico: How the Zetas Cartel Took Over Mexico with Walkie-Talkies," *Popular Science*, March 25, 2014, https://www.popsci.com/article/technology/radio-tecnico-how-zetas-cartel-took-over-mexico-walkie-talkies/.

Tamaulipas al Cien, "San Fernando tiene su propia identidad gastronómica," October 2, 2020, https://tamaulipasalcien.com/blog/2020/10/02/san-fernando-tiene-su-propia-identidad-gastronomica/.

_____, "Se registra abundante captura de camarón en aguas de la laguna madre," May 7, 2021, https://tamaulipasalcien.com/blog/2021/05/07/se-registra-abundante-captura-de-camaron-en-aguas-de-la-laguna-madre/.

Thorpe, Helen, "Anatomy of a Drug Cartel," *Texas Monthly*, January 1998, https://www.texasmonthly.com/articles/anatomy-of-a-drug-cartel/.

Todo San Fernando Blogspot, "Balacera en San Fernando Tamaulipas 31/mar/2010," March 31, 2010, http://todosanfernando.blogspot.com/2010/03/.

Treaster, Joseph B., "Miguel Aleman of Mexico Is Dead: Was President from 1946 to 1952," *New York Times*, May 15, 1983, https://www.nytimes.com/1983/05/15/obituaries/miguel-aleman-of-mexico-is-dead-was-president-from-1946-to-1952.html.

Turati, Marcela, "A la luz, los secretos de las matanzas de Tamaulipas," *Proceso*, November 3, 2013, https://www.proceso.com.mx/reportajes/2013/11/2/la-luz-los-secretos-de-las-matanzas-de-tamaulipas-125419.html.

_____, "La matanza de San Fernando: inconsistencias y falsedades," *Proceso*, May 23, 2015, https://www.proceso.com.mx/reportajes/2015/5/26/la-matanza-de-san-fernando-inconsistencias-falsedades-147530.html.

_____, "San Fernando: El terror que jamás se ha ido," *Proceso*, August 31, 2016, https://www.proceso.com.mx/reportajes/2016/8/31/san-fernando-el-terror-que-jamas-se-ha-ido-169847.html.

Uhlig, Mark A., "Drug Baron Defiant in Mexican Jail," *New York Times*, May 29, 1991, https://www.nytimes.com/1991/05/29/world/drug-baron-defiant-in-mexican-jail.html.

_____, "Standoff at Matamoros," *New York Times*, October 6, 1991, https://www.nytimes.com/1991/10/06/magazine/standoff-at-matamoros.html.

Valdés Castellanos, Guillermo, *Historia del Narcotráfico en México*, Aguilar, 2013. Vigilantes del Mante, "Fotos de la balacera de sanfernando tamaulipas" [sic], March 31, 2010, http://vigilantesmante.blogspot.com/2010/03/fotos-de-la-balacera-de-sanfernando.html.

YouTube, "Abaten a 'El Alushe,' autor material del asesinato de Miriam Rodríguez," https://www.youtube.com/watch?v=BF33OwKHrUA.

_____, "balacera en "sanfernando el mas visto" [sic], https://www.youtube.com/watch?v=U2NnGzBLs8Y&t=2s.

_____, "Declara 'El Wache' sobre caso San Fernando," June 22, 2011, https://www.youtube.com/watch?v=UycQ0P9jCts&t=306s.

_____, "Detienen a presuntos asesinos de activista Miriam Rodríguez Martínez," June 30, 2017, https://www.youtube.com/watch?v=xhEah5ePk24&t=1s.

_____, "Don Juan N. Guerra: Amo y señor," https://www.youtube.com/watch?v=dR1C9rHK1cM, min. 31:00.

_____, "Fuga de 29 reos de penal de Tamaulipas," https://www.youtube.com/watch?v=86gwgitsVNM.

_____, "Pido protección: el asesino anda suelto," May 12, 2017, https://www.youtube.com/watch?v=rzZGvSxddlE.

Zárate Ruiz, Arturo (coord.), *Matamoros Violento: la Ilegalidad en Su Cultura y la Debilidad en Sus Instituciones. Tomo II*, Tijuana: El Colegio de la Frontera Norte, 2014.

1차 자료

AGN, "Versión pública de los informes de la Dirección Federal de Seguridad (D.F.S.) sobre la muerte de Casimiro Espinosa Campos y la matanza en la clínica La Raya 1984," México, Archivo General de la Nación, April 16, 1984, https://biblioteca.archivosdelarepresion.org/item/83581#?c=&m=&s=&cv=2&xywh=-125%2C624%2C1583%2C1055.

CNDH, "Recomendación No. 23VG/2019. Sobre la investigación de violaciones graves a los derechos humanos por la falta de acceso a la justicia, en su modalidad de procuración de justicia y a la verdad, con motivo del hallazgo en el año 2011 de fosas clandestinas en San Fernando, Tamaulipas, así como con la investigación sobre la desaparición de 57 personas," México, Comisión Nacional de los Derechos Humanos, September 30, 2019, https://www.cndh.org.mx/sites/default/files/ documentos/2019-10/

REC_2019_23VG.pdf.

CNDH, "Recomendación No. 50 /2018. Sobre el caso de violación al derecho a la vida de la defensora de derechos humanos v1 y a la seguridad jurídica, en agravio de v1, v2, v3 y v4, en el estado de Tamaulipas. México, Comisión Nacional de los Derechos Humanos," October 31, 2018.

CODHET, "Queja presentada por la C. Miriam Elizabeth Rodríguez Martínez en la que denunció que incumplimiento de la función pública en la procuración de justicia por parte del Agente del Ministerio Público Especializado en el Combate al Delito de Secuestro," Comisión de Derechos Humanos del Estado de Tamaulipas, March 23, 2015, https://drive.google.com/file/d/1PAGdo84Ft3RYuYKbtZ6tIDhuiNy7Zmlj/view.

Comparative Health Policy Library "Mexico Summary," https://www.publichealth.columbia.edu/research/comparative-health-policy-library/mexico-summary.

CONEVAL, "Sistema de Protección Social en Salud: Seguro Popular y Seguro Médico Siglo XXI," https://www.coneval.org.mx/Evaluacion/IEPSM/Documents/ Seguro_Popular_Seguro_Medico_Siglo_XXI.pdf.

Data México, "Matamoros, Municipality of Tamaulipas," https://datamexico.org/en/ profile/geo/matamoros-28022.

DEA, "Federal Agents Dismantle International Drug Trafficking Organization," Drug Enforcement Administration, December 14, 2000, https://web.archive.org/web/20070203212334/https://www.dea.gov/pubs/pressrel/pr121400.htm.

_____, "Los Zetas Fact Sheet," Drug Enforcement Administration, February 2010. DFS, "Versión pública del expediente de Octavio Villa Coss," México, Dirección Federal de Seguridad, October 11, 1960, https://drive.google.com/file/d/1vzeU-4tFa-XZa-NyL47xGgIEvfIsp_tL8/view?usp=sharing.

FBI, "Osiel Cárdenas-Guillen, Former Head of the Gulf Cartel, Sentenced to 25 Years' Imprisonment," Federal Bureau of Investigation, February 24, 2010, https:// archives.fbi.gov/archives/houston/press-releases/2010/ho022410b.htm.

_____, "Los Zetas: An Emerging Threat to the United States," Federal Bureau of Investigation, July 15, 2005.

Federal Reserve History, "Latin American Debt Crisis of the 1980s," November 22, 2013, https://www.federalreservehistory.org/essays/latin-american-debt-crisis#:~:text=The%20spark%20for%20the%20crisis,at%20that%20point%20totaled%20%2480.

FJEDD, "Ficha técnica: 48 fosas clandestinas de San Fernando," México, Fundación para la Justicia y el Estado democrático de Derecho.

_____, "Ficha técnica: Masacre de Cadereyta," México, Fundación para la Justicia y el Estado Democrático de Derecho.

_____, "Ficha técnica: Masacre de 72 migrantes," México, Fundación para la Justicia y el Estado Democrático de Derecho.

FORLAC, "Informal Employment in Mexico: Current Situation, Policies and Challenges," International Labour Organization, https://www.ilo.org/wcmsp5/groups/ public/---americas/ ro-lima/documents/publication/wcms_245889.pdf.

Gobierno de Tamaulipas, "Audiencia de procedimiento abreviado," Poder Judicial, April 6, 2018.

———, press release, "Reconocen diputados a Don Enrique Cárdenas González ex gobernador de Tamaulipas," March 7, 2018, https://www.congresotamaulipas.gob.mx/SalaPrensa/Boletines/Boletin.asp?IdBoletin=2759.

Gobierno del Estado de Tamaulipas, "Padilla," https://www.tamaulipas.gob.mx/ estado/ municipios/padilla/.

History, Art & Archives, "The Volstead Act," United States House of Representatives, https://history.house.gov/Historical-Highlights/1901-1950/The-Volstead-Act/#:~:text=Known%20as%20the%20Volstead%20Act,as%20their%20production%20and%20distribution.

INEGI, "Clasificación de Instituciones de Salud —Histórica," Clasificación de Instituciones de Salud (inegi.org.mx).

Instituto de Atención a Víctimas del Delito, "Atención a oficio de requerimiento de información," Gobierno del Estado de Tamaulipas, December 22, 2016, Oficio No. SGG/SDH/0272/2016.

Justia U.S. Law, "United States v. Cárdenas-Guillen, No. 10-40221 (5th Cir. 2011)," May 17, 2011, https://law.justia.com/cases/federal/appellate-courts/ca5/10-40221/ 10-40221-cv0.wpd-2011-05-18.html.

Justice in México, "Cartel-Related Violence," Trans-Border Institute, News Report, September 2010, https://justiceinmexico.org/wp-content/uploads/2010/10/2010-09-september_news_report.pdf.

Másde72, "Masacre de 72," *Capítulo 1: La Masacre*, https://adondevanlosdesaparecidos.org/masde72-1-presentacion/.

Movimiento Ciudadano, "En lo que va del 2015 desaparecen 11 personas cada día," June 14, 2015.

NSArchive, "Alien and Narcotics Smuggling Along the Southwest Border," U.S. Defense Intelligence Agency, Intelligence Information Report, November 2013.

———, "Arrest of Zeta Dto. Cell Head Martin Omar Estrada-Luna and Seizure of Weapons," Drug Enforcement Administration, National Security Archive, July 1996.

———, "Continuing Violence in Northern Mexico Between Gulf Cartel and Los Zetas," Department of Homeland Security, Washington, D.C., National Security Archive, April 2011.

———, "Holy Week Vacations Marred by Violence: San Fernando Body Count Reaches 196," U.S. Consulate Matamoros, cable, sensitive, National Security Archive, April 29, 2011, https://nsarchive2.gwu.edu/NSAEBB/NSAEBB499/ DOCUMENT34-20110429.PDF.

———, "Matamoros Emergency Action Committee," U.S. Consulate Matamoros, National Security Archive, March 2010.

_____, "Mexican Army Seizes Weapons of Local Police in Tamaulipas," U.S. Consulate Matamoros, National Security Archive, May 2011.

_____, "Mexican Political Highlights," Embassy Mexico, National Security Archive, February 2012.

_____, "Mexico Presents Migrant Protection Plan," Embassy Mexico, National Security Archive, September 2011.

_____, "More Mass Graves Found in Tamaulipas: Body Total Now 81," U.S. Consulate Matamoros, National Security Archive, April 2011, https://nsarchive2.gwu.edu/NSAEBB/NSAEBB499/DOCUMENT32-20110408.pdf.

_____, "Narcotics Affairs Section Mexico Monthly Report for April 2011," Embassy Mexico, National Security Archive, May 2011.

_____, "Narcotics Affairs Section Mexico Monthly Report for March 2011," Embassy Mexico, National Security Archive, April 2011.

_____, "Narcotics Affairs Section Mexico Monthly Report for May 2011," Embassy Mexico, National Security Archive, June 2011.

_____, "Nuevo Leon: Citizens Wonder Who's Winning in the Fight Against Organized Crime," Consulate Monterrey, National Security Archive, March 2010.

_____, "A Perilous Road Through Mexico for Migrants," Embassy Mexico, National Security Archive, January 2011.

_____, "RR Shutdown Slows but Doesn't Stop Central Americans Headed North," Embassy Mexico, National Security Archive, August 2007.

_____, "State of Cartels," Unclassified, National Security Archive, March 8, 2013.

_____, "Tamaulipas' Mass Graves: Body Count Reaches 145," Unclassified, National Security Archive, April 2011.

_____, "Timeline of Violent Events Occurring in Matamoros Consular District," Consulate Matamoros, National Security Archive, August 22-27, 2010.

_____, "Timeline of Violent Events Occurring in Matamoros Consular District," Consulate Matamoros, National Security Archive, August 29-September 3, 2010.

_____, "Two Mass Graves Containing 48 Bodies Discovered in the San Fernando Area," U.S. Consulate Matamoros, National Security Archive, April 2011.

_____, "Zetas Massacre 72 Migrants in Tamaulipas," U.S. Consulate Matamoros, cable, unclassified, 3, p. 2, National Security Archive, August 2010, https:// nsarchive2.gwu.edu/NSAEBB/NSAEBB499/DOCUMENT22-20100826.pdf.

_____, "Los Zetas Threat Assessment. Operation Noble Hero," National Security Archive, September 5, 2021.

OHCHR, "Extrajudicial Killings and Impunity Persist in Mexico"—UN rights expert's follow-up report, United Nations Human Rights Office of the High Com-missioner,

June 20, 2016, https://www.ohchr.org/en/press-releases/2016/06/ extrajudicial-killings-and-impunity-persist-mexico-un-rights-experts-follow.

———, "Mexico: Dark Landmark of 100,000 Disappearances Reflects Pattern of Impunity, UN Experts Warn," United Nations Human Rights Office of the High Commissioner, May 17, 2022, https://www.ohchr.org/en/statements/2022/05/ mexico-dark-landmark-100000-disappearances-reflects-pattern-impunity-un-experts.

Open Society, "Naming the Disappeared of Mexico's Dirty War," Open Society Justice Initiative, https://www.justiceinitiative.org/litigation/naming-disappeared-mexicos-dirty-war.

PGJ, File "Juan N. Guerra Cárdenas Agente de Cuarta de la Policía Judicial del D.F.," México, Procuraduría General de Justicia.

PGR, "Quinto informe de gobierno," México, Procuraduría General de la República, 2011, 84–85, http://cnpj.gob.mx/informesinstitucionale/INFORME%20DE%20 LABORES/2011.pdf.

———, "Tarjeta informativa," México, Procuraduría General de la República, June 9, 2017.

SEGOB, "Convenio de Colaboración para la identificación de restos localizados en San Fernando, Tamaulipas y en Cadereyta, Nuevo León que se llevará a cabo por conducto de una Comisión Forense, que celebran la Procuraduría General de la República, el Equipo Argentino de Antropología Forense; el Comité de Familiares de Migrantes Fallecidos y Desaparecidos de El Salvador; el Comité de Familiares de Migrantes de El Progreso, la Fundación para la Justicia y el Estado Democrático de Derecho; la Casa del Migrante de Saltillo, Coahuila; el Centro Diocesano de Derechos Humanos Fray Juan de Larios A.C.; la Asociación Civil Voces Mesoamericanas; la Mesa Nacional para las Migraciones en Guatemala; la Asociación Misioneros de San Carlos Scalabrinianos en Guatemala, el Centro de Derechos Humanos Victoria Diez, A.C., y el Foro Nacional para la Migración en Honduras," México, Secretaría de Gobernación, DOF, September 4, 2013, https:// www.dof.gob.mx/nota_detalle.php?codigo=5312887&fecha=04/09/2013#gsc.tab=0.

———, "Hugo Sánchez García, líder delictivo en el Barrancón, Cruillas," México, Secretaría de Gobernación, Comisionado Nacional de Seguridad, Policía Federal. SEMAR, "Personal de la armada de México descubre rancho de presuntos delincuentes en San Fernando, Tamaulipas" (Press release), México, Secretaría de Marina, August 24, 2010, https://2006-2012.semar.gob.mx/sala-prensa/comunicados-2010/1436-comunicado-de-prensa-216-2010.html.

Shriners Children's, "Financial Assistance. Shriners Children's Provides Care for Families Regardless of Financial Circumstances," https://www.shrinerschildrens.org/en/patient-information/billing-insurance-and-financial-assistance/financial-assistance.

———, "Shriners Hospitals for Children Recognized Six Times by U.S. News & World Report," June 18, 2021, https://www.shrinerschildrens.org/en/news-and-media/

news/2021/06/us-news-and-world-report-21-22.

Southern District of Texas, "Osiel Cárdenas-Guillen, Former Head of the Cartel, Sentenced to 25 Years Imprisonment" (Press release), February 24, 2010.

STJE, "Carpeta procesal," Supremo Tribunal de Justicia del Estado, San Fernando, April 6, 2018.

UGI: Hidalgo, "Imputados: Cesar Morfin Morfin 'Primito' y Hugo Sánchez García 'Ganzo,'" 2018.

U.S. Court of Appeals for the Fifth Circuit, "United States of America, Plaintiff appellee, v. Juan Garcia Ábrego, Defendant-appellant, 141 F.3d 142 (5th Cir. 1998)," May 6, 1998.

U.S. DHS, "Sinaloa Cartel Offensive Posture Against Los Zetas and Its Implications to Nuevo Laredo Plaza," United States, Department of Homeland Security, May 21, 2012.

U.S. Diplomacy, "Mexico: More Interagency Cooperation Needed on Intelligence Issues," Public Library of U.S. Diplomacy, November 10, 2009.

U.S. District Court, United States of America v. Juan García Ábrego, CR. NO. H-93-167-SS, Docket's document 443.

_____, United States of America v. Oziel Cárdenas-Guillen, CR 00118-S1-001, Southern District of Texas, March 3, 2010.

U.S. Embassy, "Mexico Is Losing Drug War, Says US," US embassy cables, December 2, 2010.

World Bank, "Mexico-Technical Assistance for Public . . . Sector Social Security Reform (ISSSTE)," July 18, 2022, https://documents1.worldbank.org/curated/en/236881468774584398/pdf/multi0page.pdf.

사건 파일

PGJT, Chepo, case file 0034/2014, vol. 1, Procuraduría General de Justicia de Tamaulipas.

_____, Flaco, case file 0023/2015, vols. 1, 2, 3, Procuraduría General de Justicia de Tamaulipas.

_____, Güera Soto, case file 008/2017, vols. 1, 2, 3, 4, 5, 6, Procuraduría General de Justicia de Tamaulipas.

_____, Kike, case file 0049/2016, vols. 1, 2, 3, 4, 5, Procuraduría General de Justicia de Tamaulipas.

_____, Machorra, case file 0011/2017, vols. 1, 2, 3, 4, 5, Procuraduría General de Justicia de Tamaulipas.

_____, Mario y Trini, case file 001/2016, vols. 1, 2, 3, 4, Procuraduría General de Justicia de Tamaulipas.

_____, Sama, case file 0029/2014, vols. 1, 2, Procuraduría General de Justicia de Tamaulipas.

두려움이란 말 따위

딸을 빼앗긴 엄마의 마약 카르텔 추적기

초판 1쇄 찍은날 2025년 10월 28일
초판 1쇄 펴낸날 2025년 11월 12일

지은이   아잠 아흐메드
옮긴이   정해영
펴낸이   한성봉
편집   최창문·이종석·오시경·김선형
콘텐츠제작   안상준
디자인   최세정
마케팅   오주형·박민지·이예지·정효인
경영지원   국지연·송인경

펴낸곳   도서출판 동아시아
등록   1998년 3월 5일 제1998-000243호
주소   서울시 중구 필동로8길 73 [예장동 1-42] 동아시아빌딩
페이스북   www.facebook.com/dongasiabooks
전자우편   dongasiabook@naver.com
블로그   blog.naver.com/dongasiabook
인스타그램   www.instargram.com/dongasiabook
전화   02) 757-9724, 5
팩스   02) 757-9726

ISBN 978-89-6262-678-0 03300

※ 잘못된 책은 구입하신 서점에서 바꿔드립니다.

만든 사람들

책임편집   오시경
디자인   이은돌
크로스교열   안상준